Zahlen und Größen 8

Gesamtschule Nordrhein-Westfalen

Herausgegeben von Dieter Aits
Ursula Aits
Dr. Henning Heske
Reinhold Koullen

unter Mitarbeit
der Verlagsredaktion

Cornelsen

Erarbeitet von Dieter Aits
Ursula Aits
Helga Berkemeier
Henning Heske
Reinhold Koullen
Doris Ostrow
Hans-Helmut Paffen
Jutta Schaefer
Willi Schmitz
Herbert Strohmayer

Redaktion: Ludwig Heyder
Gestaltung und technische Umsetzung:
Regine Schmidt
Satz: Universitätsdruckerei H. Stürtz AG, Würzburg
Umschlaggestaltung: Knut Waisznor
Titelfoto: Bergholländer-Mühle (Immanuel); Internationales Wind- und Wassermühlen- Museum, Gifhorn

1. Auflage €✓
Druck 4 3 2 1 Jahr 03 02 01 2000

Alle Drucke dieser Auflage können im Unterricht nebeneinander verwendet werden.

Druck: Universitätsdruckerei H. Stürtz AG, Würzburg

ISBN 3-464-55118-0

Bestellnummer 551180

gedruckt auf säurefreiem Papier, umweltschonend hergestellt aus chlorfrei gebleichten Faserstoffen

Arbeit mit dem Buch

Im ersten Kapitel wird Grundwissen wiederholt. Diese Sonderseiten sind blau unterlegt.
Zu jedem Themenfeld werden im Anhang des Buches **Trainingsaufgaben** angeboten, die auch dem selbstständigen Arbeiten mit Selbstkontrolle dienen (Lösungen ab Seite 200).
Im Anhang befindet sich auch eine Übersicht zu den Größen und ihren Umwandlungen, außerdem wichtige Formeln.
Mit dem Stichwortverzeichnis lassen sich mathematische Begriffe im Buch auffinden.

Symbole im Inhaltsverzeichnis

Checkpoint-Seiten für die Selbstkontrolle am Ende eines Themenfeldes (Lösungen ab Seite 206)
Um den unterschiedlichen Anforderungen im Grund- und im Erweiterungskurs zu entsprechen, sind die Aufgaben differenziert. Nach den grundlegenden Aufgaben (schwarz) müssen sich die Schülerinnen und Schüler zwischen blauen Aufgaben mit durchschnittlichem und roten mit erhöhtem Schwierigkeitsgrad entscheiden. Nur durch die Bearbeitung aller roten Aufgaben kann die maximale Punktzahl erreicht werden.

offene Seiten, die in einem Themenfeld das selbsttätige Lernen und das Begreifen der Mathematik in Sachzusammenhängen ermöglichen

Seiten, in denen eine **mathematische Reise** durchgeführt wird

Differenzierungszeichen

1 Aufgaben zur Einführung in neue Inhalte

2 Aufgaben mit durchschnittlichem Schwierigkeitsgrad, die im Wesentlichen den Anforderungen eines Grundkurses entsprechen

3 Aufgaben mit erhöhtem Schwierigkeitsgrad, die im Wesentlichen den Anforderungen eines Erweiterungskurses entsprechen

4 Aufgaben mit hohem Schwierigkeitsgrad, die den erhöhten Anforderungen eines Erweiterungskurses entsprechen

Inhaltsverzeichnis

Mathematische Grundfertigkeiten

(Wiederholung)

Brüche und Dezimalbrüche

Regel: Brüche werden addiert (subtrahiert), indem man
1. sie gleichnamig macht,
2. die Zähler addiert (subtrahiert) und die Nenner beibehält.

Regel: Brüche werden multipliziert, indem man Zähler mit Zähler und Nenner mit Nenner multipliziert.

Regel: Man dividiert durch einen Bruch, indem man mit seinem Kehrwert multipliziert.

1 Addiere oder subtrahiere. Kürze das Ergebnis so, dass Zähler und Nenner teilerfremd sind.

a) $\frac{2}{7}+\frac{5}{7}$ e) $\frac{1}{10}+\frac{9}{10}$ i) $\frac{4}{10}-\frac{2}{10}$ m) $\frac{7}{12}-\frac{5}{12}$
b) $\frac{2}{5}+\frac{3}{5}$ f) $\frac{4}{15}+\frac{11}{15}$ j) $\frac{5}{8}-\frac{3}{8}$ n) $\frac{9}{14}-\frac{5}{14}$
c) $\frac{1}{9}+\frac{2}{9}$ g) $\frac{5}{8}+\frac{7}{8}$ k) $\frac{10}{7}-\frac{3}{7}$ o) $\frac{7}{15}-\frac{4}{15}$
d) $\frac{2}{6}+\frac{1}{6}$ h) $\frac{5}{12}+\frac{4}{12}$ l) $\frac{5}{6}-\frac{1}{6}$ p) $\frac{21}{20}-\frac{9}{20}$

2 Berechne.

a) $\frac{1}{2}+\frac{1}{4}$ e) $\frac{1}{2}-\frac{1}{4}$ i) $\frac{5}{12}+\frac{3}{4}$ m) $\frac{2}{3}+\frac{7}{12}$
b) $\frac{2}{3}-\frac{3}{6}$ f) $\frac{2}{3}-\frac{1}{6}$ j) $\frac{3}{8}+\frac{1}{2}$ n) $\frac{11}{12}-\frac{3}{4}$
c) $\frac{4}{9}-\frac{1}{3}$ g) $\frac{4}{5}+\frac{3}{10}$ k) $\frac{7}{10}-\frac{3}{5}$ o) $\frac{2}{5}+\frac{3}{20}$
d) $\frac{2}{3}-\frac{4}{15}$ h) $\frac{9}{10}-\frac{3}{5}$ l) $\frac{3}{14}+\frac{4}{7}$ p) $\frac{5}{6}-\frac{7}{24}$

3 Addiere bzw. subtrahiere.

a) $3\frac{1}{2}+\frac{1}{4}$ e) $5\frac{3}{4}+5\frac{1}{6}$ i) $1\frac{1}{5}-\frac{1}{3}$
b) $2\frac{2}{3}+1\frac{1}{6}$ f) $4\frac{5}{8}+6\frac{1}{12}$ j) $8\frac{7}{12}-3\frac{3}{5}$
c) $10\frac{2}{9}+4\frac{2}{15}$ g) $4\frac{1}{2}-2\frac{1}{4}$ k) $14\frac{3}{5}-9\frac{6}{7}$
d) $3\frac{1}{6}+4\frac{5}{7}$ h) $12\frac{7}{8}-9\frac{3}{4}$ l) $15\frac{2}{3}-9\frac{3}{4}$

4 Berechne.

a) $13\frac{1}{5}-\frac{4}{5}+\frac{3}{5}$ i) $(\frac{1}{2}+\frac{1}{3})-\frac{1}{4}$
b) $30-\frac{1}{8}-\frac{3}{8}-\frac{5}{8}$ j) $(\frac{2}{3}+\frac{5}{6})-\frac{3}{4}$
c) $5-\frac{1}{2}+\frac{3}{4}$ k) $8-(\frac{2}{3}+\frac{5}{6}+\frac{4}{9})$
d) $\frac{7}{8}-\frac{1}{4}-\frac{1}{2}$ l) $(\frac{5}{8}-\frac{1}{2})+(\frac{3}{10}-\frac{1}{5})$
e) $6\frac{3}{4}-2\frac{4}{5}-2\frac{3}{4}$ m) $(\frac{4}{5}-\frac{1}{3})-(\frac{1}{6}-\frac{2}{15})$
f) $8\frac{1}{5}-7\frac{1}{2}+\frac{1}{4}$ n) $11\frac{1}{2}-(2\frac{3}{4}+3\frac{5}{8})$
g) $5\frac{3}{16}-2\frac{3}{4}+7\frac{9}{16}-4\frac{1}{4}$ o) $(9\frac{2}{3}+15\frac{1}{2})-13\frac{7}{12}$
h) $19\frac{11}{12}-5\frac{2}{5}-6\frac{5}{6}+3\frac{1}{2}$ p) $7\frac{1}{4}+(2\frac{2}{5}-\frac{1}{2})$

5 „Steige“ diese „Rechentreppe“ hinauf. Auf der letzten Stufe erhältst du den Code zum Öffnen der Tür.

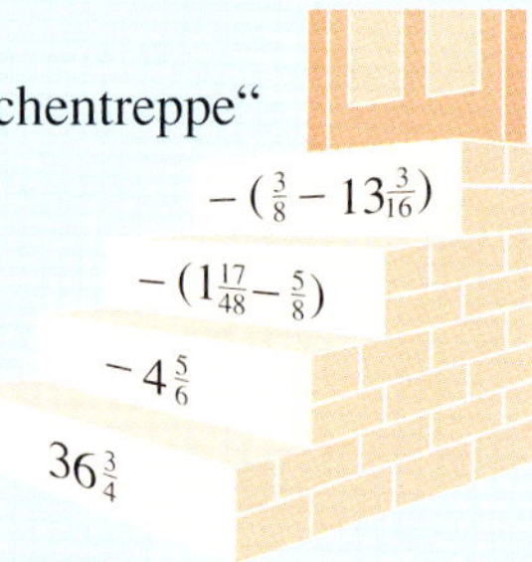

6 Multipliziere.

a) $\frac{2}{3}\cdot\frac{4}{5}$ e) $\frac{5}{6}\cdot\frac{7}{8}$ i) $\frac{2}{3}\cdot\frac{4}{7}$ m) $\frac{1}{2}\cdot\frac{1}{3}\cdot\frac{1}{5}$
b) $\frac{1}{3}\cdot\frac{1}{5}$ f) $\frac{1}{3}\cdot\frac{2}{5}$ j) $\frac{3}{11}\cdot\frac{6}{13}$ n) $\frac{2}{3}\cdot\frac{3}{4}\cdot\frac{4}{5}$
c) $\frac{3}{5}\cdot\frac{7}{10}$ g) $\frac{2}{5}\cdot\frac{2}{3}$ k) $\frac{4}{9}\cdot\frac{2}{25}$ o) $\frac{3}{5}\cdot\frac{2}{3}\cdot\frac{5}{8}$
d) $\frac{4}{5}\cdot\frac{6}{7}$ h) $\frac{5}{13}\cdot\frac{3}{4}$ l) $\frac{9}{11}\cdot\frac{4}{5}$ p) $\frac{1}{3}\cdot\frac{3}{5}\cdot\frac{5}{7}$

7 Wandle die gemischten Zahlen vor der Multiplikation in Brüche um.

a) $2\frac{1}{2}\cdot\frac{1}{2}$ d) $\frac{9}{10}\cdot 8\frac{1}{3}$ g) $4\frac{7}{3}\cdot 2\frac{2}{5}$
b) $1\frac{4}{5}\cdot\frac{5}{6}$ e) $1\frac{1}{2}\cdot 2\frac{1}{3}$ h) $7\frac{4}{5}\cdot 3\frac{3}{4}$
c) $\frac{8}{9}\cdot 1\frac{1}{12}$ f) $2\frac{7}{8}\cdot 2\frac{2}{3}$ i) $8\frac{1}{5}\cdot 1\frac{2}{3}$

8 Dividiere.

a) $1:\frac{1}{4}$ e) $5:\frac{1}{8}$ i) $16:\frac{8}{11}$ m) $13:\frac{4}{5}$
b) $1:\frac{1}{10}$ f) $8:\frac{4}{5}$ j) $24:\frac{6}{13}$ n) $12:\frac{5}{6}$
c) $2:\frac{1}{3}$ g) $9:\frac{3}{8}$ k) $3:\frac{4}{5}$ o) $14:\frac{3}{4}$
d) $2:\frac{1}{2}$ h) $12:\frac{4}{5}$ l) $5:\frac{7}{9}$ p) $6:\frac{7}{8}$

9 Dividiere. Kürze, wenn es geht.

a) $\frac{3}{4}:\frac{1}{2}$ e) $\frac{3}{7}:\frac{3}{4}$ i) $\frac{5}{8}:\frac{4}{11}$ m) $\frac{7}{9}:3\frac{1}{3}$
b) $\frac{4}{5}:\frac{2}{3}$ f) $\frac{2}{5}:\frac{5}{6}$ j) $\frac{5}{9}:\frac{11}{18}$ n) $\frac{5}{6}:6\frac{3}{7}$
c) $\frac{1}{2}:\frac{3}{8}$ g) $\frac{3}{10}:\frac{2}{5}$ k) $\frac{2}{3}:\frac{6}{7}$ o) $\frac{1}{2}:4\frac{2}{3}$
d) $\frac{5}{6}:\frac{5}{9}$ h) $\frac{2}{5}:\frac{2}{7}$ l) $\frac{1}{4}:\frac{19}{20}$ p) $\frac{1}{6}:2\frac{1}{8}$

10 Berechne.

a) $\frac{1}{4}\cdot 2$ e) $\frac{3}{10}\cdot 5$ i) $\frac{5}{16}\cdot 5$ m) $8\frac{3}{5}\cdot 4$
b) $\frac{5}{6}\cdot 3$ f) $\frac{11}{12}\cdot 4$ j) $\frac{13}{15}\cdot 7$ n) $2\frac{6}{7}\cdot 7$
c) $\frac{1}{2}:6$ g) $\frac{5}{8}:5$ k) $\frac{8}{11}:5$ o) $7\frac{2}{3}:8$
d) $\frac{2}{5}:3$ h) $\frac{8}{13}:12$ l) $\frac{7}{8}:4$ p) $5\frac{3}{4}:6$

11 Vervollständige den „Rechenring“ in deinem Heft.

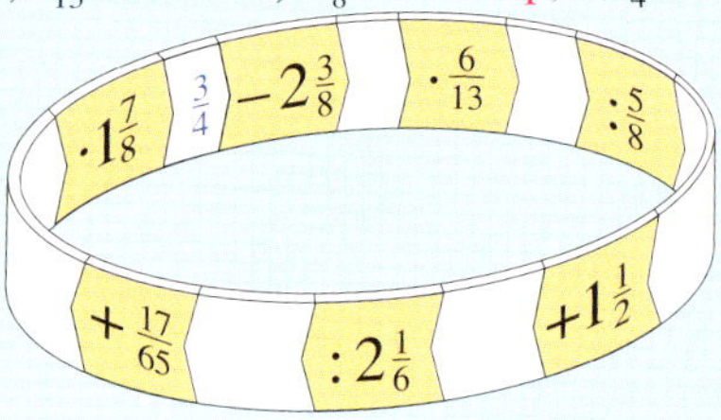

Regel: Dezimalbrüche werden stellenweise addiert (subtrahiert).

Regel: Dezimalbrüche werden wie natürliche Zahlen multipliziert. Das Komma wird im Ergebnis so gesetzt, dass dieser Dezimalbruch genauso viele Dezimalstellen hat, wie die Faktoren zusammen haben.

Regel: Dezimalbrüche werden dividiert, indem man sie zunächst so mit derselben Stufenzahl multipliziert, dass der Divisor eine natürliche Zahl ist. Dann wird dividiert. Bei der Kommaüberschreitung wird im Ergebnis das Komma gesetzt.

12 Addiere.

a) 0,246 + 0,864 + 0,471
b) 6,892 + 14,776 + 0,308
c) 0,2984 + 20,5973 + 300,0596
d) 0,7 + 0,53 + 3,284 + 9,2 + 33,275

13 Subtrahiere:

a) 0,982 − 0,639	d) 91,11 − 5,439
b) 4,52 − 2,349	e) 0,075 − 0,00075
c) 8,1 − 5,322	f) 80 − 4,03842

14

a)	b)	c)
834,37	403,297	95,463
− 15,41	−106,382	− 4,975
− 14,39	− 44,541	− 8,32
− 99,42	− 9,629	− 5,764

15 Berechne.

a) 29,39 − (3,862 + 0,4975)
b) (17,03 + 64,4) − (2,034 + 0,91)
c) 1,275 + 320,48 − 55,9 − 11,01 + 3,4 − 0,45
d) 49,72 + 191,269 − 22,706 − 29,3 + 13,1

16 Multipliziere.

a) 5,34 · 4	d) 0,03 · 24	g) 0,009 · 34
b) 0,328 · 5	e) 0,09 · 72	h) 0,0018 · 18
c) 2,091 · 8	f) 7,6 · 11	i) 0,0025 · 25

17 Berechne das Produkt.

a) 0,9 · 0,7	d) 3,2 · 1,5	g) 0,003 · 0,04
b) 0,5 · 0,8	e) 0,15 · 1,4	h) 0,123 · 0,03
c) 3,4 · 0,5	f) 0,4 · 0,83	i) 2,3 · 0,005

18 Berechne.

a) 0,1 · 0,2 · 0,3	d) 5 · 0,06 · 0,9
b) 4 · 0,2 · 0,7	e) 0,02 · 5 · 0,06
c) 10 · 0,8 · 0,09	f) 0,07 · 0,08 · 6

19 Berechne.

a) 0,9 · 0,3 + 0,4 · 0,5	d) 3,4 · 0,6 − 0,08
b) 0,7 · 0,8 − 0,3 · 0,6	e) (2,9 − 2,2) · 0,9
c) 1,6 · 0,7 + 0,5	f) (5 − 3,8) · 2,5

20 Dividiere.

a) 0,9 : 3	d) 0,75 : 5	g) 2,95 : 5
b) 0,16 : 4	e) 1,72 : 4	h) 2,04 : 4
c) 0,06 : 2	f) 4,08 : 6	i) 3,2 : 5

21 Dividiere.

a) 42,5 : 50	d) 1,28 : 80	g) 252 : 300
b) 24,3 : 30	e) 33,6 : 400	h) 792 : 800
c) 1,12 : 70	f) 52,8 : 600	i) 776 : 800

22 Berechne den Quotienten.

a) 0,9 : 0,3	d) 7,7 : 1,1	g) 1,44 : 0,24
b) 3,6 : 0,9	e) 10,5 : 1,5	h) 2,87 : 0,41
c) 4,2 : 0,6	f) 13,3 : 1,9	i) 4 : 0,5

23 Dividiere.

a) 14,43 : 0,13	e) 1,073 : 2,9
b) 1,375 : 0,11	f) 1,393 : 19,9
c) 12,21 : 3,7	g) 14,17 : 1,09
d) 9,09 : 0,101	h) 4,7619 : 0,099

24 Berechne.

a) 0,009 : 0,3 + 0,4 : 0,25
b) 600,5 : 5 − 22,44 : 0,4
c) 19,9 · 32,2 − 462,6 : 7,5
d) 0,0125 : 0,0250 + 3,1260 · 0,001

25 Nach Albrecht Dürer ist die Länge des Kopfes $\frac{1}{8}$ der gesamten Länge eines Menschen, der Oberkörper $\frac{1}{2}$, der Unterarm $\frac{1}{4}$, die Brustweite $\frac{1}{6}$, die Schultern $\frac{1}{4}$, die Handlänge $\frac{1}{10}$ und die Fußlänge $\frac{1}{6}$.

a) Berechne die Länge der einzelnen Gliedmaßen eines Menschen, der eine Körperlänge von 1,44 m (1,92 m) hat.

b) Miss deine Körperlänge und vergleiche deine Körpermaße mit den Angaben Dürers.

Regel: Die Addition (Subtraktion) einer negativen Zahl wird durch die Subtraktion (Addition) der positiven Gegenzahl ersetzt.

Regel: Die Vorzeichenregelung für die Multiplikation und die Division rationaler Zahlen ist aus den Tabellen ersichtlich:

·	+4	−4
+3	+12	−12
−3	−12	+12

:	+7	−7
+35	+5	−5
−35	−5	+5

1 Berechne.

a) $55 + (-32)$
b) $32 + (-66)$
c) $-1{,}7 + (-2{,}5)$
d) $-3{,}7 + (-1{,}8)$
e) $55 - (-32)$
f) $32 - (-66)$
g) $-1{,}7 - (-2{,}5)$
h) $-3{,}7 - (-1{,}8)$

2 Berechne.

a) $-\frac{5}{9} + \frac{2}{9}$
b) $\frac{5}{9} + (-\frac{2}{9})$
c) $-(\frac{5}{9} + \frac{2}{9})$
d) $-\frac{5}{9} + (-\frac{2}{9})$
e) $\frac{5}{9} - \frac{2}{9}$
f) $\frac{5}{9} - (-\frac{2}{9})$
g) $-(\frac{5}{9} - \frac{2}{9})$
h) $-\frac{5}{9} - (-\frac{2}{9})$
i) $-(-\frac{5}{9} - \frac{2}{9})$

3 Berechne.

a) $\frac{2}{5} + (-\frac{4}{15})$
b) $-\frac{5}{8} + (-\frac{4}{9})$
c) $\frac{3}{8} + (-\frac{9}{6})$
d) $-\frac{3}{10} + (-\frac{11}{12})$
e) $\frac{3}{5} - (-\frac{4}{25})$
f) $-\frac{5}{6} - (-\frac{2}{5})$

4 Berechne.

a) $-\frac{1}{9} + \frac{5}{9}$
b) $-\frac{3}{7} - \frac{2}{9}$
c) $4\frac{1}{12} + (-5\frac{5}{12})$
d) $-1\frac{5}{7} + 2\frac{11}{14}$
e) $1\frac{5}{6} + (-2\frac{1}{4})$
f) $-2\frac{7}{12} - (-4\frac{1}{9})$
g) $1{,}9 - 2\frac{3}{5}$
h) $-3{,}8 + 1\frac{1}{20}$

5 Übertrage und ergänze die Tabelle.

x	y	$x+y$	$x-y$
1,7		−2,1	
−7,2			−12,6
	−9,7	1,2	

6 Berechne.

a) $5 \cdot 19$
b) $-7 \cdot 13$
c) $14 \cdot (-7)$
d) $-7 \cdot (-12)$
e) $-3{,}2 \cdot (-1{,}3)$
f) $-0{,}3 \cdot 7{,}1$
g) $-0{,}4 \cdot 0{,}02$
h) $0{,}01 \cdot 0{,}1$

7 Übertrage den Multiplikationsturm in dein Heft und fülle ihn aus.

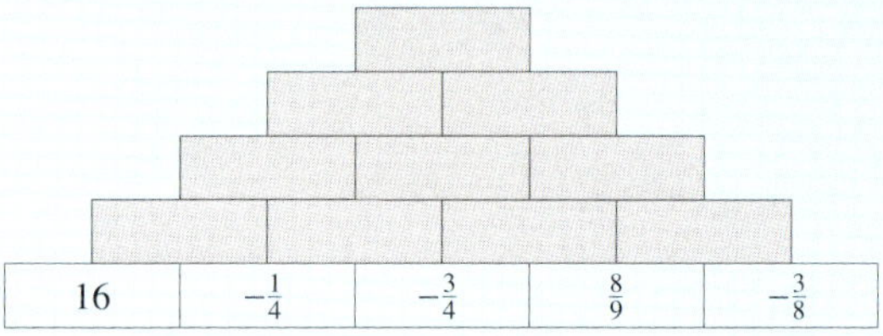

8 Berechne.

a) $-96 : 12$
b) $117 : (-13)$
c) $-256 : (-16)$
d) $-1{,}44 : 12$
e) $5{,}2 : (-4)$
f) $-0{,}25 : (-5)$

9 Berechne.

a) $-6 : (-\frac{2}{5})$
b) $-35 : \frac{5}{7}$
c) $\frac{1}{2} : (-\frac{1}{8})$
d) $-\frac{5}{6} : (-\frac{5}{12})$
e) $-1\frac{2}{3} : \frac{5}{9}$
f) $3\frac{3}{4} : 2\frac{1}{4}$

10 Berechne.

a) $0{,}08 : (-0{,}4)$
b) $0{,}9 : 0{,}03$
c) $-0{,}6 : (-0{,}04)$
d) $-1{,}44 : 0{,}12$
e) $-2{,}25 : (-0{,}15)$
f) $1{,}75 : (-0{,}5)$

11 Berechne und runde das Ergebnis an der Zehntelstelle.

a) $12{,}6 : (-7{,}5)$
b) $9{,}6 \cdot 7{,}9$
c) $-13{,}1 : 0{,}6$
d) $-24 : (-1{,}9)$
e) $-12{,}9 \cdot (-3{,}2)$
f) $13{,}9 \cdot 16{,}2$
g) $-13{,}8 \cdot (-15{,}2)$
h) $-2{,}1 \cdot (-2{,}1)$
i) $244 : (-1{,}7)$
j) $-5{,}3 \cdot (-0{,}4)$
k) $45{,}6 : 23$
l) $-8{,}99 : (-90)$
m) $-0{,}9 \cdot (-0{,}2)$
n) $4{,}1 \cdot 0{,}3$

12 Wandle vor der Rechnung die gemischten Zahlen in Brüche um.

a) $-1\frac{2}{3} \cdot (-1\frac{2}{3})$
b) $-2\frac{1}{2} : 1\frac{4}{5}$
c) $-1\frac{1}{3} : 3\frac{1}{3}$
d) $-3\frac{1}{5} \cdot (-\frac{3}{10})$
e) $-1\frac{3}{8} : 1\frac{1}{4}$
f) $-1\frac{13}{15} : 1\frac{1}{3}$
g) $-3\frac{1}{2} : 1\frac{3}{5}$
h) $-5\frac{1}{4} \cdot (-3\frac{2}{3})$
i) $-4\frac{1}{8} : 1\frac{3}{4}$
j) $39\frac{1}{4} : (-2\frac{1}{6})$
k) $4\frac{1}{8} \cdot 3\frac{1}{5}$
l) $12\frac{5}{8} : (-5\frac{1}{4})$
m) $16\frac{1}{4} : (-6\frac{1}{2})$
n) $1\frac{5}{6} \cdot 2\frac{1}{3}$
o) $15\frac{5}{8} : (-3\frac{1}{2})$
p) $-9\frac{1}{2} \cdot (-3\frac{5}{6})$
q) $-4\frac{2}{3} : (-23\frac{1}{6})$
r) $-38\frac{4}{7} : (-12\frac{3}{14})$

Regel: Da man jede Subtraktion als Addition schreiben und die Summanden vertauschen darf, ist die Reihenfolge des Addierens und Subtrahierens beliebig.

Regel: Punktrechnung geht vor Strichrechnung.

Regel: Man multipliziert eine Summe mit einer Zahl, indem man jeden Summanden mit der Zahl multipliziert (Distributivgesetz).

13 Rechne vorteilhaft.

a) $57 - 18 - 17$
b) $-93 + 68 + 23$
c) $-193 - 16 + 66$
d) $-8{,}4 + 15{,}3 + 3{,}4$
e) $-7{,}9 + 9{,}4 - 5{,}4$
f) $4{,}2 - 8{,}7 - 1{,}2$

14 Rechne vorteilhaft.

a) $-9 + 17 - 11 - 4 + 13$
b) $-57 + 71 - 23 - 5 - 11$
c) $20{,}4 - 7{,}2 - 5{,}4 + 9{,}2$
d) $-12{,}5 - 1{,}3 + 8{,}5 + 5{,}1 - 9{,}7$

15 Rechne vorteilhaft.

a) $-4 \cdot (-17) \cdot (-2{,}5)$
b) $-0{,}5 \cdot 16 \cdot (-4)$
c) $1{,}25 \cdot (-5) \cdot (-8) \cdot (-0{,}6)$
d) $-0{,}8 \cdot (-1{,}9) \cdot (-1{,}25) \cdot 0$

16 Berechne.

a) $-9 + 7 \cdot 8$
b) $-9 \cdot 7 + 8$
c) $9 - 7 \cdot 8$
d) $-9 \cdot (-7) - 8$
e) $-9 + 7 \cdot (-8)$
f) $-9 - 7 \cdot (-8)$

17 Berechne.

a) $240 : 48 + 18 : (-3)$
b) $16 - 96 : (-6) - 16$
c) $-1{,}21 : (-1{,}1) - 1{,}44 : 1{,}2$
d) $5{,}6 - 5{,}6 : (-8) - 0{,}7 : (-0{,}1)$

18 Rechne vorteilhaft wie im Beispiel.

Beispiel:
$(5 + \frac{4}{7}) \cdot (-7) = 5 \cdot (-7) + \frac{4}{7} \cdot (-7) = -35 - 4 = -39$

a) $(3 + \frac{5}{8}) \cdot 8$
b) $(5 + \frac{2}{3}) \cdot 9$
c) $(7 + \frac{4}{5}) \cdot (-5)$
d) $(4 + \frac{3}{10}) \cdot (-50)$
e) $(5 - \frac{3}{4}) \cdot 4$
f) $(\frac{4}{9} - 13) \cdot 9$
g) $(\frac{3}{7} - 12) \cdot (-7)$
h) $(9 - \frac{5}{6}) \cdot (-12)$

19 Rechne vorteilhaft.

a) $(4{,}3 + 3{,}9) \cdot 10$
b) $100 \cdot (1{,}23 - 3{,}75)$
c) $(5{,}8 - 7{,}2) \cdot (-10)$
d) $20 \cdot (7 - 0{,}5)$
e) $(11 - 2{,}5) \cdot (-40)$
f) $(12{,}5 + 3) \cdot (-80)$

20 Berechne.

a) $(\frac{3}{8} + \frac{1}{2}) \cdot 8$
b) $12 \cdot (\frac{1}{3} - \frac{7}{12})$
c) $(\frac{1}{9} - \frac{5}{6}) \cdot (-18)$
d) $66 \cdot (\frac{3}{11} + \frac{7}{22})$
e) $15 \cdot (-\frac{4}{5} + \frac{2}{3})$
f) $(\frac{5}{12} - \frac{4}{15}) \cdot (-60)$
g) $(-\frac{2}{9} + \frac{11}{12}) \cdot 72$
h) $(-\frac{2}{15} - \frac{4}{25}) \cdot (-75)$

21 Rechne vorteilhaft wie im Beispiel.

Beispiel:
$-7{,}5 \cdot 6 - 1{,}5 \cdot 6 = (-7{,}5 - 1{,}5) \cdot 6 = -9 \cdot 6 = -54$

a) $-3{,}9 \cdot 5 - 5{,}1 \cdot 5$
b) $1{,}7 \cdot 9 - 9{,}7 \cdot 9$
c) $8 \cdot 9{,}6 + 8 \cdot 12{,}4$
d) $13 \cdot 9{,}8 - 13 \cdot 4{,}8$
e) $8{,}8 \cdot (-4) + 4{,}2 \cdot (-4)$
f) $5{,}9 \cdot (-7) - 2{,}9 \cdot (-7)$
g) $12 \cdot 1{,}2 - 12 \cdot 0{,}1$
h) $4 \cdot 13{,}2 + 4 \cdot (-14{,}3)$

22 Berechne.

a) $-13 \cdot \frac{3}{5} - 27 \cdot \frac{3}{5}$
b) $66 \cdot \frac{2}{7} - 17 \cdot \frac{2}{7}$
c) $-94 \cdot \frac{4}{9} + 22 \cdot \frac{4}{9}$
d) $191 \cdot \frac{2}{11} + 84 \cdot \frac{2}{11}$
e) $\frac{2}{3} \cdot 16 + \frac{2}{3} \cdot 23$
f) $\frac{3}{4} \cdot 21 + \frac{3}{4} \cdot (-5)$
g) $\frac{5}{6} \cdot (-19) - \frac{5}{6} \cdot 29$
h) $\frac{3}{2} \cdot (-7) - \frac{3}{2} \cdot (-5)$

23 Berechne.

a) $-5 \cdot 7 - 12$
b) $-8 : 2 - 10$
c) $29 + 28 : (-7)$
d) $0{,}5 \cdot (-1{,}6) + 2$
e) $2{,}5 - 7{,}4 \cdot 3 - 5{,}5$
f) $98{,}5 - 80{,}96 : 9{,}2$
g) $-3{,}6 + 1{,}6 \cdot 10{,}7$
h) $-\frac{3}{4} \cdot 8 - \frac{1}{2}$
i) $\frac{1}{2} \cdot (-\frac{1}{5}) + \frac{5}{2}$
j) $\frac{2}{3} : \frac{6}{5} - \frac{2}{9}$
k) $\frac{1}{4} : (-\frac{1}{2}) + \frac{1}{2} - \frac{2}{5}$
l) $2\frac{1}{2} : (-1\frac{1}{4}) - 1\frac{2}{3}$
m) $-3\frac{3}{8} \cdot 2\frac{1}{4} - 3\frac{5}{8}$
n) $-2\frac{2}{5} : \frac{1}{5} - (-\frac{1}{2})$
o) $-24 \cdot 3\frac{3}{8} - 4 : \frac{1}{2}$
p) $-4 : 5 - 1\frac{1}{2} : (-5) - 1\frac{1}{10}$
q) $6\frac{2}{3} : 5\frac{1}{4} - 3\frac{1}{7} : 4\frac{2}{5}$
r) $3 \cdot (-\frac{1}{2}) + \frac{3}{4} \cdot 3 + 3$
s) $-\frac{4}{5} : (-8) - \frac{1}{2} \cdot (-\frac{3}{5})$
t) $2 - \frac{2}{5} : \frac{1}{5} + \frac{3}{7} \cdot (-2\frac{1}{3})$

24 Berechne.

a) $2{,}7 - [3{,}5 + 0{,}4 \cdot (-5)]$
b) $-13{,}5 + [0{,}6 : (-0{,}2) + 7{,}5] \cdot 3$
c) $\frac{1}{4} - [\frac{1}{3} \cdot (-12) + 5]$
d) $[\frac{1}{7} \cdot (-42) - 5 : \frac{1}{2}] \cdot \frac{1}{4}$

1 Berechne, wie lang insgesamt das Drahtstück mindestens sein muss, um dieses Teilstück einer Kette herstellen zu können.

$a = 1{,}3\,\text{cm}$
$b = 0{,}7\,\text{cm}$
$u = 2{,}5\,\text{cm}$

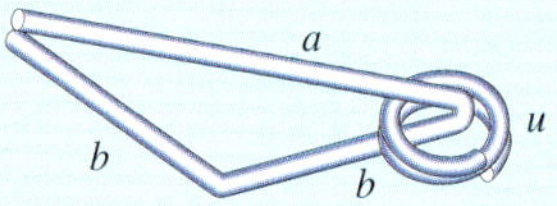

2 Berechne den Wert des Terms $9 \cdot x + 7$ für
a) $x = 2$, c) $x = 11$, e) $x = 0{,}5$, g) $x = \frac{1}{3}$,
b) $x = 5$, d) $x = 0$, f) $x = 0{,}7$, h) $x = \frac{2}{9}$.

3 Übertrage ins Heft und ergänze.

a)

a	0	1	2	3	4	5	6
$7 \cdot a$							

b)

m	0	0,5	1	1,5	2	2,5	3
$m+4$							

c)

z	9	8	7			4	
$z-3$				3	2		0

4 Schreibe als Produkt.
a) $t+t+t+t+t$ b) $h+h+h$ c) $x+x+x+x$

5 Fasse zusammen.
a) $5e+4e$ c) $9n+14n$ e) $4{,}9c-4{,}9c$
b) $8x-3x$ d) $1{,}3a+2{,}7a$ f) $9{,}8z-8{,}8z$

6 Berechne den Wert des Terms für $y = 9$.
a) $10y+4y-7y$
b) $14y-11y+y-3y-y$
c) $18y+y-12y-4y+17$

7 Berechne den Wert des Terms für $z = -8$.
a) $9z+7z-5z-3z$
b) $0{,}3z-0{,}02z-0{,}5z+0{,}04z$

8 Vereinfache.
a) $8{,}9x+9{,}8x$
b) $0{,}5y+0{,}7y-0{,}9y$
c) $4{,}95d-3{,}02d+1{,}37d-2{,}1d$

9 Fasse zusammen.
a) $\frac{5}{7}r+\frac{4}{9}r$ c) $\frac{7}{6}x+\frac{5}{9}x$ e) $\frac{7}{9}m-\frac{2}{3}m$
b) $\frac{7}{12}z+\frac{3}{8}z$ d) $\frac{3}{4}t-\frac{2}{5}t$ f) $1\frac{1}{3}n-\frac{1}{12}n$

10 Fasse zusammen.
a) $u+3+u+2+3u$
b) $m+1+m+4m+7+m$
c) $x+3x+2+9x+9+x$
d) $3y+9+2+5y-11-7y$
e) $3a+1-2{,}5a+4{,}3-2a-5{,}6$

11 Fasse zusammen.

Beispiel: $\frac{1}{4}x+\frac{2}{15}+\frac{5}{8}x+\frac{3}{10}$
ordnen $=\frac{1}{4}x+\frac{5}{8}x+\frac{2}{15}+\frac{3}{10}$
gleichnamig machen $=\frac{2}{8}x+\frac{5}{8}x+\frac{4}{30}+\frac{9}{30}$
zusammenfassen $=\frac{7}{8}x+\frac{13}{30}$

a) $\frac{1}{2}a+\frac{1}{3}+\frac{1}{8}a+\frac{1}{9}$ d) $\frac{3}{5}b-\frac{3}{4}-\frac{4}{15}b+\frac{5}{12}$
b) $\frac{2}{11}y+\frac{3}{7}+\frac{6}{35}+\frac{1}{22}y$ e) $\frac{4}{7}t+\frac{2}{3}-\frac{11}{14}t-\frac{7}{12}$
c) $\frac{2}{9}p+\frac{1}{9}+\frac{5}{6}+\frac{1}{6}p$ f) $-\frac{7}{8}v-\frac{11}{12}+\frac{1}{2}v-\frac{1}{4}$

12 Fasse zusammen.
a) $\frac{3}{4}x+\frac{1}{12}x+\frac{5}{7}-\frac{3}{14}-\frac{1}{3}x$
b) $5\frac{2}{3}z-2\frac{1}{6}+8\frac{4}{5}z-3\frac{9}{10}$
c) $6\frac{1}{2}y+\frac{7}{12}-2\frac{3}{4}y+3\frac{5}{12}+3\frac{1}{5}y$
d) $4\frac{2}{3}-3\frac{2}{5}a+2\frac{1}{2}-1\frac{1}{3}a-5\frac{3}{5}-\frac{3}{4}a$
e) $-6\frac{3}{8}+1\frac{2}{3}b-\frac{1}{4}-3\frac{4}{5}b+5\frac{1}{2}-\frac{7}{10}b$

13 Vervollständige das „Kreuztermrätsel“ in deinem Heft.

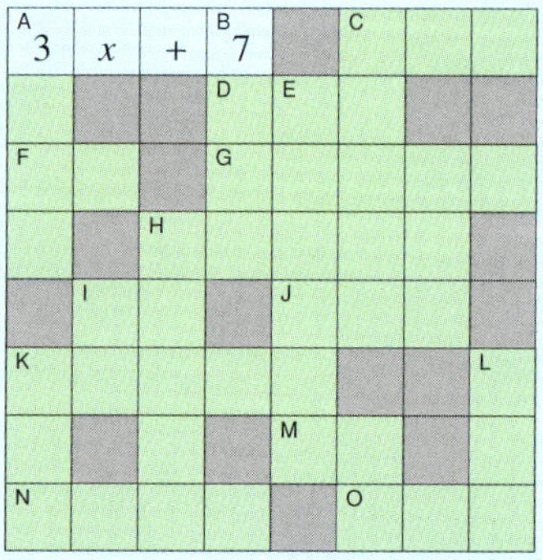

waagerecht
A: $x-8+15+2x$
C: $7-4x-3+7x-4+9x$
D: $12x-4-7x-9-4x+12$
F: $-3x+2+x-3+2x$
G: $7-8x+2+5x-6$
H: $-21x+10+13x-8+22x$
I: $36-14x-5+6x-11+8x$
J: $2x-3-7x+4-4x-1$
K: $27x-18-13x+12-16x+8$
M: $0{,}7x+8-x+2+0{,}3x$
N: $14x+25-9{,}7x-2-3{,}3x$
O: $3{,}4-2x-1{,}2-1{,}2x-2{,}2-0{,}8x$

senkrecht
A: $4x-5-x-3$
B: $5x+3+x-2+x-5$
C: $25x-19-14x+28$
E: $7x-5-8x-16-2x$
H: $2{,}6x-1{,}8-0{,}5x-0{,}2+7{,}9x$
I: $-1{,}7x+12{,}8+0{,}7x+9{,}2+x$
K: $3{,}6-5{,}7x-1{,}2-2{,}3x-2{,}4$
L: $1{,}9+15{,}7x-0{,}7+4{,}3x-1{,}2$

Löse die Gleichungen in den folgenden Aufgaben. Wenn angegeben, verfahre wie im Beispiel.

1 Beispiel: $x + 12 = 25 \quad |-12$
$x + 12 - 12 = 25 - 12$
$x = 13$

a) $x + 8 = 15$
b) $x + 3 = 21$
c) $x + 17 = 17$
d) $x + 9 = 5$
e) $x + 12 = -14$
f) $x + 19 = -12$
g) $x + 53 = -53$
h) $x + 97 = 135$

2 Beispiel: $x - 9 = 12 \quad |+9$
$x - 9 + 9 = 12 + 9$
$x = 21$

a) $x - 15 = 15$
b) $x - 7 = -7$
c) $x - 3 = -71$
d) $x - 19 = -15$
e) $x - 49 = 13$
f) $x - 18 = -32$
g) $x - 66 = -65$
h) $x - 29 = 129$

3 a) $x + 1{,}9 = 3{,}7$
b) $x - 0{,}5 = 6{,}6$
c) $x - 2{,}8 = -5{,}4$
d) $x + 3{,}6 = -2{,}1$
e) $x + \frac{1}{7} = \frac{5}{7}$
f) $x - \frac{1}{4} = -\frac{3}{4}$
g) $x + \frac{3}{5} = \frac{11}{15}$
h) $x - \frac{7}{9} = \frac{1}{6}$

4 Beispiel: $15 \cdot x = 10 \quad |:15$
$\frac{15 \cdot x}{15} = \frac{10}{15}$
$x = \frac{10}{15}$
$x = \frac{2}{3}$

a) $7x = 49$
b) $11x = -99$
c) $60x = -48$
d) $39x = 52$
e) $5x = \frac{5}{9}$
f) $17x = -\frac{17}{4}$
g) $9x = -\frac{18}{25}$
h) $14x = \frac{7}{3}$
i) $32x = -\frac{8}{9}$

5 a) $-3x = 156$
b) $-14x = -14$
c) $-0{,}4x = 2{,}4$
d) $-2{,}5x = 40$
e) $-19x = -5{,}7$
f) $-7x = 0{,}63$

6 a) $x + 14 = 12$
b) $x - 14 = 12$
c) $14x = 12$
d) $-14x = 12$
e) $x - 14 = -12$
f) $-14x = -12$
g) $14x = -12$
h) $x + 14 = -12$

7 a) $x + 11 = 23$
b) $17x = 153$
c) $64 - x = 75$
d) $46 = 18 - x$
e) $704 = x \cdot 4$
f) $99 = x - 19$

8 Beispiel: $-\frac{x}{3} = -5 \quad |\cdot(-3)$
$\frac{x}{-3} \cdot (-3) = -5 \cdot (-3)$
$\frac{-3 \cdot x}{-3} = 15$
$x = 15$

a) $-\frac{x}{7} = 3$
b) $\frac{x}{8} = 9$
c) $\frac{x}{24} = -2$
d) $-\frac{x}{4} = -15$
e) $-\frac{x}{9} = 23$
f) $\frac{x}{1{,}3} = 6$
g) $\frac{x}{0{,}5} = -0{,}5$
h) $-\frac{x}{0{,}9} = 0{,}1$
i) $-\frac{x}{5} = -\frac{4}{15}$

9 a) $x + 11{,}9 = -9{,}8$
b) $-3{,}5b = -42$
c) $y + 17{,}8 = -9{,}3$
d) $\frac{a}{8} = -0{,}9$
e) $0{,}4m = -6{,}4$
f) $w - \frac{4}{7} = \frac{5}{7}$
g) $-\frac{z}{12} = \frac{2}{3}$
h) $n + 0{,}3 = \frac{7}{10}$
i) $10g = 0{,}1$
j) $-\frac{v}{11} = -\frac{7}{22}$

10 a) $3x + 5 = 8$
b) $2x + 8 = 16$
c) $6x + 2 = -28$
d) $4x + 7 = -1$
e) $-5x + 6 = 11$
f) $-7x + 16 = -5$
g) $2x - 5 = 7$
h) $9x - 20 = -2$
i) $-8x - 40 = 16$
j) $-3x - 2 = -17$

11 a) $5x - 2{,}1 = 2{,}9$
b) $24{,}4 - x = 12{,}4$
c) $7{,}2x - 2 = 12{,}4$
d) $0{,}3x + 2 = 8$
e) $1{,}2x - 9 = 3$
f) $-7{,}5x - 0{,}5 = 8{,}5$
g) $1{,}8 + 7{,}7x = 9{,}5$
h) $6{,}9 - 2x = 2{,}9$
i) $3x + 2{,}7 = 8{,}7$
j) $-3{,}6x + 6 = -8{,}4$
k) $-2{,}7x - 0{,}35 = 1$
l) $-0{,}2x - 0{,}6 = -0{,}9$

12 a) $\frac{x}{5} + 3 = 8$
b) $\frac{x}{2} + 2 = -4$
c) $-\frac{x}{2} + 7 = 9$
d) $x + \frac{5}{4} = 2$
e) $\frac{11}{8} - x = \frac{1}{4}$
f) $-\frac{x}{9} - 1 = -11$
g) $\frac{x}{8} - \frac{1}{8} = -\frac{1}{8}$
h) $-\frac{x}{3} - \frac{1}{3} = \frac{1}{3}$
i) $2x - \frac{3}{4} = \frac{1}{4}$
j) $\frac{x}{9} - \frac{1}{3} = \frac{1}{9}$

13 a) $5x - 1{,}5 = 8{,}5$
b) $12 - 3x = 5{,}4$
c) $x - 0{,}8 = 2{,}34$
d) $3{,}2x - 6{,}24 = 4$
e) $6x - 0{,}5 = 6{,}5$
f) $10 - 2x = 1{,}2$
g) $x - 0{,}5 = 1{,}75$
h) $1{,}5x - 2{,}75 = 3{,}25$
i) $0{,}75x = 1{,}5$
j) $1{,}5x = 2{,}25$
k) $\frac{x}{4} = 4{,}6$
l) $\frac{1}{6}x = \frac{3}{4}$
m) $0{,}02x = 20$
n) $0{,}6x + 1{,}3 = 4{,}6$
o) $\frac{x}{3} = 3{,}5$
p) $\frac{1}{4}x = \frac{5}{6}$
q) $0{,}01x = 100$
r) $0{,}8x + 0{,}5 = 1{,}7$
s) $x : 12 - 19 = 7$
t) $0{,}8x - 1{,}2 = 1{,}2$

1 Ergänze die Tabelle in deinem Heft.

a) 3 Dosen Limonade kosten 0,72 €.

Anzahl	3	1	4	7	11
Preis in €	0,72				

b) 40 l Normalbenzin kosten 31,20 €.

Menge in l	40	1	16	21	29
Preis in €					

2 Ergänze die Tabelle in deinem Heft. Tippgemeinschaften erhalten ihren Lottogewinn gemeinsam ausbezahlt.

Gewinnsumme 17 820 €

Anzahl der Mitglieder	4	9	11	15
Gewinn pro Mitglied in €				

3 Ein Pkw legt im Stadtverkehr eine Strecke von 47 km mit 2,82 l Diesel zurück. Berechne den Verbrauch auf 100 km.

4 Bei einer Feuerwehrübung wurde ein Teich mit 4 Pumpen in $3\frac{1}{2}$ Stunden leer gepumpt. Wie lange hätte dies mit 5 Pumpen gedauert?

5 Ergänze die Tabelle in deinem Heft. Bei einem Verbrauch von 5 l Benzin auf 100 km kann man mit einer Tankfüllung 1400 km weit fahren.

Verbrauch pro 100 km in l	5	7	8	12,5
Fahrstrecke in km				

6 Ein Papiergleiter überfliegt aus 60 cm Höhe eine Strecke von 140 cm. Welche Strecken wären mit dem Gleiter aus 45 cm (72 cm, 102 cm) Höhe möglich?

7 Werden von einem Buch 5000 Exemplare gedruckt, werden 2,2 t Papier verbraucht. Wie viel Papier wird beim Druck von 2500 (7500, 10 000) Büchern verbraucht?

8 Wie lang ist das Modell eines Pkws, das im Maßstab 1 : 40 gefertigt wurde, wenn das Original 4420 mm lang ist?

9 Beim Einsatz von 9 Lkws dauert eine Arbeit 48 Tage.

a) Wie lange würde die Arbeit dauern, wenn man 6 (8, 12) Lkws einsetzen würde?

b) Wie viele Lkws müsste man einsetzen, wenn die Arbeit 36 (27, 24) Tage dauern soll?

10 Familie Klein zahlt für eine Neubauwohnung mit 98 m² Wohnfläche 499,80 € Miete. Wie viel Miete muss Familie Schmidt bei gleichem Quadratmeterpreis für eine 83-m²-Wohnung bezahlen?

11 Tina überlegt, wie sie während einer Radtour ihr Taschengeld einteilen muss, wenn sie täglich den gleichen Betrag zur Verfügung haben will. Bleibt sie 12 Tage, kann sie pro Tag 5,40 € ausgeben.
Ergänze die Tabelle im Heft.

Anzahl der Reisetage		15	8	24	
	16,20				12,96

12 Herr Wagner renoviert seine Wohnung. Für 13 Rollen Raufasertapete hat er 64,87 € bezahlt. Er muss 3 Rollen nachkaufen. Wie viel hat er noch zu bezahlen?

13 Für ein Pferd reicht der vorhandene Vorrat Hafer zum Füttern noch etwa 60 Tage. Wie viele Tage würde dieser Vorrat reichen, wenn davon bei gleichen Futtermengen 2 (3, 4, 5, 6, 12) Pferde gefüttert werden müssten?

14 Für einen Tagesausflug einer Klasse wurde ein Bus gemietet. Bei 26 Teilnehmern müssen 7,50 € pro Person bezahlt werden. Wie verändert sich der Preis pro Person, wenn nur 25 Teilnehmer den Mietpreis für den Bus bezahlen müssen?

15 Reifengrößen werden auch beim Fahrrad in Zoll angegeben. Mit 26-Zoll-Rädern legt das Fahrrad bei einer Radumdrehung ca. 2,07 m zurück. Welche Strecke legt das Fahrrad mit 24-Zoll-Rädern (28-Zoll-Rädern) bei einer Radumdrehung zurück?

1 Ergänze die Tabelle in deinem Heft.

a)

0,39	0,23	0,9	0,1	0,03	0,07
$\frac{39}{100}$					
39%					

b)

80%					6%
$\frac{80}{100}$	$\frac{50}{100}$		$\frac{2}{100}$		
0,8		0,4		0,08	

2 Gib in Prozent an.

Beispiel: $0{,}041 = \frac{41}{1000} = \frac{4{,}1}{100} = 4{,}1\%$

a) 0,037; 0,059; 0,166; 0,003; 0,009

b) 0,1312; 0,0105; 0,0017; 0,0002

3 Schreibe als Dezimalbruch.

a) 93%; 5%; 70%; 1%; 20,7%; 5,6%

b) 23,15%; 7,04%; 90,25%; 0,33%; 0,05%

4 Schreibe als Bruch mit dem Nenner 100 und dann als Prozent.

a) $\frac{4}{25}$; $\frac{3}{20}$; $\frac{41}{50}$; $\frac{9}{10}$; $\frac{12}{20}$ b) $\frac{190}{200}$; $\frac{240}{600}$; $\frac{285}{500}$; $\frac{21}{300}$; $\frac{36}{400}$

5 Schreibe als Dezimalbruch und dann als Prozent.

a) $\frac{1}{2}$; $\frac{3}{4}$; $\frac{4}{5}$; $\frac{7}{20}$; $\frac{11}{25}$ c) $\frac{12}{80}$; $\frac{60}{150}$; $\frac{135}{250}$; $\frac{189}{540}$; $\frac{204}{850}$

b) $\frac{1}{5}$; $\frac{1}{10}$; $\frac{1}{20}$; $\frac{1}{25}$; $\frac{1}{50}$ d) $\frac{36}{40}$; $\frac{51}{68}$; $\frac{42}{105}$; $\frac{60}{75}$; $\frac{91}{130}$

6 Schreibe als Dezimalbruch. Runde an der Tausendstelstelle. Gib das Ergebnis in Prozent an.

Beispiel: $\frac{2}{13} \approx 0{,}1538 \approx 0{,}154 = 15{,}4\%$

a) $\frac{1}{3}$; $\frac{1}{6}$; $\frac{1}{7}$; $\frac{1}{9}$; $\frac{1}{12}$ b) $\frac{4}{7}$; $\frac{3}{14}$; $\frac{7}{15}$; $\frac{11}{21}$; $\frac{1}{11}$

7 Bestimme den Bruchteil in Prozent.

a) 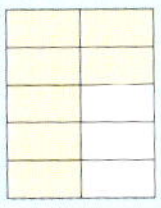 b) 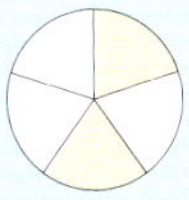 c) 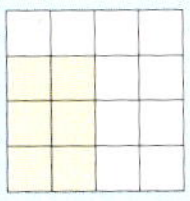 d) 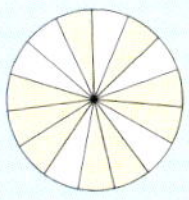

8 Gib in Prozent an.

Beispiel: 9 € von 20 €
$\frac{9}{20} = 0{,}45 = 45\%$
9 € von 20 € sind 45%

a) 14 € von 100 € c) 13 € von 25 €

b) 5 € von 100 € d) 24 € von 60 €

9 Gib in Prozent an.

a) 85 Cent von 1 Euro d) 18 Cent von 6 Euro

b) 315 g von 1 kg e) 8 m von 4 km

c) 6 min von 1 h f) 18 min von 5 h

10 An einer Schule wurde die Verkehrssicherheit der Fahrräder überprüft. Von 150 Fahrrädern hatten 39 erhebliche Mängel. Wie viel Prozent waren das?

11 Berechne.

Beispiel: 6% von 80 €
$\frac{6}{100} \cdot 80 = 4{,}8$
6% von 80 € sind 4,80 €

a) 20% von 76 € d) 7% von 70 m

b) 25% von 35 € e) 12% von 48 m

c) 40% von 16 € f) 45% von 25 m

12 Ein Trainingsanzug kostet 124 €.

a) Wie viel € beträgt der Preisnachlass für Vereinsmitglieder, wenn sie eine Ermäßigung von 8% bekommen?

b) Wie viel € müsste ein Vereinsmitglied für diesen Trainingsanzug bezahlen?

13 Kirschen bestehen zu 83% aus Wasser, 15% aus Kohlenhydraten und zu 2% aus anderen Bestandteilen. Berechne, wie viel g der einzelnen Bestandteile in 300 g Kirschen enthalten sind.

14 Berechne mithilfe des Dreisatzes.

Beispiel: 6% eines Betrages sind 21 €

	%	€	
	6	21	
:6	1	$\frac{21}{6}$	:6
·100	100	$\frac{21}{6} \cdot 100 = 350$	·100

100% entsprechen 350 €.

a) 5% sind 30 € d) 8% sind 13 g

b) 20% sind 75 € e) 25% sind 27,6 g

c) 16% sind 72 € f) 8% sind 9,3 g

15 Der Preis 490 € für ein Fahrrad wird um 6% erhöht. Berechne den jetzigen Preis.

1 Berechne die Größe aller angegebenen Winkel. (Je zwei Geraden sind parallel.)

a)

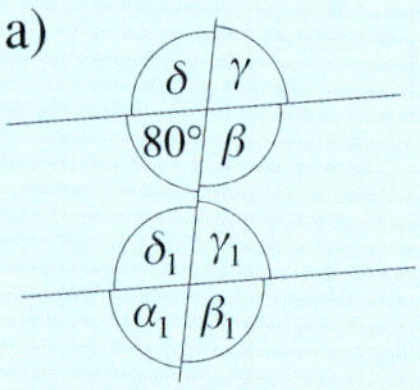

b)

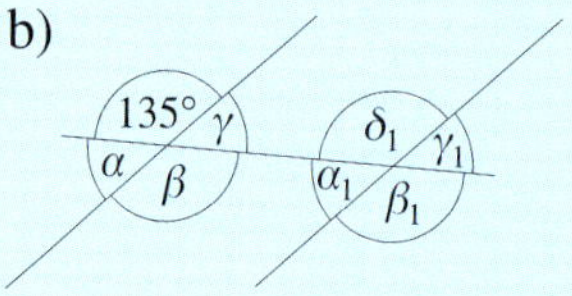

2 Wie groß ist der dritte Winkel in dem Dreieck mit den gegebenen zwei Winkeln?

a) $\alpha = 65°$; $\gamma = 52°$ c) $\beta = 16°$; $\gamma = 22°$
b) $\alpha = 74°$; $\beta = 24°$ d) $\beta = 139°$; $\gamma = 12°$

3 Von einer Stehleiter (Doppelleiter) wird aufgestellt ein besonderes Dreieck „aufgespannt". Welchen Winkel schließen die Leiterschenkel ein, wenn ihre Neigungswinkel zum Boden 25° (38°, 70°) betragen?

4 Berechne die Größe des vierten Winkel im Viereck.

a) $\alpha = 68°$; $\beta = 77°$; $\gamma = 115°$
b) $\alpha = 90°$; $\gamma = 67°$; $\delta = 72°$
c) $\alpha = 120°$; $\beta = \gamma$; $\delta = 76°$
d) $\beta = 84°$; $\delta = 103°$; $\alpha = \delta$

5 Berechne die gekennzeichneten Winkel im Parallelogramm.

a)

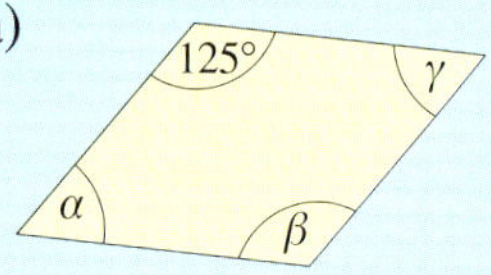

b)

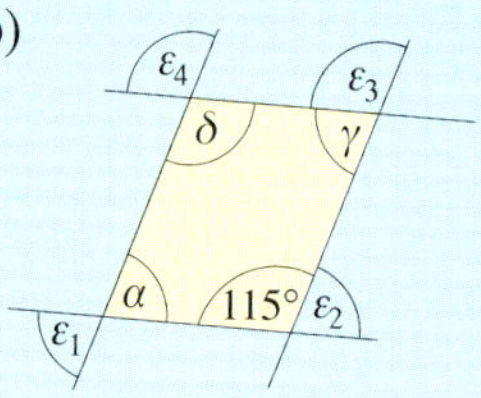

6 Zeichne das Dreieck in ein Koordinatensystem und prüfe, ob es gleichschenklig ist. Zeichne alle möglichen Symmetrieachsen ein.

a) $A\,(1\,|\,1)$; $B\,(5\,|\,1)$; $C\,(3\,|\,7)$
b) $A\,(5\,|\,5)$; $B\,(8\,|\,2)$; $C\,(9\,|\,6)$

7 Berechne die Größe der Winkel α und β.

a)

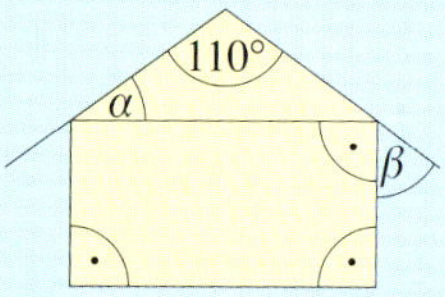

b)

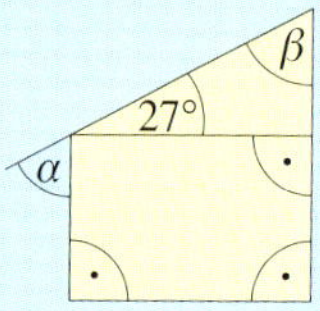

So werden im Dreieck Eckpunkte, Seiten und Winkel beschriftet:

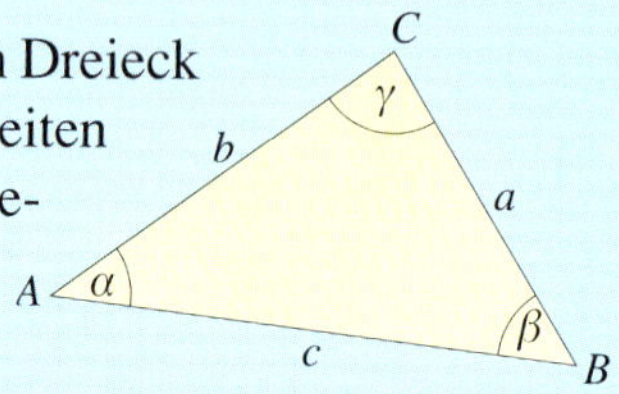

8 Zeichne das Dreieck *ABC*.

a) $c = 4{,}3$ cm; $\alpha = 51°$; $\beta = 83°$
b) $a = 6{,}5$ cm; $\beta = 44°$; $\gamma = 78°$
c) $b = 3{,}8$ cm; $\alpha = 126°$; $\gamma = 23°$
d) $c = 4$ cm; $\beta = 122°$; $\alpha = 27°$
e) $a = 4{,}8$ cm; $\gamma = 90°$; $\beta = 40°$
f) $b = 5{,}1$ cm; $\gamma = 55°$; $\alpha = 55°$

9 Zeichne das Dreieck *ABC*. Berechne vor der Konstruktion den fehlenden Winkel.

a) $b = 5{,}1$ cm; $\alpha = 61°$; $\beta = 46°$
b) $c = 6$ cm; $\gamma = 26°$; $\beta = 132°$
c) $a = 3{,}9$ cm; $\beta = 39°$; $\alpha = 34°$

10 Zeichne das Dreieck *ABC*.

a) $a = 4{,}5$ cm; $b = 5{,}4$ cm; $c = 3{,}4$ cm
b) $a = 3{,}4$ cm; $b = 4{,}8$ cm; $c = 7{,}9$ cm

11 Zeichne das gleichschenklige Dreieck *ABC* mit $a = b = 5$ cm und $c = 6{,}1$ cm. Wie groß ist jeder Winkel im Dreieck?

12 Zeichne das gleichseitige Dreieck *ABC* mit 4,2 cm Seitenlänge. Wie groß ist jeder Winkel im Dreieck?

13 Zeichne das Dreieck *ABC*.

a) $b = 6{,}9$ cm; $c = 4{,}4$ cm; $\alpha = 82°$
b) $a = 3{,}5$ cm; $b = 5{,}2$ cm; $\gamma = 33°$
c) $c = 5{,}7$ cm; $a = 2{,}7$ cm; $\beta = 135°$

14 Zeichne das gleichschenklige Dreieck *ABC*. Berechne vor der Konstruktion den Winkel γ.

a) $a = 5{,}5$ cm; $\alpha = 45°$; $a = b$
b) $b = 7$ cm; $\beta = 71°$; $a = b$

15 Zeichne das Dreieck *ABC*.

a) $c = 6$ cm; $a = 7$ cm; $\alpha = 73°$
b) $c = 4{,}3$ cm; $b = 6{,}3$ cm; $\beta = 135°$
c) $b = 8{,}5$ cm; $a = 6{,}5$ cm; $\beta = 75°$
d) $b = 5{,}8$ cm; $a = 7{,}2$ cm; $\alpha = 122°$

1 Schreibe die Größe in der nächstgrößeren Einheit.

a) 845 m　g) 1870 m^2　m) 2370 dm^3
b) 4016 mm　h) 106 a　n) 24 390 cm^3
c) 417 cm　i) 580 m^2　o) 307 mm^3
d) 2700 m　j) 1508 ha　p) 814 l
e) 2308 dm　k) 8805 cm^2　q) 300 hl
f) 3000 mm　l) 8009 dm^2　r) 460 ml

2 Schreibe die Größe in der nächstgrößeren Einheit.

a) 3729 g　d) 3002 kg　g) 704 kg
b) 870 mg　e) 48 kt　h) 594 t
c) 14 107 g　f) 2,4 kg　i) 185 kt

3 Schreibe die Größe in der nächstkleineren Einheit.

a) 3 cm　g) 12,37 ha　m) 0,85 m^3
b) 4,5 km　h) 0,504 a　n) 75,3 dm^3
c) 7 km 5 m　i) 67 ha 3 a　o) 3,07 l
d) 0,78 m　j) 6,0879 km^2　p) 3 m^3 5 dm^3
e) 5,02 dm　k) 11,04 dm^2　q) 34,5 hl
f) 13,4 cm　l) 55,009 m^2　r) 6 dm^3 8 cm^3

4 Schreibe die Größe in der nächstkleineren Einheit.

a) 70 kg　d) 6,7 g　g) 72,9 t
b) 0,29 t　e) 60,45 kt　h) 4,02 Mt
c) 0,8347 g　f) 18,3825 Mt　i) 0,00906 kt

5 Schreibe die Größe in der Maßeinheit, die in Klammern steht.

a) 0,37 km (m)　g) 91 hl (l)
b) 5 mm (cm)　h) 34 cm^3 (l)
c) 2390 dm (km)　i) 545 dm^3 (hl)
d) 12,04 km^2 (ha)　j) 3,725 t (kg)
e) 9 cm^2 (m^2)　k) 85 mg (g)
f) 92,043 ha (a)　l) 98 kt (Mt)

6 Schreibe in der nächstgrößeren Einheit und runde auf zwei Stellen nach dem Komma.

a) 535 m　g) 5415 kt　m) 5,7 cm^3
b) 5918 m　h) 784,5 t　n) 7603 cm^3
c) 78,7 m　i) 73,1 kt　o) 6697 dm^3
d) 4013 kg　j) 375,4 g　p) 279,4 mm^3
e) 18,6 kg　k) 5,9 g　q) 775 ml
f) 108,5 mg　l) 17 008 dm^3　r) 1503 ml

7 Schreibe die Größe in der in den Klammern angegebenen Maßeinheit.

a) 5 m 35 cm (m)　f) 7 a 75 m^2 (a)
b) 18 m 3 cm (m)　g) 15 ha 3 a (ha)
c) 4 kg 15 g (kg)　h) 8 m 23 mm (dm)
d) 5 kg 15 g (g)　i) 5 t 75 kg (kg)
e) 8 t 25 kg (t)　j) 25 g 7 mg (g)

8 Schreibe in der nächstkleineren Einheit. Runde dabei auf ganze Maßzahlen.

a) 0,569 m　f) 0,9367 ha　k) 8,2045 g
b) 3,4872 km　g) 1,027 m^2　l) 1,60839 kg
c) 14,335 cm　h) 7,4839 cm^2　m) 3,972 hl
d) 2,074 dm　i) 0,3754 kg　n) 0,33791 m^3
e) 6,2435 a　j) 2,67983 t　o) 0,0965 cm^3

9 Verwandle in die größte vorkommende Einheit und berechne.

a) 1834 m + 736 m + 2 km 475 m + 80 m
b) 9 cm 3 mm + 6,38 m + 2 m 17 cm + 78 cm
c) 13,496 m^2 – 3 m^2 75 dm^2 + 73 dm^2 + 8 m^2
d) 35 m^3 + 6,7 m^3 – 45 dm^3 – 7 m^3 + 49 dm^3
e) 45,27 hl + 3 hl 9 l – 16,9 hl – 400 l + 6,5 l
f) 317,245 kg + 317 g + 12 kg 19 g + 3,9 kg
g) 15,495 t – 30 kg – 2,9 t – 525 kg – 3375 g
h) 0,5 Mt + 6747 kt – 0,034 Mt – 6800 t

10 Berechne den Umfang und den Flächeninhalt der geometrischen Figur.

a)
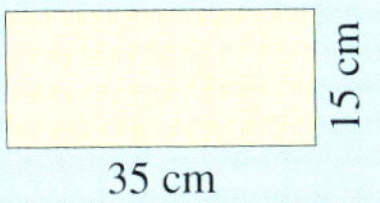

b)
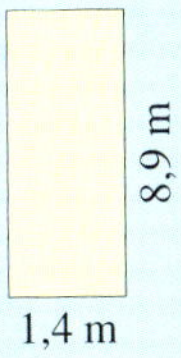

c)
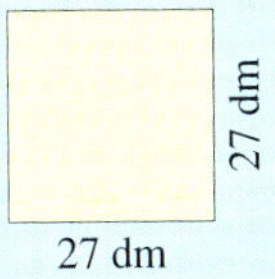

d)
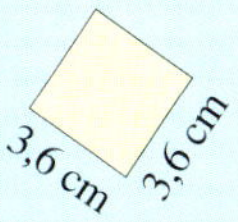

e)
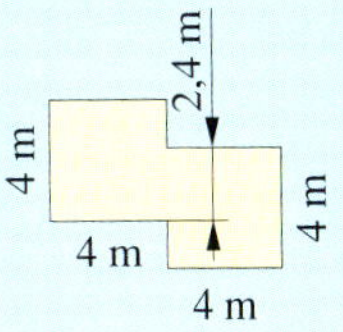

f)
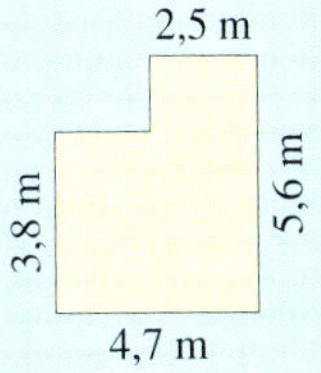

g)
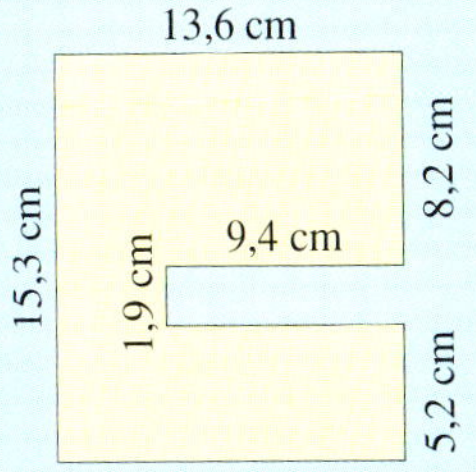

11 Berechne die Oberfläche und das Volumen der Körper (Maße in cm).

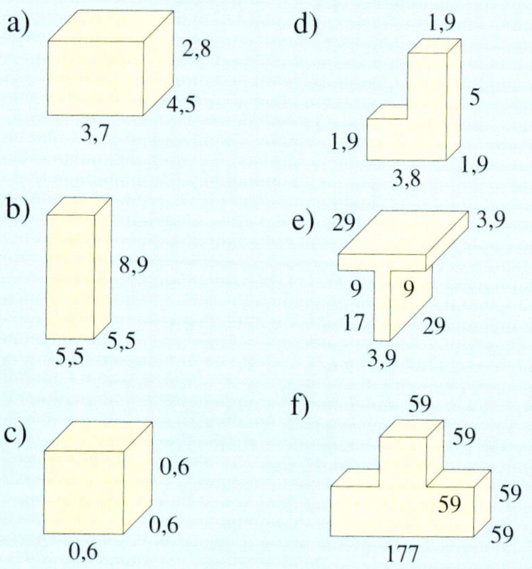

12 Die Frontseite des Wohnhauses soll eine Wärmedämmung erhalten. Die Fläche im Giebeldreieck ist $\frac{1}{4}$ der restlichen Fläche. Man rechnet mit 47,50 € Kosten pro Quadratmeter. Welche Kosten entstehen?
Die Fenster mit je 2,25 m^2 und die Tür mit 4,4 m^2 Fläche werden natürlich nicht verkleidet.

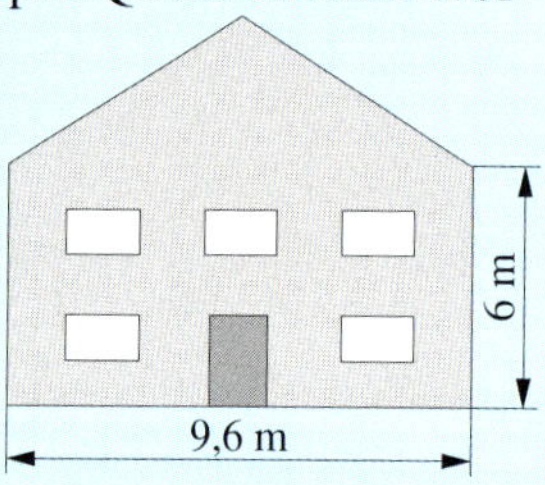

13 Familie Heuser lässt das Wohnzimmer mit Teppichboden auslegen.

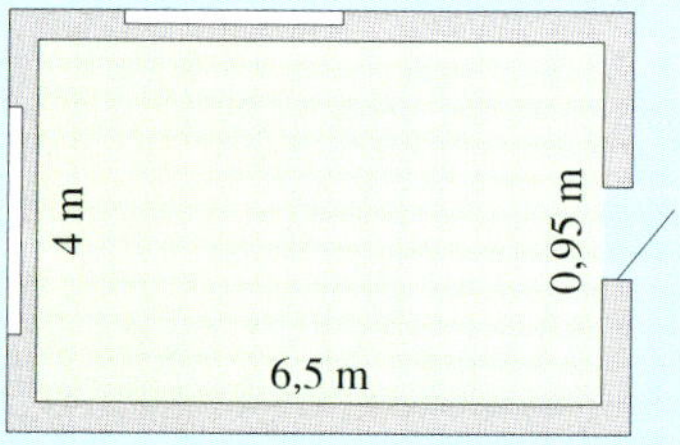

a) Der Preis für 1 m^2 einschließlich Verlegung beträgt 62,40 €. Berechne die Kosten.
b) Für das Anbringen von 1 m Sockelleiste berechnet die Firma insgesamt 4,49 €. Wie viel kostet diese Leistenverlegung?
c) Welche Rechnungssumme ergibt sich?
d) Auf die Rechnungssumme müssen noch 16% Mehrwertsteuer aufgeschlagen werden. Wie hoch wird die Endrechnung?

14 Eine rechteckige Terrasse von 5,5 m Länge und 4,5 m Breite soll neu mit Platten belegt werden.
a) Wie viel Quadratmeter sind zu belegen?
b) Wie viele quadratische Platten mit 50 cm Kantenlänge müssen bestellt werden, wenn beim Verlegen mit 12% Bruch gerechnet wird?

15 Eine rechteckige Wiese ist 145 m lang und 65 m breit.
a) Gib den Flächeninhalt der Wiese in m^2 und in a an.
b) Die Wiese wird eingezäunt. Wie lang ist der Umfang des Zauns?

16 Ein quaderförmiger Behälter soll mit Wasser gefüllt werden. Der Behälter ist innen 5,9 dm lang, 3,9 dm breit und 2,9 dm hoch. Wie viel Liter wurden eingefüllt, wenn der Behälter bis an den Rand gefüllt ist?

17 Ein quaderförmiger Pfeiler ist 60 cm lang, 55 cm breit und hat eine Höhe von 2,5 m. Wie viel Quadratmeter beträgt seine zu streichende Fläche?

18 Ein Aquarium ist 75 cm lang und 30 cm breit.
a) Wenn das Aquarium bis 4 cm unter den oberen Rand gefüllt ist, enthält es 101,25 Liter Wasser. Wie hoch ist das Aquarium?
b) Wie hoch steht das Wasser ungefähr, wenn das Aquarium mit sechs „normalen“ Wassereimern gefüllt wurde?

19 In eine quaderförmige Baugrube mit 24,5 m Länge, 15,8 m Breite und 2,2 m Tiefe wird eine 40 cm dicke Betonplatte gegossen. Die seitlichen Begrenzungen der Platte sind 1,5 m von den Grubenwänden entfernt. Wie viel Kubikmeter Beton werden für die Betonplatte verwendet?

20 Die Kantenlänge eines Würfels mit den Abmessungen 1,5 dm wird verdoppelt. Wie ändert sich dadurch
a) das Volumen, b) die Oberfläche?

Mathematische Grundfertigkeiten

TERME UND GLEICHUNGEN

Vereinfachen von Termen in Summen und Differenzen

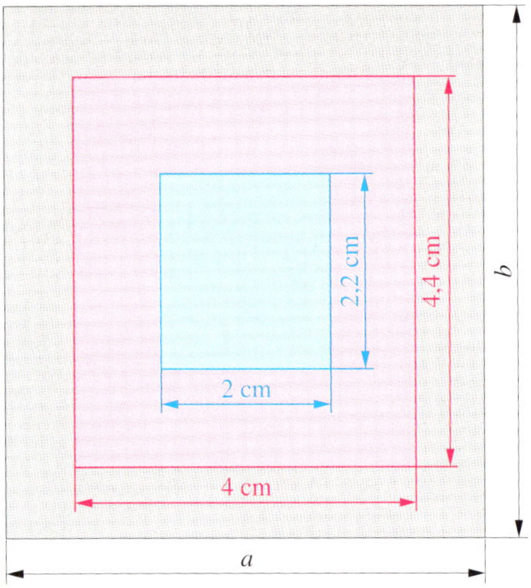

Der Umfang der dargestellten Rechtecke wird so berechnet:

$u = 2 + 2{,}2 + 2 + 2{,}2$
$u = 2 + 2 + 2{,}2 + 2{,}2$
$u = 2 \cdot 2 + 2 \cdot 2{,}2 = 4 + 4{,}4 = 8{,}4$
Umfang: 8,4 cm

$u = 4 + 4{,}4 + 4 + 4{,}4$
$u = 4 + 4 + 4{,}4 + 4{,}4$
$u = 2 \cdot 4 + 2 \cdot 4{,}4 = 8 + 8{,}8 = 16{,}8$
Umfang: 16,8 cm

Der Umfang eines beliebigen Rechtecks wird so berechnet:
$u = a + b + a + b$
$u = a + a + b + b$
$u = 2a + 2b$

In einer Summe oder Differenz dürfen **nur gleiche Variablen** zusammengefasst werden.

Beispiele

1. $x + y + x + y = x + x + y + y = 2x + 2y$
2. $3a + 2b + 5a + 6b + 2a = 3a + 5a + 2a + 2b + 6b = 10a + 8b$
3. $11x + 13y - 2y + 5x = 11x + 11y + 5x = 11x + 5x + 11y = 16x + 11y$
4. $x + y - y + x = x + 0y + x = x + x = 2x$

Übungen

1 Fasse zusammen.

a) $b + b + b + x + x$
b) $g + g + 2h + g + h$
c) $5m + 3n + 4m + 7n$
d) $7s + 2t + 5t + 3s$
e) $15s + 32a + 78a$
f) $13e + 57f + 126e$
g) $37p + 28q + 152p$
h) $57d + 56f + 118d$
i) $89r + 13t + 25r$
j) $17a + 16b + a + 4b$

2 Fasse zusammen.

a) $4a + 7b + 8c + 3a + 4b + 6c$
b) $9u + 11w + 13v + 5v + 11w + 23u$
c) $286p + 341q + 387p + 451q + 132p$
d) $751d + 643e + 12f + 456d + 864f + 114e$
e) $367m + 872n + 421m + 467n + 578k + k$
f) $1003x + 981y + 753x + 1782y + 321y$

3 Fasse zusammen.

a) $12a + 27b - 8b + 6a + 11b + 3a$
b) $23x - 8x + 17y + 34x - 9x + 58y$
c) $19m - 7m - 4m + 18n - 7n + 26m - 13m$
d) $89p + 79q - 79q - 12p + 17q + 4q$
e) $145r - 75r + 204s + 55r - 196s$
f) $47e + 123g + 144f + 47e - 11g - 56f$

4 Vereinfache den Term.

a) $3{,}5a + 0{,}6b + 2{,}7a + 1{,}3b$
b) $2{,}4c + 3{,}4d + 0{,}9d + 7{,}8c$
c) $0{,}75g - 4{,}05h + 7{,}84g + 0{,}01h$
d) $7{,}3x + 5{,}9y - 2{,}8y + 3{,}4x$
e) $12{,}9s - 4{,}2s + 13{,}8t - 7{,}4s$
f) $25{,}5w + 8{,}7v - 5{,}9v - 21{,}3w - 2{,}7w$
g) $8{,}5b + 4{,}74a - 4{,}26a - 6{,}34b - 2{,}25b$

5 Fasse zusammen.

a) $3a+5b+6a-7b$
b) $7u-3v-4u+6v$
c) $5c+6d-15c-7d+11c$
d) $1{,}7x+0{,}2y-2{,}1x+0{,}1y+0{,}4x$
e) $4m+0{,}4n-0{,}4m-4n+m$
f) $14s-9t-8s-2t-6s$

6 Berechne den Umfang mithilfe des Terms.

a) $2a+2b$

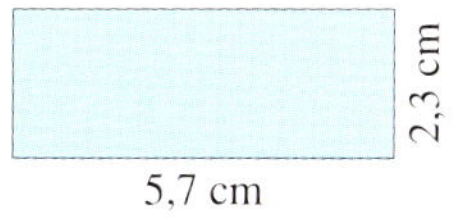

c) $2a+3b$

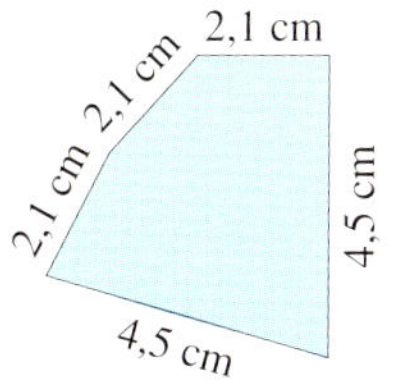

b) $2a+b$

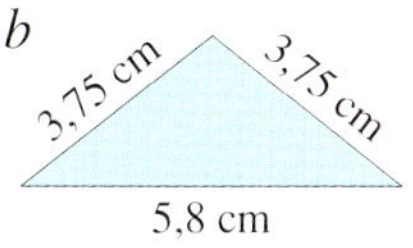

7 Gib einen Term an, mit dem der Umfang berechnet werden kann und rechne aus.

a)

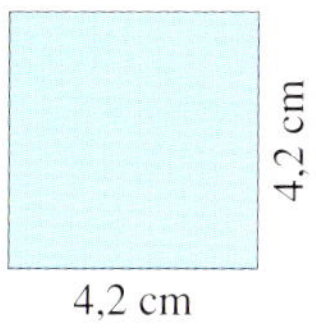

c)

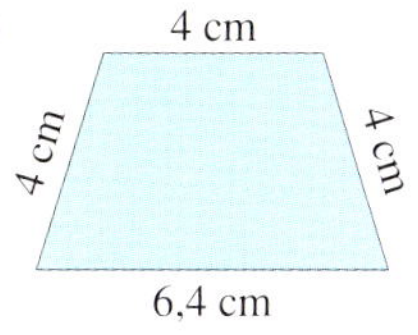

b)

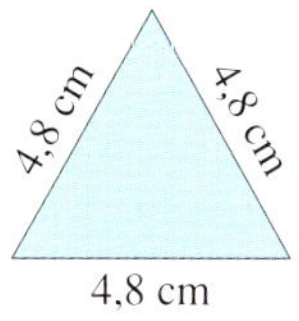

d)

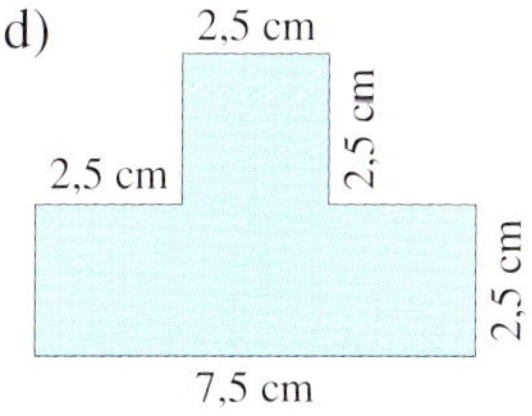

8 Miss die Seitenlängen der Figur und gib einen Term an; mit dessen Hilfe der Umfang berechnet werden kann.

a)

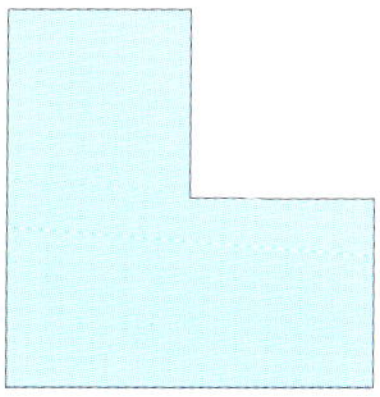

c)

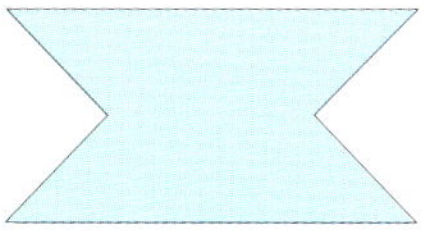

d)

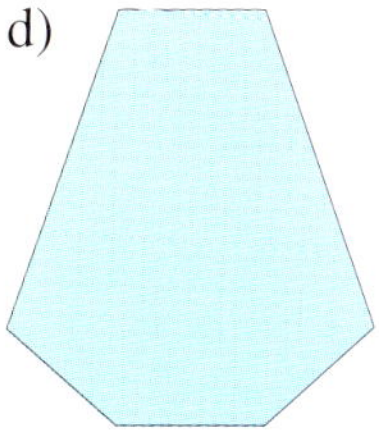

b)

9 Zeichne die Figur in dein Heft. Gib einen Term an, mit dem der Umfang berechnet werden kann.

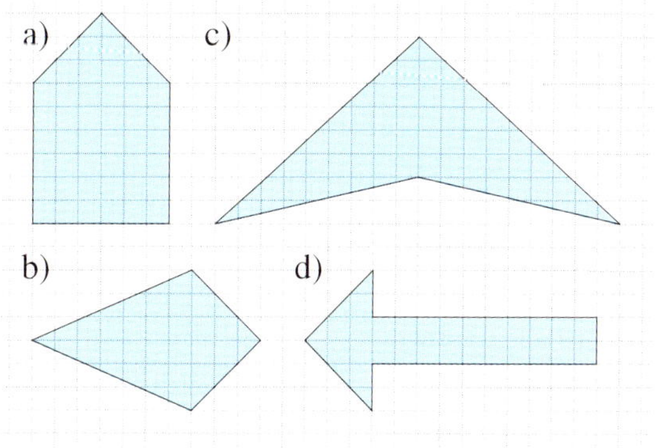

10 Fasse zusammen

a) $\frac{1}{7}a+\frac{2}{5}b+\frac{5}{7}a+\frac{1}{5}b$
d) $\frac{1}{3}a+\frac{3}{4}b+\frac{1}{12}b+\frac{4}{9}a$
b) $\frac{1}{3}b+\frac{2}{9}c+\frac{5}{9}c+\frac{1}{3}b$
e) $\frac{2}{7}s+\frac{1}{2}t+\frac{3}{14}s+\frac{1}{4}t$
c) $\frac{1}{4}a+\frac{2}{5}b+\frac{3}{8}a+\frac{1}{3}b$
f) $\frac{5}{8}u+\frac{1}{4}v+\frac{1}{2}v+\frac{1}{4}u$

11 Vereinfache.

a) $\frac{1}{2}x+\frac{1}{5}y+\frac{2}{3}y+\frac{3}{7}x$
b) $\frac{5}{9}e+\frac{5}{6}f+\frac{2}{5}e+\frac{1}{7}f$
c) $\frac{5}{6}m+\frac{2}{9}n+\frac{1}{8}m+\frac{5}{12}n$
d) $\frac{3}{7}p+\frac{7}{10}q+\frac{2}{15}q+\frac{3}{14}p$
e) $\frac{5}{12}a+\frac{7}{12}b+\frac{5}{18}a+\frac{7}{30}b$
f) $\frac{5}{16}y+\frac{7}{12}z-\frac{1}{4}y-\frac{5}{6}z+\frac{1}{8}y$
g) $\frac{12}{17}s-\frac{2}{7}t-\frac{4}{51}s+\frac{5}{6}t+\frac{1}{3}s$

12 Welche der angegebenen Terme musst du addieren, um den Term $\frac{9}{10}x+\frac{14}{15}y$ zu erhalten. Schreibe die Addition auf.

$\frac{2}{3}y$	$\frac{3}{10}x$	$\frac{4}{15}y$
$\frac{1}{2}x$	$\frac{3}{5}y$	$\frac{2}{5}x$

13 Vereinfache den Term.

a) $2\frac{3}{5}a+9\frac{1}{2}b+1\frac{1}{6}a+1\frac{2}{5}b$
b) $6\frac{1}{4}v+9\frac{3}{8}w+2\frac{2}{3}v+2\frac{3}{5}w$
c) $4\frac{7}{11}x+3\frac{7}{8}y+2\frac{1}{6}x+2\frac{1}{4}y+1\frac{2}{3}x$
d) $7\frac{5}{12}a+3\frac{1}{8}b+1\frac{1}{4}a+\frac{1}{4}b+\frac{1}{3}a+b$

Vereinfachen von Termen in Produkten

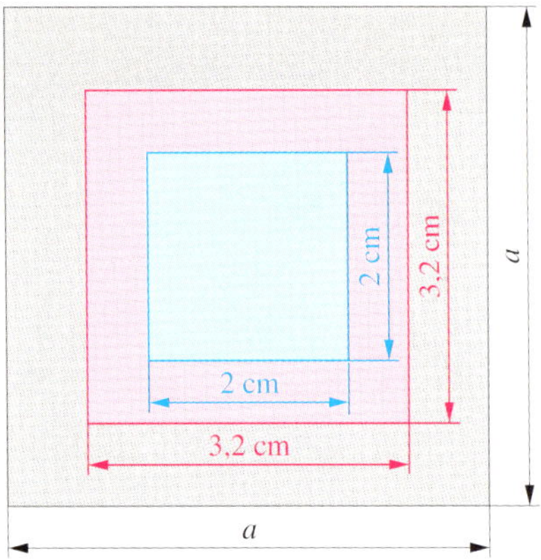

Der Flächeninhalt der dargestellten Quadrate wird so berechnet:

$A = 2 \cdot 2 = 2^2$
Flächeninhalt: 4 cm^2

$A = 3{,}2 \cdot 3{,}2 = 3{,}2^2$
Flächeninhalt: 10,24 cm^2

Flächeninhalt eines beliebigen Quadrats:
$A = a \cdot a$
$A = a^2$

Wenn gleiche Faktoren multipliziert werden, kann man dieses Produkt vereinfacht als Potenz schreiben.

Beispiele

1. $8 \cdot 8 = 8^2$
2. $x \cdot x = x^2$
3. $7 \cdot 7 \cdot 7 = 7^3$
4. $y \cdot y \cdot y = y^3$
5. $6 \cdot 6 \cdot 6 \cdot 6 = 6^4$
6. $z \cdot z \cdot z \cdot z = z^4$

Übungen

1 Schreibe das Produkt der Zahlen vereinfacht als Potenz.

a) $8 \cdot 8$
b) $5 \cdot 5 \cdot 5 \cdot 5$
c) $3 \cdot 3 \cdot 3$
d) $2 \cdot 2 \cdot 2 \cdot 2 \cdot 2$
e) $7 \cdot 7 \cdot 7 \cdot 7$
f) $4 \cdot 4 \cdot 4 \cdot 4 \cdot 4 \cdot 4$

2 Schreibe das Produkt der Variablen vereinfacht als Potenz.

a) $b \cdot b$
b) $y \cdot y \cdot y$
c) $z \cdot z \cdot z \cdot z$
d) $p \cdot p \cdot p$
e) $m \cdot m \cdot m \cdot m \cdot m \cdot m$
f) $q \cdot q \cdot q \cdot q \cdot q$
g) $r \cdot r \cdot r \cdot r$
h) $s \cdot s \cdot s$

3 Schreibe die Potenz ausführlich als Produkt und rechne aus.

a) 3^2
b) 4^3
c) 8^2
d) 9^3
e) 2^3
f) 5^2
g) 1^3
h) 3^4
i) 7^2
j) 2^6
k) 6^3
l) 5^3
m) 1^7
n) 9^4
o) 5^7
p) 7^5
q) 8^6
r) 6^8
s) 9^6
t) 7^8

4 Berechne den Wert des Terms für $x = 2$.

a) x^2
b) x^4
c) x^3
d) x^5
e) x^6
f) x^7
g) x^8
h) x^9

5 Berechne für die in Aufgabe 4 gegebenen Terme jeweils den Wert für $x = 1{,}2$.

6 Übertrage die Tabelle in dein Heft und fülle sie aus.

	a)	b)	c)	d)	e)	f)
y	1	3	6	2	2,1	$\frac{2}{3}$
y^2						
y^3						
y^4						

7 Die gewürfelten Augenzahlen von zwei Würfeln sollen miteinander multipliziert werden. Finde alle neun Möglichkeiten von Potenzen, die dabei auftreten können. Beachte, dass bestimmte Augenzahlen des Würfels sich auch als Produkte schreiben lassen.

Addition von Potenzen

Ein Rechteck wurde aus gleich großen Quadraten zusammengesetzt.

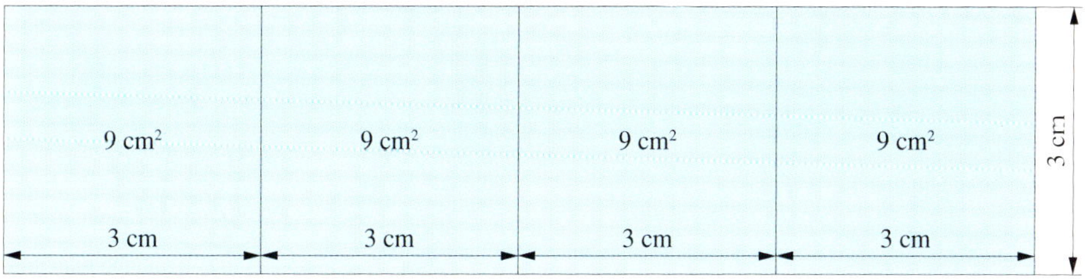

Der Flächeninhalt dieses Rechtecks lässt sich aus den Flächeninhalten der Quadrate berechnen.

Vereinfacht: $A = 3^2 + 3^2 + 3^2 + 3^2 = 9 + 9 + 9 + 9 = 36$
$A = 4 \cdot 3^2 \quad = 4 \cdot 9 \quad = 36$
Flächeninhalt: $36\ \text{cm}^2$

Dieses Rechteck lässt sich in gleich große Quadrate zerlegen.

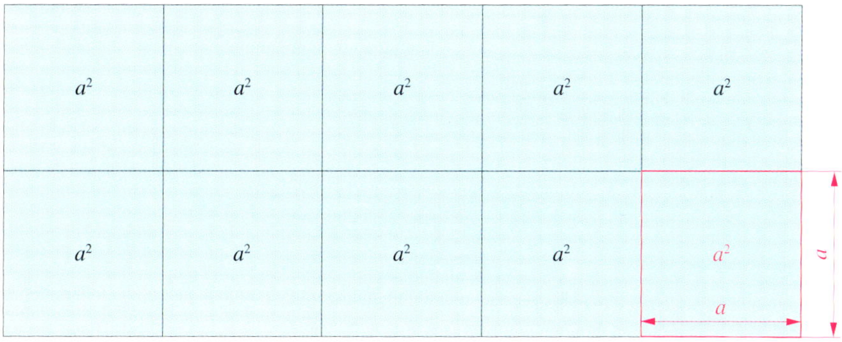

Für den Flächeninhalt des Rechtecks, das aus den Quadraten mit der Seitenlänge a zusammengesetzt ist, gilt: $A = a^2 + a^2 + a^2 + a^2 + a^2 + a^2 + a^2 + a^2 + a^2 + a^2 = 10 \cdot a^2 = 10\,a^2$

1 a) Entnimm der Zeichnung die Länge von a. Berechne den Flächeninhalt eines Quadrats und daraus den Flächeninhalt des Rechtecks.

b) Entnimm der Zeichnung die Maße des Rechtecks und berechne den Flächeninhalt. Vergleiche mit dem Ergebnis von a).

> Für Potenzen als Summanden gilt:
> Gleiche Summanden kann man zusammenfassen.

Wenn man den Wert von Termen, in denen Potenzen vorkommen, berechnen will, muss man zuerst den Wert der Potenzen berechnen.

Beispiele

1. $3^2 + 3^2 + 3^2 + 3^2 = 4 \cdot 3^2$
2. $y^3 + y^3 + y^3 + y^3 + y^3 = 5\,y^3$
3. $a^2 + 5\,a^2 = 1\,a^2 + 5\,a^2 = 6\,a^2$
4. $8\,a^2$ hat für $a = 3$ den Wert $8 \cdot 3^2 = 8 \cdot 9 = 72$
5. $5\,x^3$ hat für $x = 2$ den Wert $5 \cdot 2^3 = 5 \cdot 8 = 40$
6. $4\,y^4$ hat für $y = -2$ den Wert $4 \cdot (-2)^4 = 4 \cdot 16 = 64$

Übungen

2 Schreibe als Multiplikation.
a) $x^2 + x^2 + x^2 + x^2$
b) $r^2 + r^2 + r^2 + r^2 + r^2 + r^2$
c) $a^5 + a^5 + a^5$
d) $y^4 + y^4 + y^4 + y^4$
e) $z^3 + z^3 + z^3 + z^3 + z^3 + z^3$

3 Schreibe als Addition.
a) $3m^2$ b) $2n^3$ c) $6w^4$ d) $4v^6$

4 Vereinfache.
a) $3c^2 + c^2$
b) $2x^3 + x^3 + x^3$
c) $a^2 + 2a^2 + a^2 + a^2$
d) $b^2 + b^2 + 3b^2 + b^2$
e) $y^4 + 4y^4 + y^4 + y^4 + y^4 + y^4$

5 Vereinfache.
a) $2x^2 + 3x^2$
b) $5a^2 - 4a^2$
c) $5b^3 + 6b^3$
d) $9v^2 + 15v^2$
e) $17s^5 - 14s^5$
f) $34y^7 - 25y^7$

6 Berechne den Wert der Terme für $x = 2$.
a) $x^2 + x^2$
b) $x^2 + x^2 + x^2 + x^2$
c) $x^3 + x^3 + x^3 + x^3 + x^3$
d) $x^4 + x^4 + x^4$

7 Berechne den Wert der Terme für $x = -3$.
a) $3x^2$ c) $2x^3$ e) $2x^4$ g) $7x^5$
b) $6x^2$ d) $4x^3$ f) $10x^4$ h) $3x^6$

8 Ordne zuerst und vereinfache.
a) $a^2 + b^2 + a^2 + b^2$
b) $x^2 + y^2 + x^2 - x^2 + y^2 + x^2$
c) $m^2 + n^3 + m^2 + n^3 - n^3 + m^2$
d) $y^3 + y^2 + y^3 + y^2 - y^2 + y^3 - y^3$

9 Ordne zuerst und fasse zusammen.
a) $2a^2 + 4b^2 + 3a^2$
b) $4t^2 + 6s^3 - 2s^3 + 5t^2$
c) $2u^2 + 3w^3 + 2u^2 + w^3$
d) $14x^3 - 6x^3 + 14x^2 - 6x^2 + 2x^3$
e) $3x^2 + 2y^2 + 8z + 2x^2 + 3y^2 + 4z + y^2$
f) $2x + 2x^2 + 3x^3 - 2x^3 + 3x^2 - 3x + x$

10 Ordne zuerst und fasse zusammen.
a) $3{,}4y^2 + 7{,}8x^3 + 2{,}8x^3 + 1{,}4y^2$
b) $1{,}08a^4 + 0{,}75b^4 + 3{,}25b^4 + 2{,}38a^4$
c) $0{,}07b + 0{,}32a^2 - 0{,}15a^2 + 1{,}05a^2$
d) $\frac{1}{8}u^2 + \frac{1}{4}v^3 + \frac{3}{8}u^2 + \frac{3}{4}v^3$
e) $\frac{4}{7}x^2 + \frac{3}{9}y^2 + \frac{1}{3}x^2 + \frac{1}{6}y^2$

11 a) Aus wie vielen Feldern besteht das Spielfeld eines Schachbretts?

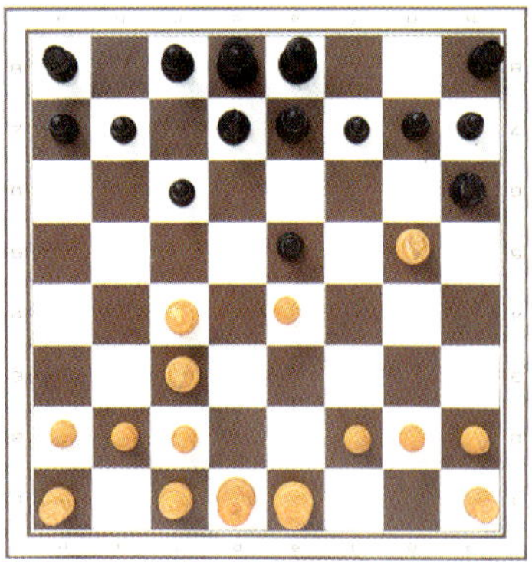

b) Gib einen Term an, mit dem der Flächeninhalt eines Feldes berechnet werden kann.
c) Gib einen Term an, mit dem der Flächeninhalt des gesamten Spielfeldes aus den Einzelflächen berechnet werden kann.

12 In einer Parkanlage befindet sich ein großes Schachspiel. Es wurden nicht nur für das Spielfeld quadratische Betonplatten mit 40 cm Kantenlänge verwendet.
a) Gib den Term zur Berechnung des Flächeninhalts einer Betonplatte an.
b) Gib den Term zur Berechnung der gesamten Fläche an, die mit diesen Platten belegt ist.
c) Berechne den gesamten Flächeninhalt der Fläche in m^2, die mit quadratischen Platten belegt wurde.

Addition von Produkten

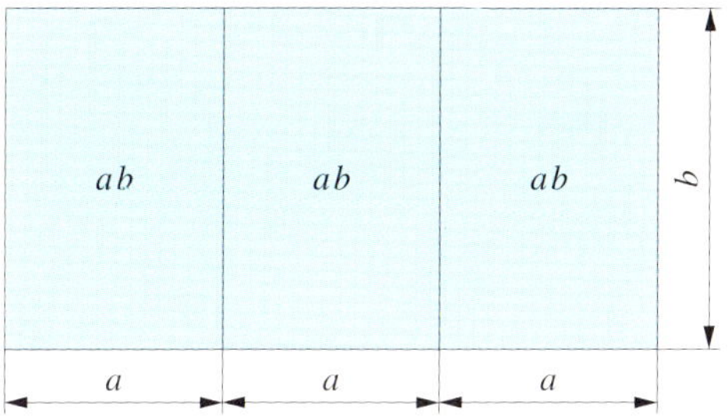

Flächeninhalt eines beliebigen Rechtecks:
$A = a \cdot b$
$A = ab$

Diese Figur wurde aus gleich großen Rechtecken zusammengesetzt. Ihr Flächeninhalt lässt sich dann so angeben:
$A = ab + ab + ab = 3ab$

> Für Produkte als Summanden gilt:
> Gleiche Summanden kann man zusammenfassen.

Beispiele

1. $mn + mn + mn + mn + mn = 5mn$

2. $1{,}5\,a^2b - 5{,}4\,ab^2 - 4{,}2\,a^2b = -2{,}7a^2b - 5{,}4\,ab^2$

Übungen

1 Schreibe als Multiplikation.
a) $ab + ab + ab + ab$
b) $xy + xy + xy + xy + xy$
c) $uv + uv + uv + uv + uv + uv$
d) $rs + rs + rs + rs$

2 Schreibe ausführlich als Addition.
a) $3ab + ab$
b) $cd + 4cd$
c) $2st + st$
d) $3rs + 2rs$
e) $2xy + 5xy$
f) $4mn + 3mn$

3 Ordne zuerst und vereinfache.
a) $xy + ab + xy + ab$
b) $rs + uv + rs + uv + rs$
c) $cd + a - a + cd + a$
d) $vw + x + vw - vw + x + x$
e) $x + xy + x + xy + x + xy - xy$

4 Ordne zuerst und fasse gleiche Summanden zusammen.
a) $xy + 3ab + 6xy + ab$
b) $4yz + uv + yz + 5uv$
c) $2ab + 3cd + 8ab + 7cd$
d) $14mn + 17pq + 21pq + 34mn$
e) $37vw - 14vw + 19kl - 5kl + 8vw$

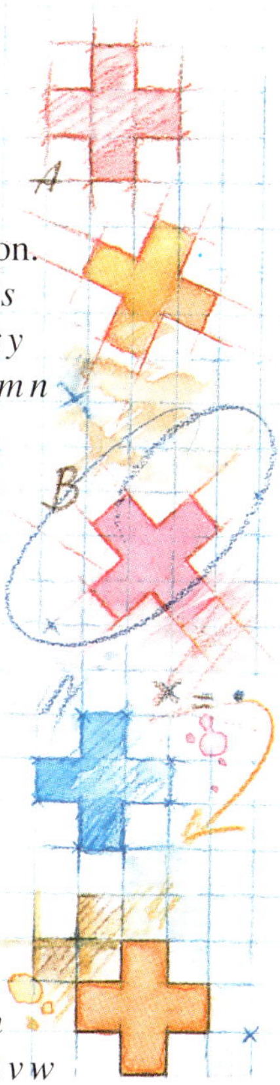

5 Fasse gleich Summanden zusammen.
a) $x^2 + xy + 2x^2 + xy$
b) $3ab + 4a^2 + 2ab + 5a^2$
c) $13pq - 5pq + 8p^2 + 6pq + 7p^2$
d) $7mn + 4n^2 + 5mn + 13mn + 6n^2$
e) $48rs + 19r^2 - 12r^2 + 27s^2 - 6s^2 + 5rs$
f) $32uv - 16uv + 26a^2 + 4uv - 15a^2$
g) $16k^2 - 31kl + 7kl - 27k^2 - 14kl - 5k^2$

6 Fasse zusammen.
a) $a + 2a + 3ab - ab + b^2 + 2a$
b) $2uv + 3u + 5v^2 + 6uv + v^2 + 6u$
c) $8mn + 4m^2 + n^2 + 6n^2 + 7m^2 + 17mn$
d) $14xy + 7xy - 2xy + x^2 + y^2 + 5x^2 + 2y^2$
e) $6x^2y + 5xy + 6y + 5x^2y + 2xy + 4y$
f) $9pq + 4p^2 - 2p^2 + 7pq + 5q^2 - 3q^2$
g) $23s^2 + 15t^2 + 6s^2t + 5t^2 + 16s^2 + 7s^2t$

7 Fasse zusammen.
a) $4{,}2ab + 5{,}1cd + 6{,}7ab + 8{,}6cd$
b) $1{,}85x + 4{,}28xy + 1{,}27x + 3{,}54xy$
c) $0{,}28r - 0{,}01r + 4{,}72rs - 3{,}08rs$
d) $\frac{1}{5}ax + \frac{1}{6}bx + \frac{3}{4}ax + \frac{1}{3}bx$
e) $\frac{7}{8}uv + \frac{1}{8}rs + \frac{1}{3}uv + \frac{2}{3}rs$
f) $\frac{4}{9}pq + \frac{2}{7}yz + \frac{2}{3}pq + \frac{3}{14}yz + \frac{5}{6}pq$
g) $\frac{5}{8}a^2 + \frac{2}{7}ab + \frac{1}{4}a^2 + \frac{1}{2}a^2 + \frac{1}{4}ab$

Auflösen von Klammern

Frau Brauer überprüft die letzten zwei Auszüge 47 und 48 ihres Kontos bei der Bank. Die verschiedenen Geldinstitute verwenden unterschiedliche Symbole für „Eingänge“ bzw. Guthaben (**H** Haben oder +) und Ausgaben bzw. „überzogenes“ Guthaben (**S** Soll oder –).

Die wichtigsten Inhalte der Auszüge von Frau Brauer wurden hier zusammengestellt.

Auszug 47		Währung EUR
30.05.	Lohn	1350,00 H
31.05.	Kontogebühr	2,50 S

letzter Auszug	Auszugsdatum	alter Kontostand	neuer Kontostand
26.05.	01.06.	108,00 H	1455,50 H

Auszug 48		Währung EUR
03.06.	Miete	360,00 S
03.06.	Versicherung	40,00 S
05.06.	Telefon	28,00 S
10.06.	Kindergeld	126,00 H

letzter Auszug	Auszugsdatum	alter Kontostand	neuer Kontostand
01.06.	11.06.	1455,50 H	1153,50 H

Es gibt zwei Möglichkeiten, den neuen Kontostand nach dem Auszug zu berechnen.

1. Der neue Kontostand wird schrittweise aus dem alten Kontostand berechnet.

$108 + 1350 - 2{,}50 = 1455{,}50$

$1455{,}50 - 360 - 40 - 28 + 126 = 1153{,}50$

2. Zunächst wird der Betrag für die Buchungen seit dem letzten Auszug berechnet und dann mit dem alten Kontostand „verrechnet“.

Bei dem Auszug 47 berechnen wir den Betrag, um den sich der Kontostand **erhöht** hat. Das heißt aber, dass sich der Kontostand *nicht* (–) um die Kontogebühr erhöht hat.

$1350 - 2{,}50 = 1347{,}50$
$108 + \quad 1347{,}50 \quad = 1455{,}50$

$108 + (1350 - 2{,}50) = 1455{,}50$

Bei dem Auszug 48 berechnen wir den Betrag, um den sich der Kontostand **verringert** hat. Dabei ist zu beachten, dass sich der Kontostand *nicht* (–) um das Kindergeld verringert hat.

$360 + 40 + 28 - 126 = 302$
$1455{,}50 - \quad 302 \quad = 1153{,}50$

$1455{,}50 - (360 + 40 + 28 - 126) = 1153{,}50$

Beide Rechnungen führen jeweils zum gleichen Ergebnis.

$108 + (1350 - 2{,}50) =$
$108 + \ 1350 - 2{,}50$

$1455{,}50 - (360 + 40 + 28 - 126) =$
$1455{,}50 - \ 360 - 40 - 28 + 126$

Eine Klammer, vor der ein Pluszeichen steht, kann man weglassen.
Die Zeichen des Terms in der Klammer ändern sich nicht.

Zum Beispiel:
$a + \ (b + c - d) = a + b + c - d$
$a + (-b + c - d) = a - b + c - d$

Eine Klammer, vor der ein Minuszeichen steht, löst man auf, indem man den Term in der Klammer mit den entgegengesetzten Zeichen schreibt.

Zum Beispiel:
$a - \ (b + c - d) = a - b - c + d$
$a - (-b + c - d) = a + b - c + d$

Beispiele

1. $-5x + (-x + 2x + 10 - 5x)$
$= -5x - x + 2x + 10 - 5x$
$= -9x + 10$

2. $-3a - (-b + 4a + 2b - 6a)$
$= -3a + b - 4a - 2b + 6a$
$= -a - b$

3. $2x - [4x - (y + x) - 3y]$
$= 2x - [4x - y - x - 3y]$ innere Klammern auflösen
$= 2x - 4x + y + x + 3y$ äußere Klammern auflösen
$= x + 4y$ zusammenfassen

Übungen

Schreibe ohne Klammern und fasse die Terme zusammen, wenn es möglich ist.

1 a) $x - (a + 3)$
b) $x - (3 + a)$
c) $x + (14 - y)$
d) $x - (r - z)$
e) $y + (z + 5)$
f) $y + (-x + 7)$
g) $y + (-8 - x)$
h) $y - (-m - z)$

2 a) $a + (b + d)$
b) $a - (b + d)$
c) $a - (b - d)$
d) $a + (b - d)$
e) $a + (-b + d)$
f) $a - (-b - d)$
g) $a - (-b + d)$
h) $a + (-b - d)$

3 a) $a - (b + c + d)$
b) $a + (b + c + d)$
c) $a - (a + b - c)$
d) $a + (a - b + c)$
e) $x - (y + z - u)$
f) $r + (-s - t - v)$
g) $z - (6 - y - z)$
h) $x - (-7 + y + x)$

4 a) $3x + (2 - x)$
b) $13a - (-a - b)$
c) $2x - (2y + 3z + 7x)$
d) $x^2 + (-y^2 + 4x^2 - 5y + 9)$
e) $c - (6d + 3bc - 8c + 13)$
f) $18ab - (17a - 4ab + 6b + 25)$
g) $10{,}1x - (2{,}6y - 5{,}4x + 3{,}4z)$

5 a) $a - (b + c) - a$
b) $x + (y - x) + 12$
c) $15 - (a - 2b) + 3b$
d) $10x - (5y + 6x) + 5y - 3x$
e) $-7a - (-6b + 13a) + 8b - 4a$
f) $11r + (-5r - 9s) - 10s - 13r$
g) $-ab + 7a - 13 - (-25 - 4ab + 8a) + a$
h) $10{,}5r - (3{,}6s + 5{,}7r) - 5{,}4s + 6{,}2r$

6 a) $(a + b) + (c + b)$
b) $(a - b) - (c - b)$
c) $a - (b + c) - (d - b)$
d) $(4a + 2b) - (a^2 + 2b - 6)$
e) $(4x - 8y) - (10 - 3x + 7y)$
f) $(2a - 5b - 7) - (-9a + 6b - 15)$

7 a) $(x + 4) + (x + 4)$
b) $(2x - 3) - (x + 15)$
c) $9x - (2x + 17) - (14 - 3x)$
d) $34 + (-x - 4) + 4x - (3x + 4) - 34x$

8 a) $-(y - 1{,}5) - (2{,}5 + y)$
b) $1{,}7z - (2{,}4z + 1{,}9 - z) + 2$
c) $x + (2y - 3x) - 4{,}6x + (0{,}8y - x)$
d) $a - (1{,}6a + 2{,}8b - 1) - (a + b + 1)$

9 a) $x - [x - (x + 2) - 2]$
b) $2x + [3 - (x - 3) + 5x] - 6$
c) $x - [x - (3x + 12) - 2x]$
d) $2x^2 + x - [x^2 + (x - x^2)] - 2$

10 a) $a - [a - (a - b) + (a + b) + b]$
b) $12y + y - [y + 21 - (2 - 3y)]$
c) $5x - [(2x + 5) + (2x - 5)]$
d) $r - [r - (14r + 12) + (9 - 17r)]$

11 a) $(x + 3) - [x + (3x - 4)]$
b) $[(2x - 5) - 17] - (7x - 5)$
c) $[18y - (12 + y) + 24y] - (y - 48)$
d) $(-3a + 4) - [-3 + (a - 12) - 4a]$

12 a) $(a + 4) - [12 - (a + 2) - (a + 2)]$
b) $(x + 8) + [(4x - 9) - (x - 5) + 6]$
c) $15b - (8b + 11) - [b - (14 + 3b)]$
d) $(x + y - 2) - [y - (3x + 2y - 4)]$

Auflösen von Klammern – Das Distributivgesetz

Die Grundstücke der Familien Klein und Schmidt grenzen aneinander.

Da Familie Klein noch eine Garage anbauen will, möchte sie vom Nachbarn Schmidt einen 2 m breiten Streifen seines unbebauten Grundstücks kaufen. Die Familie Schmidt ist zum Verkauf bereit.

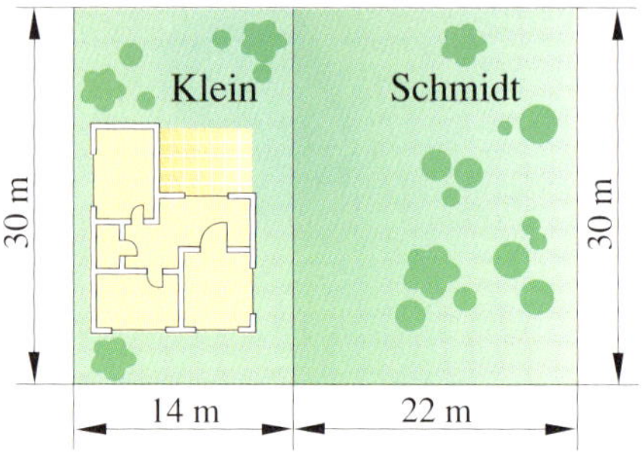

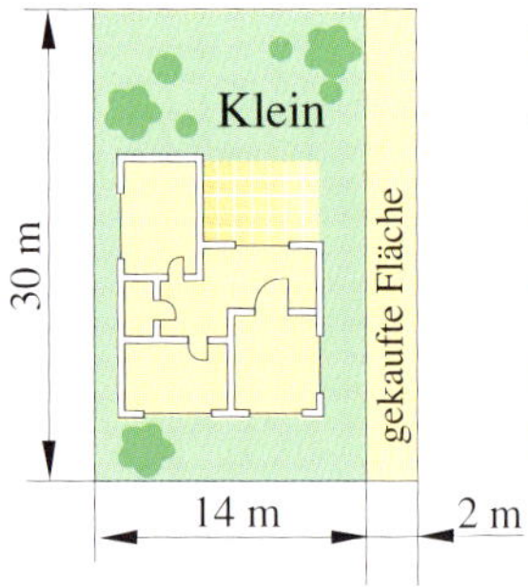

Das Grundstück von Familie Klein hat sich durch den Kauf vergrößert.

Die Fläche des Nachbargrundstücks hat sich durch den Verkauf verkleinert.

Es gibt jeweils zwei Möglichkeiten, die neue Fläche jeder Familie zu berechnen.

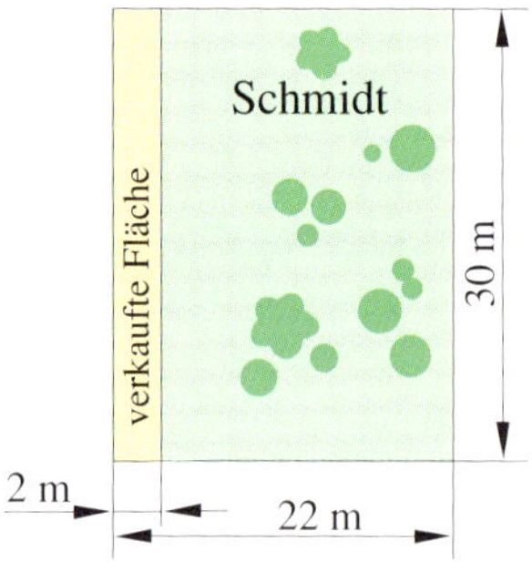

1. $A = 30 \cdot 14 + 30 \cdot 2 = 420 + 60 = 480$

2. $A = 30 \cdot (14 + 2) = 30 \cdot 16 = 480$
Fläche: 480 m^2

1. $A = 30 \cdot 22 - 30 \cdot 2 = 660 - 60 = 600$

2. $A = 30 \cdot (22 - 2) = 30 \cdot 20 = 600$
Fläche: 600 m^2

Beide Rechnungen führen jeweils zum gleichen Ergebnis. Es gilt das **Distributivgesetz.**
$30 \cdot (14 + 2) = 30 \cdot 14 + 30 \cdot 2$ $\qquad$ $30 \cdot (22 - 2) = 30 \cdot 22 - 30 \cdot 2$

Wenn in einer Klammer nur Zahlen auftreten, kann man den Wert der Klammer berechnen. Kommen jedoch in der Klammer auch Variablen vor, muss man häufig die Klammer auflösen.

Eine Summe wird mit einem Faktor multipliziert, indem man jeden Summanden in der Klammer mit dem Faktor multipliziert. (Distributivgesetz)

$$a\,(b + c) = a\,b + a\,c$$

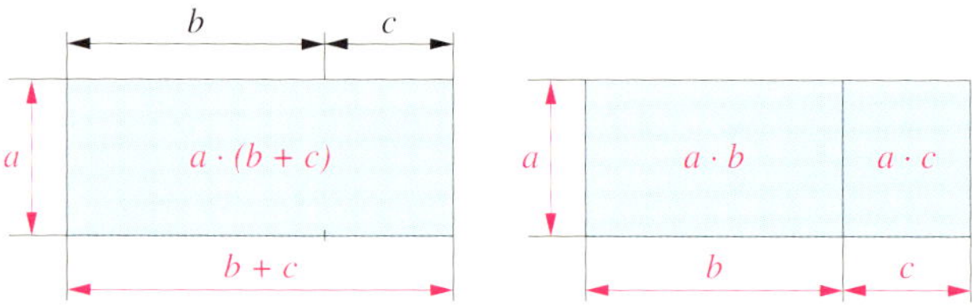

Wir vereinfachen und lassen, wenn möglich, das Multiplikationszeichen weg.

Beispiele

1. $2\,(x + 3) = 2\,x + 2 \cdot 3$

2. $(y + 6)\,x = y\,x + 6\,x$

3. $(y - 6)\,x = y\,x - 6\,x$

4. $-3\,(a - 4) = -3\,a + (-3) \cdot (-4)$

Übungen

Wenn kein anderer Auftrag formuliert wurde, dann löse die Klammern auf und fasse, wenn möglich, zusammen.

1
a) $2(a+b)$
b) $4(m-n)$
c) $3(x+y)$
d) $a(m-n)$
e) $4(1+c)$
f) $b(a-1)$
g) $x(a-c)$
h) $a(b+c)$
i) $2(1-y)$

2
a) $4(x+1)$
b) $5(3-x)$
c) $a(1+a)$
d) $a(6-a)$
e) $y(-17+y)$
f) $r(-s-8)$
g) $2x(a-1)$
h) $14b(b+a)$
i) $8(3x+4)$
j) $5(2x+6y)$
k) $4(3c-7)$
l) $y(11x+30)$
m) $5(9a-3b)$
n) $c(a+1)$
o) $4x(3a-6b)$
p) $5a(5x+y)$
q) $7x(2-4y)$
r) $12b(3x-7y)$

3 Überlege und setze = oder ≠ richtig ein.
a) $x(4+x) \;\square\; (4+x)x$
b) $x(4+x) \;\square\; x(x+4)$
c) $x(4-x) \;\square\; x(x-4)$
d) $x(-4-x) \;\square\; x(-x-4)$
e) $x(-4+x) \;\square\; x(x-4)$

4
a) $(1+b)\,2$
b) $(a\quad 1)\,5$
c) $(c-5)\,4$
d) $(a-b)\,8$
e) $(2x+6y)\,5$
f) $(3c-7)\,4$
g) $(9a-3b)\,5$
h) $(11x+30)\,y$
i) $(3a+6b)\,4x$
j) $(4x+7y)\,6a$
k) $(3a-5b)\,3y$
l) $(8a+7b)\,2c$
m) $(2a-5b)\,3d$
n) $(3d-5e)\,4x$
o) $(5x+2y)\,5z$
p) $(9c-4d)\,5e$
q) $(12a+7b)\,8x$
r) $(11x+13a)\,9d$

5
a) $-1(x+2)$
b) $-9(x^2+1)$
c) $-3z(-z+9)$
d) $-a(a-b)$
e) $-2(-5y-6z)$
f) $-2xy(-4a+7b)$
g) $(3a-4b)(-3)$
h) $(9a+7c)(-2c)$

6
a) $0{,}1(a+6)$
b) $\frac{1}{3}x(x+9)$
c) $0{,}3(2a-3b)$
d) $(30x+24y)\,0{,}003$
e) $(\frac{2}{3}a-\frac{2}{5}b)\,\frac{1}{2}$
f) $2{,}4(x^3-0{,}1)$
g) $-x(x^2+x)$
h) $\frac{2}{5}(-5-\frac{1}{2}a)$

7
a) $15a-3(4+5a)$
b) $3x+6(-2x-2y)$
c) $25vw-4w(3w-6v)$
d) $16rs+2r(-4s-3t)$
e) $(5a-6b)(-3)+4a-10b$
f) $(4x-7y+5z)\,6a-7ax$

8
a) $3(x+y-z)$
b) $(x+y-4)\,6$
c) $2(x-y-z)$
d) $(a-b+c)\,7$
e) $x(x+y-z)$
f) $y(b+x-y)$
g) $8(2x-5y+4z)$
h) $-4(15a+13b-c)$
i) $3x(17x+15y-21)$
j) $-5y(5-y+5y)$
k) $4a(-2a-3+a)$
l) $-0{,}5m(-2m+1-4)$

9
a) $-5i(18a+12b-14c+15x)$
b) $-0{,}16(2{,}5x-1{,}5y+3{,}5z)$
c) $-0{,}6(-0{,}7p-0{,}8q-0{,}1r)$
d) $(0{,}7a-3b+0{,}3c-0{,}2d)\,0{,}5y$
e) $-10a(0{,}9a+0{,}1b+1{,}3c)$

10
a) $4(5x-2xy)-3(3x-y-3)$
b) $3a+(2a+3b)\,2c+4bc$
c) $7x(2a-3b-4c)+20bx$
d) $(5m-4n)\,3x-(9m+n)\,5x-(15m+8n)\,x$
e) $7(4a+3b)-(7a-3b)\,2+3(5a-b)$
f) $(2a+3b)(-3x)-(4a+7b)(-5x)$
g) $-4x(6q-p)+3q(-2x-1)-x(9q-5p)$
h) $6r+7s+4t-8(r-s)-9(s+t)$
i) $6(a+b+c)+5(a-b+c)-9a$
j) $8(a+b+c)+6(a+b-c)-4(a-b+c)$
k) $5ab(6a-2b)-(30a+6b)\,4ab$
l) $3c(2a-11b)-17ac-4c(5b-8a)$
m) $5ab(4a-12b)-(12a+6b)\,4ab$
n) $x^2-3x(5+x)-2x(7-x)$
o) $6x(4+x)+13(x+x^2)+7x(x-1)$
p) $0{,}5x(2-x)+0{,}8(-x+x^2)+0{,}2(-x+x^2)$

11
a) $0{,}5(1{,}6a-2{,}5b)+1{,}2(-1{,}2a-0{,}8b)$
b) $\frac{3}{8}x(\frac{1}{2}x-\frac{1}{3}y)-\frac{1}{3}x(x-\frac{3}{4}y)$
c) $\frac{1}{2}a(0{,}5b-0{,}4c)+\frac{1}{3}a(0{,}6b-c)$
d) $(2{,}1m-0{,}6n)\,0{,}5-(0{,}03m+1{,}5n)\,1{,}2$
e) $\frac{3}{4}y(\frac{5}{8}x-1\frac{1}{4}y)+(\frac{2}{3}x-\frac{4}{9}y)\,2\frac{1}{4}y$

12
a) $3a[5b-(7a-4b)]-8ab$
b) $5a-2[3(4a-5b)-2(3a-7b)]+9b$
c) $5x^2[3x^3-2(4x^2-5x)+7]+38x^4$

Ausklammern

Mithilfe des Distributivgesetzes kann man nicht nur Produkte als Summen, sondern umgekehrt auch Summen als Produkte schreiben. Das ist möglich, wenn man aus allen Summanden einen gemeinsamen Faktor ausklammern kann.

Die Summanden haben den gemeinsamen Faktor a.	$ab + ac$ (Summe)	=	$a(b + c)$ (Produkt)	a ist der Faktor außerhalb der Klammer. Man sagt: a ist ausgeklammert.

Beispiele

1. $4x + 4y = 4(x + y)$
2. $ab - bc = b(a - c)$
3. $16x + 24 = 8 \cdot 2x + 8 \cdot 3$ — Wir schreiben die Summanden mit einem gemeinsamen Faktor.
   $= 8(2x + 3)$ — Wir klammern den gemeinsamen Faktor aus.
4. $ab + a = a \cdot b + a \cdot 1$ — Wir schreiben die Summanden mit einem gemeinsamen Faktor.
   $= a(b + 1)$ — Wir klammern den gemeinsamen Faktor aus.

Übungen

1 Klammere den Faktor 3 aus.

a) $9x + 9$
b) $3a - 3$
c) $15 - 15z$
d) $-12 - 12m$
e) $66z - 66y$
f) $6x + 15$
g) $12 - 9x$
h) $12y - 39$
i) $27y + 42$
j) $24 - 18a$
k) $3x^2 + 6$
l) $6x^3 + 3x^6$
m) $12a - 30b$
n) $15r - 21s$
o) $45p + 27q$

2 Klammere den Faktor 7 aus.

a) $7x + 14$
b) $7x - 14$
c) $-7x + 14$
d) $-7x - 14$
e) $21 - 35a$
f) $-35a + 21$
g) $35a - 21$
h) $-21b + 35$
i) $-63u - 56v$
j) $-56u - 63v$
k) $-56v + 63u$
l) $63v - 56u$
m) $5{,}6a - 3{,}5b$
n) $0{,}14x + 1{,}4y$
o) $-2{,}8c - 4{,}2e$
p) $-7{,}7 + 1{,}4f$
q) $\frac{7}{9} - \frac{7}{10}a$
r) $\frac{35}{36} + \frac{56}{69}y$

3 Klammere den Faktor -1 aus.

a) $13x + 5$
b) $13x - 5$
c) $-13x + 5$
d) $-13x - 5$
e) $3a - 12b$
f) $-6u + 4x$
g) $4x - 6$
h) $7x + 3$
i) $-14x - 14$
j) $56y - 43z$

4 Klammere den Faktor -5 aus.

a) $-10x + 15$
b) $15 - 10x$
c) $-15x - 10$
d) $-10 - 15x$
e) $-25a - 30b$
f) $-115a^2 - 225$

5 Klammere wie im Beispiel aus.

Beispiel: $10 - 15x = -1(10 + 15x)$
$= -1(2 \cdot 5 + 3 \cdot 5x)$
$= -1 \cdot 5(2 + 3x)$
$= -5(2 + 3x)$

a) $-2x - 2$
b) $-8x - 2$
c) $-3 - 9x$
d) $-4a - 6b$
e) $-6p - 8q$
f) $-2r - 10$
g) $-7x - 28y$
h) $-12u - 15v$
i) $-3x - 39$
j) $-4z - 48$
k) $-0{,}3a - 1{,}2b$
l) $-2{,}4u - 3{,}6v$
m) $-\frac{3}{10}x - \frac{7}{10}y$
n) $-\frac{4}{9}c - \frac{8}{9}d$

6 Klammere den gemeinsamen Faktor aus. Rechne zur Kontrolle den Term vor der Umwandlung und nach der Umwandlung aus.

a) $5 \cdot 12 + 4 \cdot 12 - 2 \cdot 12$
b) $25 \cdot 11 + 15 \cdot 25 - 2 \cdot 25$
c) $7 \cdot 5 + 14 \cdot 5 - 3 \cdot 5 - 8 \cdot 5$
d) $3 \cdot 15 \cdot 8 + 5 \cdot 15 \cdot 8 - 2 \cdot 15 \cdot 8$

7 Welcher Faktor wurde ausgeklammert?

a) $84a + 112 = \square\,(12a + 16)$
b) $17z - 25 = \square\,(-17z + 25)$
c) $-36x - 21 = \square\,(12x + 7)$
d) $-33y + 3 = \square\,(11y - 1)$
e) $14x - 21 = \square\,(2x - 3)$
f) $56 - 64x = \square\,(7 - 8x)$
g) $-18x + 36 = \square\,(x - 2)$
h) $-12x + 16 = \square\,(3x - 4)$
i) $-12x + 16 = \square\,(-3x + 4)$
j) $15x + 30 = \square\,(-x - 2)$

8 Klammere den Faktor x aus.

a) $4xz + 5x$
b) $4x + xy$
c) $xy - xz$
d) $x^2 + x$
e) $x^2 - x^3$
f) $4x^4 + 5x$
g) $ax^2 + bx^6$
h) $3x^2 + 7x^5y$
i) $5bx^2 - abx^4$

9 Klammere den Faktor $4a$ aus.

a) $12a + 4a^2$
b) $8a^2 + 4a$
c) $4a^3 + 4a^2$
d) $20a - 24ab$
e) $12ab + 28ac$
f) $-32ad + 48ac$
g) $172a + 72a^2$
h) $-196a - 196a^2b$

10 Schreibe als Produkt.

Beispiel: $2x + 4y + 8z = 2(x + 2y + 4z)$

a) $2a + 2b + 2c$
b) $2b + 4d + 8e$
c) $3u + 15v + 12w$
d) $21r + 6s + 3t$
e) $3x + 5xy + xz$
f) $6ab \quad 9b + 12bc$

11 Schreibe als Produkt.

a) $4x + 8$
b) $-9x + 27$
c) $3x - 12$
d) $18 - 9x$
e) $16 - 24x$
f) $12x + 18$
g) $14a + 28b$
h) $36r - 24s$
i) $27y + 81z$
j) $34a + 68b$
k) $-15p + 45q$
l) $25m - 125n$
m) $42z - 63$
n) $56t + 64$
o) $2ab + 4a$
p) $6xy - 15xz$
q) $8rs + 4st$
r) $12pq - 36qr$

12 Klammere einen Faktor aus.

a) $6a - 6b + 6c$
b) $7u + 7w - 7v$
c) $12x + 9y + 6z$
d) $18r - 24s - 30t$
e) $2ab + 3ac - 5ad$
f) $9ry + 9rs - 9rt$
g) $6ux - 4uy + 8uz$
h) $9ab + 3ac + 6ad$
i) $4{,}8 - 3{,}2x - 5{,}6y$
j) $0{,}6c - 1{,}2cd + 0{,}9c^2$

13 Verwandle in Produkte.

a) $bx - b$
b) $ax - 4az + 5ay$
c) $21abx - 6by + 15bz$
d) $24ab - 12bc + 48ab$
e) $5bx - by - 15bz$
f) $25ab + 125ac + 75ax$
g) $16tuv - 12uvw + 8uvx$
h) $38xy + 76yz + 19y$
i) $16a + 12b - 32cd$

14 Fasse zuerst zusammen und schreibe dann als Produkt.

a) $4x + 9y + 5x + 6y$
b) $17a + b - 27b - 4a$
c) $34 + 96z - 115 - 15z + 54$
d) $98 + 36a - 116 - 24a$
e) $115 + 27z - 14z - 50$
f) $78x - 14 - 42x + 122$
g) $176 + z + 13 - 82z$
h) $78p + 18 - 22p + 14$
i) $5w - 15w + 12 + 25w - 87$
j) $16b + 38 + 48b - 14 + 8b$
k) $29 - r + 15 - 6r + 12 + 21r$
l) $12u - 114 + 15u - 126 - 20u - 103$
m) $-4m + 83 - 38m - 94 + 70m + 207$

15 Klammere aus, sodass der Term in der Klammer möglichst einfach wird.

a) $\frac{1}{4}a - \frac{1}{4}b$
b) $\frac{2}{5}a - \frac{3}{5}b$
c) $\frac{2}{3}x - 1\frac{1}{3}$
d) $\frac{2}{3}a - \frac{2}{3}b$
e) $\frac{3}{7}a - \frac{4}{7}b$
f) $1\frac{7}{9} - 2\frac{2}{9}x$
g) $6ab + 7\frac{1}{2}ac$
h) $6\frac{3}{4}abcd - 11\frac{1}{4}abc$

16 Klammere gemeinsame Faktoren aus.

a) $2x^2 + 4x$
b) $14x^2y - 7xy^2$
c) $x^4 - x^3$
d) $48a^2b + 96a^3$
e) $x + x^2 + x^3$
f) $2x^2 + 4x + 6xy$

17 Vervollständige im Heft.

a) $6x^2 + 6x = \square\,(x + 1)$
b) $-8x^2 - 8x = \square\,(x + 1)$
c) $-25x + 125x^2 = \square\,(1 - 5x)$
d) $-25x + 125x^2 = \square\,(-1 + 5x)$
e) $28x^2 - 196x = \square\,(14x^2 - 98x)$
f) $28x^2 - 196x = \square\,(2x - 14)$

18 Übertrage ins Heft und ergänze.

a) $10x-4x^2=2x(\square-\triangle)$
b) $2y^2+6y=2y(\square+\triangle)$
c) $15m^2+35m=5m(\square+\triangle)$
d) $18q+12q^2=6q(\square+\triangle)$
e) $45p^2-27p=9p(\square-\triangle)$
f) $64w-28w^2=4w(\square-\triangle)$
g) $z^4+z^2=z^2(\square+\triangle)$
h) $b^3+4b^2=b^2(\square+\triangle)$
i) $5b^5-b^4=b^4(\square-\triangle)$
j) $16u^4-32u^2=16u^2(\square-\triangle)$
k) $24r^3+13r^5=r^3(\square+\triangle)$
l) $60t^6+135t^7=15t^6(\square+\triangle)$
m) $156xy-65x^2=13x(\square-\triangle)$

19 Übertrage ins Heft und ergänze.

a) $5x-60=\square\,(x-\triangle)$
b) $14z-4z^3=\square\,(7+\triangle)$
c) $105a+7ab=\square\,(\triangle+b)$
d) $-24b+72=\square\,(\triangle-12)$
e) $-11y^2-143=\square\,(y^2+\triangle)$
f) $-m^4+8m=\square\,(\triangle-8)$
g) $m^2+8m=\square\,(\triangle-8)$
h) $17p+6p^2=\square\,(-17-\triangle)$
i) $0{,}01x+0{,}5=\square\,(\triangle-5)$

20 Übertrage und setze = oder ≠ ein.

a) $12x+8xy\ \square\ -4x(-3-2y)$
b) $-35x^2+15\ \square\ 5x(-7x+3)$
c) $16q-48q^2\ \square\ -16q(-1+3q)$
d) $18x^3-27x^2\ \square\ 18x(x^2-1{,}5x)$
e) $-0{,}8p+0{,}32\ \square\ -1{,}6(0{,}5p-0{,}2)$
f) $\frac{1}{3}y-6\ \square\ \frac{1}{3}(y+18)$
g) $y+\frac{3}{4}y^2\ \square\ \frac{1}{4}(4+3y)$

21 Klammere so weit wie möglich aus.

a) $12p^3q^3-15p^2q^2+21p^2q^4$
b) $-24u^2v^4+32u^3v^3-12u^4v^2$
c) $8x^2y^2z-12xy^2z^2+16x^2yz^2$
d) $0{,}72x^2y-0{,}96xy+0{,}48xy^2$
e) $0{,}12x^2y^2+1{,}6y^5-0{,}18x^3y^4$
f) $3a^2bx-3{,}6abx^2+4{,}2acx^2$
g) $0{,}24a^2x^2-0{,}18a^3x^3-0{,}21a^3x$
h) $3\frac{3}{4}a^3b-6\frac{3}{4}a^2bc^2-5\frac{1}{4}a^2b^2c$
i) $6\frac{2}{3}a^2b^2c^2-3\frac{1}{3}a^2b^3c+8\frac{1}{3}b^2c$
j) $1\frac{5}{7}a^6b^4-1\frac{1}{14}a^5b^5-2\frac{25}{28}a^4b^6$

22 Klammere den gemeinsamen Faktor aus.

a) $(a+b)\,n+(a+b)\,m$
b) $(a-b)\,x+(a-b)\,y$
c) $3p(y+z)+5q(y+z)$
d) $2a(m-n)+4b(m-n)$
e) $7x(3a+2b)+5y(3a+2b)$
f) $5a(x-2y)-3b(x-2y)$
g) $a(x+y)-b(x+y)+x+y$
h) $2c(4a+b)-3d(4a+b)+4a+b$
i) $(3a+7b)(c+d)+3a+7b$
j) $5x-3y+(2a-3c)(5x-3y)$
k) $(3x-4y)(3a-2b)+3x-4y$

23 Klammere den gemeinsamen Faktor aus und vereinfache.

a) $(4a-2b)(x+y)-(3a+4b)(x+y)$
b) $(5m+2n)(x-y)+(3m+2n)(x-y)$
c) $(15xy+12bx)(a-c)-(5bx+10xy)(a-c)$
d) $(6a+4b)(u-v)+(5a-3b)(u-v)$

24 Zerlege wie im Beispiel die Summen in Produkte.

Beispiel: $ax+ay+bx+by$
$=a(x+y)+b(x+y)$
$=(x+y)(a+b)$

a) $10ax+15bx+8ay+12by$
b) $12ax-20ay-9bx+15by$
c) $10a^2-15ab+12ac-18bc$
d) $55m^2-40mn+99mn^2-72n^3$
e) $45ax+39ay+60bx+52by$
f) $30xy^2-25y^3+6xz-5yz$
g) $ax-ay+bx-by-cx+cy$
h) $5{,}1ax-6{,}8ay-4{,}2bx+5{,}6by$
i) $3{,}5ad+4{,}9ac-1{,}5bd-2{,}1bc$

25 Klammere aus und vereinfache, soweit möglich.

a) $am+bm-cm+xm$
b) $(b-c)\ z-b+c$
c) $m+n+x(m+n)$
d) $3x(a-b)-a+b$
e) $a(x+y)-x-y$
f) $ax+ay-bx-by$
g) $mu+nu-mv-nv$
h) $\frac{1}{10}a^2+\frac{1}{15}ac-\frac{1}{8}ab-\frac{1}{12}bc$
i) $\frac{1}{12}ac+\frac{3}{20}bc-\frac{4}{21}ad-\frac{12}{35}bd$

Summen multiplizieren

Dies ist der Grundriss eines Gebäudes für einen Supermarkt.

Zur Ermittlung der Mietkosten muss die genutzte Fläche des Gebäudes berechnet werden.

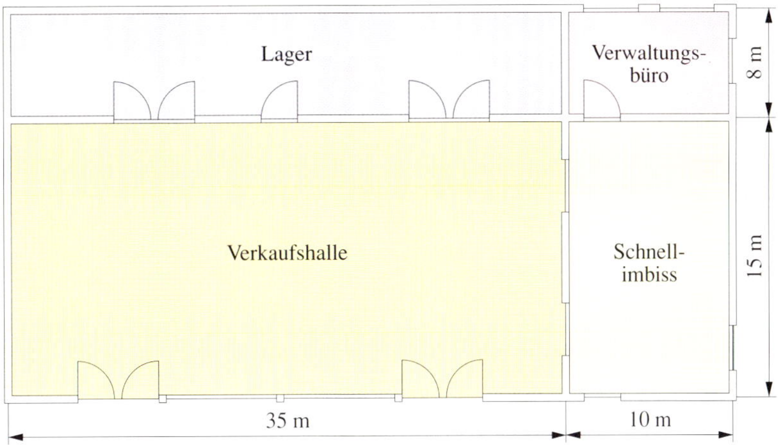

I. Gesamte Nutzfläche in m²

Länge	Breite
$(35 + 10) \cdot (15 + 8)$	
=	$45 \cdot 23$
= 1035	Gesamtfläche

II. Teilfläche in m²

$35 \cdot 15 = 525$	Verkaufshalle
$35 \cdot 8 = 280$	Lager
$10 \cdot 15 = 150$	Schnellimbiss
$10 \cdot 8 = 80$	Verwaltungsbüro
$= 1035$	Gesamtfläche

$$(35 + 10) \cdot (15 + 8) = 35 \cdot 15 + 35 \cdot 8 + 10 \cdot 15 + 10 \cdot 8$$

Beim Multiplizieren von Summen wird **jeder** Summand der ersten Summe mit **jedem** Summanden der zweiten Summe multipliziert und die Produkte addiert.

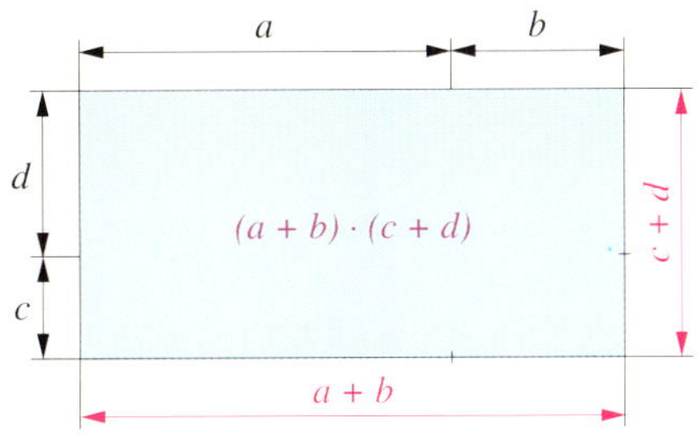

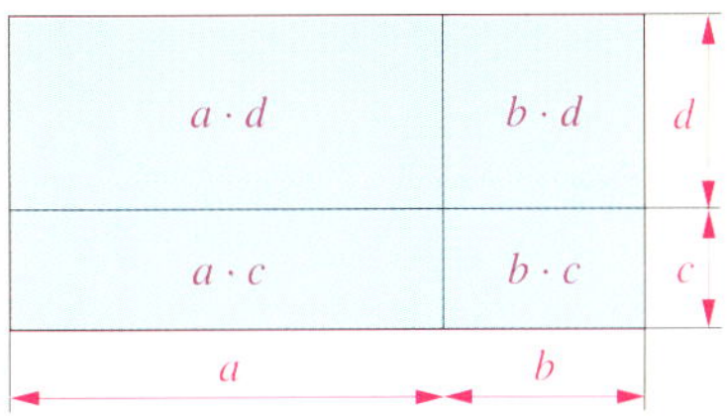

$$\boldsymbol{(a + b)(c + d) = ac + ad + bc + bd}$$

Die Multiplikation der Summen $(\boldsymbol{a + b})$ und $(\boldsymbol{c + d})$ können wir auch mithilfe des Distributivgesetzes herleiten. $\quad (\boldsymbol{a + b})(\boldsymbol{c + d})$

Wir wenden das Distributivgesetz an: $\quad = a(c + d) + b(c + d)$

Wir wenden zweimal das Distributivgesetz an. $\quad = \boldsymbol{ac + ad + bc + bd}$

Beispiele

1. $(x+2)(y+z) = xy + xz + 2y + 2z$

2. $(7a+2b)(6+x) = 42a + 7ax + 12b + 2bx$

3. $(a+b)(c+d+x) = ac + ad + ax + bc + bd + bx$

4. $(0{,}3a + 0{,}2b)(0{,}4a + 0{,}3b) = 0{,}12a^2 + 0{,}09ab + 0{,}08ab + 0{,}06b^2$
$= 0{,}12a^2 + 0{,}17ab + 0{,}06b^2$

Es können auch Produkte mit Differenzen als Summen geschrieben werden.

$$\boldsymbol{(a+b)(c-d)} = (a+b)(c+(-d))$$
$$= ac + a(-d) + bc + b(-d)$$
$$= \boldsymbol{ac - ad + bc - bd}$$

Beispiele

1. $(x+y)(z-w) = xz - xw + yz - yw$

2. $(x-y)(z+w) = xz + xw - yz - yw$

3. $(x-y)(z-w) = xz - xw - yz + yw$

4. $(x-2)(y+3) = xy + 3x - 2y - 6$

5. $(x-4)(x-y) = x^2 - xy - 4x + 4y$

Übungen

Löse die Klammern auf und fasse, wenn möglich, zusammen.

1 a) $(r+s)(u+v)$ b) $(x+y)(v+w)$ c) $(a+b)(c+d)$ d) $(k+l)(m+n)$ e) $(a+b)(c+3)$ f) $(x+y)(z+5)$ g) $(10+r)(p+q)$ h) $(8+u)(v+w)$

2 a) $(a+b)(a+c)$ b) $(x+y)(x+z)$ c) $(r+s)(r+t)$ d) $(m+n)(l+n)$ e) $(f+g)(f+h)$ f) $(2+p)(p+q)$ g) $(u+v)(6+v)$ h) $(x+3)(x+y)$ i) $(4+b)(b+d)$ j) $(r+5)(r+t)$

3 a) $(y+4)(z+a)$ b) $(3+x)(x+z)$ c) $(a+7)(b+a)$ d) $(y+4)(z+2)$ e) $(b+c)(3+c)$ f) $(9+a)(7+b)$ g) $(x+13)(5+y)$ h) $(r+25)(s+6)$ i) $(29+v)(w+x)$ j) $(e+32)(f+4)$

4 a) $(u+v)(r-s)$ b) $(m+n)(k-l)$ c) $(c+d)(e-f)$ d) $(u+v)(w-x)$ e) $(a+b)(c-d)$ f) $(x+y)(y-z)$ g) $(c+d)(d-e)$ h) $(k+l)(k-m)$

5 a) $(x-y)(q+p)$ b) $(a-b)(u+v)$ c) $(7-x)(y+z)$ d) $(v-8)(w+x)$ e) $(m-n)(6+k)$ f) $(5-c)(d+e)$ g) $(a-3)(b+c)$ h) $(7-t)(r+s)$

6 a) $(a-b)(x-y)$ b) $(p-q)(m-n)$ c) $(e-f)(c-d)$ d) $(r-s)(v-w)$ e) $(m-n)(o-p)$ f) $(a-5)(b-6)$ g) $(z-7)(x-5)$ h) $(x-8)(y-9)$ i) $(10-b)(8+b)$ j) $(1-x)(u+x)$

7 a) $(a+b)(a-3)$ b) $(4-x)(x+z)$ c) $(m-12)(m-n)$ d) $(x-5)(x-y)$ e) $(6-u)(u+v)$ f) $(5-m)(m-n)$ g) $(x-3)(a-x)$ h) $(p+q)(p-1)$ i) $(s+t)(s-u)$ j) $(v-w)(u-w)$

8 Veranschauliche wie im Beispiel.

Beispiel: $(a+b)(c-d) = ac - ad + bc - bd$

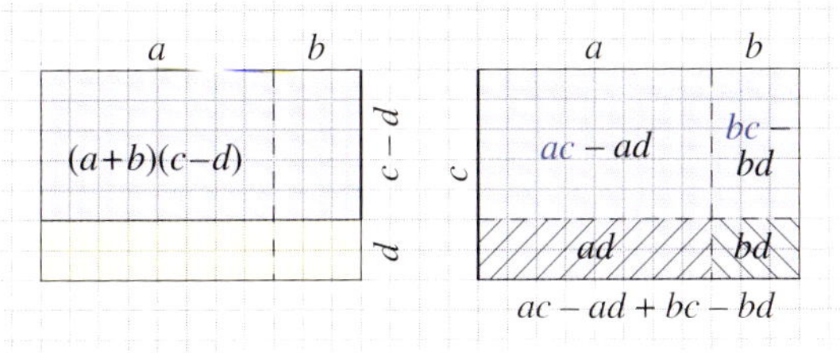

a) $(a-b)(c+d) = ac + ad - bc - bd$
b) $(a-b)(c-d) = ac - ad - bc + bd$

9 a) $(a-5)(a+7)$
b) $(z-8)(z-9)$
c) $(a-9)(a+9)$
d) $(p-3q)(q+3p)$
e) $(3a+b)(a-3b)$
f) $(7s+3t)(s-t)$

10 a) $(2x+y)(c+d)$
b) $(a+b)(c+2d)$
c) $(u+2v)(r+s)$
d) $(p+q)(5s+t)$
e) $(7m+n)(p+q)$
f) $(z+3)(8x+y)$
g) $(a+4b)(9+c)$
h) $(6w+v)(6+u)$
i) $(a+0{,}2b)(b+0{,}1)$
j) $(y+9)(x+0{,}4)$
k) $(0{,}3a+0{,}4)(b+1{,}1)$
l) $(0{,}6k+0{,}2l)(9+m)$
m) $(\frac{1}{2}a+\frac{1}{3}b)(\frac{1}{2}c+\frac{2}{3})$
n) $(\frac{1}{5}x+\frac{2}{9})(5y+\frac{3}{4})$
o) $(\frac{1}{2}x+1\frac{1}{2}y)(\frac{2}{3}x+\frac{4}{9}z)$
p) $(1\frac{2}{5}a+\frac{3}{7}b)(\frac{5}{7}+\frac{5}{6}b)$

11 a) $(\frac{1}{3}x+2)(y+1)$
b) $(\frac{1}{4}m+6)(\frac{2}{5}n+z)$
c) $(\frac{2}{7}r+3)(\frac{1}{5}+s)$
d) $(8+\frac{3}{8}a)(b+\frac{2}{9})$
e) $(\frac{3}{4}c+\frac{1}{2})(d+\frac{3}{5})$
f) $(\frac{4}{9}x+\frac{1}{8})(\frac{4}{5}y+\frac{1}{6})$
g) $(\frac{4}{11}q+\frac{2}{3})(\frac{5}{8}+\frac{4}{7}p)$
h) $(\frac{6}{13}+\frac{3}{4}k)(\frac{7}{9}+\frac{11}{12}j)$

12 a) $(2x+y)(2a-b)$
b) $(4a-2)(4b+4)$
c) $(5x-5)(7z+8)$
d) $(11u+8)(5-4v)$
e) $(8y-5)(6z-1)$
f) $(3a-10)(b-14)$
g) $(4y+6z)(a+4b)$
h) $(4a+9b)(5c-3d)$
i) $(6r-8s)(4x+3y)$
j) $(u-5v)(2c-7f)$
k) $(3a+b)(9x+2y)$
l) $(6u+8v)(a-9b)$

13 Beispiel: $(-x-y)(z-3)$
$= -xz + 3x - yz + 3y$

a) $(-a-b)(c-d)$
b) $(-p-q)(r-7)$
c) $(-z+5)(-x-y)$
d) $(m-n)(-k+2)$
e) $(-3-o)(-x-y)$
f) $(y-7)(-4-z)$
g) $(-x+8)(-y+4)$
h) $(a-3)(-b-8)$
i) $(-3x-2)(y-6)$
j) $(5-4x)(-8z+8)$

14 a) $(2m-n)(7m-8n)$
b) $(6a-2)(5+3a)$
c) $(s+3t)(9s-t)$
d) $(-3m-5)(4m+10)$
e) $(6p-15q)(3p+9q)$
f) $(-7b+8)(16-12b)$
g) $(9x-13y)(4y-5x)$
h) $(10a-25b)(3b+2a)$
i) $(16+5a)(10+6a)$
j) $(14b-30)(11b+25)$
k) $(7s+21t)(13t-8s)$
l) $(-23x+4y)(-4x-2y)$
m) $(14c+15d)(14d-15c)$
n) $(-15r+11s)(4r-7s)$
o) $(-6a-12b)(19a+3b)$

15 a) $(1{,}2+f)(f-5{,}6)$
b) $(2{,}1+1{,}2e)(1{,}2+2{,}1e)$
c) $(7{,}5+y)(7{,}5-y)$
d) $(3{,}4r-4s)(3{,}4r+4s)$
e) $(0{,}7u-0{,}1v)(0{,}7u+0{,}1v)$
f) $(-p-1{,}5q)(1{,}5p-q)$
g) $(0{,}5r+2{,}3s)(0{,}8s-1{,}5r)$
h) $(8{,}4u-6{,}2v)(4{,}7u-1{,}4v)$
i) $(0{,}2m-0{,}4n)(m+n)$
j) $(1{,}5s+t)(4t+0{,}5s)$
k) $(3{,}2u-2{,}3v)(3{,}2u-2{,}3v)$

16 a) $(\frac{1}{7}a-b)(a-3b)$
b) $(\frac{3}{4}p-3q)(q-\frac{1}{2}p)$
c) $(\frac{2}{3}u-\frac{1}{2}v)(\frac{2}{3}u+\frac{1}{2}v)$
d) $(\frac{5}{6}x+\frac{2}{3}y)(\frac{2}{5}x-\frac{1}{2}y)$

17 a) $(a+b)(a^2+b^2)$
b) $(x^2+3)(x^2+y)$
c) $(u^2+b)(u+b^2)$
d) $(m+n^2)(m^2+n^2)$

18 a) $(8x^2-6y)(9x^2-5y)$
b) $(2u^2-7v^2)(25u+8v)$
c) $(a^2-4ab)(2ab-3a^2)$
d) $(4x^2-5y)(8x+9y^2)$
e) $(16r^2+11s^2)(7r^2+2s^2)$

19 a) $(a+b)(2a+b)+4(a+b)$
b) $(x-y)(2x-2y)-3(x+y)$
c) $(u+3v)(3v-u)+(u-v)$
d) $(m-n)(8m-n)-(m+n)$
e) $6(z+6)+(6z-1)(z+6)$
f) $(x-7y)3+(x+y)(4x-5y)$

Binomische Formeln

Ein **Binom** (aus dem Lateinischen: binominis = zweinamig) ist in der Mathematik eine Summe mit zwei Summanden. Bei der Multiplikation von Summen treten folgende drei Sonderfälle auf.

I. 1. Summand ↓ a, 2. Summand ↓ b

$$(a + b)^2 = (a+b)(a+b)$$
$$= a^2 + ab + ab + b^2$$
$$(a + b)^2 = a^2 + 2ab + b^2$$

II. 1. Summand ↓ a, 2. Summand ↓ b

$$(a - b)^2 = (a-b)(a-b)$$
$$= a^2 - ab - ab + b^2$$
$$(a - b)^2 = a^2 - 2ab + b^2$$

geometrische Veranschaulichung:

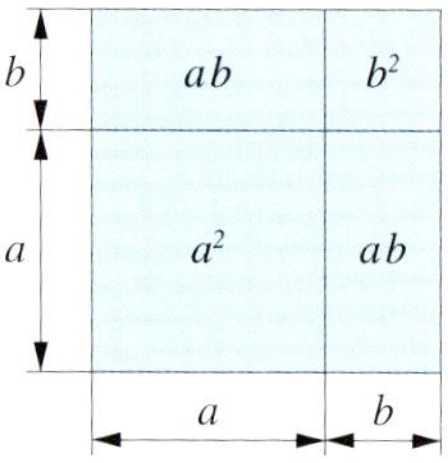

III. 1. Summand ↓ $(a+b)$, 2. Summand ↓ $(a-b)$

$$(a+b) \cdot (a-b) = a^2 - ab + ab - b^2$$
$$(a+b) \cdot (a-b) = a^2 - b^2$$

Die drei Sonderfälle der Multiplikation von Summen heißen **binomische Formeln**.

	Quadrat des 1. Summanden	doppeltes Produkt beider Summanden	Quadrat des 2. Summanden
1. binomische Formel			
$(a+b)^2 =$	a^2	$+2ab$	$+b^2$
2. binomische Formel			
$(a-b)^2 =$	a^2	$-2ab$	$+b^2$
3. binomische Formel			
$(a+b)(a-b) =$	a^2		$-b^2$

Beispiele

1. $(x+y)^2 = x^2 + 2xy + y^2$
2. $(u-v)^2 = u^2 - 2uv + v^2$
3. $(m+n)(m-n) = m^2 - n^2$
4. $(x+4)^2 = x^2 + 8x + 16$
5. $(2u-3)^2 = 4u^2 - 12u + 9$
6. $(2m-2)(2m+2) = 4m^2 - 4$

Übungen

1 Übertrage ins Heft, ergänze + oder –.

a) $(x+8)^2 = x^2 \;\square\; 16x \;\square\; 64$
b) $(p \;\square\; 2q)^2 = p^2 - 4pq + 4q^2$
c) $(2 \;\square\; a)(2 \;\square\; a) = 4 \;\square\; a^2$
d) $(y \;\square\; 3z)^2 = y^2 - 6yz \;\square\; 9z^2$
e) $(w \;\square\; 4x)(w \;\square\; 4x) = w^2 \;\square\; 16x^2$

2 Übertrage ins Heft und ergänze.

a) $(p+q)^2 = \square + 2pq + q^2$
b) $(x-5)(x+5) = \square - 25$
c) $(d-5)^2 = \square - 10d + 25$
d) $(4-m)^2 = 16 - 8m + \square$
e) $(9+y)^2 = 81 + 18y + \square$
f) $(k-7)(k + \square) = \square^2 - 49$
g) $(a-2b)^2 = \square - 4ab + \square\, b^2$

3 Ergänze die Leerstellen im Heft.

a) $(x+2)^2 = x^2 + \square + 4$
b) $(a-4)^2 = a^2 - \square + 16$
c) $(6+x)^2 = \square + 12x + x^2$
d) $(1+b)^2 = 1 + \square + b^2$
e) $(3-v)^2 = 9 - \square + y^2$
f) $(2x+3)^2 = \square + 12x + 9$

4 Schreibe als Summe.

a) $(w+u)^2$ d) $(d+3)^2$ g) $(14+v)^2$
b) $(e+f)^2$ e) $(x+12)^2$ h) $(e+11)^2$
c) $(a+5)^2$ f) $(t+15)^2$ i) $(d+13)^2$

5 Wende die binomische Formel an.

a) $(r-t)^2$ d) $(8-p)^2$ g) $(x-17)^2$
b) $(u-v)^2$ e) $(c-7)^2$ h) $(18-y)^2$
c) $(b-4)^2$ f) $(9-q)^2$ i) $(y-16)^2$

6 Wende die binomische Formel an.

a) $(c+d)(c-d)$ e) $(q+19)(q-19)$
b) $(s-t)(s+t)$ f) $(b-26)(b+26)$
c) $(a+4)(a-4)$ g) $(t+23)(t-23)$
d) $(6+x)(6-x)$ h) $(24-m)(24+m)$

7 Wende die binomische Formel an.

a) $(u-7)^2$ f) $(u+18)^2$ k) $(c+6)(c-6)$
b) $(w+9)^2$ g) $(17-r)^2$ l) $(x+10)^2$
c) $(8-t)^2$ h) $(e+16)^2$ m) $(11-q)(11+q)$
d) $(13+s)^2$ i) $(15+k)^2$ n) $(11-p)^2$
e) $(m-14)^2$ j) $(d-20)^2$ o) $(b-4)(b+4)$

8 Wende die 1. bzw. 2. binomische Formel an.

Beispiele: $36^2 = (30+6)^2 = 30^2 + 2\cdot 30\cdot 6 + 6^2$
$= 900 + 360 + 36 = 1296$
$29^2 = (30-1)^2 = 30^2 - 2\cdot 30\cdot 1 + 1^2$
$= 900 - 60 + 1 = 841$

a) 16^2 c) 34^2 e) 47^2 g) 63^2 i) 205^2
b) 28^2 d) 39^2 f) 56^2 h) 98^2 j) 394^2

9 Wende die 3. binomische Formel an.

Beispiel: $35\cdot 25 = (30+5)(30-5) = 30^2 - 5^2$
$= 900 - 25 = 875$

a) $18\cdot 22$ e) $85\cdot 75$ i) $204\cdot 196$
b) $43\cdot 37$ f) $101\cdot 99$ j) $253\cdot 247$
c) $64\cdot 56$ g) $114\cdot 126$ k) $307\cdot 293$
d) $77\cdot 83$ h) $190\cdot 210$ l) $450\cdot 350$

10 Wende die binomischen Formeln an.

a) $(x+0{,}3)^2$ f) $(x-0{,}2)(x+0{,}2)$
b) $(x+0{,}6)^2$ g) $(0{,}1-x)(0{,}1+x)$
c) $(x-1{,}8)^2$ h) $(x+5{,}4)(x-5{,}4)$
d) $(x-2{,}1)^2$ i) $(x+4{,}2)(x-4{,}2)$
e) $(x+3{,}5)^2$ j) $(x-0{,}75)(x+0{,}75)$

11 Vervollständige im Heft.

a) $(r-0{,}5b)^2 = r^2 - \square + 0{,}25b^2$
b) $(0{,}7r-15)^2 = \square - 21r + \square$
c) $(5-2{,}8x)^2 = \square - 28x + \square$
d) $(1{,}4p+s)^2 = 1{,}96p^2 + \square + s^2$
e) $(2{,}3a-0{,}6)^2 = \square - \square + 0{,}36$
f) $(0{,}9y+2{,}5)^2 = 0{,}81y^2 + \square + \square$
g) $(1{,}6-0{,}2w)^2 = \square - 0{,}64w + \square$

12 Vervollständige im Heft.

a) $(m-\frac{1}{2})^2 = m^2 - \square + \frac{1}{4}$
b) $(\frac{1}{3}+u)^2 = \frac{1}{9} + \square + u^2$
c) $(p-\frac{4}{5})^2 = p^2 - \square + \frac{16}{25}$
d) $(\frac{2}{3}-q)^2 = \frac{4}{9} - \square + q^2$
e) $(\frac{1}{2}a+b)^2 = \square + ab + b^2$
f) $(a-\frac{1}{4}b)^2 = a^2 - \frac{1}{2}ab + \square$
g) $(\frac{3}{4}m-1)(\frac{3}{4}m+1) = \square - 1$
h) $(\frac{2}{3}-\frac{5}{6}x)^2 = \square - \frac{10}{9}x + \square$

13 Wende die binomischen Formeln an.

a) $(a+\frac{1}{2})(a-\frac{1}{2})$ d) $(a+\frac{1}{5})^2$
b) $(a-\frac{1}{4})(a+\frac{1}{4})$ e) $(a+\frac{2}{3})^2$
c) $(\frac{3}{7}-a)(\frac{3}{7}+a)$ f) $(\frac{7}{9}+a)^2$

14 Wende die binomischen Formeln an.

a) $(2x+3)^2$ f) $(3x-1)(3x+1)$
b) $(3x-2)^2$ g) $(5+2x)(5-2x)$
c) $(4x-3)^2$ h) $(6x-9)(6x+9)$
d) $(7x-2)^2$ i) $(2x-2y)(2x+2y)$
e) $(5x+4)^2$ j) $(4x+8y)(4x-8y)$

15 Wende die binomischen Formeln an.

a) $(5x+7y)^2$ f) $(6e-7f)^2$
b) $(7m+3n)^2$ g) $(5r-9s)^2$
c) $(3a-5b)^2$ h) $(10p+6r)^2$
d) $(25a+8b)^2$ i) $(25x-4y)^2$
e) $(15u-5v)^2$ j) $(15c-8d)^2$

16 Veranschauliche den Term geometrisch wie auf Seite 34.

a) $(a-b)^2$
b) $(a+b)(a-b)$
c) $(2a+b)^2$
d) $(a-2b)^2$

17 Wende auf den Term die binomischen Formeln an.

a) $(2a+0{,}6)^2$
b) $(2y-0{,}3)(2y+0{,}3)$
c) $(0{,}5a+1{,}7)^2$
d) $(3b-\frac{1}{3})^2$
e) $(0{,}2b-\frac{1}{4})(0{,}2b+\frac{1}{4})$
f) $(4x+\frac{3}{4})(4x-\frac{3}{4})$
g) $(0{,}8s+\frac{1}{2})^2$
h) $(1{,}5-2{,}5y)(1{,}5+2{,}5y)$
i) $(6a-0{,}9b)^2$
j) $(\frac{2}{3}+\frac{5}{6}x)(\frac{2}{3}-\frac{5}{6}x)$
k) $(0{,}05-0{,}6d)(0{,}05+0{,}6d)$
l) $(\frac{3}{8}g-\frac{4}{5})^2$

18 Wende die binomischen Formeln an und schreibe den Term als Summe.

a) $(a^2+1)^2$
b) $(z^2-2)^2$
c) $(x^2-y^2)^2$
d) $(r^2+s^2)^2$
e) $(2n^2-3v^2)^2$
f) $(6f^2+9)^2$
g) $(a^2-b^2)(a^2+b^2)$
h) $(x^2-9)(x^2+9)$
i) $(2m^2+3n^2)(2m^2-3n^2)$
j) $(5x-7y^2)(5x+7y^2)$

19 Wende die binomischen Formeln an und fasse den Term zusammen.

a) $(a+b)^2+(a-b)^2$
b) $(x+4)^2-(x-1)^2$
c) $(2u-v)^2+(2u+v)^2$
d) $(5+m)^2-(3-m)^2$
e) $(7a-1)^2+(3a+1)^2$
f) $(9a+2b)^2-(4a-5b)^2$
g) $(0{,}4x-0{,}5y)^2-(0{,}2x+0{,}3y)^2$

20 Wende die binomischen Formeln an und fasse den Term zusammen.

a) $(x^2+y^2)^2-(x^2-y^2)^2$
b) $(a^2-1)^2+(1-a^2)^2$
c) $(3u^2-2)^2-(6u^2+1)^2$
d) $(r^2+2s^2)^2+(r^2-2s^2)^2$
e) $(5a-3)^2-(2a+5)(2a-5)$
f) $(2x^2+y)^2-(x^2-2y)^2$
g) $(s^2+4t)(s^2-4t)-(2s^2-3t)(2s^2+3t)$

21 Schreibe mithilfe der 1. binomischen Formel als Potenz.

Beispiel: $c^2+24cd+144d^2=(c+12d)^2$

a) $n^2+2nv+v^2$
b) $x^2+10x+25$
c) $r^2+14rs+49s^2$
d) $y^2+12yz+36z^2$
e) $n^2+30n+225$
f) $a^2+28ab+196b^2$

22 Schreibe mithilfe der 2. binomischen Formel als Potenz.

Beispiel: $x^2-26x+169=(x-13)^2$

a) $x^2-2xy+y^2$
b) $f^2-8f+16$
c) $m^2-16m+64$
d) $p^2-10pq+25q^2$
e) $r^2-8rs+16s^2$
f) $a^2-14a+49$

23 Schreibe mithilfe der 3. binomischen Formel als Produkt.

Beispiel: $49q^2-p^2=(7q+p)(7q-p)$

a) u^2-v^2
b) a^2-81b^2
c) x^2-144
d) $36a^2-b^2$
e) $64m^2-1$
f) $25n^2-36y^2$

24 Schreibe mithilfe einer binomischen Formel als Produkt bzw. Potenz.

a) $x^2+10x+25$
b) $4a^2+12ab+9b^2$
c) $16x^2+40xy+25y^2$
d) $16a^2-49b^2$
e) $121p^2-144q^2$
f) $36t^2+36bt+9b^2$
g) $25c^2+70cd+49d^2$
h) $9k^2-12kl+4l^2$
i) $81a^2-126ax+49x^2$

25 Schreibe den Term als Produkt oder Potenz eines Binoms.

a) $16a^2+b^2+8ab$
b) $20xy+100x^2+y^2$
c) $36a^2+16b^2-48ab$
d) $-49+25x^2$
e) $-a^2+100b^2$
f) $-36y^2+25x^2$

26 Rechne wie im Beispiel.

Beispiel: $(x+2)^3=(x+2)(x+2)^2$
$=(x+2)(x^2+4x+4)$
$=x^3+4x^2+4x+2x^2+8x+8$
$=x^3+6x^2+12x+8$

a) $(x+1)^3$
b) $(x-1)^3$
c) $(x+3)^3$
d) $(x-3)^3$
e) $(x+4)^3$
f) $(x-4)^3$

Das Pascal'sche Dreieck

Mithilfe des „Pascal'schen Dreiecks" können auch größere Potenzen von Binomen einfach abgeleitet werden.

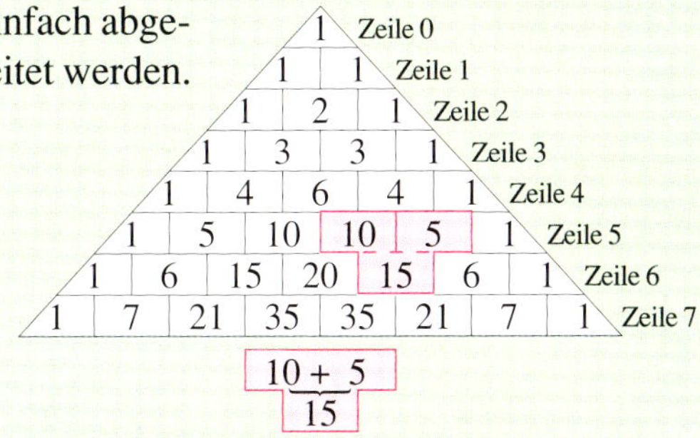

Die Zahlen in diesem Dreieck heißen „Binomialkoeffizienten". Das sind die Faktoren, die nacheinander jeder Summand der umgewandelten Potenz des Binoms hat.
Die vollständigen Summanden erhältst du schnell mithilfe eines kleinen Schemas.

Zum Beispiel: $(a+b)^5$ (Zeile 5)

1	5	10	10	5	1
a^5	a^4	a^3	a^2	a	
	b	b^2	b^3	b^4	b^5

$a^5 + 5a^4b + 10a^3b^2 + 10a^2b^3 + 5ab^4 + b^5$

Info

Der französische Philosoph, Mathematiker und Physiker **Blaise Pascal** lebte vom 19. 06. 1623 bis zum 19. 08. 1662. 17-jährig veröffentlichte er bereits eine Abhandlung über die Kegelschnitte. Nach 1641 baute er eine Rechenmaschine. Neben seinen physikalischen Arbeiten beschäftigte sich Pascal unter anderem mit der Theorie der Wahrscheinlichkeitsrechnung.
Im Zusammenhang mit Untersuchungen am Kreis entwickelte er das „charakteristische Dreieck", das später nach ihm benannt wurde.

Übungen

1 Das Pascal'sche Dreieck ist mit der Zeile 7 noch nicht beendet. Es lässt sich beliebig erweitern.
a) Beschreibe aus der Darstellung des Pascal'schen Dreiecks, wie sich die Zeile 8 aus der Zeile 7 bilden lässt.
b) Übertrage das Pascal'sche Dreieck und erweitere es um die Zeilen 8 und 9.

2 a) Berechne $(a+b)^3$ aus $(a+b)^2 \cdot (a+b)$ und $(a-b)^3$ aus $(a-b)^2 \cdot (a-b)$.
b) Berechne nun $(a+b)^4$ nach der Methode $(a+b)^3 \cdot (a+b)$ und $(a-b)^4$ nach der Methode $(a-b)^3 \cdot (a-b)$.
c) Welche Besonderheit bei den Vorzeichen stellst du fest, wenn du höhere Potenzen von Binomen mit Differenzen berechnest?

3 Leite aus dem Beispiel und den Ergebnissen der Aufgabe 2 den Term ab, der sich aus der Potenz $(a-b)^5$ ergibt.

4 a) Wo findest du im Pascal'schen Dreieck die Koeffizienten für $(a+b)^6$ und $(a-b)^6$? Wie viele Summanden ergeben sich? Wie heißt der erste und letzte Summand von links?
b) Schreibe die Terme der umgewandelten Potenzen $(a+b)^6$ und $(a-b)^6$ vollständig auf.

5 a) Wandle mithilfe des Pascal'schen Dreiecks die Terme $(a+b)^7$ und $(a-b)^7$ um. Beachte bei $(a-b)^7$ die Vorzeichen.
b) In der Aufgabe 1 sollte das Pascal'sche Dreieck bis zur Zeile 9 erweitert werden. Leite daraus ab, wie der Term für die umgewandelte Potenz $(a+b)^{10}$ heißt.

checkpoint

1 Fasse zusammen.

a) $3x + 5y + 6x - 3y$
b) $x - a + 3x - 7a$
c) $7t + 15s - 5t - 14s - 2t + s$
d) $7p^2 - 5p - 8q + 6p^2 - 12q$ (8 Punkte)

2 Löse die Klammern auf.

a) $3x + (2 - y)$ b) $x - (a + 3)$ c) $x - 3 - (2y + 3z)$ d) $(3 + x) - (8y - 5z)$ (4 Punkte)

3 Löse die Klammern auf.

a) $4(x + 1)$ b) $b(a - 1)$ c) $(2a - 5b)\,3d$ d) $(4x + 5y - z) \cdot (-7)$ (5 Punkte)

4 Löse die Klammern auf und fasse zusammen.

a) $17x + 5(3y - 2x)$
b) $15 - 3(4 + 5a)$ (4 Punkte)

5 Klammere den neben dem Term gegebenen Faktor aus.

a) $9x + 15$ (3)
b) $4a - 13ab$ (a)
c) $12b + 28b$ ($4b$) (4 Punkte)

6 Multipliziere.

a) $(x + 3)(y - 4)$
b) $(5 - m)(m - 2)$
c) $(2x - y)(3x + 5)$ (6 Punkte)

7 Berechne die Binome.

a) $(x + y)(x - y)$
b) $(2u + v)^2$
c) $(a - 3b)^2$ (5 Punkte)

8 Schreibe als Produkt.

a) $x^2 - 2ab + b^2$
b) $r^2 - t^2$ (2 Punkte)

4 Löse die Klammern auf und fasse zusammen.

a) $-5(2a - 3b) + 2(a - 4b)$
b) $0{,}5a(2b - 3x) - (4b - x)\,2a$ (6 Punkte)

5 Klammere den größtmöglichen Faktor aus.

a) $15xy - 25x^2y$
b) $21abx - 6by + 15bz$
c) $14x^2 + 4xy^2 - 8x^3$ (6 Punkte)

6 Schreibe die Summe als Produkt.

a) $(8x - 3y)(2x + 5y)$
b) $(-\frac{1}{2}a - b)(b - \frac{1}{2})$
c) $(1{,}5x + 2{,}5y)(0{,}5x - 2y)$ (8 Punkte)

7 Berechne die Binome.

a) $(5u + 12)(5u - 12)$
b) $(0{,}5x + 0{,}7y)^2$
c) $(\frac{1}{3}a - \frac{1}{2}b)^2$ (7 Punkte)

8 Schreibe als Produkt.

a) $81a^2 - 18ab + b^2$
b) $2{,}25a^2 - 1{,}69b^2$ (4 Punkte)

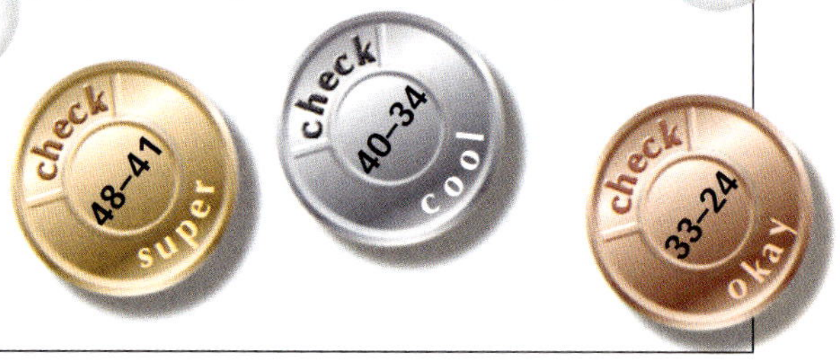

Von der Keilschrift zur Algebra

Die Menschen haben schon sehr für mithilfe von Gleichungen Probleme ihres Alltags zu lösen versucht. Das beweisen Keilschrifttexte (3000 v. Chr.) des alten Babylon und mit Hieroglyphen geschriebene Papyri (1800 v. Chr.) des alten Ägypten. Sie sind die ältesten Schriften über Gleichungen. Die Gleichungen kannte man allerdings nicht in ihrer heutigen Schreibform. Aufgaben und Lösungsschritte wurden als Texte geschrieben. Die unbekannte Größe wurde meist „Haufe“ genannt.
Zum Beispiel befindet sich in einem Moskauer Museum eine ägyptische Papyrusschrift (Moskauer Papyrus), von der wir einen Ausschnitt in der wörtlichen Übersetzung und in der heutigen Schreibform vorstellen.

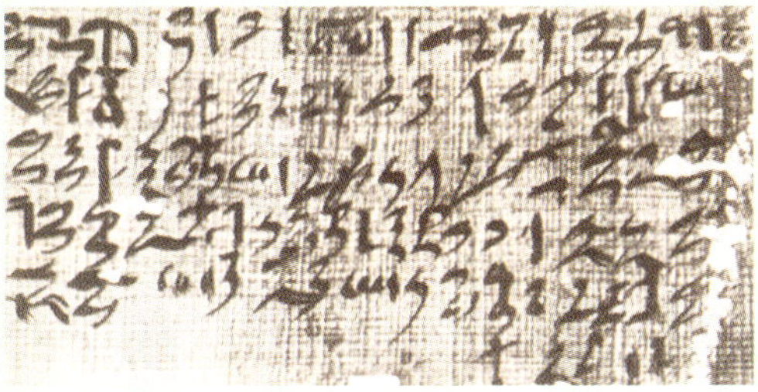

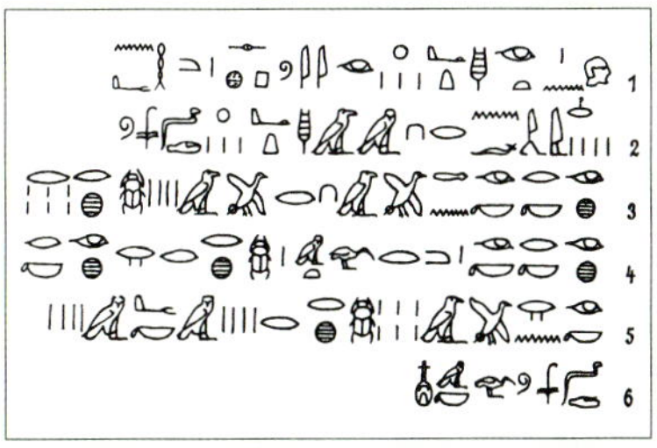

Der auf dem Papyrus in der ägyptischen „Alltagsschrift“ geschriebene Text wurde in die Hieroglyphendarstellung umgeschrieben.

Der Text auf dem Papyrus ist hier wörtlich übersetzt worden. Daneben siehst du die heutige Schreibform.

Berechnung eines Haufens, gerechnet 1½ mal zusammen mit 4.	$1\frac{1}{2}\cdot x+4=10\;\vert -4$
Er ist gekommen bis 10. Der Haufe nun nennt sich?	
Berechne du die Größe dieser 10 über dieser 4. Es entsteht 6.	$\frac{3}{2}x=6\;\vert : \frac{3}{2}$
Rechne du mit 1½, um zu finden 1.	
Berechne du ⅔ von diesen 6. Es entsteht 4.	$x=6\cdot\frac{2}{3}$
Siehe: 4 nennt sich. Du hast richtig gefunden.	$x=4$

Der Grieche Diophant von Alexandria (etwa 250 n. Chr.) benutzte zum ersten Mal eine Abkürzung für die „Unbekannte“ in einem Aufgabentext. Da sich die Griechen jedoch mehr mit der Geometrie als mit der Gleichungslehre beschäftigten, gerieten diese ersten verkürzten Schreibweisen in Vergessenheit.

Ein von dem arabischen Gelehrten Al-Kwarizini 820 n. Chr. herausgegebenes Buch verbreitete sich im 9. Jahrhundert in Europa. Der Titel des Buches „Hisab fil – Algabr Mukabalah“ (Ergänzungen und Ausgleich bei Gleichungsumformungen) war die Grundlage für den Namen **Algebra**, des Teilbereiches der Mathematik, der sich mit dem Lösen von Gleichungen beschäftigt.
Um die Algebra verdient gemacht hat sich der französische Mathematiker **François Viète** (**Vieta** genannt, 1540 – 1603). Er gilt auch als der Erfinder der **Variablen**. Er benutzte bei Gleichungen jedoch noch das Wort „aequare“ (gleich sein).
In der gleichen Zeit verwendete der Engländer Robert Recorde (1510 – 1558; königlicher Leibarzt) das Gleichheitszeichen „=“. Er schrieb ein Lehrbuch der Algebra in Dialogform, „The Whetstone of Witte“ (Wetzstein des Witzes) und schlug vor, das Gleichheitszeichen zu verwenden. Viele europäische Mathematiker haben dann die Algebra weiterentwickelt, sodass heute die Mathematiker der ganzen Erde die europäische Schreibform benutzen.

Äquivalente Gleichungen

Gleichungen formen wir so um, dass wir die Lösung unmittelbar ablesen können. Nur solche Umformungen sind erlaubt, die die Lösung nicht verändern. Das ist der Fall, wenn man auf beiden Seiten der Gleichung dieselbe Zahl addiert (subtrahiert), mit derselben Zahl (außer Null) multipliziert, durch dieselbe Zahl (außer Null dividiert). Die so umgeformte Gleichung nennt man **äquivalent** zur ursprünglichen Gleichung. Die Umformung nennt man **Äquivalenzumformung**. Beim Umformen der Gleichung wird jede Rechenart durch die umgekehrte Rechenart rückgängig gemacht.

Bei Gleichungen mit Variablen sollen rationale Zahlen eingesetzt werden können, außer es ist etwas anderes angegeben.

Beispiele

1. $x + 9{,}5 = 13 \quad | -9{,}5$

$x + 9{,}5 - 9{,}5 = 13 - 9{,}5$

$x = 3{,}5$

Auf beiden Seiten der Gleichung wird die Zahl 9,5 subtrahiert.

2. $x - 7{,}5 = 10 \quad | +7{,}5$

$x - 7{,}5 + 7{,}5 = 10 + 7{,}5$

$x = 17{,}5$

Auf beiden Seiten der Gleichung wird die Zahl 9,5 addiert.

3. $-4 \cdot x = 32 \quad | : (-4)$

$\frac{-4x}{-4} = \frac{32}{-4}$

$x = \frac{32}{-4}$

$x = -8$

Auf beiden Seiten der Gleichung wird durch die Zahl −4 addiert.

4. $-\frac{x}{5} = 1{,}7$

$\frac{x}{-5} = 1{,}7 \quad | \cdot (-5)$

$\frac{x \cdot (-5)}{-5} = 1{,}7 \cdot (-5)$

$x = -8{,}5$

$-\frac{x}{5}$ schreiben wir als $\frac{x}{-5}$

Auf beiden Seiten der Gleichung wird mit der Zahl −5 multipliziert.

Beim Lösen von Gleichungen können auch mehrere Umformungen nötig sein. Die Reihenfolge der Umformungen ist dabei nicht festgelegt.

Beispiele

1. Lösungsweg

$\frac{x}{3} + 7 = -5 \quad | -7$

$\frac{x}{3} + 7 - 7 = -5 - 7$

$\frac{x}{3} = -12 \quad | \cdot 3$

$\frac{x}{3} \cdot 3 = -12 \cdot 3$

$x = -36$

2. Lösungsweg

$\frac{x}{3} + 7 = -5 \quad | \cdot 3$

$\left(\frac{x}{3} + 7\right) \cdot 3 = -5 \cdot 3$

Es wird der gesamte Term auf der linken Seite der Gleichung mit 3 multipliziert. Deshalb wird er in Klammern gesetzt.

$\frac{x}{3} \cdot 3 + 7 \cdot 3 = -15$

Dann wird die Klammer aufgelöst.

$x + 21 = -15 \quad | -21$

$x + 21 - 21 = -15 - 21$

$x = -36$

In dem Beispiel führen zwei Wege zur Lösung. Wir bevorzugen den ersten Lösungsweg, in dem Schritt für Schritt die Variable auf einer Seite der Gleichung isoliert wird.

Übungen

Löse die Gleichungen.

1 a) $x+3=12$ b) $x+5=21$ c) $x+7=91$ d) $x+4=43$ e) $x+8=131$ f) $x+9=104$ g) $x+19=73$ h) $x+36=59$

2 a) $x-4=16$ b) $x-7=34$ c) $x-12=96$ d) $x-8=72$ e) $x-13=65$ f) $x-9=104$ g) $x-17=92$ h) $x-38=81$

3 a) $7{,}3+y=13{,}3$ b) $12+y=69{,}9$ c) $27{,}7+y=51{,}7$ d) $y+25{,}3=42$ e) $y+12{,}5=17$ f) $13{,}7+y=27{,}7$ g) $y+9{,}8=10$ h) $31{,}4+y=60{,}8$

4 a) $a+4=-3$ b) $a+9=-1$ c) $19+a=-9$ d) $a+3=-5$ e) $a-6=-3$ f) $a-12=-13$ g) $a-23=-34$ h) $a-45=-44$

5 a) $b+3{,}5=-7$ b) $-8=b+4{,}5$ c) $b-1{,}2=-0{,}8$ d) $b-5{,}2=-6{,}3$ e) $b-1{,}7=-12{,}3$ f) $13{,}4=b+15{,}3$

6 a) $4{,}7+g=-5{,}9$ b) $g-14{,}9=-8{,}7$ c) $23{,}5+g=-15{,}4$ d) $-27{,}4=g+34{,}7$ e) $75{,}2=-18{,}4+g$ f) $-88{,}8=99{,}9+g$

7 a) $m+1\frac{3}{4}=-\frac{3}{4}$ b) $-2\frac{3}{5}=m-1\frac{2}{5}$ c) $m-4\frac{7}{10}=-\frac{13}{30}$ d) $6\frac{2}{7}+m=-5\frac{4}{35}$ e) $-2\frac{5}{6}=-2\frac{3}{4}+m$ f) $7\frac{2}{5}=m-5\frac{2}{7}$

8 a) $0{,}7+x=-\frac{1}{10}$ b) $-\frac{1}{5}=a-0{,}5$ c) $p+0{,}4=\frac{1}{5}$ d) $-0{,}25+z=-\frac{3}{8}$ e) $n-9\frac{4}{5}=9{,}8$ f) $-7{,}6=2\frac{3}{4}+t$

9 a) $3{,}8+x=3{,}8$ b) $x-3{,}8=-3{,}8$ c) $x-3{,}8=3{,}8$ d) $-3{,}8=-3{,}8+x$

10 a) $3x=36$ b) $9x=72$ c) $5x=12$ d) $2x=-22$ e) $7x=-98$ f) $4x=-29$

11 a) $3r=1{,}2$ b) $4r=-1{,}6$ c) $6r=-1{,}8$ d) $4{,}8=4r$ e) $7r=-3{,}5$ f) $-1{,}88=5r$

12 a) $-2y=8$ b) $-7y=63$ c) $-3y=54$ d) $-8y=-72$ e) $-16y=-16$ f) $-133=-7y$

13 a) $0{,}1m=4$ b) $0{,}01m=40$ c) $0{,}01m=-4$ d) $-40=0{,}1m$ e) $-0{,}01m=40$ f) $-80=-0{,}2m$

14 a) $\frac{x}{4}=5$ b) $\frac{x}{9}=0$ c) $\frac{x}{12}=-8$ d) $18=\frac{x}{18}$ e) $\frac{x}{14}=-14$ f) $-7=\frac{x}{32}$ g) $\frac{x}{3}=-25$ h) $-21=-\frac{x}{9}$ i) $-\frac{x}{4}=63$ j) $-\frac{x}{5}=7$ k) $-\frac{x}{12}=-12$ l) $125=-\frac{x}{3}$ m) $-\frac{x}{23}=-1$ n) $3=-\frac{x}{81}$ o) $-\frac{x}{17}=17$ p) $-\frac{x}{9}=-2$ q) $1=-\frac{x}{25}$ r) $-\frac{x}{63}=-5$

15 a) $\frac{a}{9}=\frac{1}{9}$ b) $\frac{a}{5}=-\frac{2}{5}$ c) $-\frac{3}{4}=-\frac{a}{4}$ d) $\frac{a}{3}=-\frac{1}{8}$ e) $-\frac{a}{8}=\frac{7}{64}$ f) $\frac{a}{12}=\frac{4}{15}$ g) $\frac{1}{5}a=-\frac{7}{10}$ h) $\frac{1}{2}a=\frac{3}{4}$ i) $-\frac{3}{4}a=-\frac{5}{8}$

Prüfzahlen für die Aufgaben 14 und 15:
-375; -289; -252; -243; -224; -196; -96; -75; -35; -25; $-3\frac{1}{2}$; -2; $-\frac{7}{8}$; $-\frac{3}{8}$; 0; $\frac{5}{6}$; 1; $1\frac{1}{2}$; 3; $3\frac{1}{5}$; 18; 20; 23; 144; 189; 315; 324

16 Schreibe jeweils die Gleichung auf wie im Beispiel und löse sie.

Beispiel:
$a\cdot(-3)=24$

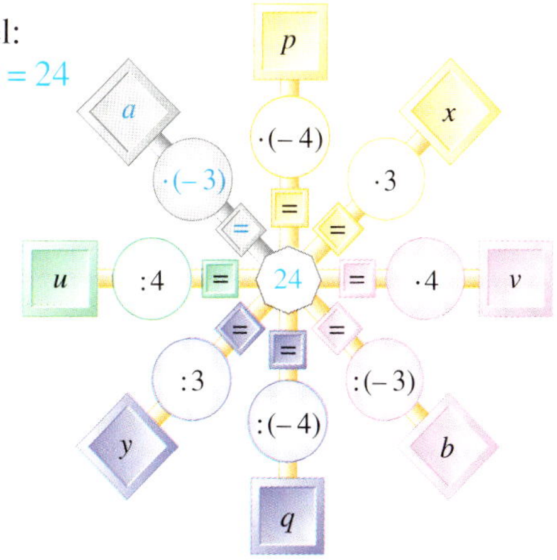

17 a) $2x+3=9$ b) $3x+8=20$ c) $7x+5=47$ d) $6x+7=-5$ e) $2x+5=-23$ f) $5x+29=-21$

18 a) $7m-4=24$ b) $4m-25=27$ c) $8m-33=39$ d) $9m-31=-94$ e) $5m-34=-9$ f) $11m-6=-72$

19 a) $-2y+5=27$ b) $-6y+15=3$ c) $-5y+13=-32$ d) $-4y+17=-13$ e) $-2y-6=23$ f) $-8y-11=15$

20 a) $0{,}2x+0{,}3=0{,}7$ b) $0{,}5x+0{,}6=2{,}6$ c) $0{,}4x+0{,}9=4{,}1$ d) $3x+5{,}1=6{,}6$ e) $1{,}1x+0{,}87=1{,}86$ f) $3{,}7x+2{,}5=8{,}05$ g) $0{,}6x-0{,}4=2{,}6$ h) $0{,}15x-0{,}13=0{,}77$ i) $6{,}3x-9{,}7=34{,}4$ j) $5{,}2x-1{,}5=0{,}06$ k) $5x-0{,}26=0{,}19$ l) $0{,}9x-2{,}5=3{,}08$

Prüfzahlen: 0,09; 0,3; 0,5; 0,9; 1,5; 2; 4; 5; 6; 6,2; 7; 8

21 a) $-0{,}3x+2{,}5=0{,}7$ b) $-0{,}9x+6{,}2=1{,}7$ c) $-6{,}3x+9{,}7=-21{,}8$ d) $11x-9{,}5=-42{,}5$ e) $-2{,}1x-11{,}2=-28$ f) $0{,}5x-0{,}3=-2{,}1$

22 a) $2{,}4=7{,}2+2x$ b) $-8{,}9+3z=0{,}1$ c) $0{,}12=0{,}15-3b$ d) $-0{,}23=-0{,}08-3x$ e) $2y-2{,}3=0{,}5$ f) $3{,}5-4a=4{,}3$ g) $5{,}3=3x-1{,}6$ h) $1-0{,}1z=1{,}4$

23 a) $\frac{a}{4}+2=5$ b) $\frac{a}{2}+8=-3$ c) $\frac{a}{7}-4=2$ d) $\frac{a}{9}-5=-8$ e) $\frac{1}{11}a+2=15$ f) $-5+\frac{1}{8}a=-17$ g) $-\frac{r}{2}+7=8$ h) $-\frac{r}{8}+9=2$ i) $-\frac{r}{5}-4=-9$ j) $-\frac{r}{3}-15=13$ k) $9-\frac{1}{4}r=14$ l) $17=-\frac{1}{7}r+8$

Prüfzahlen: −96; −84; −63; −27; −22; −20; −2; 12; 25; 42; 56; 143

24 Schreibe für jede Zeigerstellung die Gleichung auf wie im Beispiel und löse sie.

Beispiel: $-4-\frac{x}{3}=8$

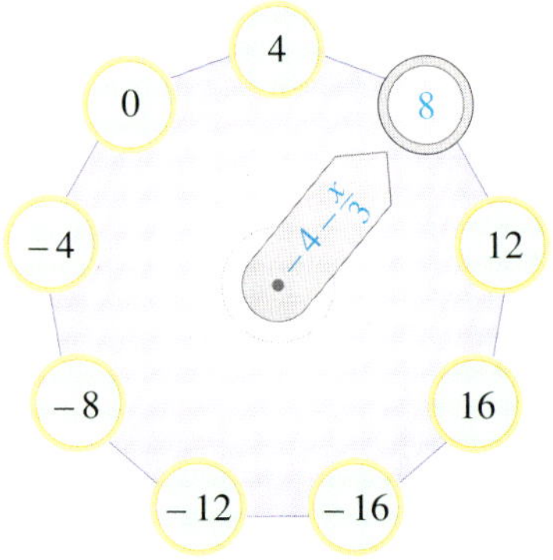

25 Schreibe jeweils die Gleichung auf wie im Beispiel und löse sie.

Beispiel: $0{,}001f-4=15$

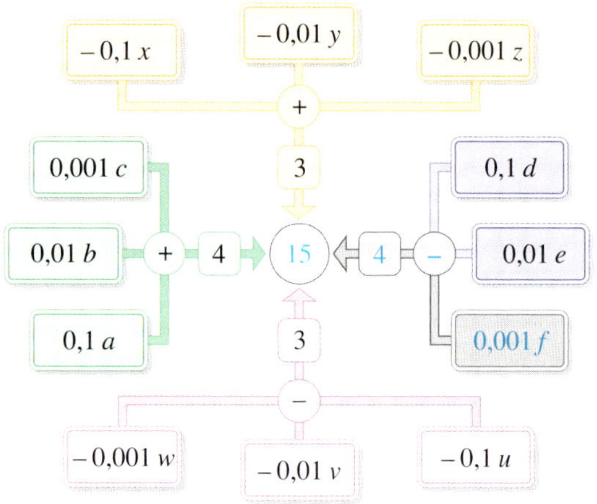

26 Schreibe jeweils die Gleichung auf wie im Beispiel und löse sie.

Beispiel: $3{,}2y-2{,}4=-1{,}6$

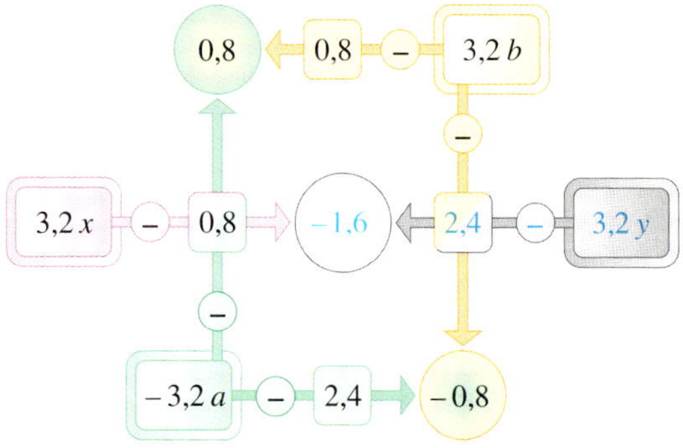

Variablen auf beiden Seiten der Gleichung

In der Gleichung $4x + 5 = 3x + 7$ steht die Variable auf beiden Seiten der Gleichung. Man formt so um, dass auf einer Seite der Gleichung nur die Variable steht. Dabei ist es gleichgültig, mit welcher Umformung wir beginnen.

Wir subtrahieren zuerst $3x$.

$$\begin{aligned} 4x+5 &= 3x+7 && \mid -3x \\ 4x+5-3x &= 3x+7-3x \\ 4x-3x+5 &= 3x-3x+7 \\ x+5 &= 7 && \mid -5 \\ x+5-5 &= 7-5 \\ x &= 2 \end{aligned}$$

Wir subtrahieren zuerst die Zahl 5.

$$\begin{aligned} 4x+5 &= 3x+7 && \mid -5 \\ 4x+5-5 &= 3x+7-5 \\ 4x &= 3x+2 && \mid -3x \\ 4x-3x &= 3x+2-3x \\ x &= 3x-3x+2 \\ x &= 2 \end{aligned}$$

Um das Ergebnis zu überprüfen, machen wir bei schwierigeren Gleichungen die Probe schriftlich. Dabei wird das errechnete Ergebnis immer in die gegebene Gleichung eingesetzt.

Probe:
$$\begin{aligned} 4x+5 &= 3x+7 \\ 4\cdot 2+5 &\overset{?}{=} 3\cdot 2+7 \\ 8+5 &\overset{?}{=} 6+7 \\ 13 &= 13 \end{aligned}$$

Beispiele

1.
$$\begin{aligned} -5x-3 &= 3x+21 && \mid -3x \\ -5x-3-3x &= 3x+21-3x \\ -5x-3x-3 &= 3x-3x+21 \\ -8x-3 &= 21 && \mid +3 \\ -8x-3+3 &= 21+3 \\ -8x &= 24 && \mid :(-8) \\ \frac{-8x}{-8} &= \frac{24}{-8} \\ x &= -3 \end{aligned}$$

Probe:
$$\begin{aligned} -5x-3 &= 3x+21 \\ -5\cdot(-3)-3 &\overset{?}{=} 3\cdot(-3)+21 \\ 15-3 &\overset{?}{=} -9+21 \\ 12 &= 12 \end{aligned}$$

2.
$$\begin{aligned} \frac{x}{20}+1 &= \frac{x}{5}+3 && \Big| -\frac{x}{5} \\ \frac{x}{20}+1-\frac{x}{5} &= \frac{x}{5}+3-\frac{x}{5} \\ \frac{x}{20}-\frac{x}{5}+1 &= \frac{x}{5}-\frac{x}{5}+3 \\ \frac{x}{20}-\frac{4x}{20}+1 &= 3 \\ \frac{-3x}{20}+1 &= 3 && \mid -1 \\ \frac{-3x}{20}+1-1 &= 3-1 \\ \frac{-3}{20}x &= 2 && \Big| :\left(-\frac{3}{20}\right) \\ x &= 2\cdot\left(-\frac{20}{3}\right) \\ x &= -\frac{40}{3};\quad x = -13\frac{1}{3} \end{aligned}$$

Probe:
$$\begin{aligned} \frac{x}{20}+1 &= \frac{x}{5}+3 \\ \frac{-\frac{40}{3}}{20}+1 &\overset{?}{=} \frac{-\frac{40}{3}}{5}+3 \\ \frac{-40}{3\cdot 20}+1 &\overset{?}{=} \frac{-40}{3\cdot 5}+3 \\ \frac{-40}{60}+1 &\overset{?}{=} \frac{-40}{15}+3 \\ -\frac{2}{3}+1 &\overset{?}{=} -2\frac{2}{3}+3 \\ \frac{1}{3} &= \frac{1}{3} \end{aligned}$$

Übungen

Löse die Gleichungen.

1 a) $3x + 5 = -6x + 32$
b) $5x + 9 = -3x + 65$
c) $4x + 7 = -2x - 17$
d) $2x - 13 = -4x - 14$
e) $9x - 2 = -5x - 23$
f) $7x - 3 = -8x + 9$
g) $5x + 11 = 3x + 17$
h) $9x - 23 = 25 - 3x$
i) $35x + 25 = 47x - 155$
j) $17x + 35 = 90 - 5x$

2 a) $-8y - 7 = 4y + 29$
b) $-5y - 16 = 9y + 12$
c) $-2y - 5 = 5y + 9$
d) $-3y + 5 = 2y + 4$
e) $-17y + 4 = 3y - 66$
f) $-6y + 35 = 7y + 41$

3 a) $0{,}8a + 1{,}7 = 0{,}6a + 3{,}3$
b) $2a - 0{,}5 = 3 + 2{,}5a$
c) $1{,}5 - 2{,}8a = 2{,}7 - 2{,}4a$
d) $-4 - 2{,}5a = -0{,}7a - 22$
e) $-1{,}5a + 6 = -1{,}8a - 3{,}9$
f) $2{,}8a + 13 = 73 - 1{,}2a$
g) $4{,}9a - 19 = 16 + 2{,}4a$
h) $6{,}7a + 1{,}5 = 2{,}2a - 16{,}5$
i) $8{,}3 - 2{,}1a = 3{,}9a - 2{,}5$

4 a) $\frac{y}{4} + 7 = \frac{y}{3} + 6$ c) $\frac{y}{7} - 3 + \frac{y}{4} = -\frac{y}{2} + 2$
b) $1 - \frac{y}{5} = 2 + \frac{y}{3}$ d) $\frac{y}{6} + 6 - \frac{y}{3} = \frac{y}{5} - 5$

5 a) $4x - 3 + 2x = 33 + 3x$
b) $5x - 4 + 3x = 6x - 9$
c) $9x - 21 - 3x = 9x - 24 + x$
d) $4 - 9x - 15 = -11x + 29 + 4x$
e) $9 + 12x - 4 = 7x + 26 - 10x$
f) $42x - 45 - 81x = -32x - 7 - 2x$

6 a) $6g - 13 - 4g = -6g + 5 + 10g$
b) $8g - 13 - 6g = -9g + 5 + 13g$
c) $10g + 5 - 6g = 8g - 13 - 6g$
d) $8g - 5 - 12g = 6g + 13 - 8g$
e) $-5g + 5 - g = -6g - 13 - 2g$

7 a) $5{,}1b + 39 - 0{,}9b = 2{,}7b - 6$
b) $1{,}5 - 2b = 0{,}5b + 0{,}5 + 2{,}5b$
c) $1{,}6b - 4{,}9 + 0{,}4b = -3{,}5 + 0{,}8b - 3{,}8$
d) $4{,}7 + 9b - 1{,}9 = 20b + 1{,}8 - b$
e) $12{,}6b + 4{,}9 - 7{,}2b = -24{,}6b - 4{,}1$
f) $45b - 0{,}41 + 27b = 0{,}79 + 48b$

8 a) Schreibe jeweils die Gleichung auf wie im Beispiel und löse sie.
Beispiel: $0{,}3a - 1{,}5 = 0{,}6a - 1{,}2$

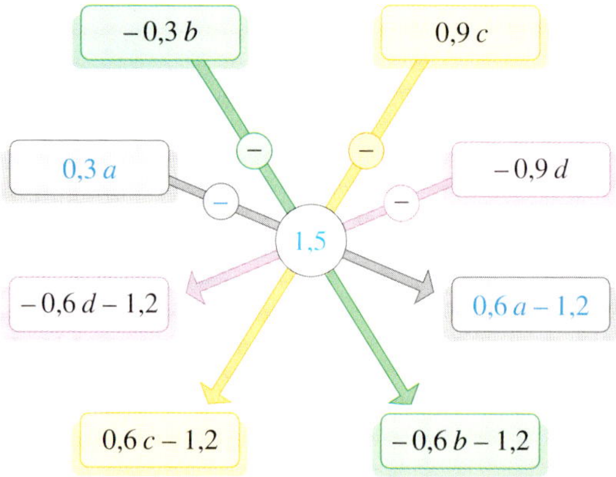

b) Ersetze in der oberen Darstellung die Minuszeichen durch Pluszeichen und löse die Gleichungen.
c) Ersetze die Zahl 1,5 in der oberen Darstellung durch die Zahl 0,15 und löse dann die Gleichung.

9 a) $\frac{1}{4}x + 1 = \frac{1}{5}x + 2$
b) $\frac{1}{9}x - 11 = \frac{1}{3}x - 3$
c) $-4 - \frac{1}{20}x = \frac{1}{10}x - 6$
d) $\frac{5}{6}x + \frac{3}{5} = \frac{1}{3}x - \frac{1}{5}$
e) $5\frac{3}{4}x + 14 = 3\frac{1}{3}x - 15$
f) $1 - \frac{2}{7}x = 4\frac{2}{3}x - 51$

10 a) $\frac{1}{2}m - 5 + \frac{1}{4}m = 2m - 4$
b) $\frac{5}{6}m + 38 - \frac{2}{3}m = \frac{1}{2}m + 53 - \frac{3}{4}m$
c) $3 - 2m + \frac{1}{3} = 1 - \frac{4}{5}m - \frac{1}{15}$
d) $9m + \frac{1}{2} - \frac{3}{4}m = \frac{3}{5} + 8m - 1$

11 a) $7x - \frac{3}{4} - 6x = x - 0{,}75$
b) $x = \frac{3}{5}x + 1 + 0{,}4x$
c) $0 = x - \frac{x}{3} + 12$

Auflösen von Klammern in Gleichungen

Beispiele

1.

$$\begin{aligned} 3(x+9) &= 48 \\ 3x+27 &= 48 \qquad \mid -27 \\ 3x+27-27 &= 48-27 \\ 3x &= 21 \qquad \mid :3 \\ \frac{3x}{3} &= \frac{21}{3} \\ x &= 7 \end{aligned}$$

Wir lösen zuerst die Klammern auf.

2.

$$\begin{aligned} 13-(x+3) &= 16 \\ 13-\ x-3 &= 16 \\ 13-\ 3-x &= 16 \\ 10-x &= 16 \qquad \mid -10 \\ 10-10-x &= 16-10 \\ -x &= 6 \qquad \mid :(-1) \\ \frac{-x}{-1} &= \frac{6}{-1} \\ x &= -6 \end{aligned}$$

Da vor der Klammer ein Minuszeichen steht, ändern sich beim Auflösen der Klammern die Zeichen in den Klammern.

3.

$$\begin{aligned} x-[5-(3x+4)] &= 6 \\ x-[5-\ 3x-4] &= 6 \\ x-[1-\ 3x] &= 6 \\ x-\ 1+\ 3x &= 6 \\ 4x-1 &= 6 \qquad \mid +1 \\ 4x &= 7 \qquad \mid :4 \\ \frac{4x}{4} &= \frac{7}{4} \\ x &= \frac{7}{4} \\ x &= 1\frac{3}{4} \end{aligned}$$

Wir lösen zuerst die inneren Klammern auf. Da vor der inneren Klammer ein Minuszeichen steht, ändern sich beim Auflösen die Zeichen in den Klammern.

Wir lösen die äußeren Klammern auf und fassen zusammen

4.

$$\begin{aligned} 12-\ 5(x-7) &= 42 \\ 12-[5(x-7)] &= 42 \\ 12-[5x-35] &= 42 \\ 12-\ 5x+35 &= 42 \\ 12+\ 35-5x &= 42 \\ 47-5x &= 42 \qquad \mid -47 \\ 47-5x-47 &= 42-47 \\ -5x &= -5 \qquad \mid :(-5) \\ \frac{-5x}{-5} &= \frac{-5}{-5} \\ x &= 1 \end{aligned}$$

Da das Produkt $5(x-7)$ subtrahiert werden muss, setzen wir es in eckige Klammern.
Wir lösen zuerst die inneren Klammern auf.

Wir lösen die äußeren Klammern auf.

Für diese Gleichung machen wir die Probe schriftlich.

Probe:

$$\begin{aligned} 12-5(x-7) &= 42 \\ 12-5\cdot(1-7) &\stackrel{?}{=} 42 \\ 12-5\cdot\ (-6) &\stackrel{?}{=} 42 \\ 12\quad +30 &\stackrel{?}{=} 42 \\ 42 &= 42 \end{aligned}$$

Übungen

Löse zunächst die Klammern auf. Fasse, wenn möglich, zusammen. Löse dann die Gleichung.

1 a) $3(15x + 18) = 78$
b) $7(8x - 5) = 77$
c) $-1(5x - 3) = 1$
d) $3(x + 4) = 2x + 13$
e) $5(x - 6) = 3x - 14$
f) $4(2 + x) = x - 7$
g) $2(7 - x) = 17 - 8x$
h) $19x - 18 = 7(x - 3)$
i) $41 - 61x = 6(5 - x)$

2 a) $6(5 + 2z) = -42$
b) $9(3z + 4) = 0$
c) $8(2 - 5z) = 16 + 35z$
d) $5(-8 + 9z) = -20z - 1$

3 a) $0{,}1(a + 10) = 4$
b) $0{,}3(70 - a) = 51$
c) $0{,}2(5 + 3a) = 0{,}1a + 26$
d) $0{,}4(9a - 10) = -160 - 0{,}3a$

4 a) $12 + (y + 5) = 26$
b) $12 + (5 - y) = 51$
c) $12 + (-y - 5) = 7$
d) $(y + 5) - 12 = -19$
e) $12 - (y + 5) = -7$
f) $12 - (-y - 19) = 12$
g) $-(5 - y) + 7 = 12$
h) $12 = -(-y + 7) + 19$

5 a) $15 + (3 - 2g) = 8$
b) $25 - (4g + 5) = -11$
c) $6g + 3 = -(2g + 9)$
d) $3g - (18g - 5) = 0$
e) $-(-3 - 7g) - 11 = -9 - 5g$

6 a) $9 + 5(x - 5) = -41$
b) $9 - 2(x + 5) = 12$
c) $5 - 6(x - 5) = x$
d) $-36 = 7(x - 5)$
e) $-4(x + 5) = 4x - 5$
f) $12(2x - 1) - 58 = 98$
g) $10(2x + 15) - 18x = 138$

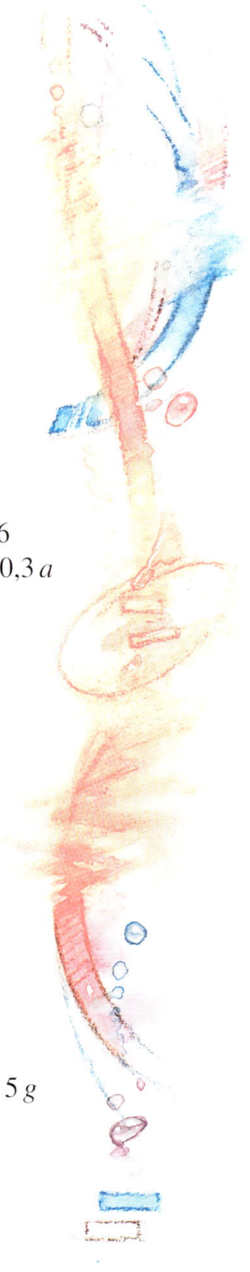

7 a) $-4\left(\frac{b}{3} + 5\right) + 9 = 17$
b) $3\left(5 - \frac{b}{2}\right) - 15 = 0$
c) $\frac{b}{10} - 7 = -\left(\frac{b}{15} + 2\right)$
d) $-\left(\frac{b}{5} - \frac{1}{3}\right) = \frac{4}{15}$
e) $\frac{1}{4}\left(-5 - \frac{b}{4}\right) - \frac{b}{2} = 3\frac{1}{4}$
f) $\frac{11}{3}b - 6\left(\frac{2}{9}b - 1\right) = 14$

8 Setze in die Gleichung $2 + y(4x - 5) = 15$ für y den angegebenen Wert ein. Löse dann die Gleichung.

a) $y = 2$ c) $y = 0{,}5$ e) $y = \frac{1}{4}$
b) $y = -3$ d) $y = -2{,}5$ f) $y = -\frac{1}{20}$

9 a) $5(x + 2) = 6(x - 3)$
b) $2(3x + 2) = 3(5 + x)$
c) $9(x - 2) = 4(-4x - 5)$
d) $5(x + 2) = -6(x + 1)$
e) $-5(3x + 1) = 2(-3 + 4x)$
f) $-7(-8 + 2x) = -8(2x - 7)$

10 a) $2 + (t + 1) = 6 - (t + 2)$
b) $5 - (2 - 5t) = 10 - (4t + 7)$
c) $-(t + 7) + 15 = 41 + (-5 + 3t)$
d) $4 + (t + 2) - (3 + 2t) = 8$
e) $t + (3 - 2t) - (4t + 5) - 2 = 18$
f) $(9t + 11) - 39 - (19 - 5t) = 24 - (31 - 18t)$

11 a) $2(m + 5) - 3(4 + m) = -3$
b) $6(3 + m) - 2(m + 1) + 5 = m$
c) $6m + 3(4 - 3m) - 14 = -5(m - 8)$
d) $8(m + 1) + 3(m + 2) = 2(m - 2)$
e) $6(6m - 1) - 30(m + 1) = 2(2m - 9)$
f) $-6(1 - 2m) + 7(3m - 5) = -8(-5m + 2) + 3$

12 Löse zuerst die inneren, dann die äußeren Klammern auf.

a) $4x - [5 + (21x - 13)] = 76$
b) $3 - [5x - (1 - x)] = 8x + 3$
c) $5 - [-13 - (5x - 17) + 9x] = -199$
d) $3x - [-x - (9 - 5x) + 7x] = 99 + x$
e) $x = 3x - [-9x - (7x - 15) + 3] - 9$
f) $11 - [5(y - 1)] = 3y$
g) $7y - [8(2y + 5)] - 2y = -40$
h) $4 - [12 - 5(y + 2)] = 4y + 1$
i) $11 - 2[5 - 4(y - 1)] = 6y + 7$

Multiplizieren von Summen in Gleichungen

Beispiele

1.

$$\begin{aligned} (x+3)(x+7) &= x^2-19 \\ x^2+7x+3x+21 &= x^2-19 \\ x^2+10x+21 &= x^2-19 \quad &|-x^2 \\ x^2-x^2+10x+21 &= x^2-x^2-19 \\ 10x+21 &= -19 \quad &|-21 \\ 10x+21-21 &= -19-21 \\ 10x &= -40 \quad &|:10 \\ \frac{10x}{10} &= \frac{-40}{10} \\ x &= -4 \end{aligned}$$

Wir lösen zuerst die Klammern auf.

Gleiche Variablen werden zusammengefasst.

Probe:

$$\begin{aligned} (x+3)(x+7) &= x^2-19 \\ (-4+3)(-4+7) &\overset{?}{=} (-4)^2-19 \\ -1\cdot 3 &\overset{?}{=} 16-19 \\ -3 &= -3 \end{aligned}$$

2.

$$\begin{aligned} (x+3)^2 &= (x-1)^2 \\ x^2+6x+9 &= x^2-2x+1 \quad &|-x^2 \\ x^2-x^2+6x+9 &= x^2-x^2-2x+1 \\ 6x+9 &= -2x+1 \quad &|+2x \\ 6x+2x+9 &= -2x+2x+1 \\ 8x+9 &= 1 \quad &|-9 \\ 8x+9-9 &= 1-9 \\ 8x &= -8 \quad &|:8 \\ \frac{8x}{8} &= \frac{-8}{8} \\ x &= -1 \end{aligned}$$

Wir lösen die Klammern mithilfe der binomischen Formeln auf.

Gleiche Variablen werden zusammengefasst.

Probe:

$$\begin{aligned} (x+3)^2 &= (x-1)^2 \\ (-1+3)^2 &\overset{?}{=} (-1-1)^2 \\ 2^2 &\overset{?}{=} (-2)^2 \\ 4 &= 4 \end{aligned}$$

3.

$$\begin{aligned} 5-(x+1)(x-6) &= 4+(x+2)(4-x) \\ 5-[(x+1)(x-6)] &= 4+(x+2)(4-x) \\ 5-[x^2-6x+x-6] &= 4+4x-x^2+8-2x \\ 5-x^2+6x-x+6 &= 4+4x-x^2+8-2x \\ -x^2+5x+11 &= -x^2+2x+12 \quad &|+x^2 \\ -x^2+x^2+5x+11 &= -x^2+x^2+2x+12 \\ 5x+11 &= 2x+12 \quad &|-2x \\ 5x-2x+11 &= 2x-2x+12 \\ 3x+11 &= 12 \quad &|-11 \\ 3x &= 1 \quad &|:3 \\ \frac{3x}{3} &= \frac{1}{3} \\ x &= \frac{1}{3} \end{aligned}$$

Da das Produkt $(x+1)(x-6)$ subtrahiert werden muss, setzen wir eckige Klammern.
Wir lösen zuerst die inneren Klammern auf.
Wir lösen die äußeren Klammern auf.

Probe:

$$\begin{aligned} 5-(x+1)(x-6) &= 4+(x+2)(4-x) \\ 5-(\tfrac{1}{3}+1)(\tfrac{1}{3}-6) &\overset{?}{=} 4+(\tfrac{1}{3}+2)(4-\tfrac{1}{3}) \\ 5-1\tfrac{1}{3}\cdot(-5\tfrac{2}{3}) &\overset{?}{=} 4+2\tfrac{1}{3}\cdot 3\tfrac{2}{3} \\ 5+7\tfrac{5}{9} &\overset{?}{=} 4+8\tfrac{5}{9} \\ 12\tfrac{5}{9} &= 12\tfrac{5}{9} \end{aligned}$$

Übungen

Löse zunächst die Klammern auf. Fasse, wenn möglich, zusammen. Löse dann die Gleichung.

1 a) $(x+2)(x+3)=x^2+11$
b) $(x-2)(x+3)=x^2-8$

2 a) $(x-6)(x+6)=x^2-2x$
b) $(x+9)(x-5)=x^2+49x$
c) $(-x+1)(x-2)=-x^2-2$
d) $(x+8)(-x-5)=-x^2+25$
e) $(-x-9)(-x-3)=x^2+15x+15$
f) $(-2-x)(x-4)=-x^2+4x+14$
g) $(x-4)(x+4)=x^2+7x-2$

3 a) $(a+3)(a+2)=(a+4)(a+5)$
b) $(a+1)(a-2)=(a-4)(a+2)$
c) $(a-5)(a+1)=(a-3)(a-3)$
d) $(a-1)(a-5)=(a-3)(a-2)$
e) $(3+a)(5-a)=(4-a)(a+3)$
f) $(1-a)(2-a)=(a+1)(a+2)$
g) $(a-7)(7-a)=(a+5)(10-a)$
h) $(1-a)(a+3)=(-a-1)(-7+a)$
i) $(a+8)(a-1)=(a-2)(a+4)$
j) $(a-14)(a-18)=(a+6)(a+2)$
k) $(a+3)(7-a)=(a-7)(3-a)$
l) $(a-1)(a+21)=(a+1)(a+15)$

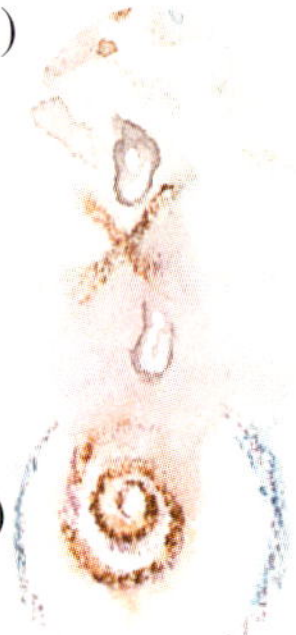

4 a) $(3b+1)(b+3)=3b^2+8b$
b) $(2b+3)(3b+2)=14b+6b^2$
c) $(6b-5)(2b+3)=-23+12b^2$
d) $(9b-17)(2b-3)=(6b-11)(3b-5)$
e) $(3b-4)(4b-3)=(12b-16)(1+b)$
f) $(2-9b)(2+9b)=(1-3b)(-1+27b)$
g) $(2b+1)(b+1)=(2b-1)(b+3)$
h) $(4b+8)(3-6b)=(3b+6)(4-8b)$
i) $(5b+1)(14b-2)=(7b-1)(10b-3)$
j) $(b+30)(3b-21)=(b+10)(3b+9)$
k) $(5b-15)(2b-10)=(2b-10)(5b-25)$
l) $(3b+24)(7b-7)=(7b-14)(3b+12)$

5 a) $(y+2)^2=(y+6)^2$
b) $(y+1)(y-1)=(y+3)^2$
c) $(y+5)^2=(y-4)^2$
d) $(y+2)^2=(y+4)(y+2)$
e) $(y+2)(y-2)=(5+y)(1+y)$
f) $(y-8)(y+8)=(-2+y)(y-4)$
g) $(y+6)^2=y^2-24$
h) $y^2-10y=(y-5)(y+5)$
i) $(3y+4)^2=9y^2+40$
j) $(4-5y)^2=-264+25y^2$
k) $(10y-1)^2=(10y+1)^2$
l) $(3-2y)(3+2y)=(2y+3)(1-2y)$

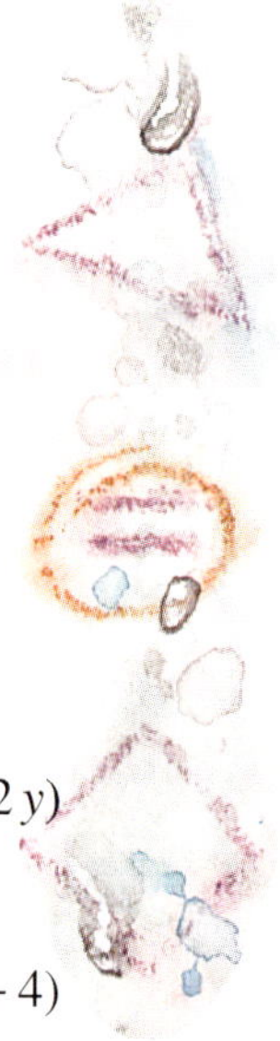

6 a) $(m+7)(m-7)=(m+8)^2-1$
b) $(m+5)^2-6m-49=(m-4)(m+4)$
c) $(6-2m)^2=(2m-3)^2+135$
d) $(3m+1)^2+1=(2+3m)^2-8m$
e) $(5+8m)(5-8m)=(5-4m)(16m-7)+60$
f) $(5-3m)^2+9-18m^2=(2-3m)(2+3m)$
g) $(2m-4)(2m+4)-3m^2=(4-m)^2-56$
h) $(2-5m)^2=(4m-7)(4m+7)+9m^2+53$

7 a) $4x+(x-1)(x+2)=x^2+3$
b) $x^2+(x+2)(x+3)+5x=2x^2-4$
c) $2x+(x-4)(x-3)-x^2=5x+10$
d) $8x+(x+8)^2-x^2=64$
e) $-x^2+(x-3)^2-1=10x$
f) $7x+(5x+3)(5x-3)-1=25x^2+4$

8 Setze die Produkte, die subtrahiert werden, in eckige Klammern.
a) $y^2-(y+3)(y-4)=2y-10$
b) $3y-(y+5)(5+y)=17-y^2$
c) $8y-(y+3)(y-3)-18=-y^2+7y$
d) $6y^2-(3y-1)(2y+1)=0$
e) $119-(2y-7)(2y-7)-5y=2(35-2y^2)$
f) $106-(5y-2)(7-2y)-4y^2=6(y^2-9y)$

9 Setze eckige Klammern, falls nötig.
a) $14-(v+2)(v+1)=11+(v+5)(1-v)$
b) $10-(v+3)(v+3)=6-(v+5)(v-5)$
c) $15-(v+3)^2=12-(v-3)^2$
d) $-(v-9)(9-v)+4=(v-6)(v+6)-5$
e) $61+(-2v-7)^2-8v^2=-(4v-9)(7+v)$
f) $48v+(6v-5)^2=7-(4v-3)(2-9v)-v$

10 Setze eckige Klammern, falls nötig.
a) $(z+2)(z-1)+(z-3)(1-z)=0$
b) $(z+3)(5+z)-(z+2)(z-2)=51$
c) $(z-2)^2-(z+6)^2=0$
d) $(z-8)(z+8)-(z+4)^2=-152$
e) $(z-3)(4z+1)-(2z-3)^2=3-z$
f) $(2z+9)(4-z)-(z-1)(3z-2)=14-5z^2$

11 a) $2(b-1)(b-4)=2b^2+9$
b) $4(b-1)^2=4b^2+3$
c) $-2(b+1)(b-2)=-2b^2+7b$
d) $-4(b+1)^2+5=3-4b^2$
e) $8-3(7-b)^2=29-3b^2$
f) $7+5(b+4)(b-4)=5b^2-3b-1$

12 Löse erst die inneren Klammern, dann die äußeren Klammern auf.
a) $4a-3[(a-1)(a-1)]=2-3a^2$
b) $a^2-2[(a+3)(a-3)-4]=2a-a^2$
c) $5-2[(a-3)^2+(a+5)^2]=-4a^2+17$
d) $7-3[(a-4)^2-(a+2)^2]=20a+3$
e) $5a-4[(a+3)^2-(a-1)^2]=8-7a$

Löse die Gleichungen.

1 a) $3x - 8 = 19$ d) $6x + 17 = 5x$
b) $8 - 5x = -11$ e) $1 - 2x = 9x$
c) $17 = 13 - 16x$ f) $11x = x - 7$

2 a) $48x - 23x = 75$ e) $5{,}7 - 1{,}6x = 0{,}9$
b) $1{,}6x - 0{,}9x = 10{,}5$ f) $5{,}2x - 1{,}5 = 0{,}06$
c) $4{,}7 - 9{,}3 = 1{,}6x$ g) $\frac{4}{5}x + \frac{1}{2}x = 2{,}6$
d) $0{,}9x - 2{,}5 = 2{,}9$ h) $\frac{3}{4}x - \frac{1}{2}x = 5$

3 a) $11y + 12 = 5y + 66$
b) $-15y - 107 = 27y - 23$
c) $5y - 3 + 22y = 21 + 9y - 15$
d) $-17y + 9 - 9y - 19 = -8y - 10 + 7y$
e) $16y - 19 - 29y = 18 - 11y + y - 16$
f) $-13 + 3y - 59 - 15y + 28y = -9y - 17$

4 a) $2{,}4 + 7m - 3 = 5{,}8m$
b) $3{,}2 - 5{,}7m = -18{,}4 - 2{,}1m$
c) $3{,}26 = 12{,}4m - 4{,}1 - m + 8{,}5$
d) $6{,}3m - 5{,}4 - 7{,}9m = -5{,}2 - 2{,}1m$
e) $-3m + 9{,}1 + 5{,}5m = 3{,}5 - 1{,}9m - 51{,}6$
f) $3{,}9 + 5{,}4m + 21{,}4m - 4{,}8 - 26{,}7m = 10{,}2$

5 a) $6(b-1) = 7b + 13$
b) $3b - 1 = -5(3 - b)$
c) $-3(5b - 36) = -4b + 9$
d) $3(4 + b) = 8(b - 1)$
e) $-11(b + 9) = 3(-33 - b)$
f) $-5(2b + 9) = 3(7 - 2b)$

6 a) $(6r - 5) - (2r + 1) = 2$
b) $(3r - 34) - (7r - 25) = -(7 - 2r)$
c) $-(7 + r) - 1 + (5r + 3) = 2r$
d) $-(2r + 13) + 7r - (-r + 9) + 1 = 27r$

7 a) $6(2 - z) - 11(-z + 4) = 0$
b) $8(z + 1) - (z - 7) - 5(z + 1) = 0$
c) $-2(-7 + 4z) + 3(-5 + 2z) - (17 - 7z) = 0$
d) $4(z + 0{,}1) - (z - 4) + 5(1{,}1z - 1{,}9) = 0$

8 a) $x(x + 3) = 9 + x^2$
b) $x(x - 1) - 8x = x^2 + 81$
c) $x(x - 5) - x(x + 4) = 36$
d) $x(5 - 2x) + 2x(-3 + x) = 11$

9 a) $(t + 3)(t + 7) = (t - 5)(t + 9)$
b) $(3t + 4)(t + 5) = (33 + t)(3t - 4)$
c) $(2t + 5)(3 - t) = 2t(1 - t)$
d) $(4t - 7)(4t + 7) = -8t(7 - 2t)$

10 a) $(x + 5)^2 = x^2 - 15$
b) $(x - 9)^2 = x^2 - 10x - 115$
c) $(x - 4)(x + 4) = x^2 + 7x - 2$
d) $(x + 3)^2 = (x + 1)(x - 1)$
e) $(x + 2)^2 = (x - 5)^2 + 105$
f) $(x - 1)^2 = (7 - x)^2$
g) $(x - 3)^2 - 27 = (4 - x)^2$
h) $(x + 2)^2 = (x + 1)^2 + 9$

11 a) $(p + 8)^2 = (p - 8)^2$
b) $(4p + 1)^2 - 16p^2 = (p - 2)^2 - p^2$
c) $(p + 3)^2 + (p + 4)^2 - 1 = (p + 2)(p - 2) + p^2$
d) $(4p + 6)^2 + (3p + 5)^2 - 43 = (5p + 6)^2$
e) $(p + 5)^2 - (p - 3)^2 = 12(p + 4)$
f) $(2p + 3)^2 - (p - 4)^2 + 18 = 3(p^2 + 2) - 5$

12 a) $(\frac{x}{2} + 5)(\frac{x}{2} + 3) = (\frac{x}{2} + 2)(\frac{x}{2} + 7)$
b) $(\frac{x}{3} - 7)(\frac{x}{3} + 5) = (\frac{x}{3} - 15)(3 + \frac{x}{3})$
c) $(\frac{x}{5} - 1)^2 + \frac{1}{5}x = (\frac{x}{5} + 1)^2$
d) $(\frac{x}{4} - 9)^2 + \frac{3}{16}x^2 = (\frac{x}{2} + 9)(\frac{x}{2} - 9)$
e) $(\frac{x}{6} + 5)^2 - (\frac{x}{6} - 5)^2 = 20$
f) $(\frac{x}{4} + 1)(\frac{x}{4} - 1) - (\frac{x}{4} - 2)^2 = -9$

13 a) $(y - 0{,}5)^2 = (y + 0{,}3)^2$
b) $(y + 0{,}1)(y - 0{,}7) = (y + 0{,}3)^2 - 0{,}4y$
c) $(y - 0{,}4)^2 + (y + 0{,}2)^2 = 2y^2 - 0{,}5y$
d) $(y - 0{,}2)^2 - (y + 0{,}6)^2 = -(y + 0{,}5)$
e) $2(y - 2)^2 + 5y = 2y^2 - 7$
f) $3(y + 7)^2 - 4y = 3y^2 + 109$
g) $3y^2 - 2(y + 8)^2 = y^2 - 192$
h) $5y^2 - 3(y + 1)(y - 1) - y = 2(y^2 - 3)$

14 a) $7a + [3 - (15a - 29)] = 24$
b) $8a + [3a - (20a - 9)] - 7 = -16$
c) $9a - [8 - (a + 4)] - 4a = 8a$
d) $-[5a - (107 - 30a) - 33] = 3(4 - a)$

15 a) $3 - [3(m + 3) - 3(m - 3)] = 3m$
b) $7m - [7 - 7(m + 7) - m] = m + 7$
c) $-2 - 2[3 - 2(m - 5) - m] = 11(m - 3)$
d) $m - 3[2 - m(2 - m)] + 3m^2 = -4(3 - 2m)$

Rund ums FAHRRAD

Beim Fahrrad finden technische und physikalische Vorgänge statt, die mit **Formeln** beschrieben werden können.
Eine Formel ist eine Gleichung. Formeln enthalten *Variablen,* oft auch mehrere.
Bei Formeln behält man die dort verwendeten Bezeichnungen für die Größen auch dann bei, wenn sie *Unbekannte* sind.

Umfang

$$u_1 = 2a + 2b$$

u_1 in m, a in m, b in m

Die Länge der Schnur erhält man aus den verschiedenen Umfängen der rechteckigen Querschnitte.

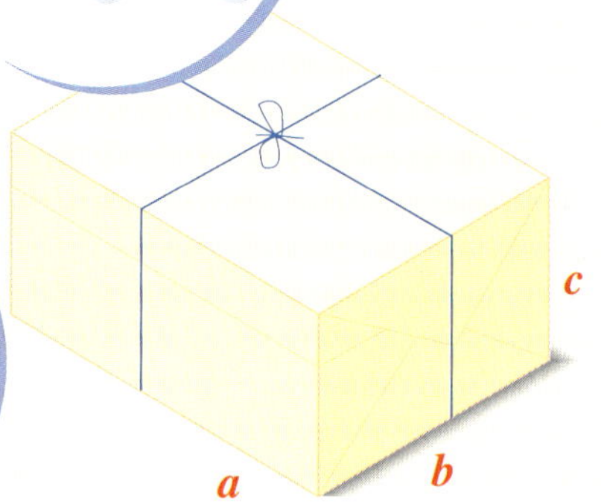

Volumen

$$V = a \cdot b \cdot c$$

V in cm^3, a in cm, b in cm, c in cm

Der Fahrradanhänger hat einen quaderförmigen Laderaum, der außen 91 cm lang, 62 cm breit und 26 cm hoch ist.
Darin wird ein Paket mit den Maßen 80 cm, 60 cm und 40 cm befördert. Das Paket wurde vorher mit einem Bogen Papier verpackt, damit es verschickt werden kann. Für die Verpackung braucht man mehr Material, als die *Oberfläche* des *Quaders* beträgt.

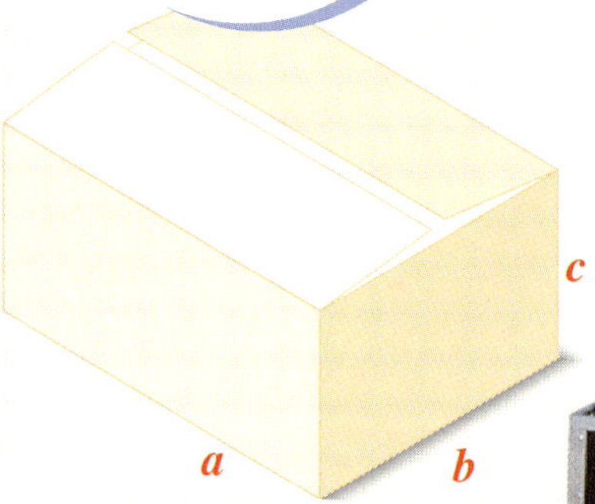

Formeln umstellen
Sind das Volumen V und die Länge von den Seiten *b* und *c* eines Quaders bekannt, kann man mithilfe der Formel $V = a \cdot b \cdot c$ berechnen:

$$a \cdot b \cdot c = V \quad | :(b \cdot c)$$
$$a = \frac{V}{b \cdot c}$$

Seiten vertauschen und durch $(b \cdot c)$ dividieren.

Oberfläche

$$O = 2ab + 2ac + 2bc$$

O in cm^2, a in cm, b in cm, c in cm

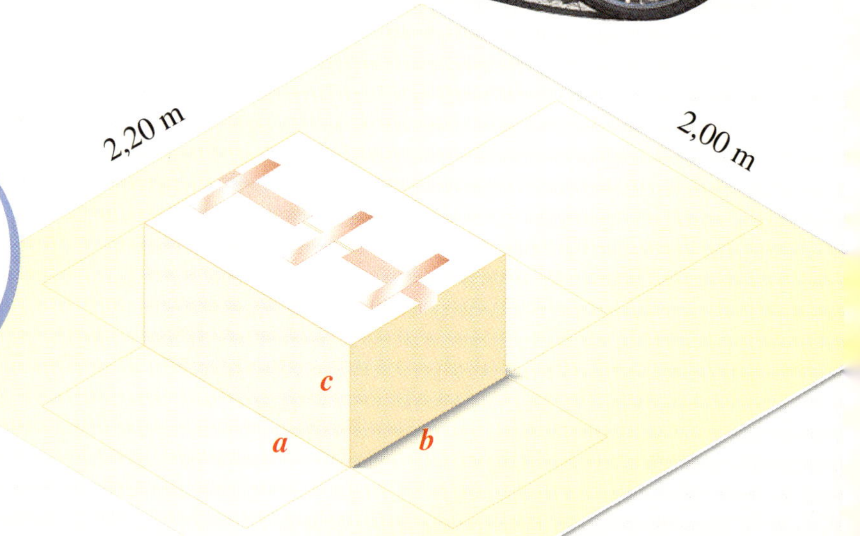

Geschwindigkeit

$v = \dfrac{s}{t}$ — v in $\frac{m}{s}$, s in m, t in s

$\dfrac{\text{Weg}}{\text{Zeit}}$

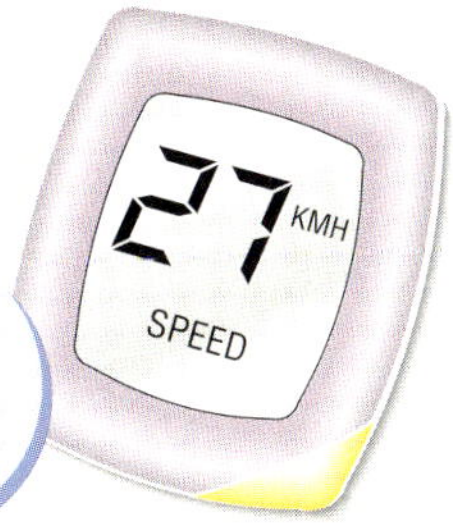

Einige Etappen der Tour de France 1998

Etappe	Länge	Zeit des Erstplazierten	Durchschnitts-geschwindigkeit
Prolog	5,6 km		54,2 $\frac{km}{h}$
5. Cholet-Châteauroux		5,314 h	43,0 $\frac{km}{h}$
14. Valréas-Grenoble	186,5 km	4,516 h	
16. Vilzille-Albertville	204 km		36,0 $\frac{km}{h}$
21. Melun-Paris	147,5 km	3,753 h	

Bremsweg

$s = \dfrac{1}{2}\, v\, t$ — s in m, v in $\frac{m}{s}$, t in s

Ohmsches Gesetz

$U = R \cdot I$ — U in V, R in Ω, I in A

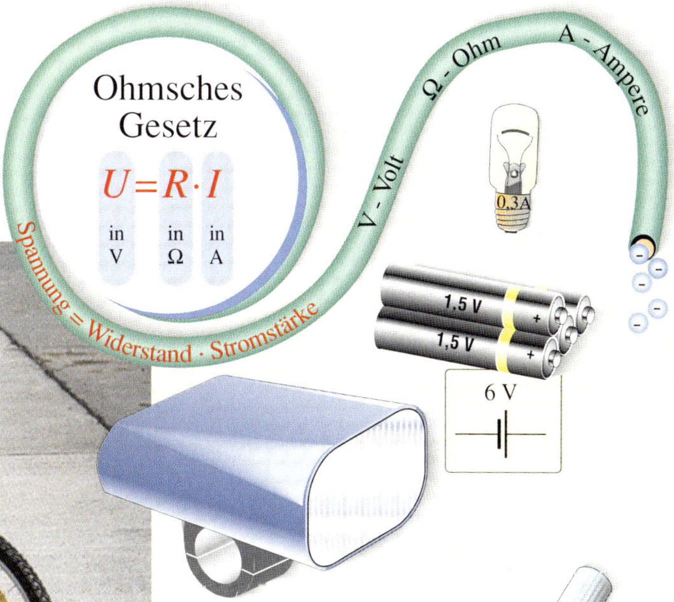

Dichte

$\varrho = \dfrac{m}{V}$ — ϱ in $\frac{g}{cm^3}$, m in g, V in cm^3

$\dfrac{\text{Masse}}{\text{Volumen}}$

Hauptsächlich verwendetes metallisches Material in einem Fahrrad

Metall	Gewicht	Dichte	Gesamtvolumen
Aluminium	4520 g	2,7 $\frac{g}{cm^3}$	
Chrom		7,14 $\frac{g}{cm^3}$	7,8 cm^3
Nickel	56,07 g		6,3 cm^3

Druck

$p = \dfrac{F}{A}$ — p in Pa, F in N, A in m^2

$\dfrac{\text{Kraft}}{\text{Fläche}}$

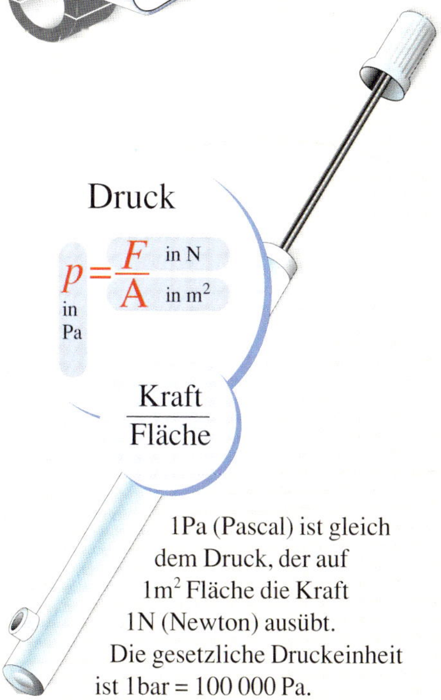

1 Pa (Pascal) ist gleich dem Druck, der auf 1 m^2 Fläche die Kraft 1 N (Newton) ausübt. Die gesetzliche Druckeinheit ist 1 bar = 100 000 Pa.

checkpoint

Löse die Gleichungen.

1 a) $x + 64 = 100$ c) $x - 153 = 17$
b) $83 = b + 61$ d) $8{,}5 = a - 9{,}5$
(4 Punkte)

2 a) $6x = 54$ c) $\frac{x}{5} = 20$
b) $2{,}4 = 3a$ d) $5 = \frac{y}{0{,}2}$
(4 Punkte)

3 a) $7x + 16 = 30$ c) $0{,}9x - 2{,}5 = 2{,}9$
b) $25x - 29 = 21$ d) $8{,}2 - 7x = 0{,}5$
(8 Punkte)

4 a) $48x - 23x = 75$
b) $10x - 25 = 23 - 2x$
(3 Punkte)

4 a) $9x + 23 = -25 - 3x$
b) $3{,}5z - 14{,}8 = 3{,}6 + 6{,}3z$
(4 Punkte)

5 a) $7(8x - 5) = 77$
b) $6(3x - 11) = 27x - 102$
(4 Punkte)

5 a) $2(3x - 5) = 0{,}8(2x + 4)$
b) $3x + 1 + 5(x - 1) = 0$
(6 Punkte)

6 a) $4(3y + 2) = 2(9 + y)$
b) $3x + 2(x - 5) = 2(2x - 4)$
(4 Punkte)

6 a) $2(6a - 5) - 4(2a + 1) = 2$
b) $6(4 + x) - 12(2x + 3) = -4x + 72$
(6 Punkte)

7 a) $(x + 7)(x - 4) = x^2 + 2$
b) $(x - 1)(x - 2) = x^2 - 1$
(6 Punkte)

7 a) $(2x + 1)(3x - 1) = 6x^2$
b) $(x - 2)(x - 6) = (x - 4)(x - 8)$
(8 Punkte)

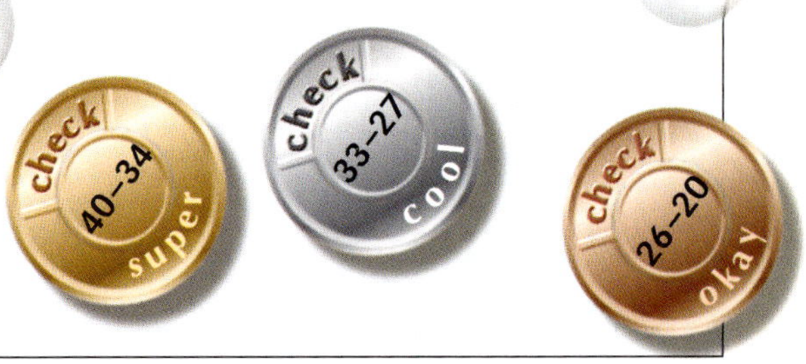

Zuordnungen und Modelle

„Stimmungsbarometer" von Björn

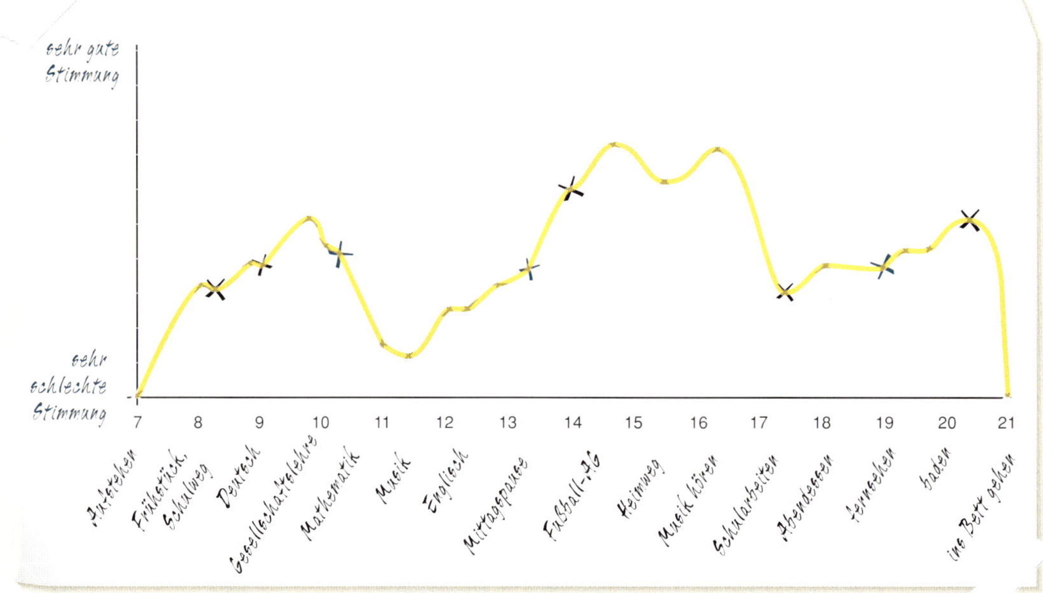

Stimmung von Mareike

Als Mareike um 7 Uhr von Ihrem Vater geweckt wurde, ging es ihr nicht gut. Sie stand auf, mochte aber nichts essen. Ihre Mutter schickte sie um 8 Uhr wieder ins Bett. Mareike schlief bis 9 Uhr, dann las sie ein wenig. Um 10 Uhr ging es ihr wieder schlechter, sodass sie zum Arzt ging. Erst um 11: 30 Uhr kehrte sie zurück. Um 12 Uhr nahm sie ein Medikament ein und legte sich hin. Um 14 Uhr ging es ihr deutlich besser. Deshalb aß sie ihr Mittagessen. Um 15 Uhr kam ihre Freundin Anna zu Besuch. Um 16 Uhr machte Mareike Schulaufgaben, bis ihr Vater um 18: 30 Uhr nach Hause kam. Nach dem Abendessen sah sie von 20 Uhr bis 21 Uhr fern, bevor sie ins Bett ging und um 22 Uhr einschlief.

Rhythmogramm in Kurvenform

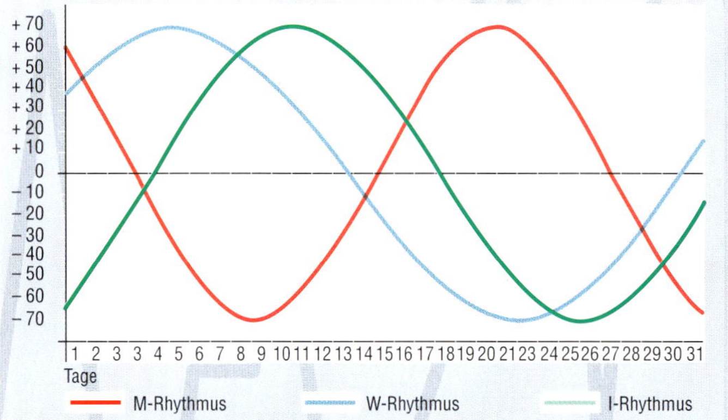

Den M-Rhythmus zeichnet man rot, den W-Rhythmus blau und den I-Rhythmus grün.

Viele Menschen glauben, dass man die Veränderungen des persönlichen Wohlbefindens durch die Berechnung des persönlichen **Biorhythmus** beschreiben und erklären kann. Diese Überlegung geht davon aus, dass der Mond einen unterschiedlichen Einfluss auf das seelische Wohlbefinden sowie auf die körperliche und geistige Leistungsfähigkeit besitzt.

Ausgangspunkt für die Berechnung der drei Biorhythmuskurven ist das Geburtsdatum.

Der sogenannte weibliche Rhythmus (seelisches Wohlbefinden) wiederholt sich alle 28 Tage, der männliche Rhythmus (körperliche Leistungsfähigkeit) alle 23 Tage. Der intellektuelle Rhythmus wiederholt sich alle 33 Tage.

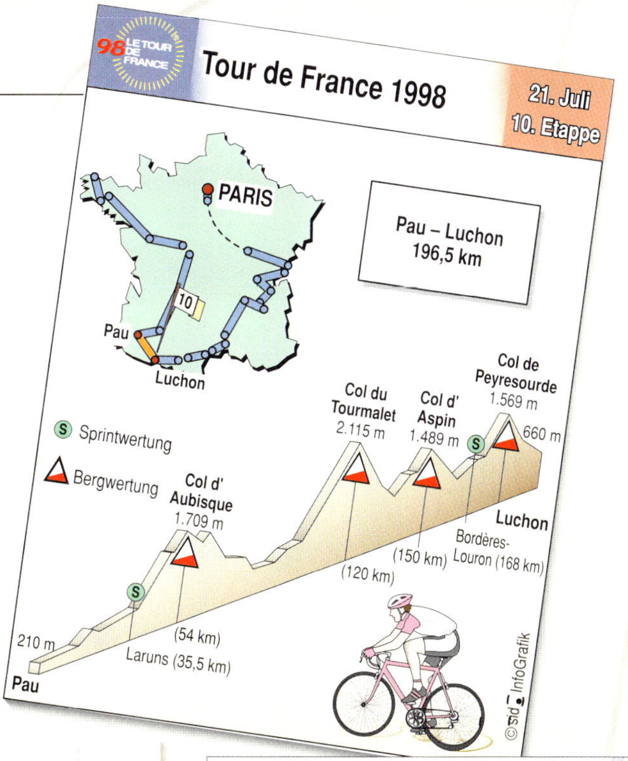

In den unterschiedlichsten Bereichen lassen sich Veränderungen durch Diagramme anschaulich beschreiben. Wichtige Merkmale sind **Maximum (Hochpunkt)**, **Minimum (Tiefpunkt)** und die **Spannweite**. Außerdem gibt man an, wo die Werte steigen, fallen bzw. gleich bleiben.

Täglicher Gang der Temperatur im Jahresmittel in Straßburg (Frankreich)

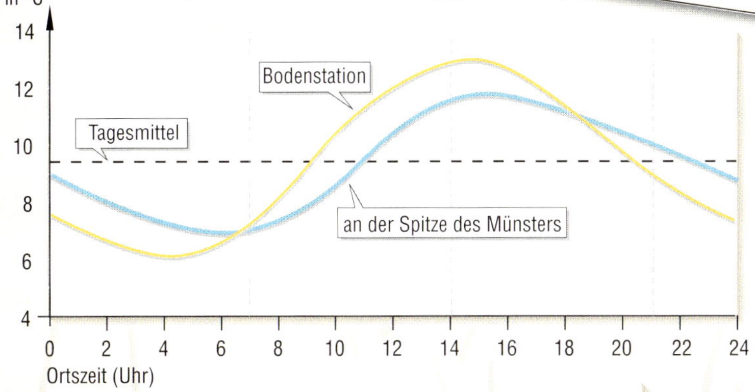

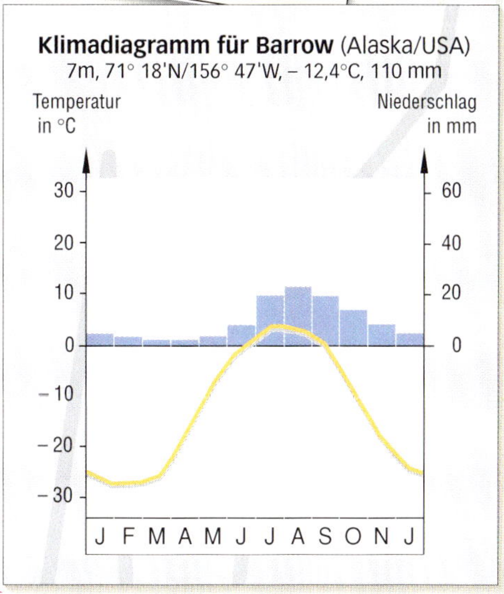

Temperaturen verschiedener Oberflächen an einem Hochsommertag

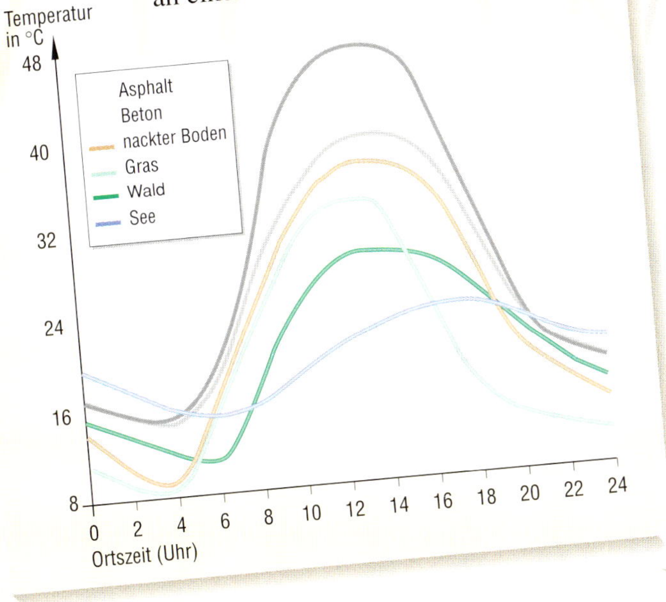

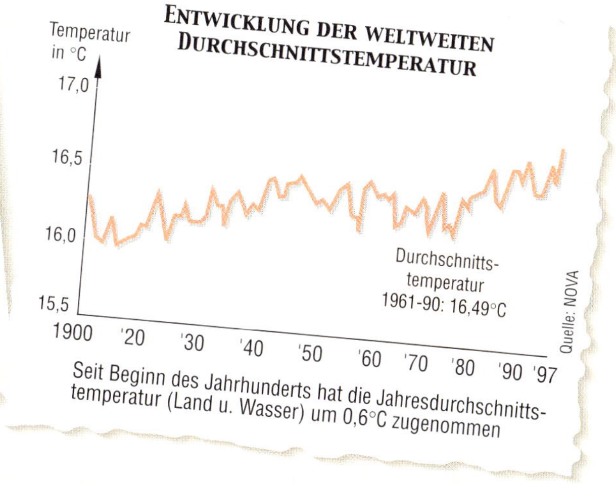

Veränderungen berechnen

Frau Betke hat für die Bahnfahrt von Koblenz nach Dortmund in der 2. Klasse 28 € bezahlt. Sie möchte wissen, wie teuer eine Hin- und Rückfahrkarte, eine Fahrt in der 1. Klasse oder eine Fahrt mit dem Intercity sein würde.

Diese Preise lassen sich einfach berechnen.

Hin- und Rückfahrt: $2 \cdot 28\,€ = 56\,€$

1. Klasse: $1{,}5 \cdot 28\,€ = 42\,€$

Intercity 2. Klasse: $28\,€ + 4\,€ = 32\,€$

Intercity 1. Klasse: $42\,€ + 4\,€ = 46\,€$

Hinweise für die Berechnung von Fahrpreisen bei der Deutschen Bahn
(ohne Spar- und Gruppenpreise)

1. **Hin- und Rückfahrt**
   die Preise der Hinfahrt sind zu verdoppeln
2. **Fahrpreis 1. Klasse**
   ist das 1,5-fache des Preises der 2. Klasse
3. **Zuschläge für EuroCity (EC) und InterCity (IC)**
   sind unabhängig von der Entfernung zu zahlen; sie sind in beiden Wagenklassen gleich
   - beim Lösen vor Fahrtbeginn 4 €
   - beim Nachlösen 5 €

Halbe Zuschläge für Kinder von 4 bis einschließlich 11 Jahren.

Übungen

1 Vervollständige die Tabelle im Heft.

Hinfahrt	Hin- und Rückfahrt
18,20 €	
	11,60 €
7,40 €	
	23,60 €
	46,40 €
77,00 €	

2 Herr Mertens hat eine Fahrkarte für die 2. Klasse gelöst. Sie kostete 34 €. Wie viel kostet die Fahrkarte für die gleiche Strecke in der 1. Klasse?

3 Frau Hegar fährt in der 1. Klasse. Für die Fahrkarte bezahlte sie 120 €. Wie viel hätte sie für die gleiche Fahrt in der 2. Klasse bezahlen müssen?

4 Frau Seifert fährt mit dem Intercity in der 2. Klasse. Dafür bezahlte sie 75 €.
a) Wie teuer ist die Reise ohne den IC-Zuschlag in einem zuschlagfreien Zug?
b) Was kostet die gleiche Reise in der 1. Klasse eines zuschlagfreien Zuges?
c) Was müsste sie in der 1. Klasse im IC nachzahlen?

5 Für die Hin- und Rückfahrt in der 1. Klasse hat Herr Genten einschließlich der EC-Zuschläge 129 € bezahlt. Wie viel hätte er nur für die Hinfahrt in der 2. Klasse eines zuschlagfreien Zuges bezahlen müssen?

6 Frau Günther will in einem zuschlagfreien Zug von Düsseldorf nach Bremen fahren. Sie hat sich einen Fahrschein in der 2. Klasse für die Hinfahrt gekauft und dafür 41 € bezahlt. Am Reisetag erfährt sie im Hauptbahnhof Düsseldorf, dass sie schon eher mit einem IC nach Bremen fahren kann. Sie steigt in den IC ein und findet in dem überfüllten Zug gerade noch einen Sitzplatz. Auf der Rückfahrt will Frau Günther nicht mehr in überfüllten Wagen sitzen. Deshalb kauft sie für die Rückfahrt einen Fahrschein im IC in der 1. Klasse. Welche Fahrtkosten sind Frau Günther insgesamt bei dieser Reise entstanden?

Am 29. Oktober 1998 startete der Amerikaner John Glenn mit der Raumfähre „Discovery" im Alter von 77 Jahren erneut ins All. Er ist damit der älteste Mensch, der jemals in den Weltraum flog.
Bereits am 20. Februar 1962 hatte Glenn als erster Amerikaner mit der „Mercury 6" die Erde in einer Raumkapsel umrundet.
Beim Flug mit der „Discovery" umkreiste er die Erde 48-mal so häufig wie beim ersten Flug. Insgesamt kam Glenn mit beiden Flügen auf 147 Umrundungen.
Wie oft hat John Glenn bei seinem ersten Flug die Erde umrundet?

Diese Problemstellung lässt sich mithilfe von Gleichungen beschreiben und lösen. Als günstig erweist sich, nach dem 6-Schritte-Verfahren vorzugehen.

1. Variable festlegen

Für die gesuchte Größe setzen wir eine Variable, zum Beispiel x.
Anzahl der Umrundungen
beim ersten Flug: x

2. Terme bilden

Beim zweiten Flug umkreiste Glenn die Erde 48-mal so häufig wie beim ersten Flug.
Anzahl der Umrundungen
beim zweiten Flug: $48x$

3. Gleichung aufstellen

Wenn man die Anzahl der Umrundungen beider Flüge addiert, erhält man die Gesamtzahl von 147 Umrundungen.

$$x + 48x = 147$$

4. Gleichung lösen

$$x + 48x = 147$$
$$49x = 147 \quad |:49$$
$$x = 3$$

5. Ergebnis überprüfen

1. Flug:		3 Umrundungen
2. Flug:	$48 \cdot 3 = 144$	144 Umrundungen
insgesamt:		147 Umrundungen

6. Antwort formulieren

Beim ersten Flug umrundete John Glenn die Erde 3-mal.

1 John Glenn verbrachte mit beiden Flügen zusammen 197 Stunden im Weltall. Dabei dauerte der zweite Flug 187 Stunden länger als der erste. Wie viele Stunden dauerte der erste Flug?

Zahlenrätsel

Simone behauptet, sie könne hellsehen. Um das zu beweisen, stellt sie Daniel ein Zahlenrätsel: „Denke dir eine Zahl, addiere dazu 7, multipliziere mit 2 und subtrahiere dann 4."
Daniel nennt als Ergebnis 88. Simone überlegt kurz, dann sagt sie: „Du hast dir die Zahl 39 gedacht." „Stimmt", sagt Daniel verblüfft.

Natürlich kann Simone nicht hellsehen, sondern nur gut rechnen. Zahlenrätsel lassen sich mithilfe von Gleichungen einfach lösen. Zur Lösung dieses Zahlenrätsels verwenden wir wieder das 6-Schritte-Verfahren.

1. Variable festlegen	Gedachte Zahl: x
2. Terme bilden	7 addiert: $x + 7$ mit 2 multipliziert: $2\,(x + 7)$ Klammer beachten! 4 subtrahiert: $2\,(x + 7) - 4$
3. Gleichung aufstellen	$2\,(x + 7) - 4 = 88$
4. Gleichung lösen	$2\,(x + 7) - 4 = 88 \quad \mid +4$ $2\,(x + 7) = 92 \quad \mid :2$ $x + 7 = 46 \quad \mid -7$ $x = 39$
5. Ergebnis überprüfen	$2\,(39 + 7) - 4 = 88$ $2 \cdot 46 - 4 = 88$ $92 - 4 = 88$
6. Antwort formulieren	Die gedachte Zahl ist 39.

Übungen

1 Bilde Terme. Die gedachte Zahl ist x.
a) Zu der Zahl wird 116 addiert.
b) Von der Zahl wird 67 subtrahiert.
c) Von 91 wird die Zahl subtrahiert.
d) Bilde das Dreifache der Zahl.
e) Bilde die Summe aus der Zahl und 37.
f) Bilde die Differenz von 236 und der Zahl.

2 Multipliziere eine Zahl mit 3 und addiere 28. Das Ergebnis ist 409. Bestimme die Zahl.

3 Multipliziere eine Zahl mit 2 und addiere 43. Das Ergebnis ist 77. Bestimme die Zahl.

4 Multipliziere eine Zahl mit 5, subtrahiere 87. Das Ergebnis ist –12. Wie heißt die Zahl?

5 Bestimme die Zahl.
a) Die Summe aus dem 6fachen einer Zahl und 13 ist –161.
b) Wenn du 15 zum Produkt aus einer Zahl und 4 addierst, erhältst du 363.

6 Silke sagt zu Christoph: „Denk dir eine Zahl. Subtrahiere 4, multipliziere die Differenz mit 3 und addiere zu diesem Produkt 12. Sag mir dein Ergebnis und ich sag dir die Zahl, die du dir gedacht hast." Christoph nennt 42 als Ergebnis. Welche Zahl hat er sich gedacht?

Lothars Großmutter feiert Geburtstag. Ein Besucher fragt Lothar, wie alt er sei. Er antwortet mit einem Rätsel:
„Meine Schwester Dagmar ist 3 Jahre älter als ich. Mein Vater ist 36 Jahre älter als ich. Großmutter ist 5-mal so alt wie Dagmar. Zusammen sind wir 158 Jahre alt.“

Wie alt ist Lothar?

1. Variable festlegen

Lothars Alter in Jahren x

2. Terme bilden

Dagmars Alter in Jahren (3 Jahre älter): $x + 3$

Vaters Alter in Jahren (36 Jahre älter): $x + 36$

Großmutters Alter in Jahren (5-mal so alt wie Dagmar): $5\,(x + 3)$

3. Gleichung aufstellen

$x + (x + 3) + (x + 36) + 5\,(x + 3) = 158$

4. Gleichung lösen

$$
\begin{aligned}
x + (x + 3) + (x + 36) + 5\,(x + 3) &= 158 \\
x + x + 3 + x + 36 + 5x + 15 &= 158 \\
8x + 54 &= 158 \quad |-54 \\
8x &= 104 \quad |:8 \\
x &= 13
\end{aligned}
$$

5. Ergebnis überprüfen

Lothars Alter:	13
Dagmars Alter:	$13 + 3 = 16$
Vaters Alter:	$13 + 36 = 49$
Großmutters Alter:	$5\,(13 + 3) = 5 \cdot 16 = 80$
Alter zusammen:	158

6. Antwort formulieren

Lothar ist 13 Jahre alt.

Übungen

1 Anne ist 15 Jahre älter als Boris, und Boris ist 12 Jahre älter als Eva. Zusammen sind sie 42 Jahre alt. Wie alt sind Anne, Eva und Boris?

2 Faruk hat zwei Schwestern. Die eine ist 2, die andere 5 Jahre jünger als er. Zusammen sind die drei Geschwister 80 Jahre alt. Wie alt ist Faruk?

3 Ein Großvater ist 50 Jahre älter als sein Enkel und doppelt so alt wie sein Sohn. Zusammen sind sie 100 Jahre alt. Wie alt ist der Enkel, und wie alt sind außerdem der Großvater und dessen Sohn?

4 Franziska hat zwei Brüder. Einer ist 2 Jahre jünger, der andere 4 Jahre älter als sie. Zusammen sind sie 98 Jahre alt. Wie alt ist jeder der Geschwister?

5 Frau Kaiser ist 35 Jahre jünger als ihre Mutter und 25 Jahre älter als ihre Tochter. Alle sind zusammen 130 Jahre alt. Wie alt ist jedes Familienmitglied?

6 Frau Binder ist 24 Jahre jünger als ihr Vater und 22 Jahre jünger als ihre Mutter. Alle sind zusammen 157 Jahre alt. Wie alt ist Frau Binder, wie alt sind ihre Eltern?

7 Herr Berg ist 28 Jahre älter als sein Sohn und 23 Jahre jünger als sein Vater. Alle sind zusammen 133 Jahre alt. Wie alt ist jeder?

8 Hilde wurde 4 Jahre vor ihrer Schwester Ursula geboren. In 6 Jahren sind beide zusammen 104 Jahre alt. Wie alt sind Hilde und Ursula zurzeit?

9 Herr Ott ist heute 10-mal so alt wie seine Enkelin Sara. In 4 Jahren sind sie zusammen 85 Jahre alt. Wie alt ist jeder von ihnen zurzeit?

10 Im Jahr 1969 wurde Willy Brandt Bundeskanzler der Bundesrepublik Deutschland. Sein Nachfolger wurde Helmut Schmidt.

Willy Brandt

Helmut Schmidt

a) Willy Brandt regierte 3 Jahre weniger als Helmut Schmidt. Zusammen regierten sie 13 Jahre. Wie lange regierte Helmut Schmidt, wie lange regierte Willy Brandt?

b) Willy Brandt wurde 5 Jahre früher als Helmut Schmidt geboren. Wenn man ihre Geburtsjahre addiert, erhält man 3831. In welchem Jahr wurde Willy Brandt geboren, in welchem Helmut Schmidt?

Info

Die Familie **Bernoulli** zählt zu den wenigen Familien der Geschichte, die über Generationen bedeutende Persönlichkeiten hervorgebracht haben.

Johann I Bernoulli

Daniel Bernoulli

Stammbaum der Mathematikerfamilie Bernoulli

- Niklaus Bernoulli († 1708)
  - Jakob I (1654 – 1705) Mathematiker
  - Niklaus (1662 – 1716) Maler
    - Niklaus I (1687 – 1759) Mathematiker
  - Johann I († 1748) Mathematiker
    - Niklaus II († 1726) Mathematiker
    - Daniel († 1782) Mathematiker
    - Johann II († 1790) Mathematiker
      - Johann III (1744 – 1807) Astronom
      - Jakob II (1759 – 1789) Akademiker in St. Petersburg

Acht Mitglieder der Familie waren Professoren der Mathematik und Physik. Basel in der Schweiz war Wohnsitz der Familie. Der mathematische Lehrstuhl der Universität Basel war 105 Jahre lang von einem Mitglied der Familie Bernoulli besetzt.

11 Niklaus war der Vater von Johann I, dessen Söhne Niklaus II, Daniel und Johann II waren. Niklaus war 44 Jahre älter als Johann I, 72 Jahre älter als sein Enkel Niklaus II, 77 Jahre älter als sein Enkel Daniel und 87 Jahre älter als sein Enkel Johann II. Die Summe der fünf Geburtsjahre ist 8395.

a) Wann wurde der Großvater Niklaus Bernoulli geboren?

b) Wann wurde Johann I geboren?

c) Wann wurde jeder der Brüder Niklaus II, Daniel und Johann II geboren?

Verteilungsprobleme

Die Familien Görtz und Möller bewohnen ein Zweifamilienhaus. Die jährlichen Kosten für die Müllabfuhr in Höhe von 336 € sollen entsprechend der Personenzahl auf beide Familien verteilt werden. Im Haushalt der Familie Görtz leben 3 Personen, bei Familie Möller sind es 4 Personen.

Wie viel muss jede Familie für die Müllabfuhr bezahlen?

1. Variable festlegen

Da die Kosten von der Anzahl der Personen abhängig sind, die im Haushalt leben, ist es zweckmäßig, zunächst die Kosten pro Person zu berechnen.

Kosten pro Person in €: x

2. Terme bilden

Kosten von Familie Görtz (3 Personen) in €: $3x$

Kosten von Familie Möller (4 Personen) in €: $4x$

3. Gleichung aufstellen

$$3x + 4x = 336$$

4. Gleichung lösen

$$\begin{aligned} 3x + 4x &= 336 \\ 7x &= 336 \quad |:7 \\ x &= 48 \end{aligned}$$

5. Ergebnis überprüfen

Kosten für Familie Görtz: $3 \cdot 48$ € = 144 €
Kosten für Familie Möller: $4 \cdot 48$ € = 192 €
Gesamtkosten: 336 €

6. Antwort formulieren

Familie Görtz zahlt jährlich 144 €, Familie Möller zahlt 192 € für die Müllabfuhr.

Übungen

1 Die Abfallgebühren hängen von der Anzahl und der Größe der Tonnen sowie der Häufigkeit der Entleerung ab. In einem Dreifamilienhaus fallen jährlich 477 € Gebühren an, die anteilmäßig auf die Familien Gratini (5 Personen) und Pomorin (3 Personen) sowie Herrn Gerber verteilt werden. Berechne die Aufteilung der Gebühren.

2 Familie Drews hat in einem Preisausschreiben 3 500 € gewonnen. Das Geld soll so aufgeteilt werden, dass die Eltern doppelt so viel erhalten wie die drei Kinder. Wie viel € bekommen die Kinder?

3 In Mirkos Terrarium sitzen genauso viele Käfer (6 Beine) wie Spinnen (8 Beine). Insgesamt krabbeln dort 112 Beine. Wie viele Käfer und Spinnen hat Mirko jeweils?

4 In einem Dreifamilienhaus ist für 11 475 € renoviert worden. Die Kosten sollen anteilmäßig nach der Größe der drei Wohnungen auf ihre Besitzer verteilt werden. Familie Kiraly besitzt 84 m^2 Wohnfläche, Familie Neugebauer 66 m^2 und Familie Stehr 75 m^2. Wie viel muss jede Familie bezahlen?

5 In einer Fußgängerzone wurden Pflasterarbeiten durchgeführt. Dazu erhielten das Unternehmen Isselstein und das Unternehmen Hellbig Aufträge. Die Stadt zahlte für diese Arbeiten den Gesamtwert von 48 000 €. Von dem Unternehmen Isselstein wurden 1200 m^2 Pflastersteine verlegt. Das Unternehmen Hellbig verlegte 1800 m^2 Pflastersteine.

Wie musste der von der Stadt für diese Arbeiten bezahlte Gesamtbetrag auf die beiden Firmen verteilt werden?

6 Ein Radweg musste neu ausgebaut werden. Zwei Unternehmen übernahmen den Auftrag, der insgesamt 32 400 € kostete. Die kleinere Firma Anton stellte 860 m^2 Radweg fertig. Die größere Firma Beitz baute 1300 m^2 Radweg in derselben Zeit aus.
Wie wurde die Gesamtsumme auf die beiden Firmen verteilt?

Info

Eigentümer von Grundstücken sind verpflichtet, Beiträge an die Gemeinde zum Ausbau der Straße zu leisten, wenn die Straße an ihr Grundstück grenzt. Nach Fertigstellung der Straßenbauarbeiten stellt die Gemeinde diesen **Anliegerbeitrag** in Rechnung. Begründet wird dies mit der Wertsteigerung, die das Grundstück dadurch erhalten hat.
Anliegerbeiträge können nach der Grundstücksfläche oder nach der Länge der an die Straße angrenzende Grundstücksseite berechnet werden.

7 Eine Grundstücksparzelle von 1224 m^2 wird geteilt. Es entstehen zwei neue Grundstücke, von denen eins 600 m^2 Fläche und das andere 624 m^2 Fläche hat. Der Anliegerbeitrag für die gesamte Grundstücksparzelle beträgt 30 600 € und soll entsprechend der Fläche von den beiden neuen Eigentümern bezahlt werden. Welchen Anliegerbeitrag muss jeder Eigentümer bezahlen?

8 Frau Hassenwerth ist Grundstückseigentümerin. Für zwei Grundstücke zahlte sie insgesamt 19 200 € Anliegerbeiträge. Sie will die Grundstücke verkaufen. Beim Verkauf sollen die neuen Eigentümer auch die Anliegerbeiträge bezahlen. Diese wurden nach den an die Straße angrenzenden Grundstücksseiten berechnet.
Berechne nach der Zeichnung die Anliegerbeiträge, die von den neuen Eigentümern jeweils bezahlt werden müssen.

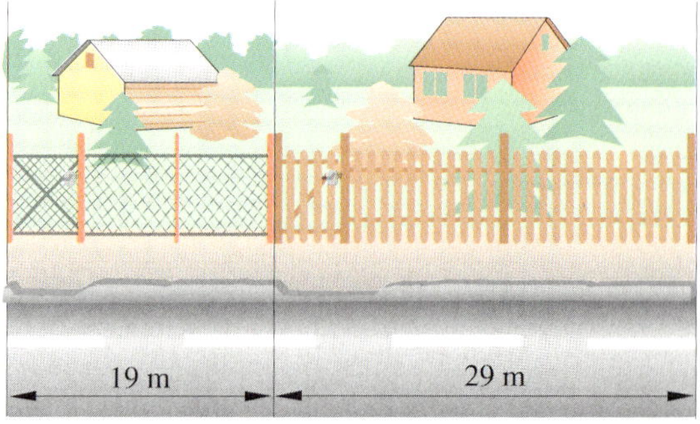

1 Sarah, David, Alexander und Larissa heißen die Kinder der Familie Hansemann. Sie erhalten einmal im Monat ihr Taschengeld, das sind zusammen 71 €. Dabei erhält Larissa 5,50 € mehr und Alexander 8 € mehr Taschengeld als David. Sarah ist die Jüngste der Familie. Sie erhält 4,50 € weniger als David.
a) Wie viel Taschengeld erhält David in einem Monat?
b) Wie viel Taschengeld erhalten die übrigen Kinder im Monat?

2 Herr Fatahi ist Vertreter einer Arzneimittelfirma. Viermal in der Woche muss er bei seinen Fahrten jeweils in einem anderen Hotel übernachten. Am Ende der Woche rechnet er mit seiner Firma die Reisekosten ab.

a) Für Übernachtung und Frühstück hat Herr Fatahi insgesamt 315 € ausgegeben. Am meisten zahlte Herr Fatahi am Donnerstagmorgen. Am Dienstagmorgen zahlte er 15 € weniger, am Mittwochmorgen 22,50 € weniger und am Freitagmorgen 7,50 € weniger als am Donnerstag. Wie teuer war jede der vier Übernachtungen?
b) In seinem Fahrtenbuch trägt Herr Fatahi die mit dem Auto zurückgelegten Strecken ein.

Kilometerstand am Beginn der Woche	59 362 km
Kilometerstand am Ende der Woche	60 564 km

Am Montag fuhr er doppelt so viele Kilometer wie am Mittwoch, am Dienstag 35 km weniger als am Mittwoch und am Donnerstag ein Drittel der Strecke vom Mittwoch. Am Freitag legte er 213 km mehr als am Mittwoch zurück. Wie weit fuhr Herr Fatahi an jedem Tag?

Der Dachdeckermeister zahlt seinen Gesellen Johann, Dieter und Henk einmal in der Woche den Lohn aus, der nach der jeweiligen Arbeitszeit und dem Stundenlohn berechnet wird.

Geselle	Lohn in € pro Stunde
Johann	10,75
Dieter	9,25
Henk	8,80

3 In der 18. Jahreswoche haben alle Gesellen gleich lange gearbeitet. Der Meister zahlte allen zusammen insgesamt 1123,20 € Lohn aus.
Wie lange hat jeder Geselle in dieser Woche gearbeitet und wie viel Lohn erhielt jeder?

4 Da der Wetterbericht starken Regen gemeldet hatte, musste das Dach des Hauses, an dem Henk und Dieter arbeiteten, unbedingt geschlossen werden. Deshalb haben beide in der 24. Jahreswoche jeweils 2,5 Stunden länger gearbeitet als Johann. Für eine Überstunde erhielt jeder 4,25 € mehr als im Stundenlohn vorgesehen ist. Insgesamt zahlte der Meister 1160,78 € Lohn aus.
Wie lange hat jeder Geselle in dieser Woche gearbeitet und wie viel Lohn erhielt jeder?

5 Nach einem schweren Unwetter hat die Dachdeckerfirma zusätzlich am Wochenende gearbeitet. Für diese Mehrarbeit erhielt jeder Geselle das 1,5fache seines üblichen Stundenlohns.
Wie viele Stunden haben die Gesellen an diesem Wochenende zusätzlich gearbeitet, wenn der Meister für die Mehrarbeit insgesamt 820,81 € auszahlte? Wie viel hat jeder Geselle an diesem Wochenende durch seine Mehrarbeit verdient?

Leonhard Euler

Info

Einer der bis heute bedeutendsten Mathematiker Europas ist **Leonhard Euler**. Er wurde am 15. April 1707 in der schweizerischen Stadt Basel geboren.
Schon als junges Kind wurde er von seinem Vater, einem sehr gebildeten Landpfarrer, in Mathematik unterrichtet. Danach wurde seine Begabung von der befreundeten Mathematikerfamilie **Bernoulli** weiter gefördert.
Bereits mit 13 Jahren begann Leonhard Euler ein Studium an der Universität Basel. Obwohl sein Vater ein Theologiestudium für ihn vorgesehen hatte, erlaubte er ihm, Mathematik und Physik zu studieren. 1726 erhielt er den Doktortitel für eine Arbeit über die Natur des Schalls. Mit dieser Arbeit bewarb er sich um eine Professur in Basel, die aber wegen seines jugendlichen Alters abgelehnt wurde. Daher zog Euler 1727 in die russische Stadt Sankt Petersburg, wo er eine Stelle an der Akademie erhielt.
1730 wurde er dort Physikprofessor, 1733 Mathematikprofessor. Im gleichen Jahr heiratete er. Aus dieser Ehe gingen 13 Kinder hervor, von denen aber nur fünf am Leben blieben, zwei Töchter und drei Söhne.
In Sankt Petersburg wurde Euler ein herausragender Forscher. Er veröffentlichte nicht nur sehr viele Arbeiten, sondern beschäftigte sich auch mit verschiedensten Wissenschaftsbereichen. Euler verfasste ein Buch über Schiffbau und Schifffahrt, eins über die Theorie der Musik und Rechenbücher für die russischen Schulen. Er beschäftigte sich aber auch mit Feuerspritzen und Sägen und erstellte ein Gutachten, wie die Große Glocke auf den Kremlturm in Moskau hochgezogen werden könnte. Außerdem hatte er großen Anteil an der Auswertung der erdkundlichen Erforschung der noch unbekannten Gebiete des riesigen Russlands und ihre Darstellung in Landkarten. Auch als Euler1738 auf dem rechten Auge infolge einer lebensgefährlichen Entzündung erblindete, blieb seine Schaffenskraft unberührt.

Vom preußischen König Friedrich II. stammt die Bezeichnung Eulers als „grand cyclope de géométrie“ (großer einäugiger Riese der Geometrie). Besonders verdienstvoll war, dass Euler viele Lehrbücher schrieb, in denen er klar und verständlich neue Forschungsergebnisse zusammenfasste. Mit am berühmtesten ist die „Vollständige Anleitung zur Algebra“. Er diktierte dieses Buch einem ehemaligen Schneider. Den Text ließ er erst unverändert, wenn er sich davon überzeugt hatte, dass der Schneider diesen verstanden hatte. Das Buch erschien 1770 und wurde in viele Sprachen übersetzt. 1771 erkrankte Eulers linkes Auge am grauen Star. Komplikationen nach der Operation führten zur Blindheit. Trotzdem diktierte er aus dem Gedächtnis weitere bedeutende Arbeiten. Euler starb am 18. September 1783 in Sankt Petersburg nach einem Schlaganfall.

Neben vielen anderen Problemen aus dem Alltag löste Euler auch das **Königsberger Brückenproblem**:

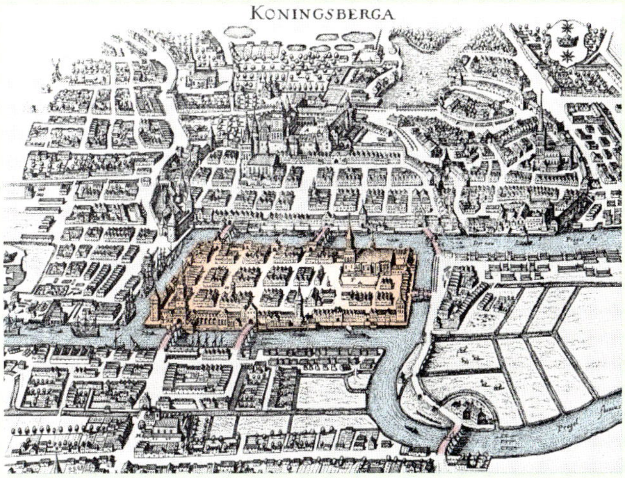

Ist es möglich, in der Stadt Königsberg (heute Kaliningrad in Russland) einen Spaziergang so zu machen, dass man jede der sieben Brücken nur einmal überquert?

Euler bewies, dass dies nicht möglich ist, weil in alle vier Stadtgebiete eine ungerade Anzahl von Brücken führt.

In seinem berühmten Lehrbuch „Vollständige Anleitung zur Algebra“ beschreibt Euler auch, wie man Sachprobleme mit Gleichungen löst. Selbst unser 6-Schritte-Verfahren ist dort bereits zu finden.
Die folgenden Hinweise und Fragen sind in der Sprache wiedergegeben, die 1770 von Leonhard Euler benutzt wurde.

VON DER AUFLÖSUNG DER AUFGABEN ÜBERHAUPT

Bey allen Fragen kommt es nun darauf an, daß nachdem man die unbekanten oder gesuchten Zahlen durch Buchstaben angedeutet, die Umstände der Frage genau in Erwegung gezogen, und daraus Gleichungen hergeleitet werden. Hernach besteht die gantze Kunst darinn wie solche Gleichungen aufgelößet, und daraus der Werth der unbekandten Zahlen gefunden werden soll, und hievon soll in diesem Abschnitt gehandelt werden.

Frage: Ein Vater hinterläßt drey Söhne und 1600 Rthl. Nach seinem Testament soll der älteste Sohn 200 Rthl. mehr haben als der zweyte, der zweyte aber 100 Rthl. mehr als der dritte; wie viel bekommt ein jeder?

Das Erbtheil des dritten sey = x, so ist das Erbtheil des zweyten = $x + 100$, und das Erbtheil des ersten = $x + 300$; diese drey zusammen müßen 1600 Rthl. machen.
Dahero wird $3x + 400 = 1600$; man subtrahire 400, so wird $3x = 1200$ und durch 3 dividirt giebt $x = 400$.

Antwort: der dritte bekommt 400 Rthl. der zweyte 500 Rthl. der erste 700 Rtl.

Info

Ein Reichstaler (Rthl.) war bis zum Ende des 19. Jahrhunderts die wichtigste Silbermünze. Zu Zeiten Eulers wurde 1 Rthl. = 24 Groschen gerechnet.

CAPITEL 3
VON DER AUFLÖSUNG EINIGER HIERFÜR GEHÖRIGEN FRAGEN

I. Frage: Zertheile 7 in zwey Theile, so daß der größere um 3 größer sey als der kleinere?

II. Frage: Ein Vater hinterläßt 4 Söhne und 8600 Rthl. Nach seinem Testament soll der erste zweymal so viel bekommen als der zweyte weniger 100 Rthl. Der zweyte soll bekommen dreymal so viel als der dritte weniger 200 Rthl. und der dritte soll haben viermal so viel als der vierte weniger 300 Rthl. Wie viel bekommt ein jeder?

III. Frage: Ein Mann hinterläßt 11000 Rthl. und dazu eine Wittwe, zwey Söhne und drey Töchter. Nach seinem Testament soll die Frau zweymal mehr bekommen als ein Sohn, und ein Sohn zweymal mehr als eine Tochter. Wie viel bekommt ein jedes?

IV. Frage: Ein Vater hinterläßt drey Söhne, welche das hinterlaßene Vermögen folgender Gestalt unter sich theilen. Der erste bekommt 1000 Rthl. weniger als die Hälfte von der gantzen Verlaßenschaft; der zweyte 800 Rthl. weniger als der dritte Theil der Verlaßenschaft, und der dritte 600 Rthl. weniger als der vierte Theil der Verlaßenschaft. Nun ist die Frage wie groß die Verlaßenschaft gewesen und wie viel ein jeder bekommen?
Es sey die gantze Verlaßenschaft $= x$.

V. Frage: Ein Vater hinterläßt vier Söhne, welche die Erbschaft also unter sich theilen: der erste nimmt 3000 Rthl. weniger als die Hälfte der Erbschaft, der zweyte nimmt 1000 Rthl. weniger als $\frac{1}{3}$ der Erbschaft, der dritte nimmt just den $\frac{1}{4}$ der gantzen Erbschaft, der vierte nimmt 600 Rthl. und den $\frac{1}{5}$ der Erbschaft: wie groß war die Erbschaft und wie viel hat ein jeder Sohn bekommen?
Man setze die gantze Erbschaft $= x$.

VI. Frage: Suche die Zahl wenn ich darzu ihre Hälfte addire, daß so viel über 60 kommen, als die Zahl selbst ist unter 65?

VII. Frage: Man zertheile 32 in zwey Theile, wann ich den kleineren dividire durch 6, den größeren aber durch 5, daß die Quotienten zusammen 6 ausmachen. Es sey der kleinere Theil $= x$ so ist der größere $= 32 - x$.

VIII. Frage: Zertheile 48 in neun Theile, so daß immer eine um $\frac{1}{2}$ größer sey, als der vorhergehende?
Es sey der erste und kleinste Theil $= x$ so ist der zweyte $= x + \frac{1}{2}$ und der dritte $x + 1$ etc.

IX. Frage: Suche eine Zahl wann ich von ihrem Duplo subtrahire 1 und das übrige duplire, davon 2 subtrahire, den Rest durch 3 dividire, daß 1 weniger heraus komme als die gesuchte Zahl?

X. Frage: 20 Personen, Männer und Weiber, zehren in einem Wirths-Haus: ein Man verzehrt 8 Gr. Ein Weib aber 7 Gr. Und die gantze Zeche beläuft sich auf 6 Rthl. Nun ist die Frage wie viel Männer und Weiber darselbst gewesen?

XI. Frage: Einer kauft 12 Stück Tuch für 140 Rthl. davon sind 2 weiße, 3 schwartze, und 7 blaue. Kostet ein Stück schwartzes Tuch 2 Rthl. mehr als ein weißes, und ein blaues 3 Rthl. mehr als ein schwartzes: ist die Frage wie viel jedes gekostet?

XII. Frage: Einer hat Muscaten-Nüß gekauft, und sagt daß 3 Stück eben so viel über 4 Gr. Kosten, als 4 Stück mehr kosten als 10 Gr. wie theuer waren dieselben?
Man sage 3 Stücke kosten $x + 4$ Gr. so werden 4 Stücke kosten $x + 10$ Gr.

(Leonhard Euler: Vollständige Anleitung zur Algebra (Hrsg. Von H. Weber); Leipzig, Berlin 1911)

Mischungsprobleme

Üblicherweise wird auf den Etiketten von Fruchtsäften der Vitamin-C-Gehalt je 100 ml angegeben. Beispiele enthält die abgebildete Tabelle. Der Tagesbedarf an diesem lebenswichtigen Vitamin beträgt 60 mg. Das entspricht beispielsweise 0,2 l des angegebenen Multivitaminsaftes.
Um den Vitamin-C-Gehalt von Fruchtsaft-Mixgetränken zu bestimmen, wenden wir unser 6-Schritte-Verfahren an.

Vitamin-C-Gehalt: Tagesbedarf 60 mg

Saft	100 ml = 0,1 l enthalten mg
Apfel	38
Apfelsinen	45
Birnen	20
Karotten	18
Kirsch	35
Multivitamin	30
Pampelmusen	35
Pfirsich	20
Rotbäckchen	20

Problemstellung: Wie muss man Kirschsaft und Birnensaft mischen, damit ein 0,2-l-Glas dieses Mixgetränkes genau den Tagesbedarf an Vitamin C enthält?

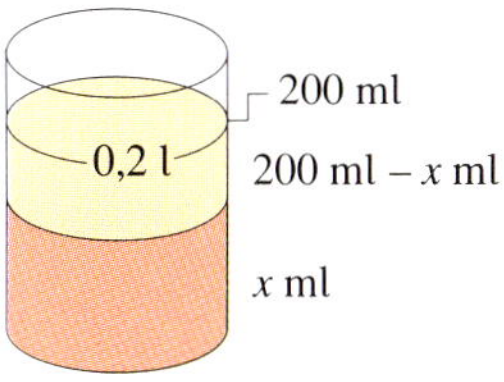

1. Variable festlegen	Kirschsaft in ml: x
2. Terme bilden	Birnensaft in ml: $200 - x$
3. Gleichung aufstellen	$0{,}35\,x + 0{,}2\,(200 - x) = 60$
4. Gleichung lösen	$0{,}35\,x + 0{,}2\,(200 - x) = 60$ $0{,}35\,x + 40 - 0{,}2\,x = 60 \quad \vert -40$ $0{,}15\,x = 40 \quad \vert : 0{,}15$ $x \approx 133$
5. Ergebnis überprüfen	133 ml + 67 ml = 200 ml
6. Antwort formulieren	Man muss 133 ml Kirschsaft mit 67 ml Birnensaft mischen.

Übungen

Alle Aufgaben beziehen sich auf den ***Tagesbedarf an Vitamin C****. Beachte die unterschiedlichen Glasgrößen.*

1 Wie kann man 0,2 l Karotten- und Birnensaft so mischen, dass das Getränk genau den Tagesbedarf an Vitamin C enthält?

2 Berechne die Mischung für das Mixgetränk, 0,3 l Birnen-Rotbäckchensaft und erkläre dein Ergebnis.

3 Untersuche den Fall 0,3 l Karotten-Pfirsichsaft.

4 Berechne die Mischung für das Mixgetränk 0,2 l Karotten-Apfelsinensaft.

5 a) Wie kann man 0,3 l Pfirsich- und Rotbäckchensaft entsprechend mischen?
b) Untersuche den Fall 0,2 l Multivitamin-Birnensaft.

6 Welches Ergebnis erwartest du für den Fall Kirsch-Apfelsaft für ein 0,2-l-Glas? Bestätige deine Überlegungen durch eine Rechnung.

7 Berechne die Mischung des 0,3-l-Partydrinks *Megafit* (aus Apfelsinen- und Pampelmusensaft), der das Doppelte des Tagesbedarfs an Vitamin C enthält.

8 Der 0,4-l-Partydrink *Triple* besteht aus Multivitamin-, Birnen- und Apfelsaft. Er enthält ebenfalls den doppelten Tagesbedarf an Vitamin C und doppelt so viel Multivitamin- wie Birnensaft. Wie lautet das Rezept?

Kerstin und Lisa wohnen 122 km voneinander entfernt. In den Osterferien wollen sie sich mit dem Fahrrad entgegen fahren. Kerstin fährt pünktlich um 9:00 Uhr mit einer Durchschnittsgeschwindigkeit von 16 Kilometern pro Stunde ($\frac{km}{h}$) Lisa entgegen. Lisa verschläft und fährt erst 30 Minuten später los. Dafür beeilt sie sich und fährt 22 $\frac{km}{h}$ durchschnittlich.

$$\text{Geschwindigkeit} = \frac{\text{Weg}}{\text{Zeit}}$$

Wir wollen berechnen, um wie viel Uhr sich die beiden treffen und wer bis zum Treffpunkt mehr Kilometer zurückgelegt hat.

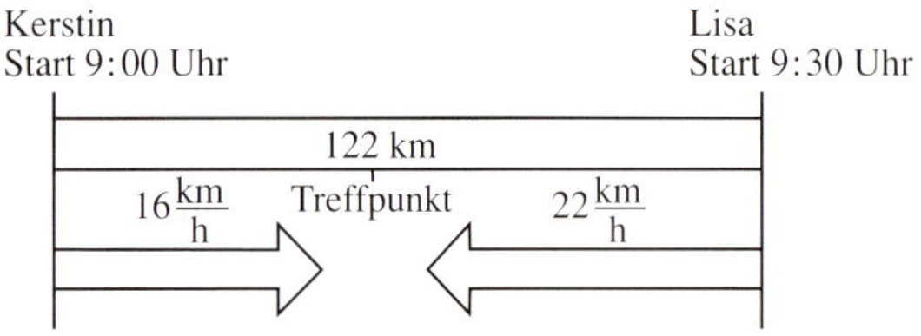

1. Variable festlegen — Fahrzeit von Kerstin in h: x

2. Terme bilden — Fahrzeit von Lisa in h: $x - 0{,}5$

3. Gleichung aufstellen — $16x + 22(x - 0{,}5) = 122$

4. Gleichung lösen

$$16x + 22(x - 0{,}5) = 122$$
$$16x + 22x - 11 = 122$$
$$38x - 11 = 122 \quad | + 11$$
$$38x = 133 \quad | : 38$$
$$x = 3{,}5$$

$9 + 3{,}5 = 12{,}5$ Treffpunkt um 12:30 Uhr

5. Ergebnis überprüfen — $16 \cdot 3{,}5 = 56$ $\quad 22(3{,}5 - 0{,}5) = 66$

56 km + 66 km = 122 km

6. Antwort formulieren — Die beiden treffen sich um 12:30 Uhr. Lisa hat mit 66 km die größere Strecke zurückgelegt.

Übungen

1 Zwanzig Minuten nachdem ein Güterzug den Bahnhof verlassen hat, folgt ihm ein Eilzug auf einem Nebengleis. Der Güterzug fährt in der Stunde 42 km, der Eilzug legt in dieser Zeit 70 km zurück.

a) Wie lange braucht der Eilzug, um den Güterzug einzuholen?

b) Sind die Züge dann schon an der Weiche nach 38 km Fahrtstrecke vorbei gefahren?

c) Ein Intercity kommt dem Eilzug auf einem Nebengleis mit 160 $\frac{km}{h}$ entgegen. Er ist noch 23 km entfernt. Nach wie vielen Minuten begegnen sich beide Züge?

2 Stefan und Andy machen eine Verfolgungsjagd mit dem Fahrrad. Andy, der mit durchschnittlich 18 $\frac{km}{h}$ fährt, erhält einen Vorsprung von 3 km. Stefan jagt ihn mit 20 $\frac{km}{h}$.

a) Wann hat er Andy eingeholt?

b) Wie viel Kilometer sind sie bis zu diesem Zeitpunkt gefahren?

c) Nach 40 Kilometern rufen sie Stefans Mutter an, damit sie die beiden mit dem Wagen abholt. Sie fahren aber mit gemütlichen 15 $\frac{km}{h}$ noch weiter. Wie viel Kilometer muss die Mutter zurücklegen, die mit durchschnittlich 65 $\frac{km}{h}$ fährt, bis sie die beiden erreicht?

d) Wie lange hat die Radtour von Stefan und Andy dann insgesamt gedauert?

Das Verständnis für die Struktur von Anwendungsaufgaben erhöht sich deutlich, wenn man selbst solche Aufgaben erfindet und löst. Die folgenden Mathegeschichten sind von Schülerinnen und Schülern einer 8. Klasse formuliert worden. Die Aufgaben sollen als zusätzliches Übungsmaterial und als Anreiz dienen, selbst originelle Mathegeschichten zu schreiben.

1 Omas Hühnerstall
Oma Anna hat einen kleinen Bauernhof mit nur drei Hennen. Die erste Henne legt drei Eier weniger als die zweite Henne und vier Eier weniger als die dritte Henne. Zusammen findet Oma Anna 28 Eier. Wie viele Eier hat jede Henne gelegt? (Melanie S.)

2 Backstreet Boys
Die Backstreet Boys waren 1998 zusammen 107 Jahre alt. Kevin war ein Jahr älter als Brian und Howie. Nick war sechs Jahre jünger und A. J. fünf Jahre jünger als Kevin. Wie alt war jeder? (Jacqueline J.)

3 Der Riesenfisch
Ein Riesenfisch von 54 kg wird in drei Teile zerlegt. Das Kopfende wiegt 10 kg, der Rumpf zweimal so viel wie Kopf und Schwanzende zusammen. Welches Gewicht hat jeder Teil? (Natascha B.)

4 Der zerstreute Inspektor Clever
Inspektor Clever hat sich aus dem Katalog für clevere Detektive drei Neuheiten bestellt. Einen automatischen Feuerlöscher, der doppelt so viel gekostet hat wie die unzerstörbare Uhr, und ein Fernrohr, das 10 € mehr gekostet hat als der Feuerlöscher. Leider weiß er nur, dass diese drei Dinge genauso viel gekostet haben wie eine Hose und ein Pulli von seiner Nichte Carol. Mit einer Bluse haben diese Kleidungsstücke zusammen 124 € gekostet. Der Pulli war 8 € teurer als die Bluse, die halb so viel gekostet hat wie die Hose. Wie teuer waren die drei Neuheiten zusammen? (Stefanie B.)

5 Der Banküberfall
Gestern wurde ein Banküberfall begangen. Als das in der Zentrale gemeldet wurde, waren die Bankräuber schon zehn Minuten weg. Bis der Polizeiwagen die Verfolgung aufnahm, vergingen weitere fünf Minuten. Die Räuber fuhren mit 110 $\frac{km}{h}$. Die Polizei verfolgte sie mit 130 $\frac{km}{h}$. Wie lang dauerte es, bis die Polizei die Bankräuber einholte? (Christoph T.)

6 Auf frischer Tat
Die Polizei hat von einem Drogencoup Wind bekommen. Sie will die Gangster auf frischer Tat ertappen. Wenn die Gangster vom Hafen in Koksstadt mit 50 $\frac{km}{h}$ abfahren, fährt ihnen die Sonderkommission der Polizei vom gegenüber liegenden Hafen mit 70 $\frac{km}{h}$ entgegen. Die Häfen liegen 30 km auseinander. Beide fahren um 17 : 23 Uhr ab. Wann treffen sie sich? (Ina H.)

7 Bodos Rallye durch die Sahara
Bodo ist auf einer Autoschau in der Sahara. Zur selben Zeit ist in einem 334,5 km entfernten Ort eine weitere Autoschau. Dort ist die Rallye-Weltmeisterin Michaela Schumacher zu Gast. Auf dem Programm steht ein Rennen von der einen zur anderen Veranstaltung. Michaela Schumacher wird den einen von zwei Ferraros fahren, Bodo den anderen. Es ist keine gewöhnliche Rallye. Die Autos fahren nicht vom gleichen Startpunkt los, sondern jeweils vom Standort der Autoschau. Ziel ist jeweils die andere Autoschau. Gewinnt Bodo, erhält er eine Rundreise durch die Sahara. Damit er eine Chance gegen die Rallye-Weltmeisterin hat, will sie 30 Minuten später losfahren. Bodo startet um 15:00 Uhr. Er fährt mit einem Durchschnittstempo von 69 $\frac{km}{h}$, Michaela mit 81 $\frac{km}{h}$.
a) Wann fahren beide aneinander vorbei und nach wie viel Kilometern geschieht das?
b) Wird Bodo die Rundreise durch die Sahara gewinnen? (Thomas S.)

checkpoint

1 Wenn du 27 vom Produkt aus einer Zahl und 8 subtrahierst, erhältst du 1789. Wie heißt die Zahl?
(3 Punkte)

2 Harald sagt zu Annette: „Denke dir eine Zahl, addiere 15, multipliziere mit 6, subtrahiere 9 und dividiere durch 3. Nenne mir das Ergebnis, und ich sage dir die gedachte Zahl.“ Annette nennt 49 als Ergebnis. Welche Zahl hat sie sich gedacht?
(5 Punkte)

3 Die Klasse 8 a wanderte an den ersten drei Tagen ihrer Klassenfahrt insgesamt 68 km. Am zweiten Tag wurden 7 km weniger gewandert als am ersten Tag, am dritten Tag 3 km mehr als am ersten Tag. Wie viel Kilometer musste die Klasse an den jeweiligen Tagen wandern?
(5 Punkte)

4 In einem Personenzug befinden sich 280 Fahrgäste. In der 1. Klasse sind 3-mal so viele Personen wie im Speisewagen. In der 2. Klasse halten sich 70 Personen mehr auf als in der 1. Klasse. Wie viele Personen sitzen in den verschiedenen Wagen?
(5 Punkte)

4 Katharina hat für ihren Urlaub eine bestimmte Summe Geld gespart. Gibt sie täglich 12 € aus, reicht ihr Geld 9 Tage länger als geplant. Gibt sie aber täglich 17 € aus, muss sie ihren Urlaub um eine Tag verkürzen. Wie lange sollte ihre Urlaubsreise dauern, und wie viel Geld hatte Katharina gespart?
(8 Punkte)

5 Simone hat sich neu eingekleidet. Für Jeans, T-Shirt und Kappe hat sie zusammen 129,70 € ausgegeben. Dabei war das T-Shirt 60 € billiger als die Jeans und die Kappe 10 € teurer als das T-Shirt. Wie viel € haben die drei Sachen im Einzelnen gekostet?
(5 Punkte)

5 Drei Stunden nachdem eine wandernde Schulklasse die Burg verlassen hat, wird ihr ein Radfahrer nachgeschickt, der $10\,\frac{km}{h}$ schneller ist als die Klasse. Nach $1\frac{1}{2}$ Stunden hat er sie eingeholt.
a) Wie schnell geht die Klasse, wie schnell fährt der Radfahrer?
b) Wie viel Kilometer hat die Klasse bis zum Zusammentreffen zurückgelegt?
(8 Punkte)

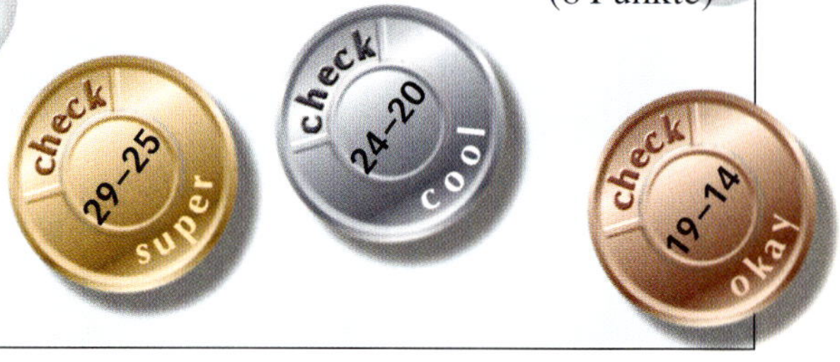

Symmetrien und Muster

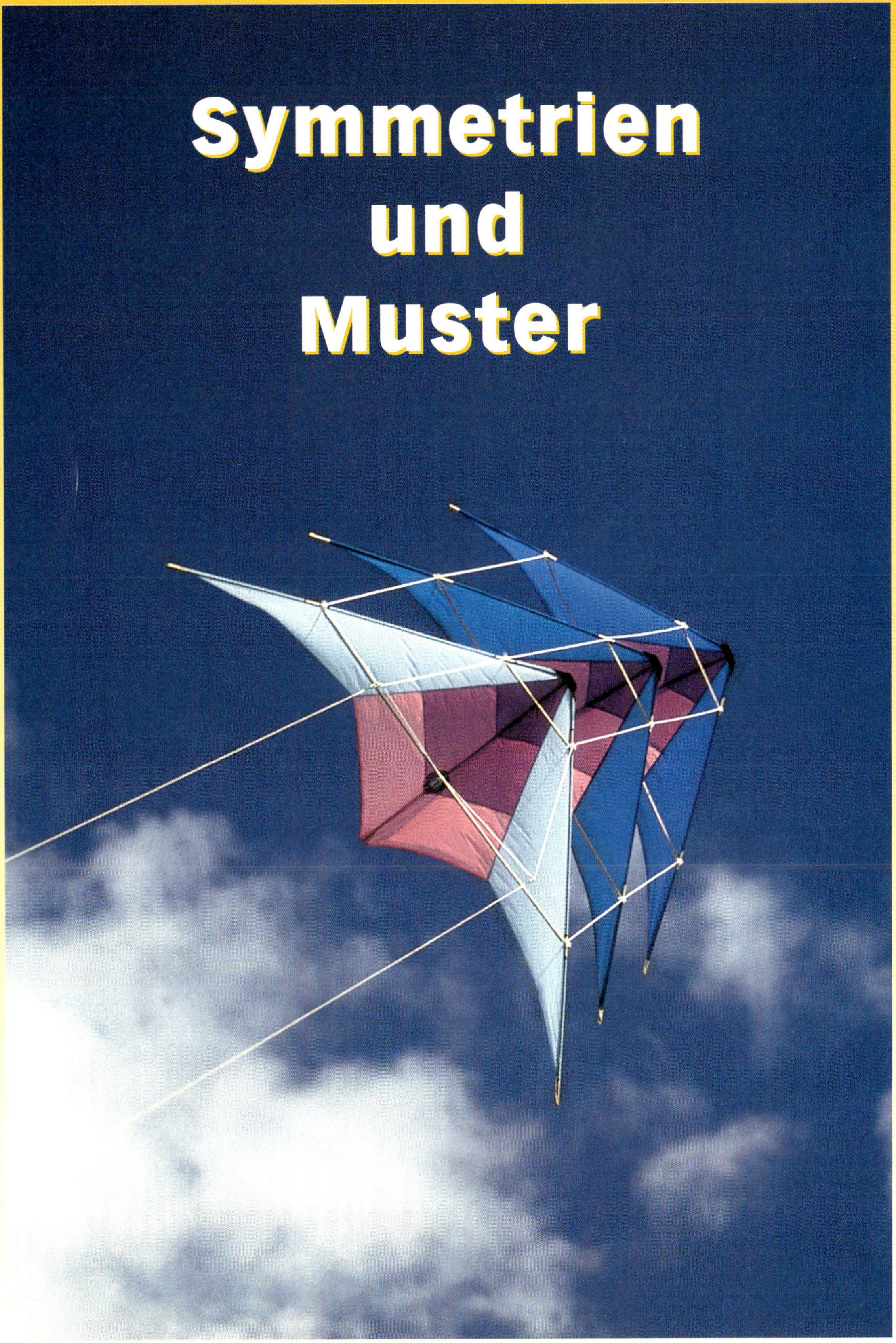

Drachenbau

Wenn im Herbst die Felder abgeerntet waren, bauten sich die Kinder auf dem Land mit wenig Materialaufwand Spielzeugdrachen. In den Herbstwind ließen sie diese dann über den Feldern aufsteigen. Die Drachen „standen“ im Wind und ließen sich außer in der Höhe nicht weiter steuern.

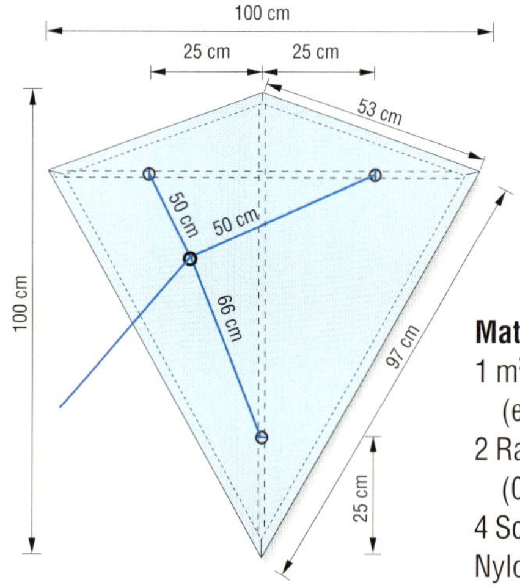

Der Spielzeugdrachen, der hier gezeichnet wurde, ist sehr einfach hergestellt:

Materialaufwand

1 m^2 reißfestes, leichtes Papier (eventuell Pergamentpapier)
2 Raminrundhölzer 1 m lang (0,8 cm ∅)
4 Schlüsselringe (1,6 cm ∅)
Nylonschnur (0,1 cm ∅)

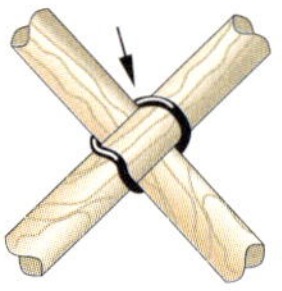

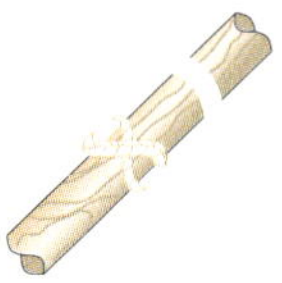

- Lege die Leisten rechtwinklig „über Kreuz“ und verbinde sie miteinander (fest verknoten oder mit einem Gummiring). Kerbe die Leisten gegebenenfalls an der Verbindungsstelle etwas ein, damit sie nicht verrutschen können.
- Befestige an der Leiste die Schlüsselringe (kleine Kerbe, dann fest verknoten).
- Kerbe die Leisten an den Enden ein.
- Spanne die Nylonschnur um das Leistenkreuz. Lege dabei die Schnur in die Kerbe.
- Lege das Leistengerüst auf den Papierbogen und schneide im Abstand von 3 cm die Drachenform aus.
- Klebe auf die Stellen, wo sich die Schlüsselringe befinden, Verstärkungsstücke auf und schneide Löcher ein, durch die später die Schlüsselringe gezogen werden.
- Falte die Ränder des Drachens auf die Leistenseite um und klebe sie fest.
- Befestige auf der Vorderseite des Drachens die Schnüre wie in der Zeichnung angegeben. Am vierten Schlüsselring werden alle Schnüre befestigt, auch die Steigleine.
- Stelle aus einer Schnur und Papierstreifen den Drachenschwanz her. Befestige ihn an der spitzen Ecke des Drachens. Dadurch wird der Drachenflug in der Luft stabilisiert.

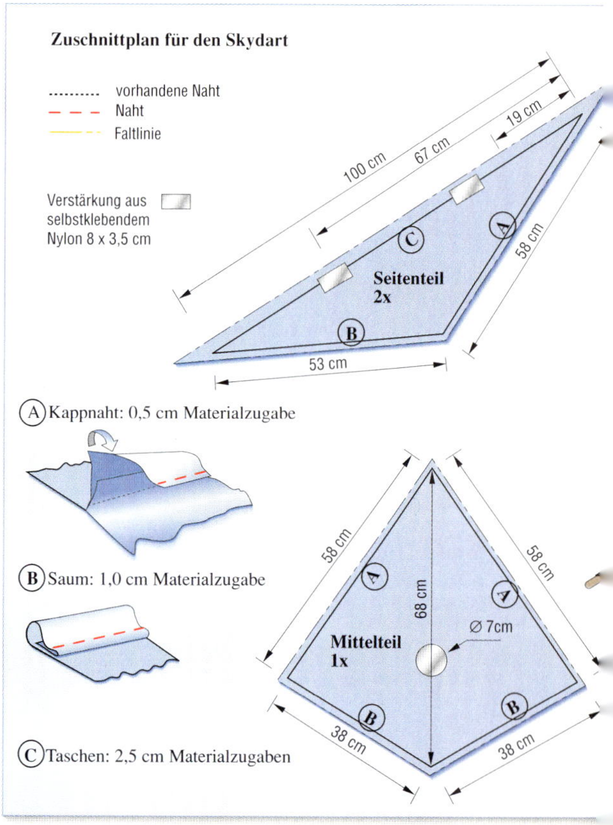

(Wichtige Details dieser Seite entstammen dem Buch „Lenkdrach bauen und fliegen“, von Wolgang Schimmelpfennig, Falken-Verla

Einen wesentlichen höheren Anspruch an Fertigkeiten und Verarbeitung hat ein Lenkdrachen wie der Skydart. Die dazu benötigten Materialien sind viel preiswerter als die Modelle komplett kosten. Beim Skydart kann man den Reiz an selbst Gebasteltem und die Freude, die mit einem funktionierenden Modell genossen wird, nicht mit kaufen.
Auf eine umfangreiche Bauanleitung wird hier verzichtet. Vielmehr sollen die Darstellungen alle wichtigen Hinweise zum Bau liefern.

Materialbedarf
3 m Rundholz (0,6 cm ∅) (für die Seitenholme, den Mittelholm und die vorderen Querholme)
1 m Rundholz (0,8 cm ∅)
1 m² Spinnakernylon
300 cm² selbst klebendes Nylon
2 Schlüsselringe (1,6 cm ∅)
Kunststoffschlauch (innen 0,8 cm ∅)
Kunststoffschlauch (innen 0,6 cm ∅)
Hochdruckschlauch 3,5 cm lang (innen 0,7 cm ∅)
Gurtband 10 cm lang, 5 cm breit
Nylonschnur (0,2 cm ∅)

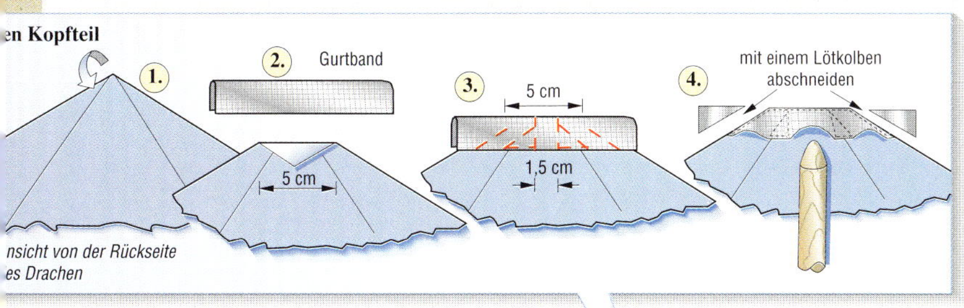

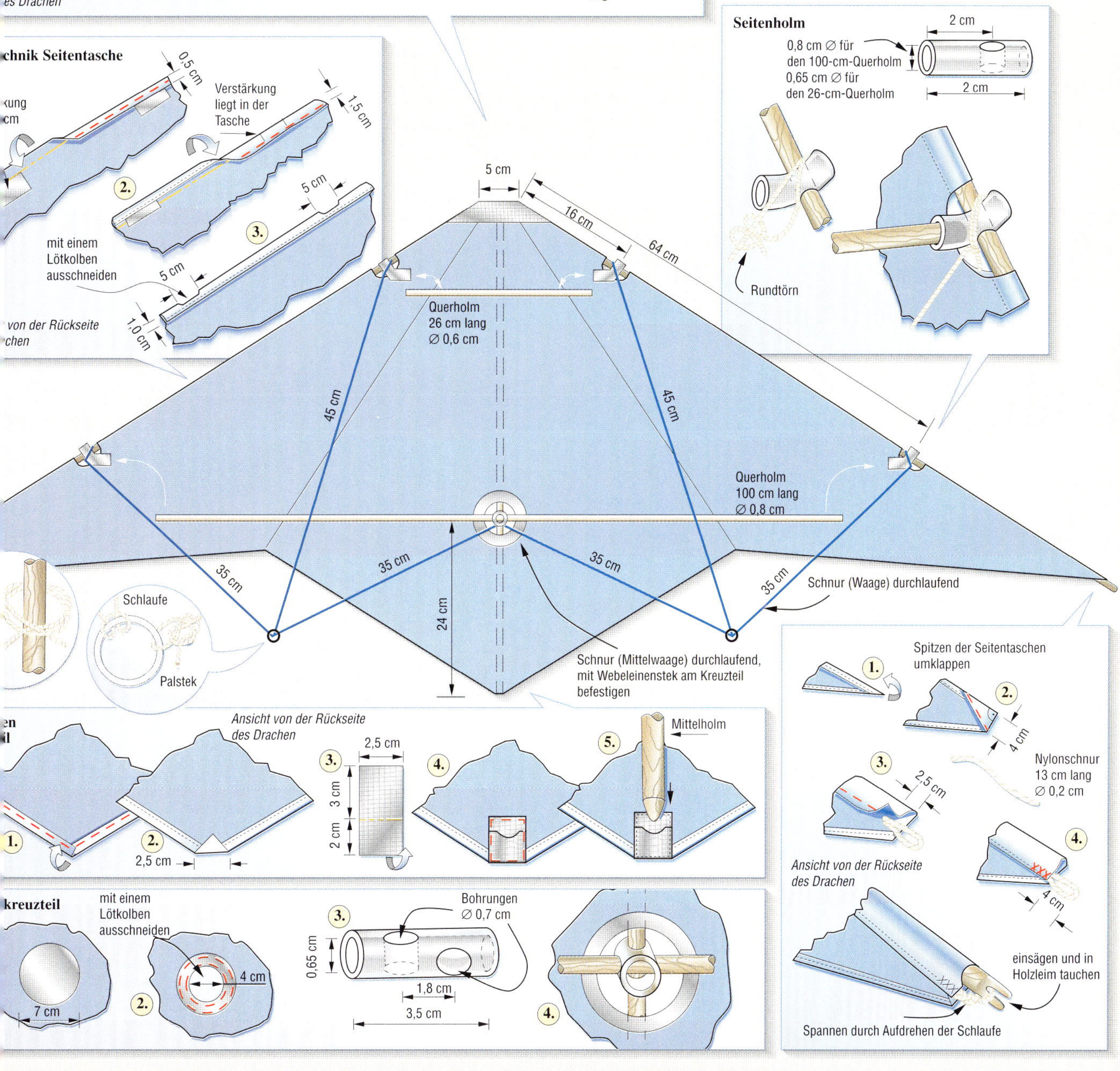

Drachen beschreiben

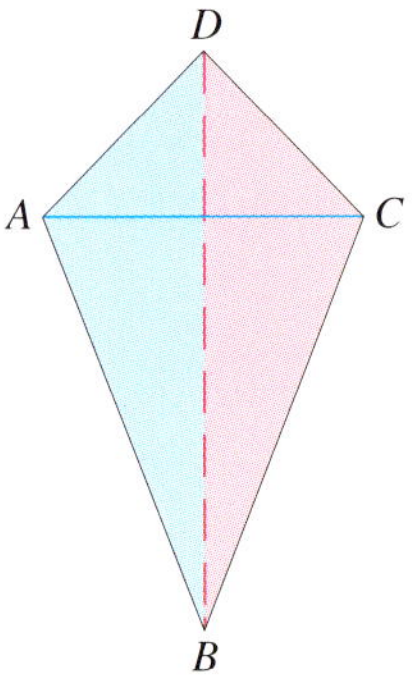

Der Drachen ist eine achsensymmetrische Figur. Man kann ihn so falten, dass sich beide Hälften genau decken. Wegen der Achsensymmetrie sind je zwei Seiten gleich lang. In der Zeichnung gilt $AB = BC$ und $AD = CD$.
Der Drachen hat zwei Diagonalen. In der Zeichnung liegt BD auf der Symmetrieachse. Wegen der Achsensymmetrie ist die Diagonale AC senkrecht zur Diagonale BD. Die Symmetrieachse halbiert die Diagonale AC.
Wegen der Achsensymmetrie halbiert in der Zeichnung die Symmetrieachse die Winkel β und δ. Die Winkel α und γ sind gleich groß.

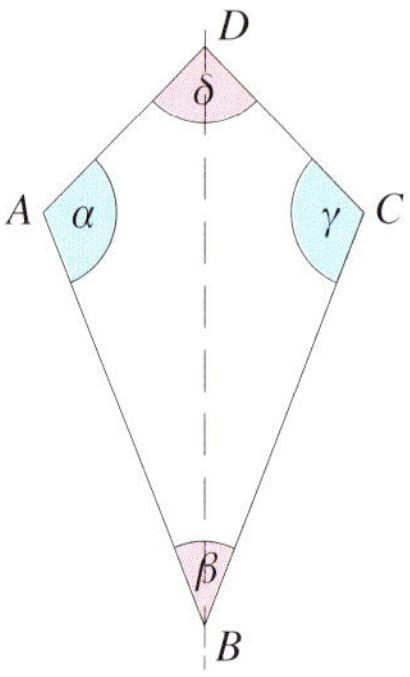

In einem Drachen
- sind je zwei Seiten gleich lang (hier $AB = BC$ und $AD = CD$),
- sind die Diagonalen senkrecht zueinander ($AC \perp BD$),
- halbiert die Symmetrieachse die andere Diagonale (hier AC),
- halbiert die Symmetrieachse zwei gegenüberliegende Winkel (hier β und δ),
- sind zwei gegenüberliegende Winkel gleich groß (hier α und γ).

Übungen

1 Übertrage die Drachen ins Heft. Zeichne die Symmetrieachsen rot ein. Benenne gleich große Winkel mit gleichen griechischen Buchstaben. Welche Seiten sind gleich lang?

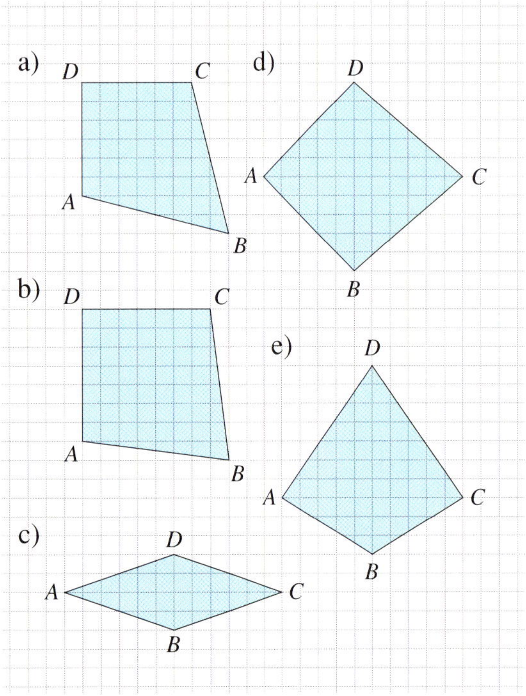

2 Übertrage die Figur in dein Heft und überprüfe mithilfe der Dracheneigenschaften, ob das Viereck ein Drachen ist. Begründe.

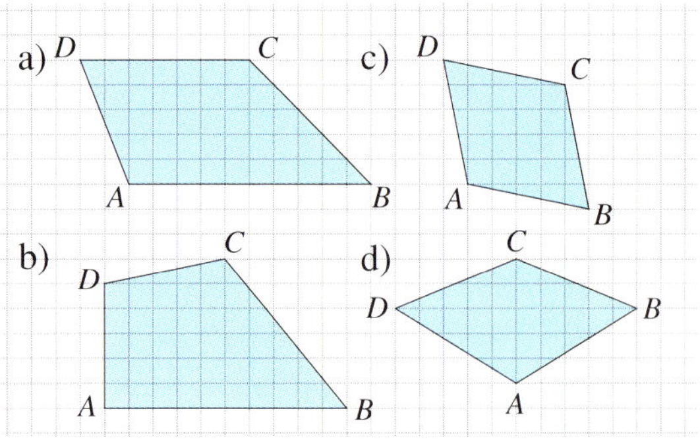

3 Bestimme im Heft die fehlenden Größen für den Drachen.

	a)	b)	c)	d)
AB	10 cm		6,5 cm	
BC		13 mm		7,8 cm
CD	5 cm	52 mm		39 mm
AD			4,3 cm	
α	150°			
β	30°	45°		60°
γ		110°	95°	
δ			65°	90°

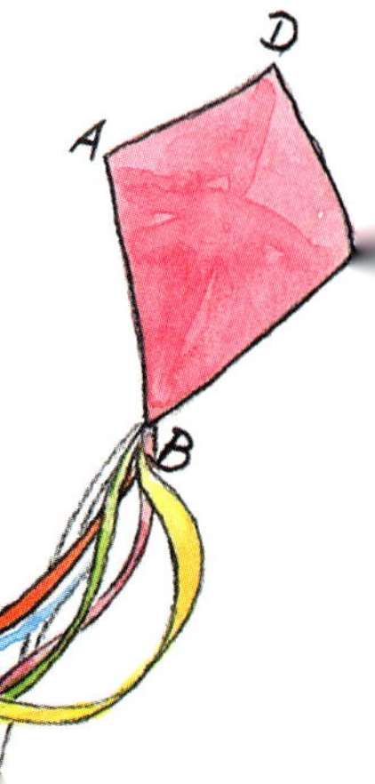

Dreiecke zu Drachen ergänzen

Der Drachen ist eine achsensymmetrische Figur. Er lässt sich aus einem Dreieck herstellen.

1. Die längste Seite des Dreiecks wird zur Symmetrieachse des Drachens.

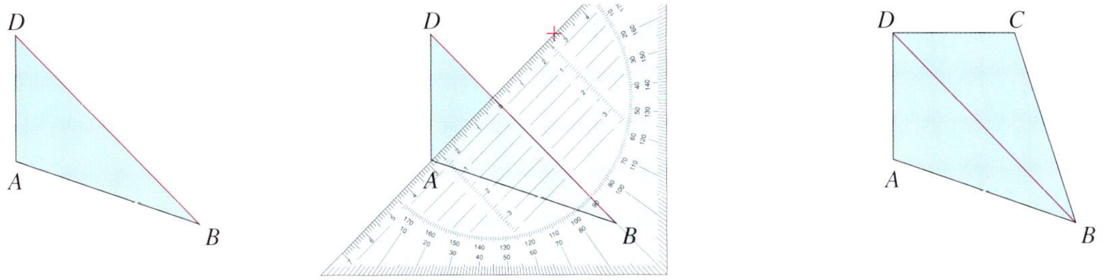

2. Eine der beiden kürzeren Seiten des Dreiecks wird zur Symmetrieachse des Drachens.

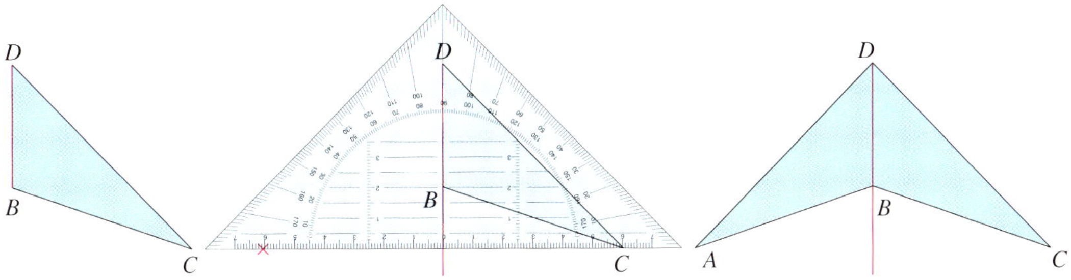

Übungen

1 Zeichne das Dreieck zweimal auf Karopapier. Schneide die Dreiecke aus und füge sie zu einem Drachen zusammen. Wie viele Möglichkeiten gibt es?

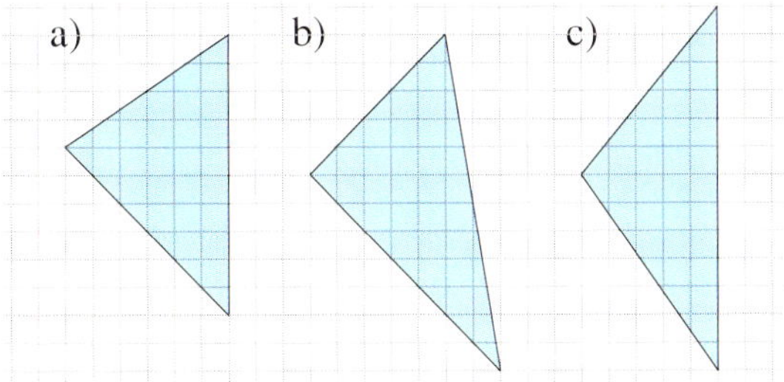

2 Übertrage die Dreiecke in dein Heft. Die hier rot markierte Seite soll Symmetrieachse in dem Drachen sein, der aus dem Dreieck entsteht.

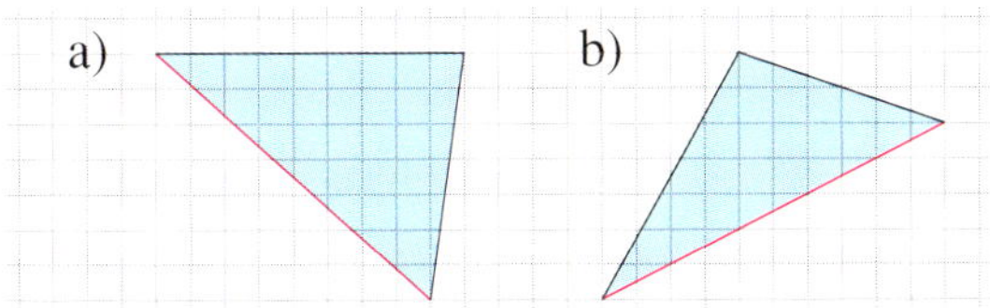

3 Ergänze im Heft das Dreieck zum Drachen, in dem die hier rot markierte Linie Symmetrieachse ist.

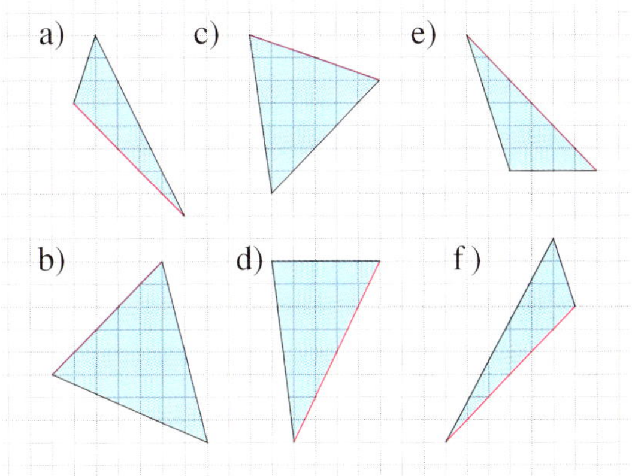

4 Trage die Punkte *A*, *B* und *C* in ein Koordinatensystem ein und verbinde sie zum Dreieck *ABC*. Ergänze das Dreieck zu einem Drachen, in dem die Seite *AC* Symmetrieachse ist.

a) $A\,(2\,|\,1)$; $B\,(4\,|\,1)$; $C\,(5\,|\,4)$

b) $A\,(3{,}5\,|\,5)$; $B\,(5\,|\,7)$; $C\,(1{,}5\,|\,9)$

c) $A\,(2\,|\,10)$; $B\,(6{,}5\,|\,8)$; $C\,(6\,|\,10)$

d) $A\,(7\,|\,0)$; $B\,(10\,|\,4)$; $C\,(9\,|\,6)$

e) $A\,(8\,|\,8{,}5)$; $B\,(10{,}5\,|\,7)$; $C\,(9{,}5\,|\,11)$

Symmetrische Dreiecke zu Drachen ergänzen

Wir ergänzen symmetrische Dreiecke zu Drachen.

1. Ein gleichschenkliges Dreieck wird zu einem Drachen ergänzt.

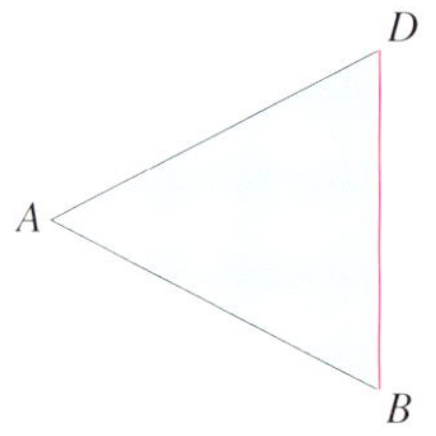

Die Seite BD ist Basis des gleichschenkligen Dreiecks ABD. Sie wird Symmetrieachse des Drachens.

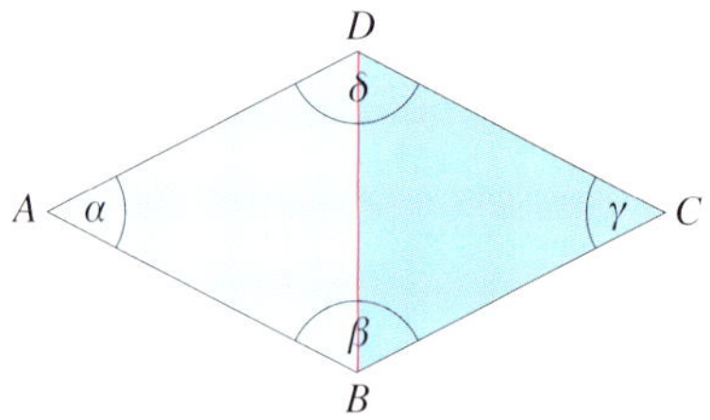

Der Drachen $ABCD$ hat vier gleich lange Seiten. Einen Drachen, bei dem alle Seiten gleich lang sind, nennt man **Raute**.

In einer Raute sind die gegenüberliegenden Winkel gleich groß. $\alpha = \gamma$; $\beta = \delta$

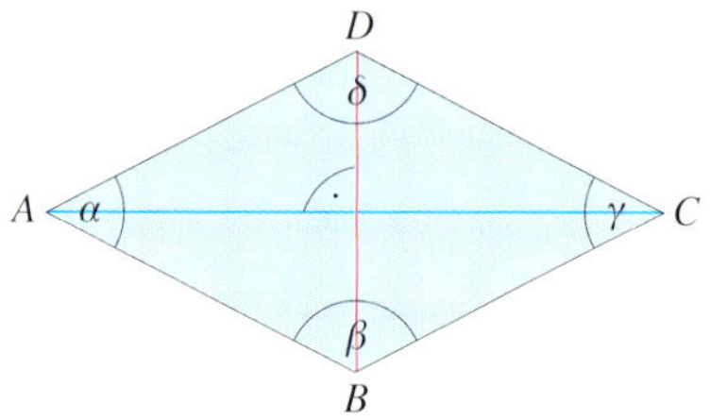

Da das gleichschenklige Dreieck ABD eine symmetrische Figur ist, hat es eine Symmetrieachse. Sie ist eine weitere Symmetrieachse der Raute.

In der Raute wird jeder Winkel durch eine Diagonale halbiert. Die Diagonalen halbieren sich und sind senkrecht zueinander.

2. Ein rechtwinklig-gleichschenkliges Dreieck wird zu einem Drachen ergänzt.

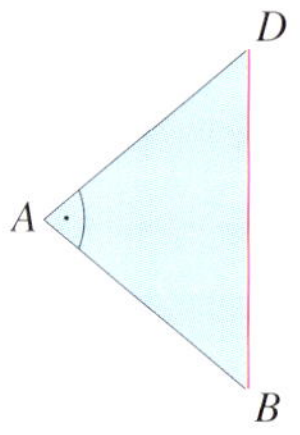

Die Basis BD des Dreiecks wird zur Symmetrieachse des Drachens.

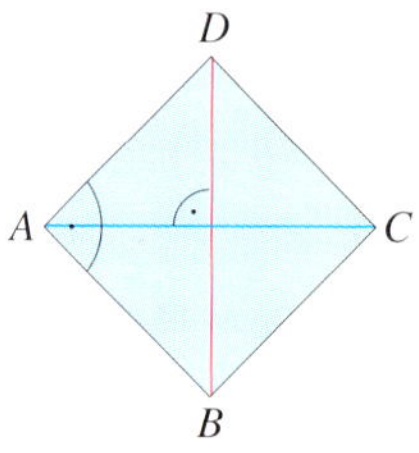

Es entsteht eine besondere Raute mit
- vier rechten Winkeln,
- zwei gleich langen Diagonalen.

Diese besondere Raute ist ein **Quadrat**.

Übungen

1 Übertrage die Figur in dein Heft. Überprüfe mithilfe der Eigenschaften einer Raute, ob das Viereck eine Raute ist.

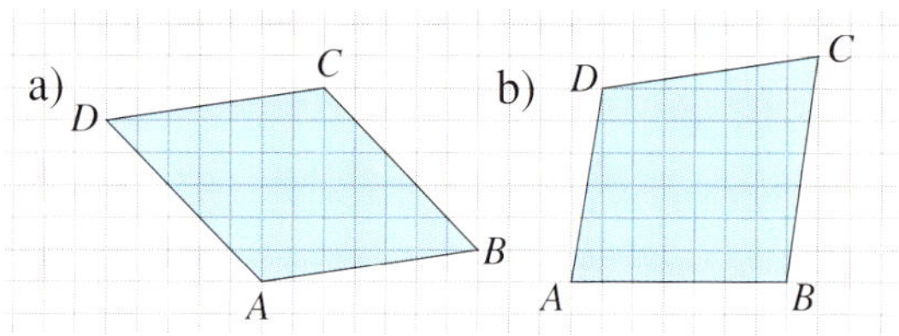

2 Übertrage das Dreieck in dein Heft und ergänze es zu einer Raute. Die rot markierte Seite soll eine Diagonale der Raute werden.

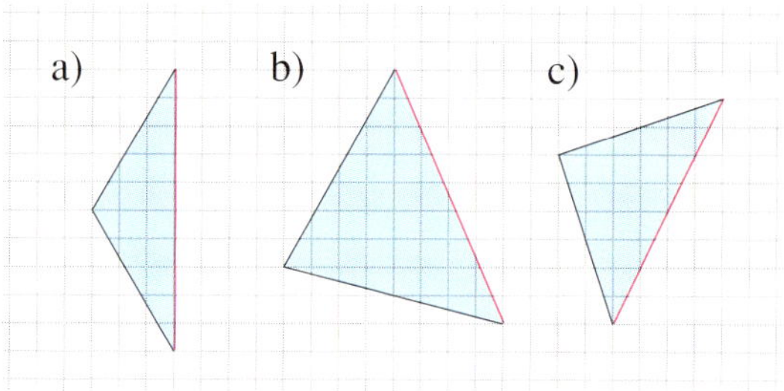

3 Überprüfe, ob es sich bei dem Viereck um eine Raute handelt.

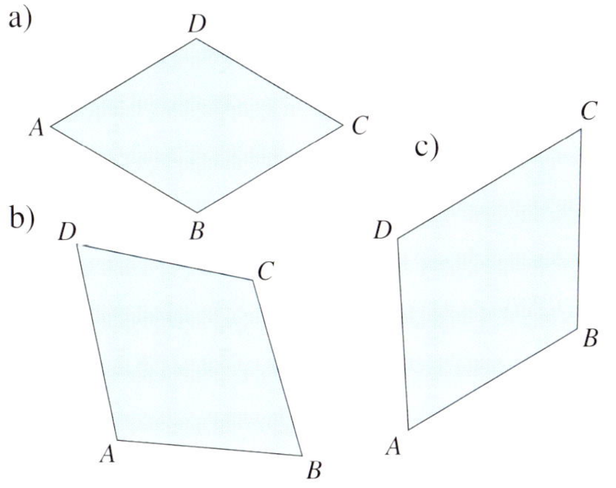

4 Finde die größte mögliche Anzahl Rauten, die in dem Muster gesehen werden können.

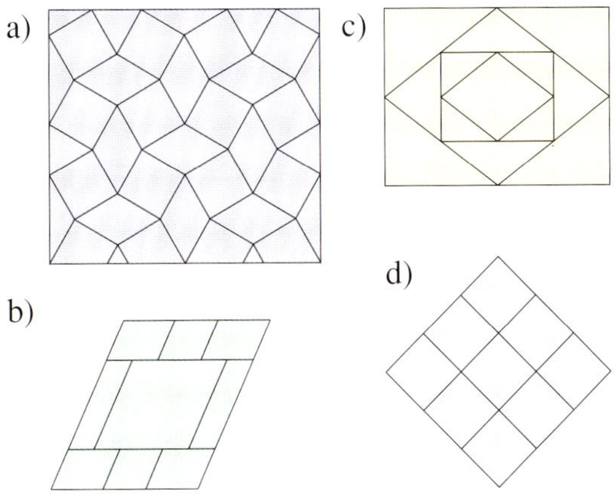

5 Entwirf ein „Parkett“ aus Rauten und Quadraten. Wähle auf Kästchenpapier eine Quadrat mit 4 cm Seitenlänge, in dem du eine Grundform entwirfst. Ein Beispiel, wie das gestaltet werden kann, siehst du hier.

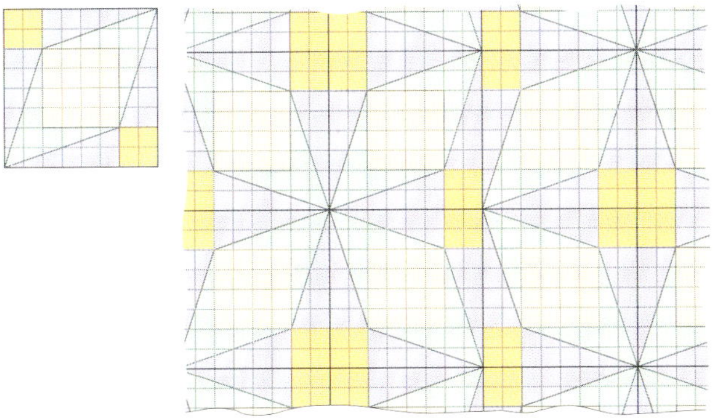

6 Übertrage das Dreieck in dein Heft und ergänze zu einer Raute.

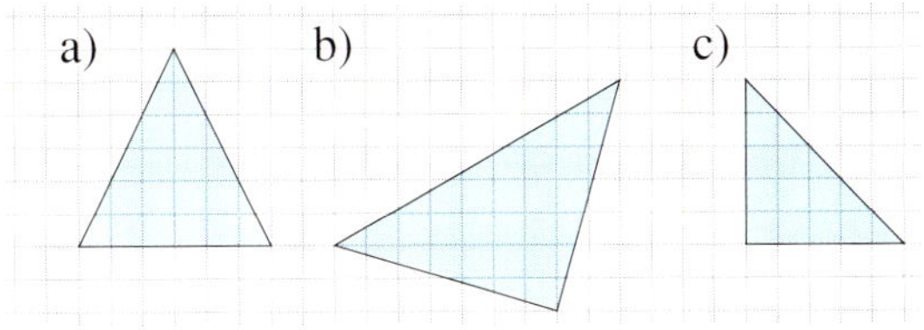

7 Zeichne das Dreieck ABC und ergänze es zu einer Raute.

a) $AB = 4$ cm; $AC = BC = 6{,}5$ cm
b) $\gamma = 105°$; $AC = BC = 5{,}3$ cm
c) $\alpha = \beta = 65°$; $AB = 4{,}4$ cm
d) $AC = AB = 3{,}8$ cm; $\alpha = 90°$
e) $AB = AC = 3{,}8$ cm; $BC = 4{,}6$ cm
f) $AB = BC = 4{,}6$ cm; $\alpha = 46°$

8 Zeichne das Dreieck ABC und ergänze es zu einer Raute. Welche Eigenschaften hat diese Raute?

a) $AC = BC = 4$ cm; $\gamma = 90°$
b) $AC = BC = 5{,}4$ cm; $\gamma = 90°$
c) $AB = AC = 3{,}7$ cm; $\alpha = 90°$

9 Vervollständige die Tabelle so in deinem Heft, dass du fehlende Angaben einer Raute ergänzt.

	a)	b)	c)	d)
AB	10 cm			
BC		15 cm		
CD			20 cm	
AD				25 cm
α	150°			
β	30°	50°		90°
γ		130°	100°	
δ			80°	

10 Markiere die Punkte P und Q in einem Koordinatensystem. Finde alle Möglichkeiten, daraus eine Raute zu zeichnen, deren Eckpunkte auf Kreuzungspunkten der Gitternetzlinien liegen. Denke daran, dass Quadrate auch Rauten sind.

a) $P(1|2)$; $Q(2|1)$
b) $P(2|5)$; $Q(2|7)$
c) $P(6|2)$; $Q(8|3)$
d) $P(6|9)$; $Q(9|8)$

Drachen konstruieren

Beispiele

1. Gegeben:
$BD = 5$ cm
$AB = 3{,}5$ cm
$AC = 2{,}9$ cm

Planfigur

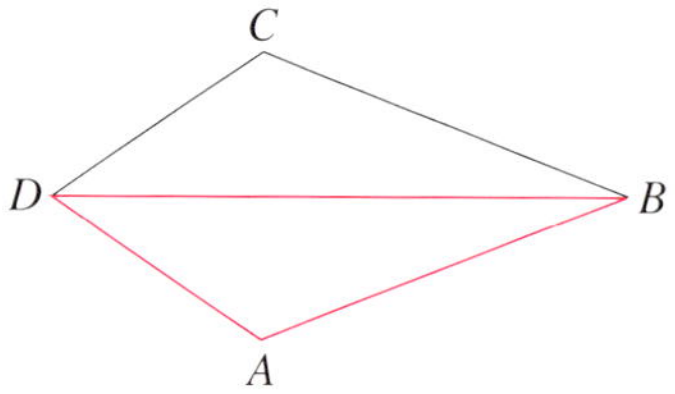

Konstruktionsbeschreibung

1. Zeichne $BD = 5$ cm.
2. Zeichne um B den Kreis mit dem Radius $AB = 3{,}5$ cm.
3. Zeichne um D den Kreis mit dem Radius $AD = 2{,}9$ cm.
   Nenne die Schnittpunkte der beiden Kreise A und C.
4. Verbinde die Punkte zum Drachen $ABCD$.

Konstruktion

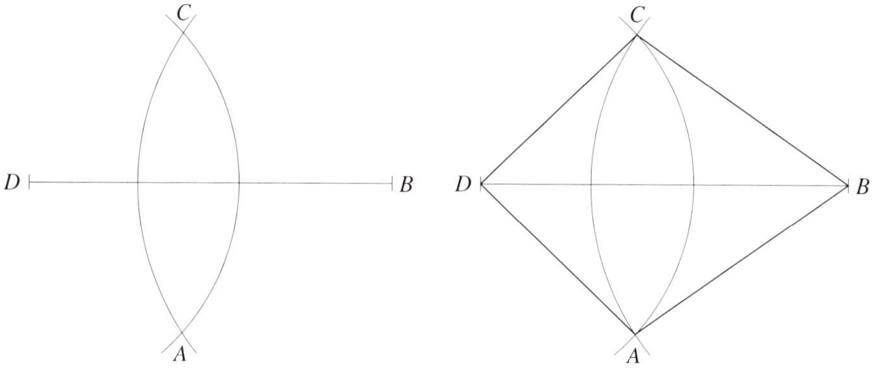

2. Gegeben:
$BD = 4$ cm
$\beta = 110°$
$AB = 2{,}7$ cm

Planfigur

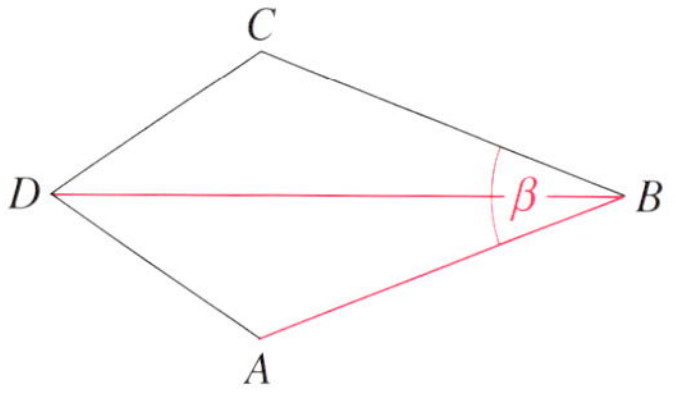

Konstruktionsbeschreibung

1. Zeichne $AB = 2{,}7$ cm.
2. Zeichne an AB in B den Winkel $\beta = 110°$.
3. Markiere auf dem freien Schenkel von β den Punkt C, 2,7 cm von B entfernt.
4. Halbiere β und zeichne die Symmetrieachse.
5. Markiere auf der Symmetrieachse den Punkt D, 4 cm von B entfernt.
6. Verbinde die Punkte zum Drachen $ABCD$.

Konstruktion

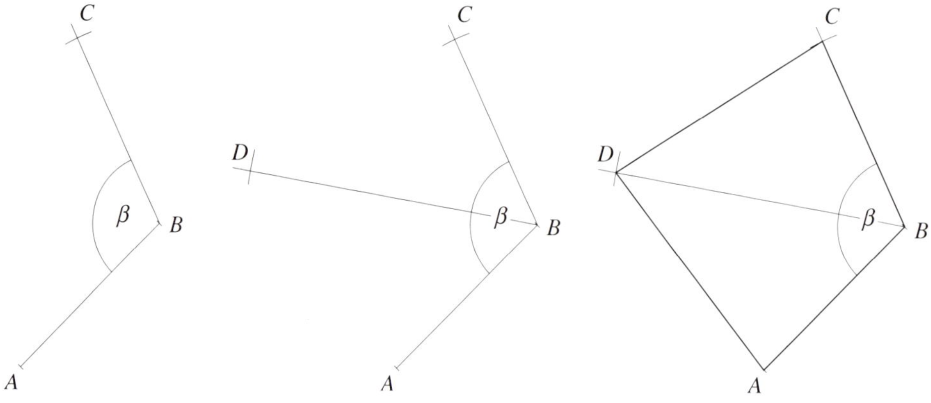

Übungen

1 Zeichne den Drachen *ABCD* mit der Symmetrieachse *BD*.

a) $AB = 6{,}4$ cm; $BD = 7{,}8$ cm; $AD = 4$ cm
b) $AB = 4{,}5$ cm; $DB = 6{,}8$ cm; $AD = 5{,}2$ cm
c) $BC = 4{,}9$ cm; $CD = 2{,}8$ cm; $BD = 6{,}1$ cm
d) $BC = 3{,}6$ cm; $CD = 4{,}3$ cm; $BD = 5{,}5$ cm
e) $BD = 4{,}4$ cm; $AB = 2{,}7$ cm; $CD = 2{,}9$ cm

2 Zeichne den Drachen nach der gegebenen Planfigur.

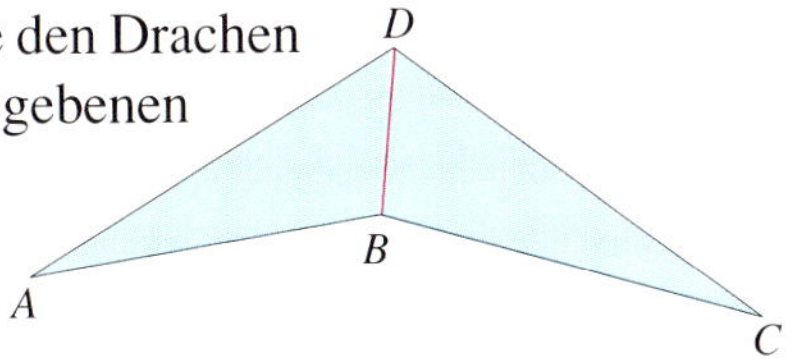

a) $AB = 3$ cm; $BD = 2$ cm; $AD = 4$ cm
b) $AB = 3{,}5$ cm; $BD = 2{,}5$ cm; $AD = 5$ cm
c) $BC = 2{,}9$ cm; $BD = 2{,}4$ cm; $DC = 4{,}6$ cm
d) $AD = 4{,}8$ cm; $BC = 3{,}3$ cm; $BD = 1{,}8$ cm

3 Zeichne den Drachen *ABCD* mit der Symmetrieachse *BD*.

a) $BD = 6{,}6$ cm; $AB = 4{,}8$ cm; $\beta = 58°$
b) $BD = 7{,}2$ cm; $AB = 3{,}4$ cm; $\beta = 47°$
c) $BD = 6{,}8$ cm; $BC = 5{,}3$ cm; $\beta = 66°$
d) $BC = 4{,}1$ cm; $BD = 6{,}4$ cm; $\beta = 72°$
e) $AB = 2{,}4$ cm; $BD = 5{,}9$ cm; $\beta = 54°$
f) $BC = 3{,}2$ cm; $BD = 4{,}7$ cm; $\beta = 68°$

4 Zeichne den Drachen *ABCD* mit der Symmetrieachse *BD*.

a) $BD = 7$ cm; $AD = 4$ cm; $\delta = 53°$
b) $AD = 4{,}8$ cm; $BD = 5{,}4$ cm; $\delta = 88°$
c) $BD = 7{,}2$ cm; $DC = 3{,}5$ cm; $\delta = 100°$
d) $DC = 5{,}2$ cm; $DB = 7{,}1$ cm; $\delta = 115°$
e) $AD = 3{,}5$ cm; $BD = 4{,}9$ cm; $\delta = 96°$

5 Zeichne den Drachen nach der gegebenen Planfigur.

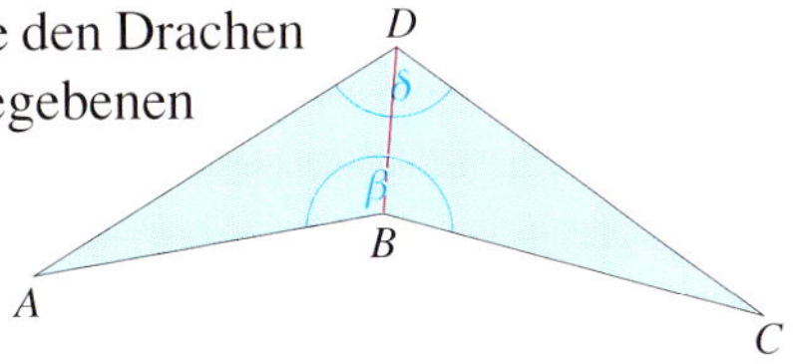

a) $BD = 2{,}4$ cm; $AB = 4{,}2$ cm; $\beta = 200°$
b) $BD = 1{,}9$ cm; $AB = 3{,}7$ cm; $\beta = 240°$
c) $BD = 3{,}1$ cm; $AD = 4{,}7$ cm; $\delta = 160°$
d) $AD = 5$ cm; $BD = 2{,}2$ cm; $\delta = 170°$

6 Ergänze im Heft das Dreieck zu einem Drachen, sodass die rote Linie seine Symmetrieachse ist.

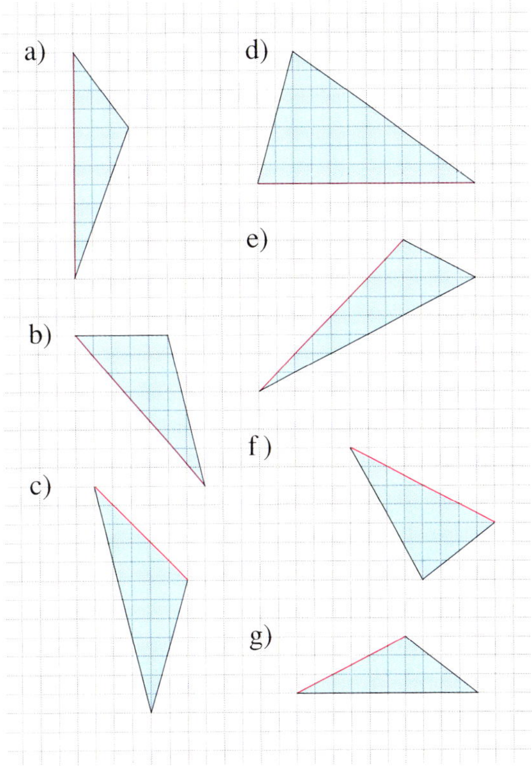

7 Zeichne den Drachen *ABCD* mit der Symmetrieachse *BD*.

a) $AB = 3$ cm; $AD = 2$ cm; $\alpha = 120°$
b) $BC = 3{,}5$ cm; $CD = 2{,}5$ cm; $\alpha = 80°$
c) $AB = 4$ cm; $AD = 2$ cm; $\gamma = 80°$
d) $BC = 2{,}7$ cm; $AD = 4{,}5$ cm; $\beta = 60°$
e) $AB = 5{,}5$ cm; $\alpha = 60°$; $\beta = 100°$
f) $BC = 4$ cm; $\beta = 100°$; $\gamma = 50°$
g) $CD = 4$ cm; $\beta = 80°$; $\gamma = 100°$
h) $AC = 2{,}5$ cm; $BD = 4$ cm; $\delta = 60°$

8 Ein Sonderfall des Drachens ist der rechtwinklige Drachen, der einen Umkreis hat. Zeichne in einen Kreis um den Punkt *M* mit dem Radius $r = 4$ cm einen rechtwinkligen Drachen mit $AB = 6$ cm.

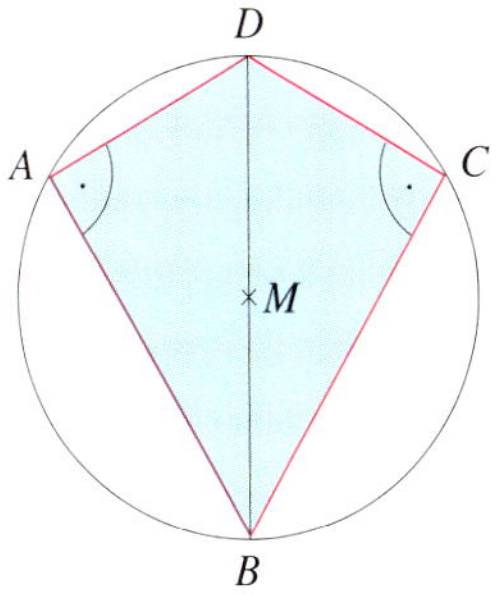

Drachen und Rauten konstruieren

Beispiele

1. Gegeben:
Das Viereck ist ein Drachen.
$AB = 2{,}4$ cm; $AD = 2{,}8$ cm; $\beta = 80°$

Planfigur

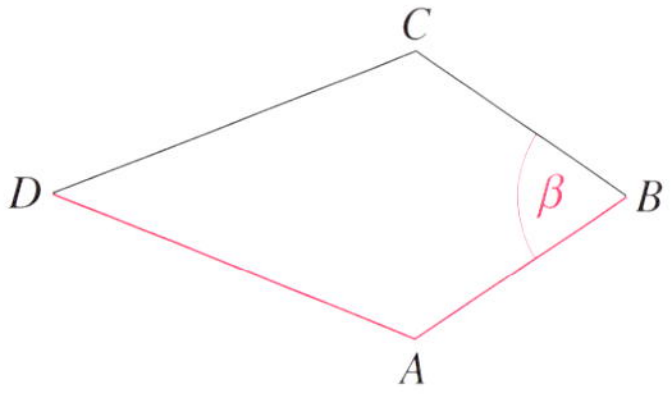

Konstruktion

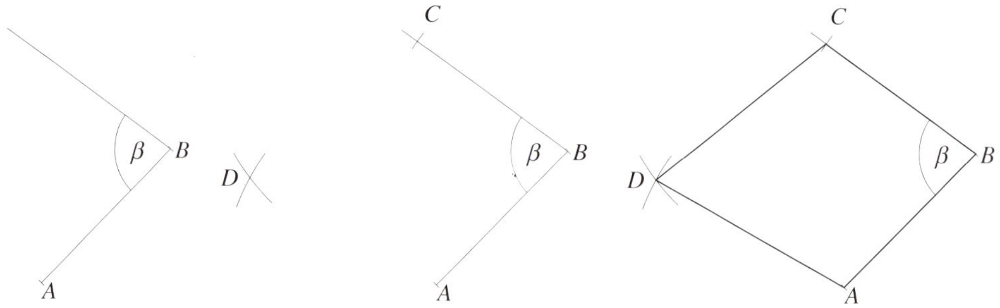

Konstruktionsbeschreibung

1. Zeichne $AB = 2{,}4$ cm.
2. Zeichne an AB in B den Winkel $\beta = 80°$.
3. Markiere auf dem freien Schenkel von β den Punkt C, 2,4 cm von B entfernt.
4. Zeichne um A den Kreis mit dem Radius $r = 2{,}8$ cm.
5. Zeichne um C den Kreis mit dem Radius $r = 2{,}8$ cm.
   Die beiden Kreise schneiden sich in D.
6. Verbinde die Punkte zum Drachen $ABCD$.

2. Gegeben:
Das Viereck ist eine Raute.
$AB = 2{,}7$ cm; $\beta = 116°$

Planfigur

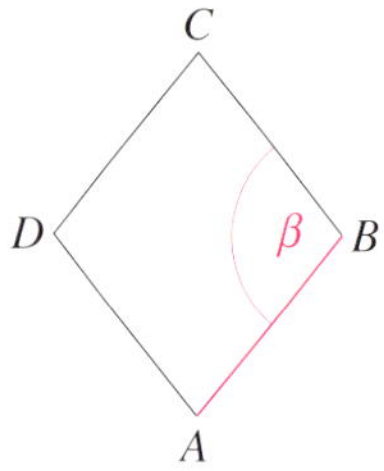

Konstruktion

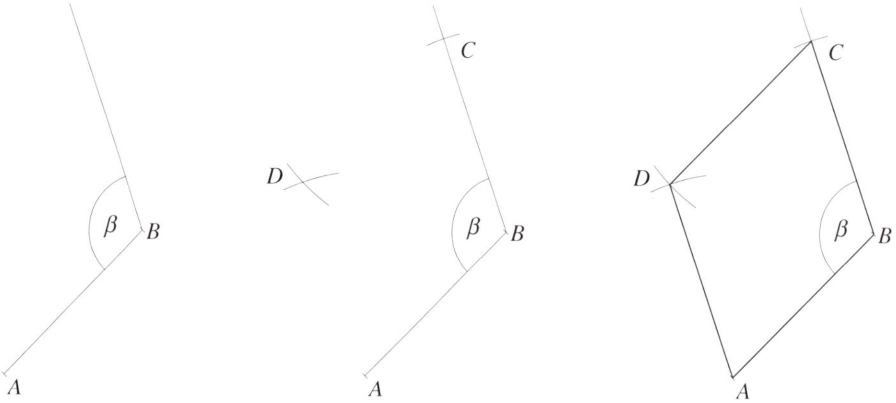

Konstruktionsbeschreibung

1. Zeichne $AB = 2{,}7$ cm.
2. Zeichne an AB in B den Winkel $\beta = 116°$.
3. Markiere auf dem freien Schenkel von β den Punkt C, 2,7 cm von B entfernt.
4. Zeichne um A den Kreis mit dem Radius $r = 2{,}7$ cm.
5. Zeichne um C den Kreis mit dem Radius $r = 2{,}7$ cm.
   Die beiden Kreise schneiden sich in D.
6. Verbinde die Punkte zur Raute $ABCD$.

Übungen

1 Zeichne den Drachen *ABCD* mit der Symmetrieachse *BD*.

a) $AB = 5{,}3$ cm; $AD = 3{,}4$ cm; $\beta = 53°$
b) $AB = 4{,}2$ cm; $AD = 3{,}5$ cm; $\beta = 69°$
c) $BC = 5{,}4$ cm; $CD = 3{,}9$ cm; $\beta = 77°$
d) $BC = 3{,}7$ cm; $CD = 4{,}5$ cm; $\beta = 58°$
e) $AB = 4{,}4$ cm; $CD = 2{,}7$ cm; $\beta = 65°$

2 Zeichne den Drachen nach der gegebenen Planfigur.

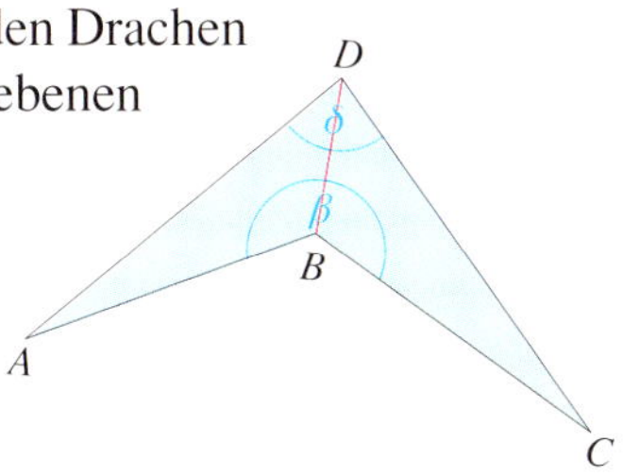

a) $AB = 4$ cm; $AD = 7$ cm; $\beta = 200°$
b) $AB = 3{,}5$ cm; $AD = 6{,}5$ cm; $\beta = 225°$
c) $BC = 3{,}3$ cm; $AD = 7{,}4$ cm; $\beta = 270°$
d) $AD = 4{,}2$ cm; $BC = 3{,}9$ cm; $\delta = 125°$
e) $AB = 3{,}3$ cm; $CD = 3{,}7$ cm; $\delta = 118°$

3 Zeichne die Raute *ABCD*.

a) $AB = 5{,}8$ cm; $\alpha = 82°$
b) $AD = 6{,}1$ cm; $\gamma = 66°$
c) $BC = 4{,}7$ cm; $\beta = 120°$
d) $CD = 3{,}9$ cm; $\gamma = 135°$
e) $AB = 4{,}2$ cm; $\beta = 90°$
f) $CD = 3{,}1$ cm; $\delta = 90°$

4 In dieser Figur gibt es nur Winkel von 60° und 120°. Zeichne die Figur in dein Heft. Dabei sollen alle Strecken 2 cm lang sein.

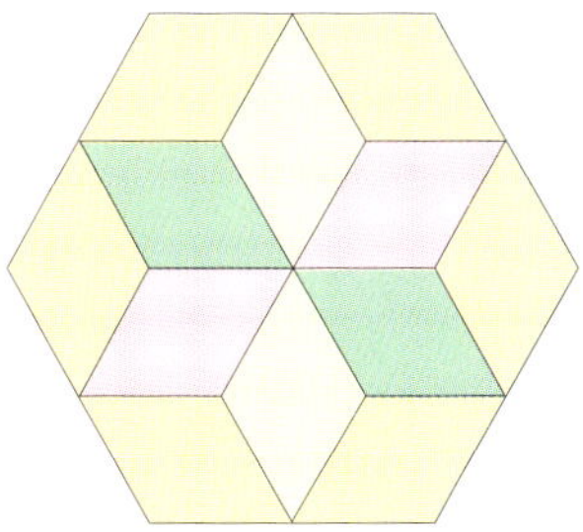

Wenn du diese Zeichnung intensiv betrachtest, kannst du auch räumliche Darstellungen erkennen. Beschreibe, was du erkennst.

5 Zeichne in ein symmetrisches Dreieck eine Raute, von der zwei Seiten auf den Schenkeln des Dreiecks liegen und ein Eckpunkt auf der Basis.

6 Zeichne die Raute *ABCD*.

a) $BC = 4{,}2$ cm; $\beta = 110°$
b) $AC = 6$ cm; $\delta = 60°$
c) $AB = 5$ cm; $BD = 4{,}5$ cm
d) $AC = 6$ cm; $BD = 5$ cm
e) $BD = 5{,}5$ cm; $\alpha = 75°$

7 a) Zeichne ein Rechteck. Verbinde die Seitenmitten nacheinander zu einem Viereck.
b) Was für ein Viereck entsteht? Begründe.

8 Zeichne die Raute nach der gegebenen Planfigur.

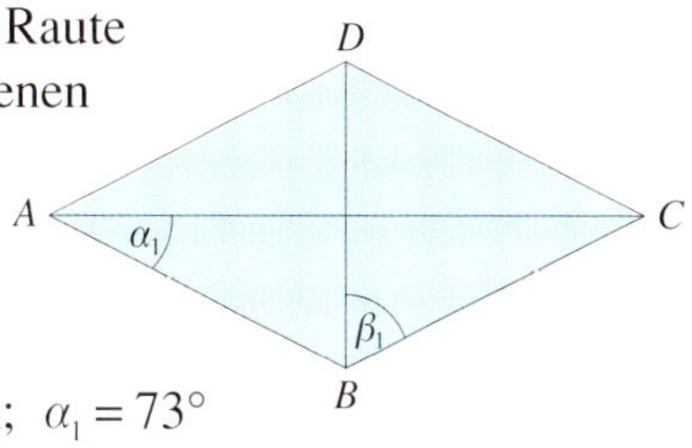

a) $AB = 2{,}6$ cm; $\alpha_1 = 73°$
b) $\beta_1 = 65°$; $AC = 6$ cm
c) $\beta_1 = 63°$; $AC = 4{,}7$ cm

9 Sterne werden häufig zu Weihnachten auf farbiges Transparentpapier gezeichnet, ausgeschnitten und als Fensterschmuck verwendet. Allerdings sind sie auch vollkommen zeitunabhängig sehr schöne Schmuckelemente, wenn sie aus anderen Materialien gebastelt werden. Für unsere Sterne wählen wir als Grundform einen Drachen, den wir am Eckpunkt *A* mehrfach zusammenfügen, bis der Stern vervollständigt ist.

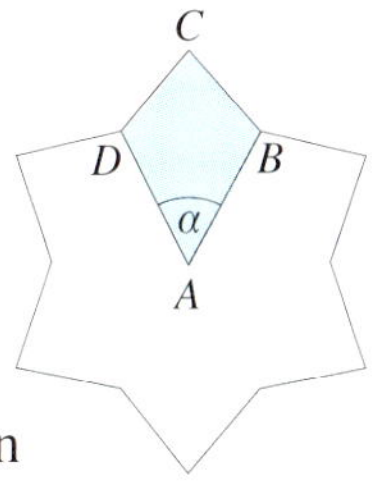

a) Zeichne den sechszackigen Stern aus dem Drachen *ABCD* mit $AD = 5{,}2$ cm; $\alpha = 60°$ und $BC = 3{,}1$ cm.
b) Zeichne den fünfzackigen Stern aus der Raute *ABCD* mit $CD = 4$ cm. Wie groß muss α sein?
c) Nach dieser Methode lassen sich die verschiedensten Sterne mit verschieden vielen Zacken basteln.

Beispiele

1. Gegeben:
$AB = 3{,}2$ cm
$AD = 2{,}1$ cm
$\alpha = 50°$

Planfigur

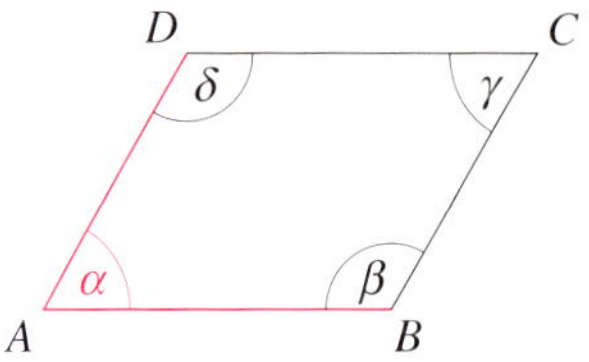

Konstruktion

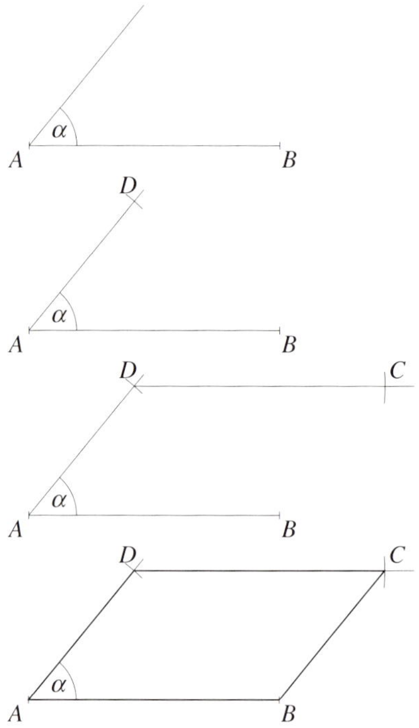

Konstruktionsbeschreibung
1. Zeichne $AB = 3{,}2$ cm.
2. Zeichne an AB in A den Winkel $\alpha = 50°$.
3. Markiere auf dem freien Schenkel von α den Punkt D, 2,1 cm von A entfernt.
4. Zeichne durch D die Parallele zu AB.
5. Markiere auf der Parallelen den Punkt C, 3,2 cm von D entfernt.
6. Verbinde B mit C.

2. Gegeben:
$AB = 3{,}7$ cm
$\beta = 110°$
$h_{AB} = 1{,}5$ cm
(Höhe auf der Seite AB)

Planfigur

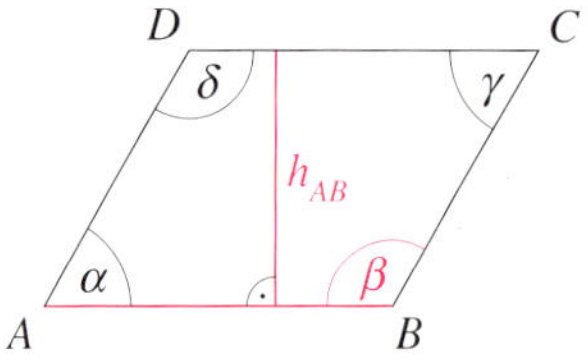

Konstruktion

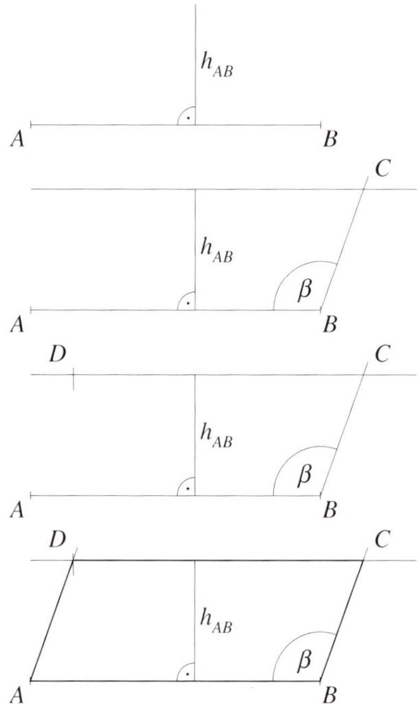

Konstruktionsbeschreibung
1. Zeichne $AB = 3{,}7$ cm.
2. Zeichne zu AB die Parallele im Abstand $h_{AB} = 1{,}5$ cm.
3. Zeichne an AB in B den Winkel $\beta = 110°$. Der Schnittpunkt des freien Schenkels von β mit der Parallelen zu AB ist C.
4. Markiere auf der Parallelen den Punkt D, 3,7 cm von C entfernt.
5. Verbinde A mit D.

Übungen

1 Zeichne das Parallelogramm *ABCD*.
a) $AB = 5{,}6$ cm; $\beta = 125°$; $BC = 3{,}2$ cm
b) $DC = 5{,}8$ cm; $\gamma = 42°$; $AD = 2{,}4$ cm
c) $DC = 6{,}3$ cm; $\delta = 105°$; $AD = 1{,}8$ cm

2 Berechne alle Winkel. Zeichne das Parallelogramm.
a) $AB = 4{,}5$ cm; $BC = 3$ cm; $\delta = 117°$
b) $DC = 4{,}4$ cm; $AD = 3{,}9$ cm; $\beta = 132°$
c) $AB = 5{,}7$ cm; $AD = 2{,}9$ cm; $\gamma = 68°$

3 Zeichne das Muster.
a) Im Parallelogramm ist der spitze Winkel 40°. Die Seiten des Parallelogramms sind 3,4 cm und 1,6 cm lang. Erweitere das Muster zu einem „Parallelogrammkreis".

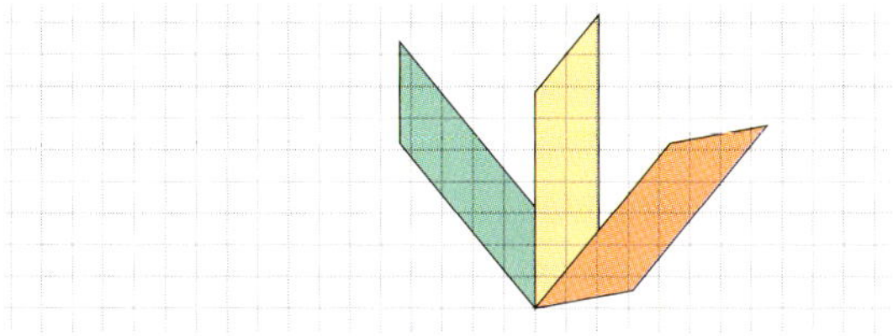

b) Im Parallelogramm sind die Seiten 3 cm und 2,7 cm lang. Die längeren Seiten des Paralellogramms haben 2 cm Abstand.

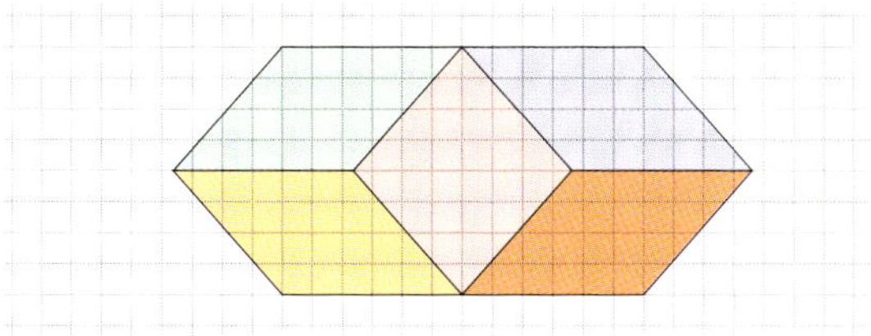

4 Zeichne das Parallelogramm *ABCD*.
a) $AB = 3{,}9$ cm; $\beta = 98°$; $h_{AB} = 4{,}7$ cm
b) $DC = 5{,}3$ cm; $\gamma = 121°$; $h_{CD} = 1{,}8$ cm
c) $AB = 4{,}8$ cm; $\alpha = 37°$; $h_{AB} = 2{,}7$ cm
d) $DC = 2{,}4$ cm; $\delta = 73°$; $h_{CD} = 5{,}1$ cm

5 Berechne alle Winkel. Zeichne das Parallelogramm.
a) $AB = 4{,}5$ cm; $h_{AB} = 1{,}5$ cm; $\gamma = 53°$
b) $AB = 37$ mm; $h_{AB} = 32$ mm; $\delta = 142°$
c) $DC = 2{,}6$ cm; $h_{CD} = 49$ mm; $\alpha = 156°$
d) $DC = 55$ mm; $h_{CD} = 22$ mm; $\beta = 33°$

6 Zeichne das Parallelogramm *ABCD*.
a) $AB = 6{,}8$ cm; $AD = 3{,}7$ cm; $\alpha = 83°$
b) $AB = 6{,}3$ cm; $BC = 4{,}2$ cm; $BD = 7{,}5$ cm
c) $AB = 7$ cm; $h_{AB} = 4{,}5$ cm; $AC = 8$ cm
d) $AB = 6{,}2$ cm; $BC = 3{,}9$ cm; $\delta = 75°$
e) $AB = 6{,}5$ cm; $BD = 9$ cm; $\delta = 110°$
f) $BC = 4{,}2$ cm; $AC = 6$ cm; $BD = 7$ cm
g) $AB = 5{,}5$ cm; $AD = 4$ cm; $BD = 4{,}5$ cm

7 Zeichne das Parallelogramm nach der gegebenen Planfigur.

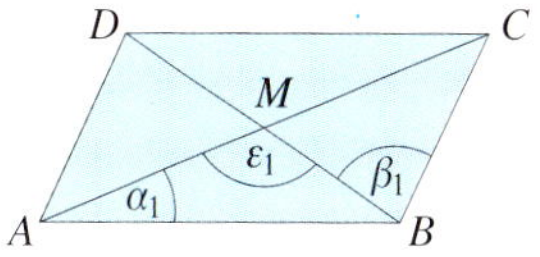

a) $CD = 6{,}5$ cm; $BD = 5{,}6$ cm; $\varepsilon_1 = 140°$
b) $AD = 4$ cm; $AC = 6{,}6$ cm; $\varepsilon_1 = 105°$
c) $AB = 5{,}4$ cm; $BD = 3$ cm; $\beta_1 = 63°$
d) $AB = 5$ cm; $AC = 4$ cm; $\alpha_1 = 30°$

8 Ideenwettbewerb: Wer entwirft das schönste Muster aus 12 bis 20 gleichartigen Parallelogrammen, deren benachbarte Seiten 2 cm bzw. 4 cm lang sind, und bei denen die spitzen Winkel 30° betragen sollen.
Zeichnet bis zu 20 Parallelogramme auf Zeichenkarton (kann auch farbig sein). Schneidet die Figuren aus und legt sie zu symmetrischen Figuren zusammen.
Eine mögliche Figur seht ihr hier abgebildet.

Eure Figuren müssen aber keine Pflanzen oder Tiere darstellen, sondern können auch symmetrische Muster sein.

Trapeze konstruieren

Beispiele

1. Gegeben:
$AB = 4{,}6$ cm
$AD = 2{,}5$ cm
$AB \parallel DC$
$\alpha = 65°$
$\beta = 75°$

Planfigur

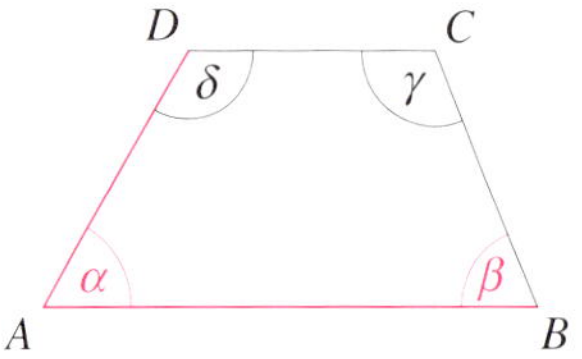

Konstruktion

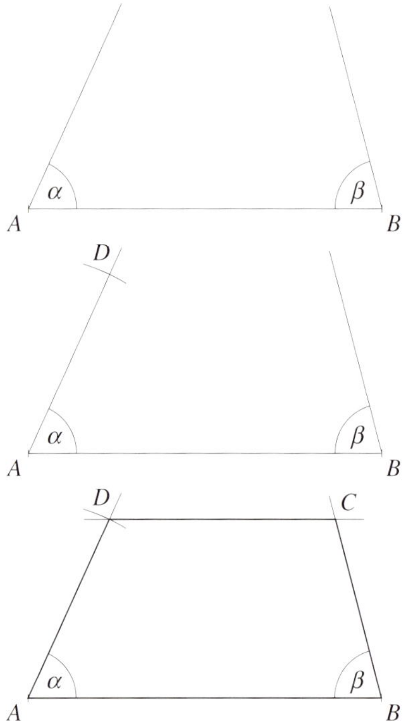

Konstruktionsbeschreibung
1. Zeichne $AB = 4{,}6$ cm.
2. Zeichne an AB in A den Winkel $\alpha = 65°$.
3. Zeichne an AB in B den Winkel $\beta = 75°$.
4. Markiere auf dem freien Schenkel von α den Punkt D, 2,5 cm von A entfernt.
5. Zeichne durch D die Parallele zu AB. Die Parallele schneidet den freien Schenkel von β in C.

2. Gegeben:
$AB = 4{,}2$ cm
$DC = 2{,}6$ cm
$AB \parallel DC$
$h = 1{,}6$ cm
$\beta = 55°$

Planfigur

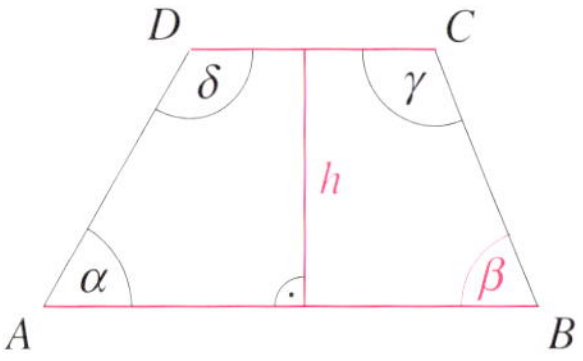

Konstruktion

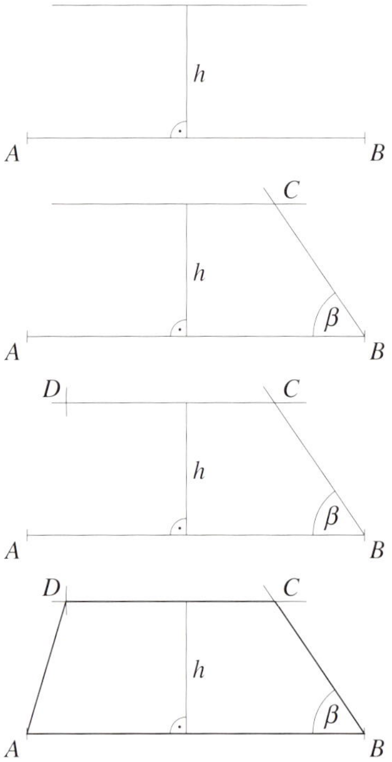

Konstruktionsbeschreibung
1. Zeichne $AB = 4{,}2$ cm.
2. Zeichne zu AB die Parallele im Abstand $h = 1{,}6$ cm.
3. Zeichne an AB in B den Winkel $\beta = 55°$. Der Schnittpunkt des freien Schenkels von β mit der Parallelen zu AB ist C.
4. Markiere auf der Parallelen den Punkt D, 2,6 cm von C entfernt.
5. Verbinde A mit D.

Übungen

1 Zeichne das Trapez $ABCD$. Die Seiten AB und DC sind zueinander parallel ($AB \parallel DC$).
a) $AB = 5{,}2$ cm; $AD = 3{,}4$ cm; $\alpha = 43°$; $\beta = 64°$
b) $AB = 3{,}6$ cm; $BC = 2{,}4$ cm; $\alpha = 124°$; $\beta = 94°$
c) $AB = 4{,}7$ cm; $BC = 5{,}3$ cm; $\alpha = 72°$; $\beta = 64°$
d) $AB = 6$ cm; $AD = 3{,}7$ cm; $\alpha = 60°$; $\beta = 90°$

2 Im Trapez $ABCD$ gilt $AB \parallel DC$. Berechne alle Winkel. Zeichne das Trapez.
a) $\alpha = 42°$; $\gamma = 105°$; $AB = 4{,}7$ cm; $AD = 3{,}8$ cm
b) $\beta = 73°$; $\delta = 102°$; $AB = 5{,}4$ cm; $BC = 6{,}1$ cm
c) $\delta = 98°$; $\beta = 67°$; $AB = 4{,}3$ cm; $BC = 5{,}7$ cm
d) $\gamma = 53°$; $\alpha = 142°$; $DC = 6{,}5$ cm; $AD = 4{,}2$ cm

3 Zeichne das Muster.
a) Die längste Seite des Trapezes soll 6 cm lang sein. Die längste der nicht parallelen Seiten soll 3 cm lang sein. Die spitzen Winkel betragen 30° und 60°.

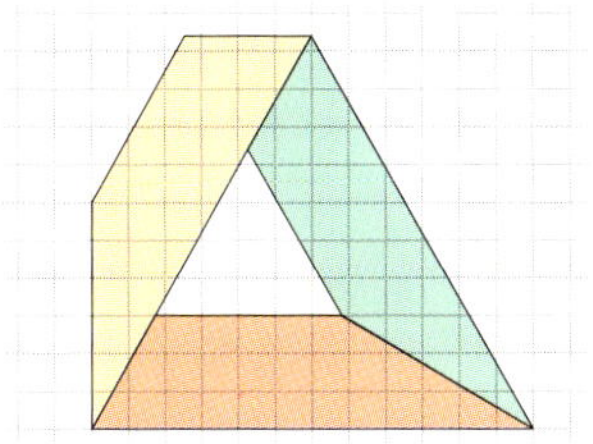

b) Die längste Seite des Trapezes soll 5 cm lang sein. Der Abstand der parallelen Trapezseiten soll 1,5 cm betragen. Die beiden spitzen Winkel sind 45°.

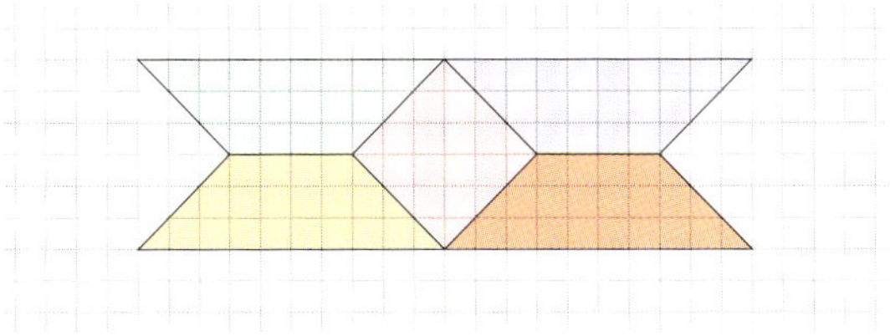

4 Zeichne das Trapez $ABCD$ ($AB \parallel DC$).
a) $\beta = 56°$; $CD = 3{,}2$ cm; $h = 4{,}7$ cm; $AB = 6{,}4$ cm
b) $\delta = 134°$; $h = 2{,}2$ cm; $AB = 54$ mm; $DC = 16$ mm
c) $\alpha = 98°$; $DC = 46$ mm; $AB = 61$ mm; $h = 30$ mm
d) $\gamma = 72°$; $AB = 17$ mm; $CD = 39$ mm; $h = 5{,}4$ cm
e) $\beta = 60°$; $CD = 4{,}4$ cm; $h = 2{,}4$ cm; $AB = 7{,}1$ cm

5 Zeichne das Trapez $ABCD$ ($AB \parallel DC$).
a) $AB = 3{,}7$ cm; $BC = 4{,}2$ cm; $CD = 1{,}5$ cm; $h = 2{,}5$ cm
b) $AB = 2{,}9$ cm; $BC = 6{,}4$ cm; $CD = 4{,}4$ cm; $h = 4{,}3$ cm
c) $AB = 5{,}2$ cm; $AD = 5{,}6$ cm; $CD = 2{,}4$ cm; $h = 3{,}4$ cm
d) $AB = 4{,}2$ cm; $BC = 4{,}2$ cm; $CD = 4{,}2$ cm; $h = 3$ cm
e) $AB = 6$ cm; $AD = 3{,}2$ cm; $CD = 3{,}5$ cm; $h = 2{,}8$ cm

Ein Trapez mit zwei gleich langen gegenüberliegenden nicht parallelen Seiten nennen wir **gleichschenkliges Trapez**.

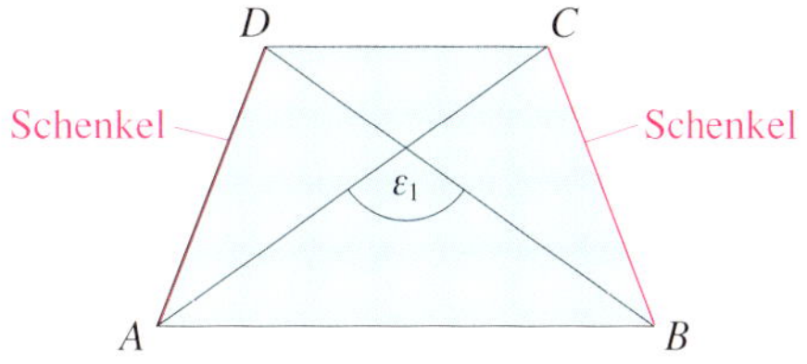

6 Zeichne das gleichschenklige Trapez $ABCD$ ($AB \parallel DC$).
a) $AB = 6{,}5$ cm; $AD = 3$ cm; $\beta = 65°$
b) $AB = 7$ cm; $BC = 4{,}5$ cm; $BD = 5{,}5$ cm
c) $AB = 6{,}2$ cm; $CD = 3{,}6$ cm; $AD = 4$ cm
d) $AB = 6$ cm; $AC = 5$ cm; $\varepsilon_1 = 106°$

7 Löse mithilfe einer Zeichnung in einem geeigneten Maßstab. Beide Querschnitte haben die Form eines gleichschenkligen Trapezes.
a) Bestimme die Höhe und die untere Breite des Bahndamms.

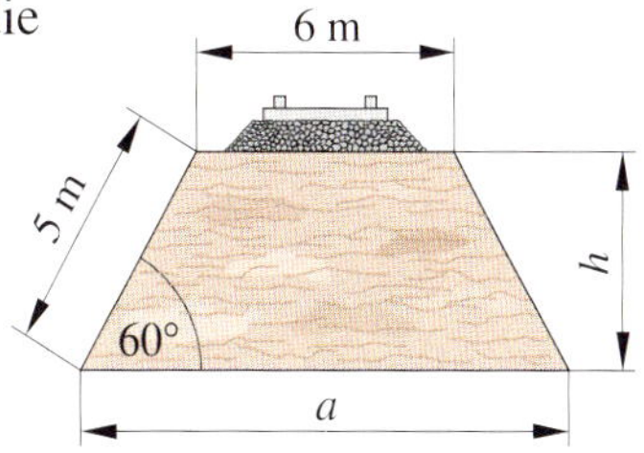

b) Bestimme den Böschungswinkel des Kanals und seine Böschungsseite.

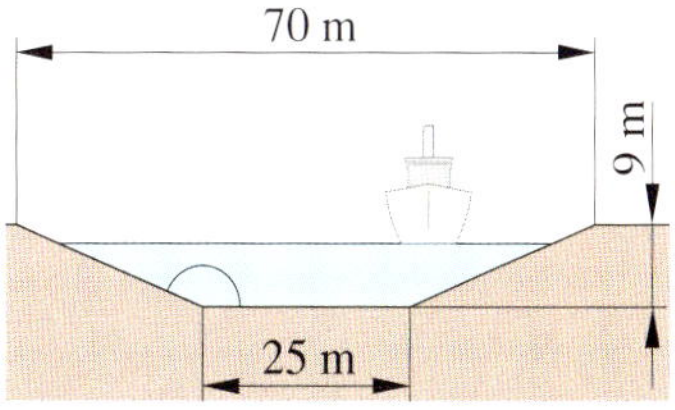

checkpoint

1 a) Ergänze das Dreieck im Heft zu einem Drachen. Gib die Koordinaten des fehlenden Eckpunkts an.
b) Ergänze das Dreieck im Heft zu einer Raute. Gib die Koordinaten des vierten Eckpunkts an.
(6 Punkte)

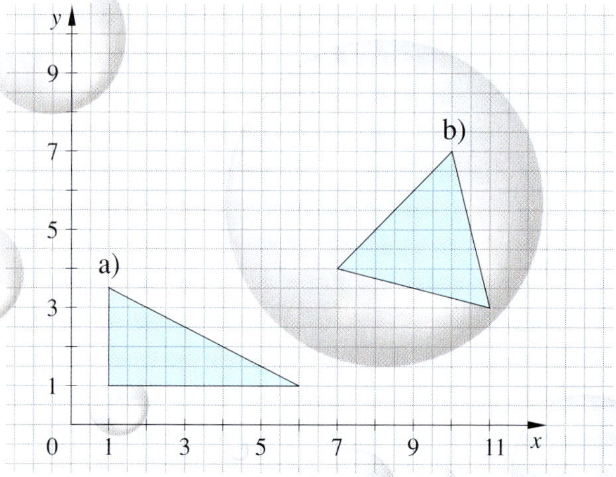

2 a) Gib alle Größen des Drachens mit der Symmetrieachse AC an.
b) Bestimme die fehlenden Größen der Raute.
(7 Punkte)

AB	BC	CD	AD	α	β	γ	δ
73 mm		21 mm			98°	75°	

AB	BC	CD	AD	α	β	γ	δ
57 mm				84°			

3 Zeichne den Drachen $ABCD$ mit der Symmetrieachse BD.
$BD = 7{,}6$ cm; $AB = 4{,}3$ cm; $\beta = 62°$
(4 Punkte)

3 Zeichne den Drachen $ABCD$ mit der Symmetrieachse BD.
$AC = 3{,}8$ cm; $BD = 44$ mm; $\delta = 70°$
(6 Punkte)

4 Berechne alle Winkel und zeichne das Parallelogramm $ABCD$.
$AB = 65$ mm; $\beta = 42°$; $h_{AB} = 2{,}4$ cm
(4 Punkte)

4 Zeichne das Parallelogramm nach der gegebenen Planfigur.

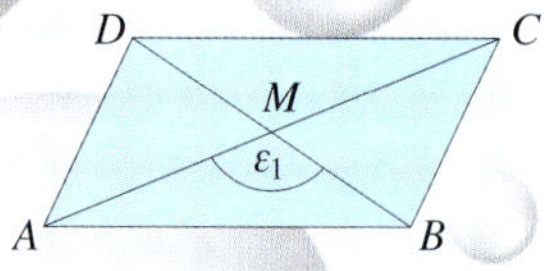

$AB = 3{,}2$ cm; $BD = 4{,}5$ cm; $\varepsilon_1 = 70°$
(6 Punkte)

5 Konstruiere das Trapez $ABCD$ ($AB \parallel DC$). Du benötigst dazu den Zirkel.
$AB = 6{,}2$ cm; $AD = 3{,}5$ cm; $CD = 2{,}1$ cm; $h = 3$ cm
(4 Punkte)

5 Konstruiere das gleichschenklige Trapez $ABCD$ ($AB \parallel DC$).
$CD = 3{,}4$ cm; $BD = 4{,}9$ cm; $h = 2{,}3$ cm
(6 Punkte)

Mathematische Reise

KLASSISCHE GEOMETRIE

Schloss ANLAGEN

In der Zeit des Barock (17. Jahrhundert und beginnendes 18. Jahrhundert) haben die damals herrschenden Fürsten Europas prächtige Schlösser gebaut, die Macht zeigen sollten.
Vorbild für diese war das Versailler Schloss, das Ludwig XIV. in Versailles bei Paris im Jahr 1661 zu bauen begann.
Die Fürsten übernahmen nicht nur Anregungen für den Bau ihrer eigenen Schlösser, sondern auch die Staatsidee Ludwigs XIV.: „L' Etat c'est moi". (Der Staat, das bin ich.)

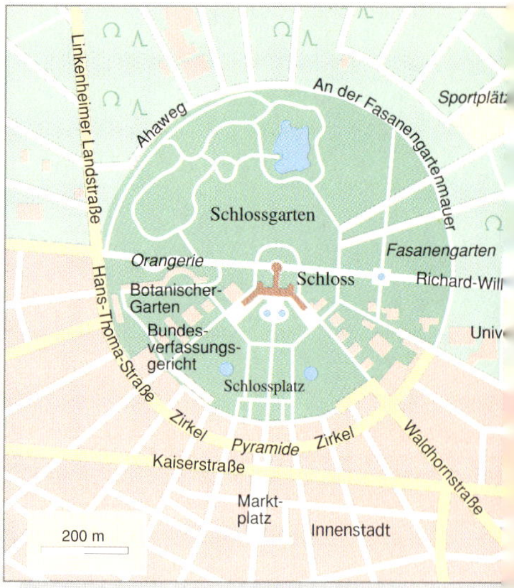

So begann auch der Markgraf von Baden-Durlach, Karl-Wilhelm, im Jahr 1715 den Bau seines Schlosses in Karlsruhe am Oberrhein.
Im Mittelpunkt des Schlossbezirkes steht ein achteckiger Turm, der die Macht des Staates darstellen soll.
Von ihm aus wurden 32 Schneisen in den Wald geschlagen, die strahlenförmig vom Turm ausgehen.

Heute noch sind die Schneisen im Straßenbild der Karlsruher Innenstadt wieder zu finden.

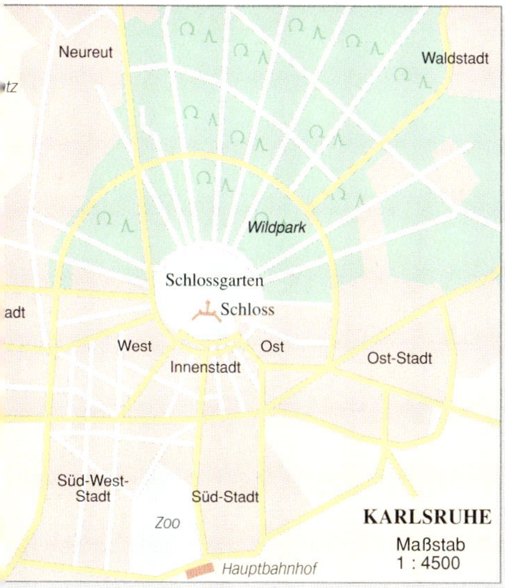

Auch die Fürsten von Hannover bauten ein Schloss nach dem Vorbild von Versailles. Sie ließen im Jahr 1695 den kunstvollen Großen Schlossgarten anlegen, zu dem ein Gartentheater, Grotten, Pavillons und Wasserspiele gehörten.

Besonderen Wert legten die Fürsten auch auf den Schlossgarten. Er wurde kunstvoll auf der Grundlage geometrischer Figuren angelegt. Meist bevorzugten die Gartenarchitekten dabei symmetrische Figuren.

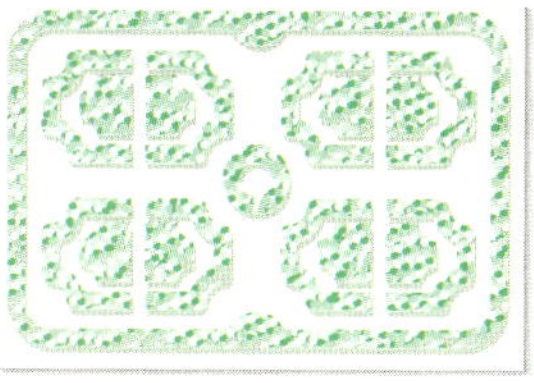

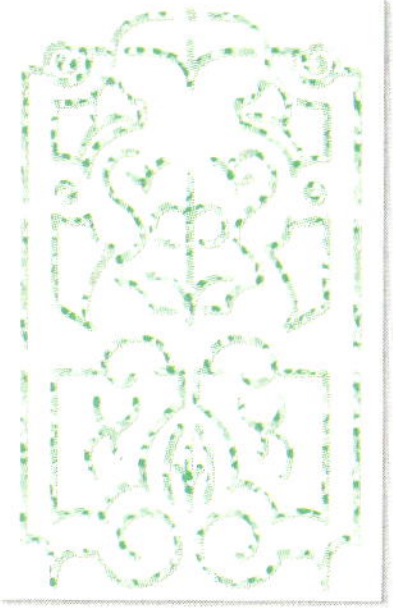

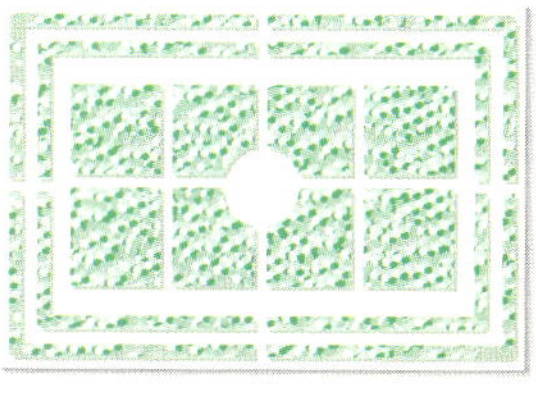

Winkel halbieren

Wir können mit dem Geodreieck einen Winkel halbieren. Dazu muss man die Größe des Winkels messen, sie halbieren und die Winkelhalbierende zeichnen.
Hier ist gezeigt, wie die Winkelhalbierende eines Winkels von 40° mit dem Geodreieck gezeichnet wird.

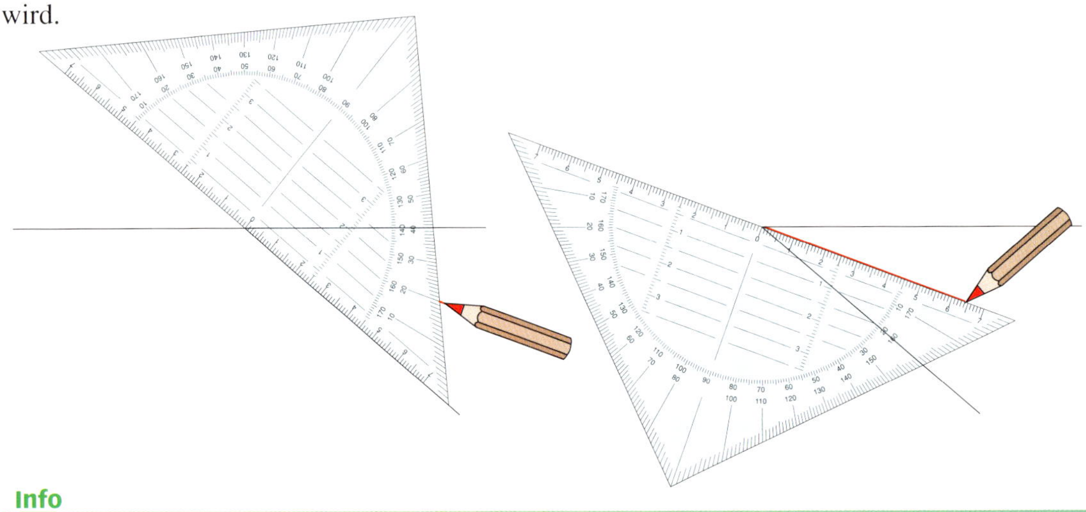

Info

Die griechischen Mathematiker des Altertums haben die Winkelhalbierende nicht so konstruiert. Sie erlaubten als Hilfsmittel beim Konstruieren von Figuren nur Zirkel und Lineal ohne Maßeinheit.

Von ihrem Weltbild her sahen die Griechen die Mathematik als etwas „Ideales", die Gerade als „vollkommene" Linie und den Kreis als „vollkommene" Kurve. Außerdem hatten sie erkannt, dass man die Länge einer Strecke und die Größe eines Winkels nie genau zeichnen und auch nicht genau messen kann.

Sie ließen deshalb nur solche Verfahren zu, bei denen man nicht zu messen brauchte. Beim Halbieren eines Winkels brauchten sie die Größe des zu halbierenden Winkels nicht zu kennen.

Diese *klassische Art*, Geometrie zu betreiben, ist uns von **Euklid** (ca. 300 v. Chr.) überliefert worden. Er hat in 13 Büchern – Elemente genannt – das gesamte ihm bekannte mathematische Wissen seiner Zeit aufgeschrieben. Die *Elemente des Euklid* haben die Entwicklung der Mathematik sehr beeinflusst. In späteren Jahrhunderten wurden sie als eines der bedeutendsten Werke des Altertums angesehen. Deshalb wurden die Elemente des Euklid auch sehr schnell nach der Entdeckung des Buchdrucks (1455) durch Johannes Gutenberg in Mainz als Buch gedruckt.

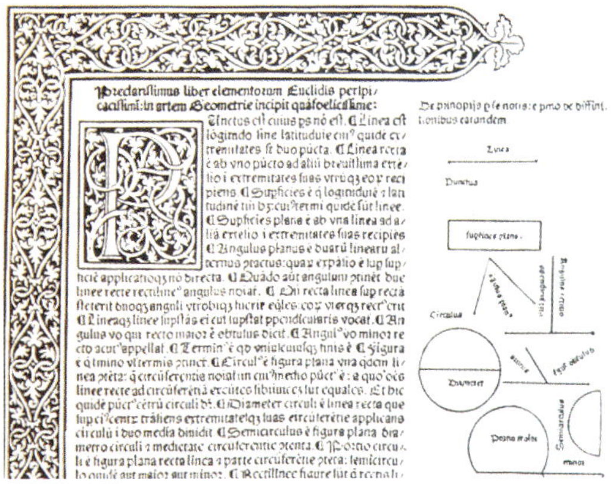

Elemente des Euklid, erste Druckausgabe in Europa, 1482

Durch die Buchdruckkunst wurde die Mathematik des Euklid in aller Welt verbreitet. Viele Verfahren, die wir heute weltweit im Mathematikunterricht anwenden, waren schon den griechischen Gelehrten des Altertums bekannt.

Klassische Konstruktion der Winkelhalbierenden

Die griechischen Mathematiker kannten ein Verfahren, mit dem man die Winkelhalbierende eines beliebigen Winkels ohne zu messen konstruieren kann.

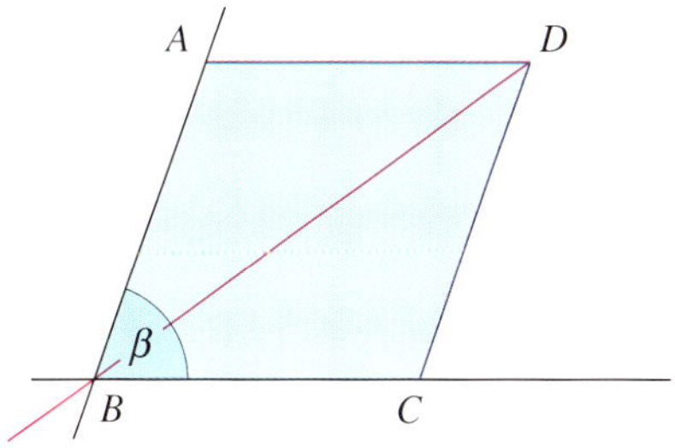

Diese **klassische Konstruktion** einer Winkelhalbierenden beruht auf dem Wissen um die Eigenschaften des Drachens.

Das Viereck $ABCD$ ist ein Drachen.
Die Diagonale BD liegt auf der Symmetrieachse.
Die Diagonale BD halbiert den Winkel β.

Wir führen die klassische Konstruktion der Winkelhalbierenden eines Winkels durch.

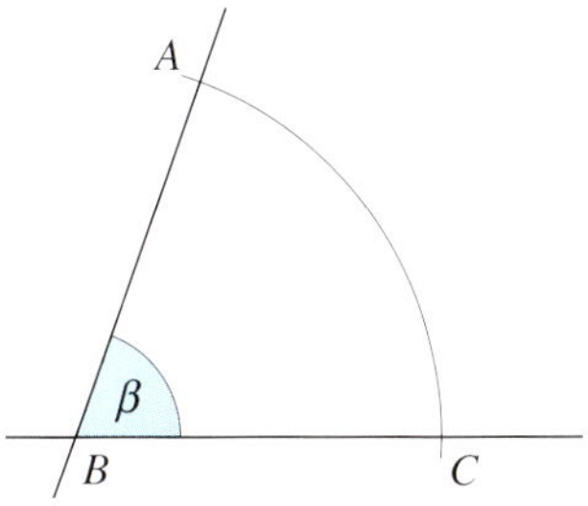

Wir zeichnen einen Kreis um den Scheitelpunkt B des Winkels.
Der Kreis schneidet die Schenkel in A und C.

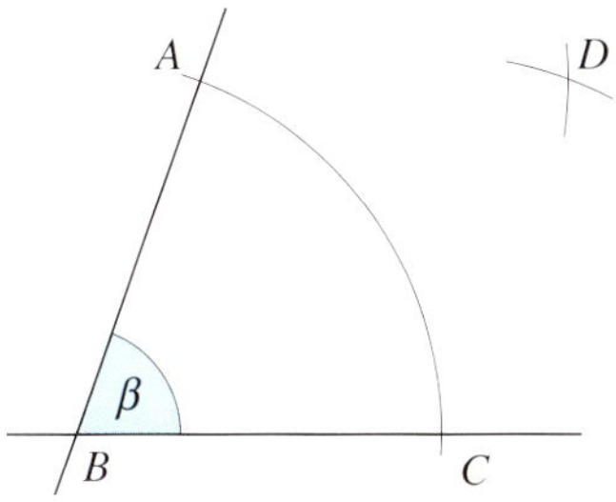

Um A und C zeichnen wir zwei Kreise so, dass sie gleiche Radien haben, und dass sie sich in einem Punkt D schneiden.

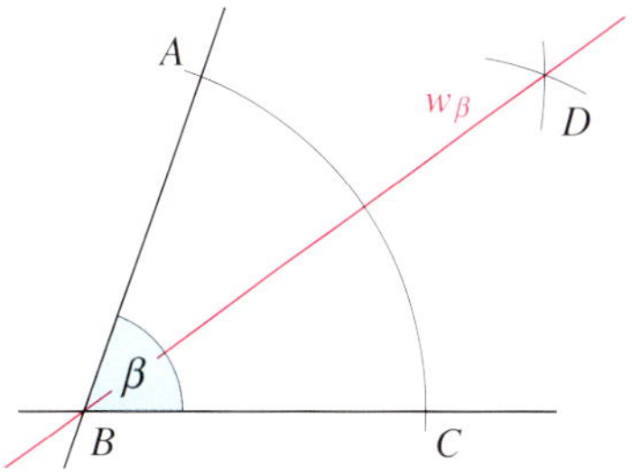

Die Gerade durch B und D halbiert den Winkel β.
Sie ist Winkelhalbierende des Winkels β und wird mit w_β bezeichnet.

Übungen

In allen folgenden Aufgaben soll die Winkelhalbierende auf klassische Art konstruiert werden.

1 Zeichne den Winkel und konstruiere die Winkelhalbierende.
a) $\alpha = 45°$ b) $\beta = 90°$ c) $\gamma = 155°$

2 Konstruiere die Winkelhalbierende der gegebenen Winkel.

α	β	γ	δ	ε	φ
57°	63°	81°	145°	163°	177°

3 Übertrage die Zeichnung ins Heft und halbiere alle Winkel.

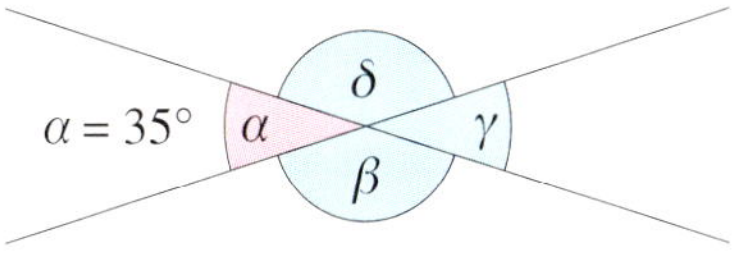

4 a) In dieser Zeichnung wurde ein Winkel geviertelt. Beschreibe, wie dabei vorgegangen wurde.

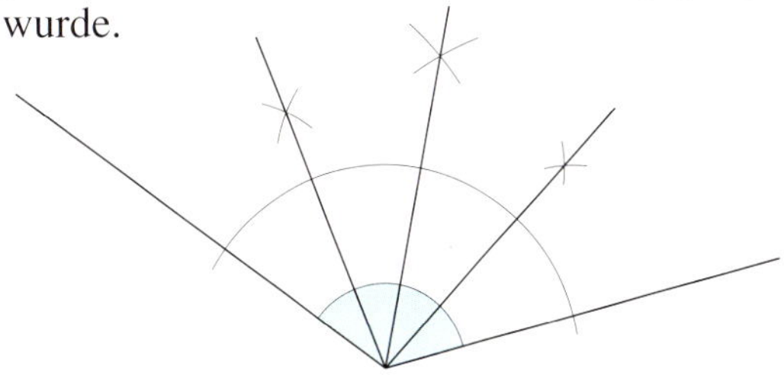

b) Teile die in Aufgabe 2 gegebenen Winkel durch Konstruktion in vier gleiche Teile.

Info

Die Frage, ob die Dreiteilung von Winkeln allein mit Zirkel und Lineal stets durchgeführt werden kann, beschäftigte schon in der Antike viele Gelehrte. Erst einige Jahrhunderte später konnte mit Mitteln der Algebra bewiesen werden, dass dies nicht möglich ist.

5 Zeichne ein gleichseitiges Dreieck mit $a = 7$ cm. Konstruiere zu jedem Winkel des Dreiecks die Winkelhalbierende.

6 Zeichne ein gleichschenkliges Dreieck mit $a = b = 8$ cm und $c = 6$ cm. Konstruiere zu jedem Winkel im Dreieck die Winkelhalbierende.

7 Zeichne das Viereck in dein Heft und konstruiere zu jedem Winkel im Viereck die Winkelhalbierende.

a)

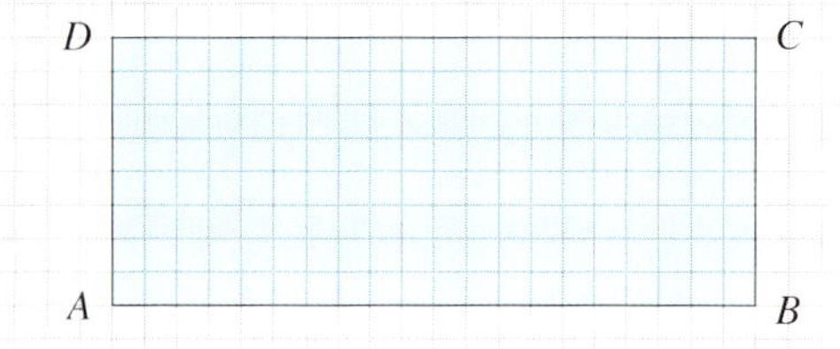

b)

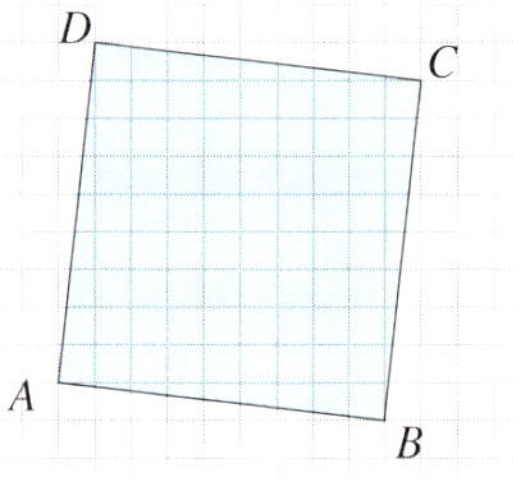

8 Übertrage ins Heft und konstruiere zu jedem Winkel des Parallelogramms die Winkelhalbierende.

a)

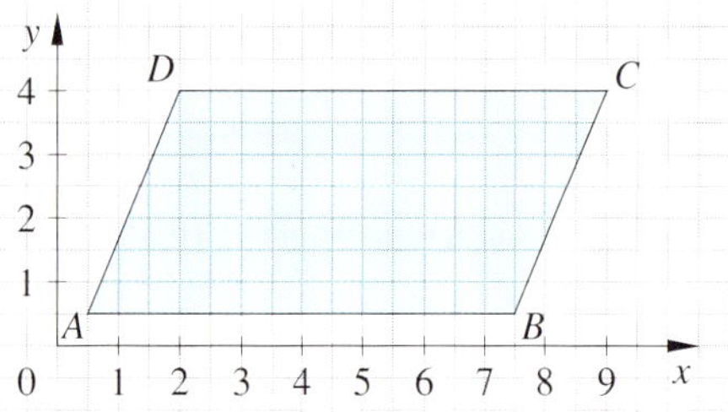

b)

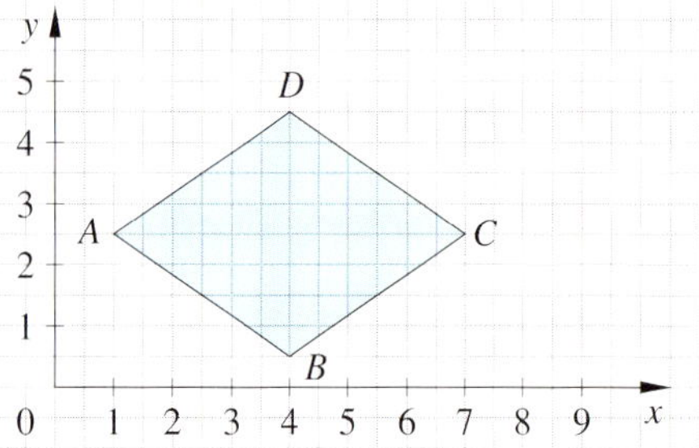

9 Übertrage das Koordinatensystem mit der Figur in dein Heft und konstruiere zu jedem Winkel des Vierecks die Winkelhalbierende.

a)

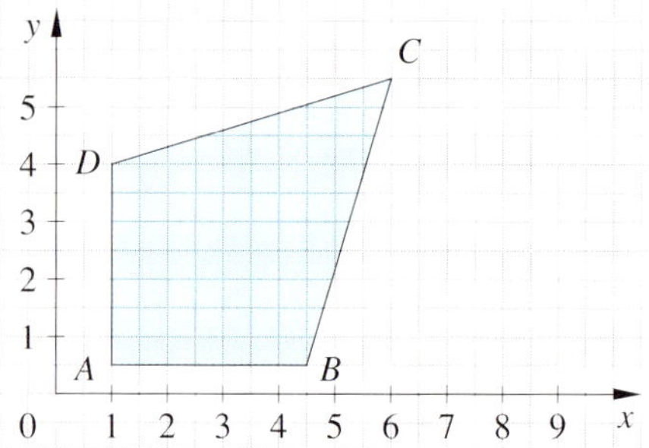

b)

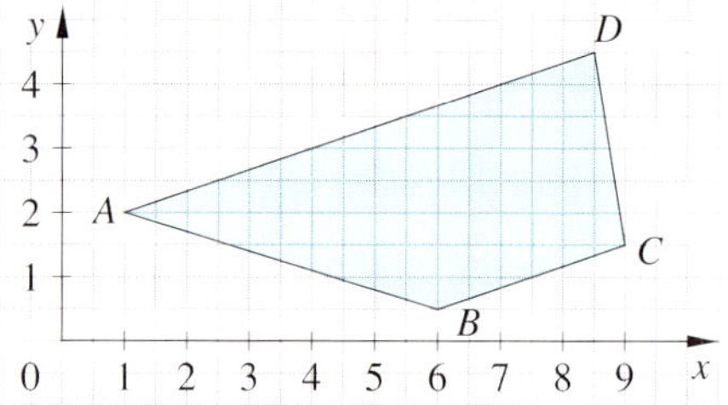

10 Das Prinzip des Halbierens von Winkeln wird auch beim Verdoppeln (Verdreifachen, usw.) von Winkeln angewendet.
Auch dieses Viereck ist ein Drachen.
$CD = DA$

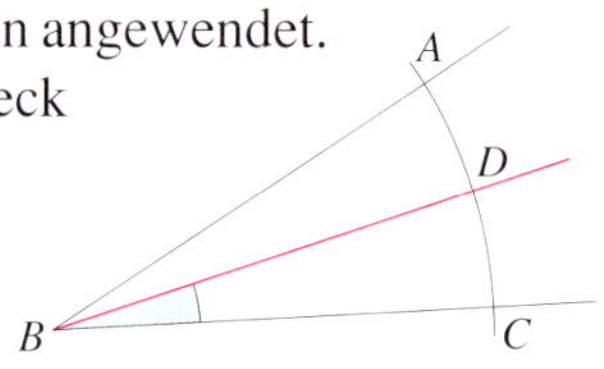

Beschreibe anhand dieser Zeichnung, wie du den Winkel α durch Konstruktion verdoppeln kannst.

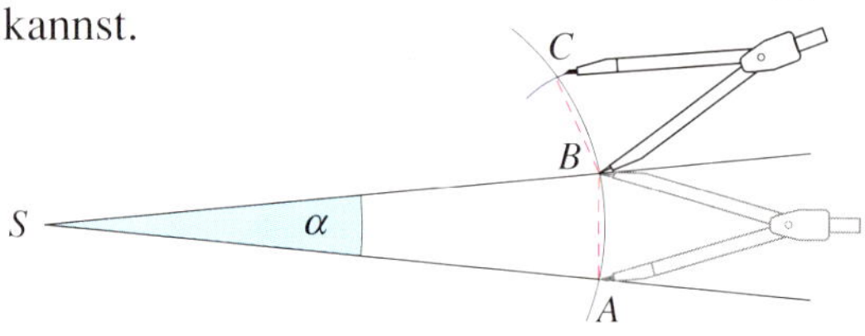

11 Zeichne den Winkel und verdopple durch Konstruktion seine Winkelgröße.

a) $\alpha = 26°$	c) $\beta = 34°$	e) $\gamma = 56°$
b) $\alpha = 39°$	d) $\beta = 47°$	f) $\gamma = 71°$

12 Zeichne den Winkel und verdreifache durch Konstruktion seine Winkelgröße.

a) $\alpha = 14°$	c) $\beta = 28°$	e) $\gamma = 44°$
b) $\alpha = 23°$	d) $\beta = 34°$	f) $\gamma = 52°$

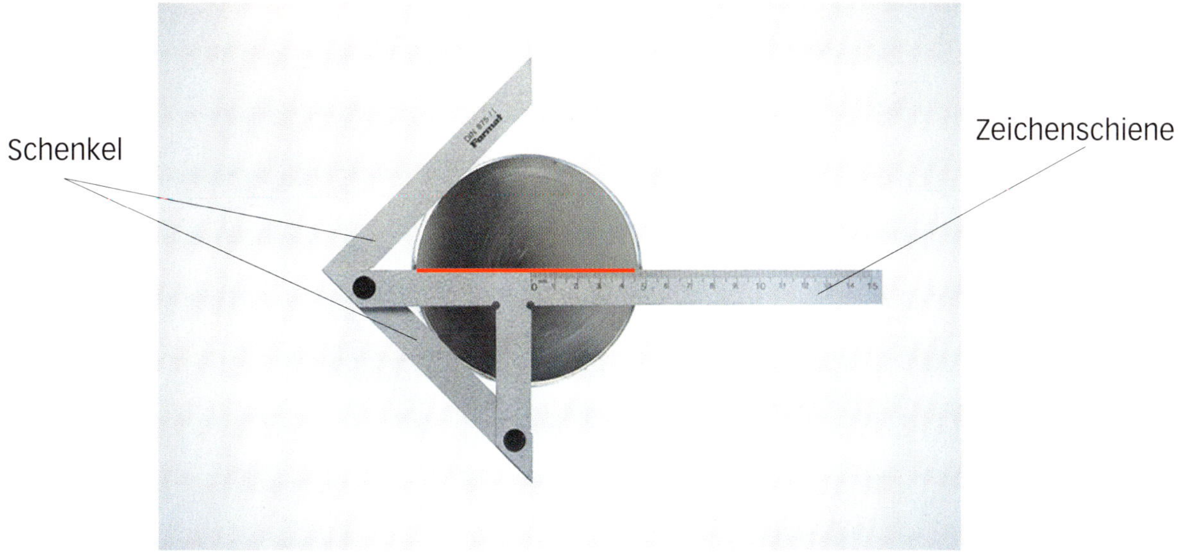

Dieses Gerät benutzen Schlosser, um den Durchmesser einer Kreisscheibe zu zeichnen. Man nennt das Gerät Zentrierwinkel. Der Schlosser legt den Zentrierwinkel so an die Kreisscheibe an, dass jeder Schenkel die Kreisscheibe in einem Punkt berührt. Dann zeichnet er entlang der Zeichenschiene den Durchmesser der Kreisscheibe. Im Handel werden Zentriergeräte nur mit rechten Winkeln angeboten. Das Verfahren ließe sich aber auch bei spitzen oder stumpfen Winkeln durchführen.

Der Kreis berührt die Geraden t_1 und t_2 in jeweils einem Punkt. Die Geraden t_1 und t_2 nennt man **Tangenten** (aus dem Lateinischen: tangere = berühren) an den Kreis. t_1 und t_2 bilden den Winkel α. Der Mittelpunkt M des Kreises liegt auf der Winkelhalbierenden des Winkels α. Verbindet man den **Berührungspunkt** T_1 mit dem Mittelpunkt M, so ist dieser Radius des Kreises senkrecht zur Tangente t_1. Wegen der Symmetrie gilt Entsprechendes auch für t_2.

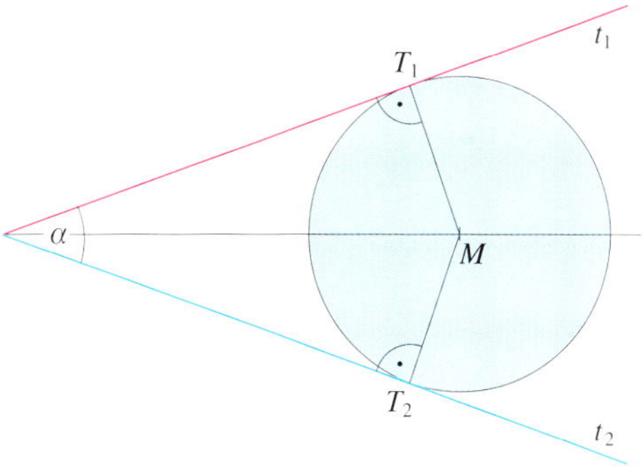

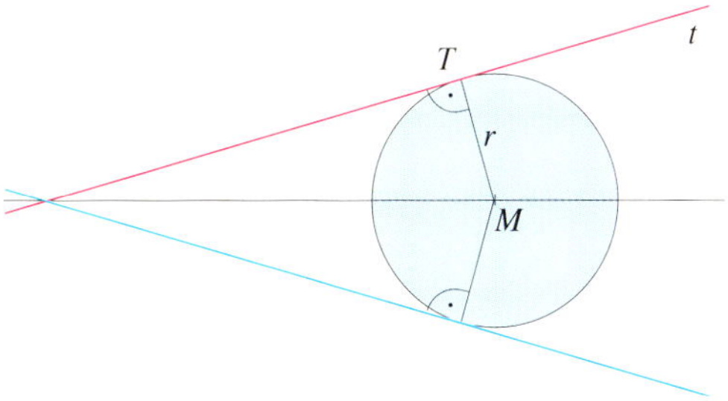

Die Gerade t berührt den Kreis im Punkt T. Man nennt sie **Tangente** an den Kreis. Der Radius zwischen dem Berührungspunkt T und dem Mittelpunkt M heißt **Berührungsradius**.

Berührungsradius und Tangente sind senkrecht zueinander.

Übungen

1 Zeichne einen Kreis mit dem Radius r. Wähle auf dem Kreis einen Punkt T. Verbinde T mit dem Mittelpunkt M und zeichne die Tangente in T.

a) $r = 3$ cm d) $r = 5{,}5$ cm
b) $r = 5$ cm e) $r = 5{,}2$ cm
c) $r = 4{,}5$ cm f) $r = 4{,}7$ cm

2 Zeichne einen Kreis mit dem Radius r. Wähle auf dem Kreis zwei Punkte T_1 und T_2. Verbinde jeden Punkt mit dem Mittelpunkt M und zeichne in T_1 und in T_2 die Tangente an den Kreis.

a) $r = 4$ cm c) $r = 5{,}5$ cm
b) $r = 4{,}5$ cm d) $r = 3{,}2$ cm

3 Zeichne einen Kreis mit dem Radius r. Wähle auf dem Kreis drei Punkte A, B und C. Konstruiere in jedem Punkt die Tangente an den Kreis.

a) $r = 3$ cm c) $r = 2{,}7$ cm
b) $r = 4{,}3$ cm d) $r = 2$ cm

4 Die Tangenten t_1 und t_2 bilden den Winkel α. Zeichne die Geraden in dein Heft und markiere T_1 und T_2. Bestimme den Mittelpunkt M und zeichne den Kreis.

a)
$\alpha = 90°$;
$\overline{ST_1} = 5$ cm

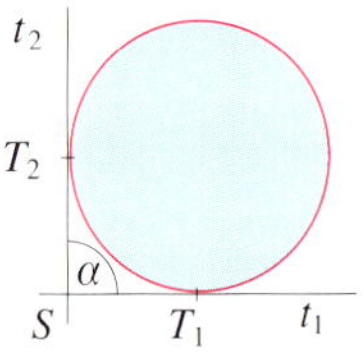

b)
$\alpha = 60°$;
$\overline{ST_1} = 5$ cm

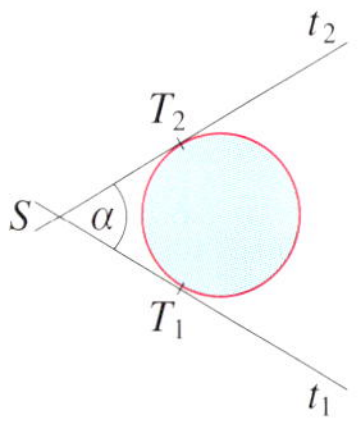

c)
$\alpha = 120°$;
$\overline{ST_1} = 2$ cm

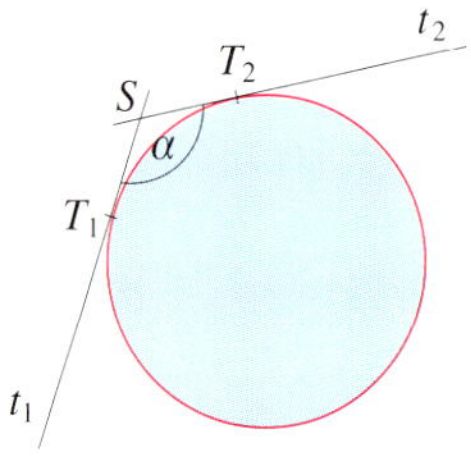

5 Zeichne den Kreis mit $r = 3$ cm. Konstruiere die Tangenten in den markierten Punkten.

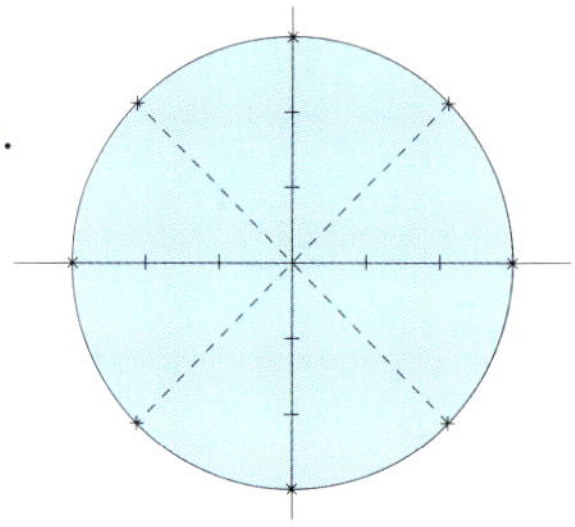

6 a) Übertrage ins Heft und konstruiere in den Kreispunkten $T_1(3|1{,}5)$, $T_2(7|1{,}5)$ und $T_3(3|3{,}5)$ die Tangenten t_1, t_2 und t_3 an den Kreis.

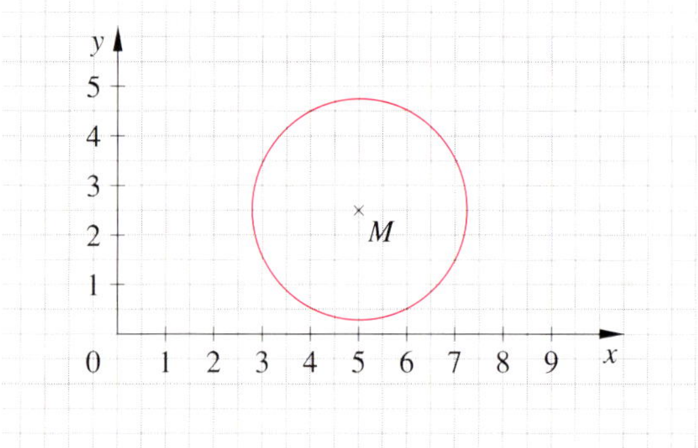

b) Zeichne in ein anderes Koordinatensystem den Kreis um $M(2{,}5|2{,}5)$ und konstruiere in den Kreispunkten $T_1(4{,}5|2)$ und $T_2(2|4{,}5)$ die Tangenten an diesen Kreis.

7 Zeichne die Figur nach der folgenden Konstruktionsbeschreibung.

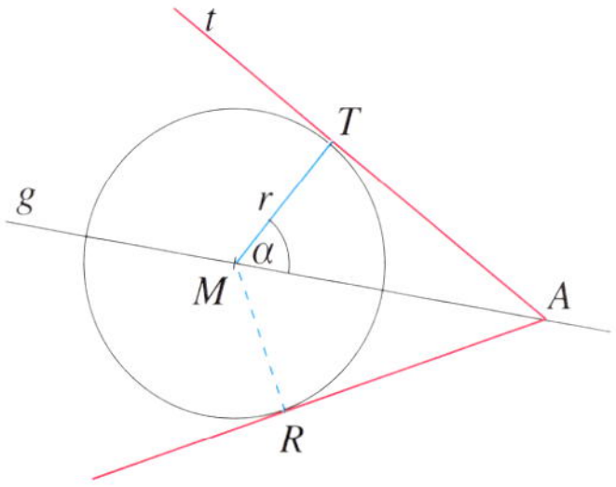

1. Zeichne den Kreis um M mit dem Radius r.
2. Zeichne durch M eine Gerade g.
3. Zeichne an g in M den Winkel α.
4. Konstruiere in T die Tangente t.
5. Ergänze das Dreieck MAT zu der symmetrischen Figur $MRAT$.

a) $r = 3{,}5$ cm; $\alpha = 30°$
b) $r = 3{,}5$ cm; $\alpha = 55°$
c) $r = 3{,}5$ cm; $\alpha = 70°$

8 Zeichne in ein Koordinatensystem den Kreis um $M(4|2{,}5)$ mit dem Radius 2,5 cm. Konstruiere die Tangenten, die den Kreis in den Punkten $A(2|4)$ und $B(6|4)$ berühren.

9 Zeichne einen Kreis mit $r = 2{,}5$ cm und in ihm zwei Radien MA und MB so, dass sie einen Winkel von 50° einschließen. Konstruiere in den Punkten A und B die Tangenten an den Kreis und bestimme den Winkel, den sie einschließen.

10 Zeichne einen Kreis mit dem Radius $r = 2{,}6$ cm. Konstruiere an diesen Kreis zwei Tangenten t_1 und t_2 so, dass sie einen Winkel von 30° einschließen.

11 Von einem Kreis seien eine Tangente und der Mittelpunkt M gegeben. Wie kann der Kreis gezeichnet werden und welchen Durchmesser hat er? Zeichne ein Beispiel.

12 Eine Gerade, die den Kreis in zwei Punkten schneidet, nennt man **Sekante**, jede Strecke zwischen zwei Kreispunkten heißt **Sehne**.
Zeichne durch einen Kreispunkt P eines Kreises um M mit dem Radius $r = 2{,}5$ cm eine Sekante so, dass sie 1,5 cm Abstand zum Kreismittelpunkt hat.

13 Zeichne zu Geraden g_1 und g_2 Kreise mit 4 cm Durchmesser, für die g_1 und g_2 Tangenten sind.
a) g_1 und g_2 schließen einen Winkel von 50° ein. Wie viele solche Kreise gibt es?
b) Wie verlaufen g_1 und g_2, damit unendlich viele solcher Kreise entstehen? Zeichne dazu drei Kreise.

14 In einem Park nähern sich zwei Wege im Winkel von 20°. Ein Weg führt zu einer Akazie A, der andere führt zu einer Birke B. Die Bäume haben 35 m Abstand und sind vom Schnittpunkt der Wegverlängerungen gleich weit entfernt. Von A nach B sollen die Wege mit einem Kreisbogen verbunden werden. Zeichne im Maßstab 1 : 500.

15 An den Kreuzungsstellen der Bundesautobahn wird eine Fahrbahn über die andere hinweggeführt, sodass der unmittelbare Übergang von der einen Fahrbahn zur anderen ausgeschlossen ist. Durch Einbahn-Fahrstraßen wird der kreuzungs- und stoppfreie Übergang ermöglicht.

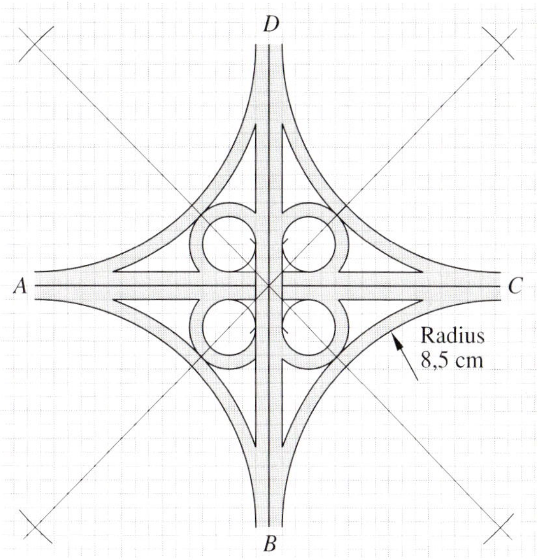

a) Übertrage diese Zeichnung in dein Heft. Beginne mit dem Straßenkreuz.
b) Zeige, wie ein Auto, das in der Richtung von A nach C fährt, in die Richtung nach B (in die Richtung nach D) wechselt.
c) Zeige, wie das Auto das Autobahnkreuz zum Umkehren benutzen kann.

16 Zeichne einen Kreis um M und einen Durchmesser AB. Zeichne in A und B die Tangenten an den Kreis. Begründe, dass die beiden Tangenten parallel zueinander sind.

Der Inkreis des Dreiecks

Um einen Kreis zu konstruieren, der alle Seiten eines Dreiecks als Tangenten hat, muss man zunächst die Lage seines Mittelpunktes bestimmen.

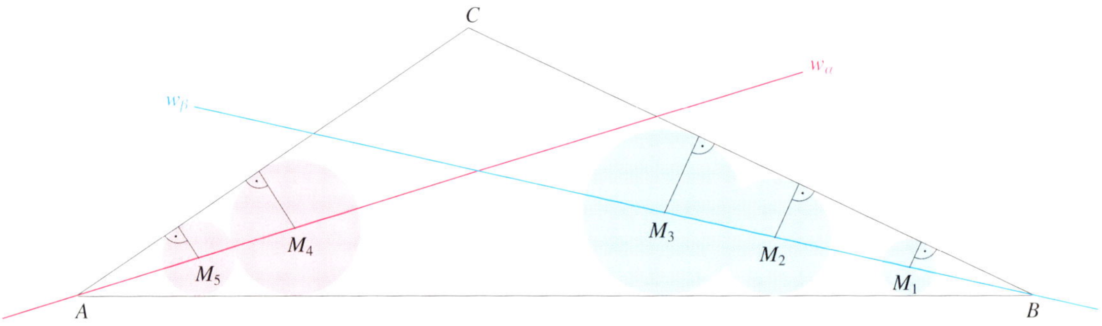

Die Mittelpunkte der blauen Kreise liegen auf der Winkelhalbierenden w_β.
Die Mittelpunkte der roten Kreise liegen auf der Winkelhalbierenden w_α.
Jeder Kreis berührt zwei Seiten des Dreiecks.

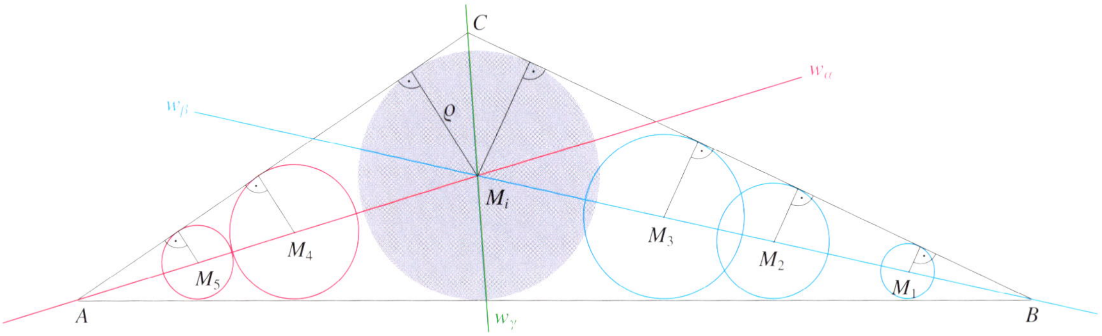

Der violette Kreis ist der größte Kreis im Dreieck. Er berührt jede Seite des Dreiecks in einem Punkt. Man nennt ihn den **Inkreis des Dreiecks**.
Sein Mittelpunkt M_i ist der Schnittpunkt der Winkelhalbierenden w_α und w_β.
Der Mittelpunkt M_i liegt auch auf der Winkelhalbierenden w_γ, da der violette Kreis auch die Schenkel des Winkels γ berührt.

Der Mittelpunkt M_i des Inkreises ist der Schnittpunkt der Winkelhalbierenden.

Der Inkreis berührt jede Seite des Dreiecks in einem Punkt.

Der Abstand des Mittelpunktes M_i von einer Dreiecksseite ist der Radius ϱ (Rho) des Inkreises.

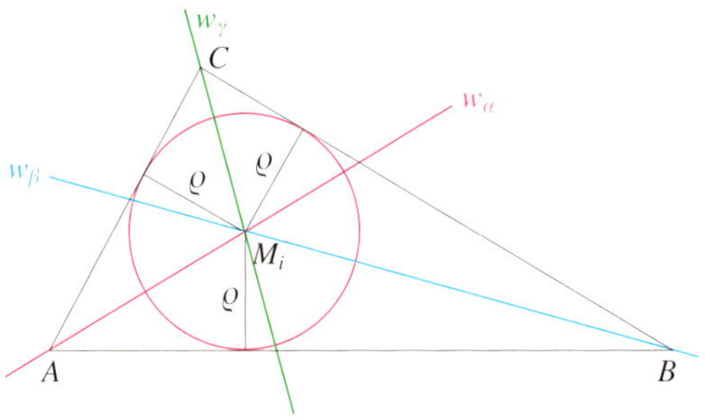

Übungen

In allen folgenden Aufgaben soll die Winkelhalbierende auf klassische Art konstruiert werden.

1 Übertrage ins Heft und konstruiere die Winkelhalbierenden. Bestimme den Radius des Inkreises und zeichne diesen Kreis in das Dreieck ein.

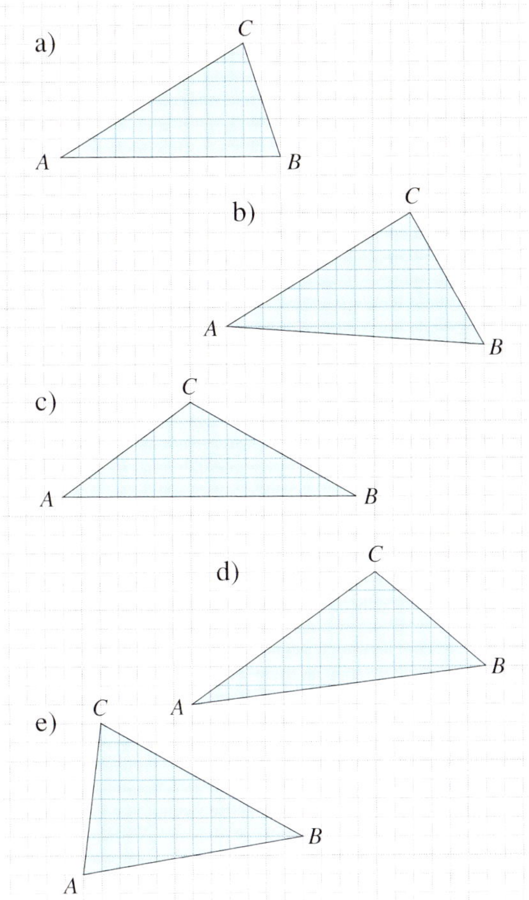

2 Übertrage das Dreieck ins Heft und konstruiere den Inkreis.

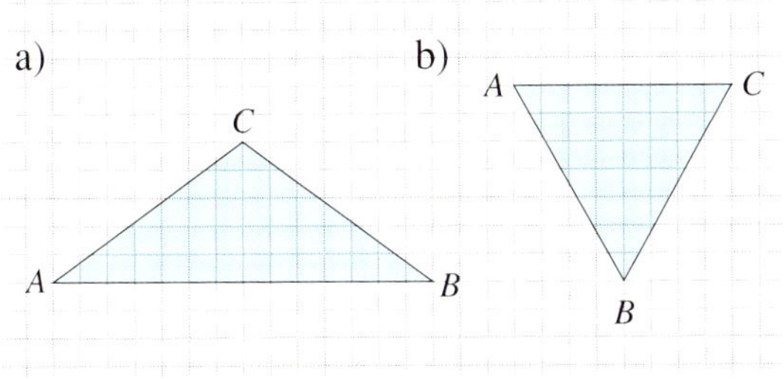

3 Zeichne das Dreieck in ein Koordinatensystem. Konstruiere die Winkelhalbierenden und zeichne den Inkreis.

a) $A(3|2)$; $B(7|2)$; $C(5|9)$
b) $A(0|0)$; $B(6|2)$; $C(2|8)$
c) $A(1|2)$; $B(9|4)$; $C(5|7)$
d) $A(0|6)$; $B(6|0)$; $C(5|5)$
e) $A(2|10)$; $B(3|1)$; $C(9|12)$

4 Konstruiere nach der Planfigur das Dreieck mit Inkreis.

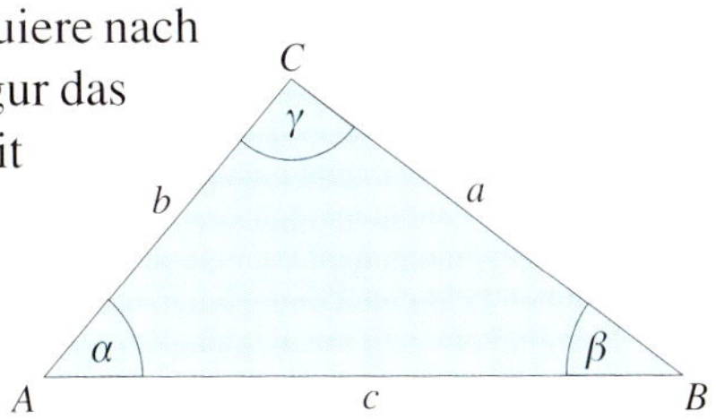

a) $a = 5{,}2$ cm; $b = 3{,}5$ cm; $c = 5{,}2$ cm
b) $c = 6$ cm; $b = 4$ cm; $\alpha = 65°$
c) $a = 4{,}5$ cm; $c = 5{,}5$ cm; $\beta = 70°$
d) $b = 4{,}7$ cm; $\alpha = 105°$; $\gamma = 35°$

5 Zeichne einen Kreis mit $r = 2{,}4$ cm. Dieser Kreis soll Inkreis eines Dreiecks sein. Zeichne ein Dreieck.

6 Zeichne auf Karopapier ein Quadrat mit 14 cm Seitenlänge. Entwirf in diesem Quadrat ein Ziermuster aus Dreiecken mit ihren Inkreisen. Ein Beispiel, wie das aussehen kann, siehst du hier.

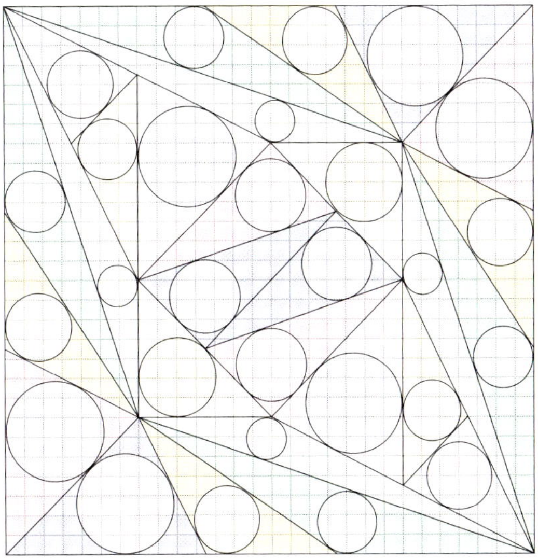

Dreieckskonstruktionen mithilfe des Inkreises

Beispiele

1. Gegeben:
$b = 3$ cm
$w_\alpha = 3{,}1$ cm
$\gamma = 77°$

Planfigur

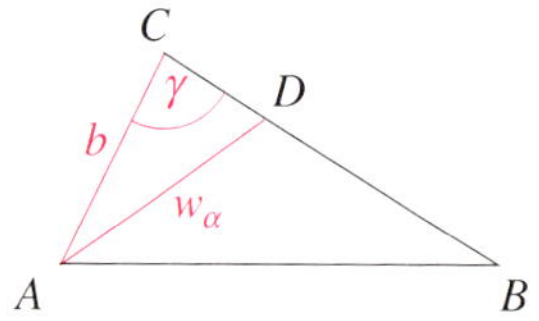

Konstruktion

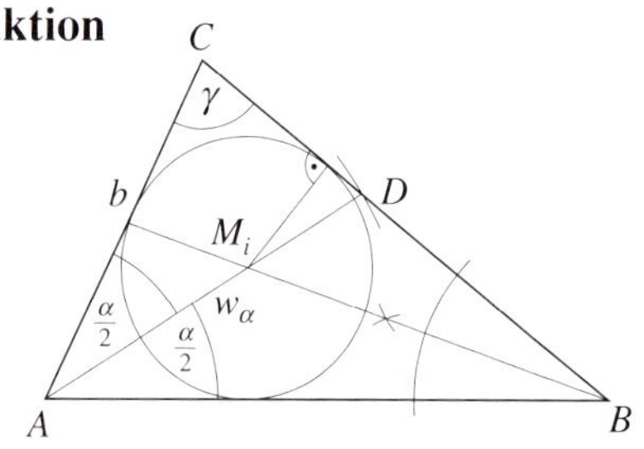

Konstruktionsbeschreibung:

1. Zeichne das Teildreieck *ADC* aus b, γ und w_α. Du erhältst den Winkel $\frac{\alpha}{2}$.
2. Trage an *AD* in *A* den Winkel $\frac{\alpha}{2}$ an. Der freie Schenkel des Winkels $\frac{\alpha}{2}$ schneidet den Strahl *CD* in *B*.
3. Konstruiere die Winkelhalbierende w_β. Deren Schnittpunkt mit w_α ist der Mittelpunkt M_i des Inkreises.
4. Fälle das Lot von M_i auf eine Dreiecksseite. Du erhältst den Punkt *E* und somit den Radius M_iE des Inkreises.

2. Gegeben:
$w_\gamma = 3{,}3$ cm
$h_c = 3{,}2$ cm
$\gamma = 70°$

Planfigur

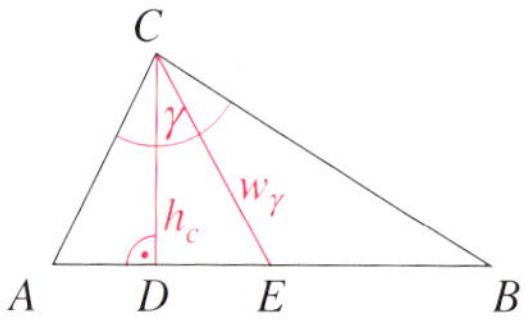

Konstruktion

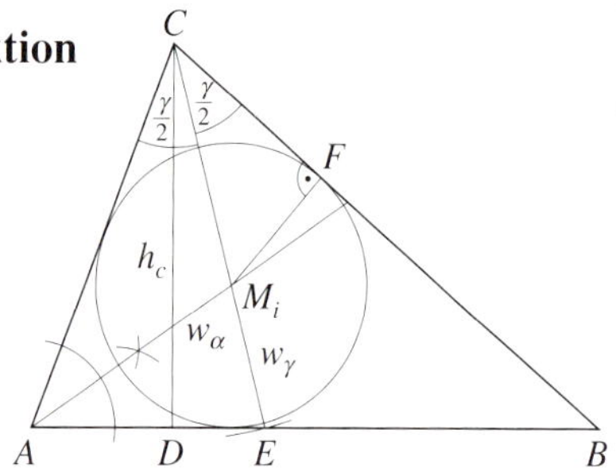

Konstruktionsbeschreibung:

1. Zeichne das Teildreieck *DEC*; fange mit h_c an, dann den rechten Winkel und w_γ.
2. Trage in *C* an *CE* den Winkel $\frac{\gamma}{2}$ nach beiden Seiten an. Die freien Schenkel von $\frac{\gamma}{2}$ schneiden die Gerade *DE* in *A* und *B*.
3. Konstruiere die Winkelhalbierende w_α. Der Schnittpunkt mit w_γ ist M_i.
4. Fälle das Lot von M_i auf eine Dreiecksseite. Du erhältst den Punkt *F* und somit den Radius M_iF des Inkreises.

Übungen

1 Konstruiere das Dreieck.
a) $a = 4{,}5$ cm; $\beta = 32°$; $w_\gamma = 2{,}7$ cm
b) $a = 3{,}5$ cm; $w_\beta = 3{,}5$ cm; $\gamma = 70°$
c) $w_\beta = 8$ cm; $a = 7$ cm; $\beta = 65°$
d) $c = 4{,}8$ cm; $\beta = 80°$; $w_\alpha = 5$ cm

2 Konstruiere das Dreieck. ϱ ist der Inkreisradius.
a) $\varrho = 2{,}5$ cm; $\alpha = 70°$; $\gamma = 60°$
b) $\varrho = 3$ cm; $\beta = 80°$; $\gamma = 50°$
c) $\varrho = 3$ cm; $\alpha = 60°$; $\gamma = 60°$

3 Konstruiere das Dreieck aus den gegebenen Stücken.
a) $w_\alpha = 3{,}5$ cm; $h_a = 3{,}2$ cm; $\gamma = 72°$
b) $b = 4{,}7$ cm; $h_c = 4{,}4$ cm; $w_\gamma = 4{,}5$ cm
c) $w_\beta = 6{,}5$ cm; $\beta = 50°$; $\gamma = 70°$
d) $h_b = 4{,}6$ cm; $w_\beta = 4{,}9$ cm; $\beta = 54°$

4 Konstruiere das Dreieck. s_c ist die Seitenhalbierende der Seite c und verläuft von C zum Mittelpunkt der Seite c.
a) $c = 9{,}5$ cm; $h_c = 8{,}1$ cm; $s_c = 9$ cm
b) $s_a = h_a = 5{,}2$ cm; $a = 6$ cm
c) $h_a = 3{,}4$ cm; $w_\alpha = 4{,}1$ cm; $\alpha = 72°$

Die griechischen Mathematiker kannten ein Verfahren, mit dem man den Mittelpunkt einer Strecke bestimmen kann, ohne diese Strecke zu messen. Dabei konstruiert man die Senkrechte im Mittelpunkt der Strecke.

Die Konstruktion der Mittelsenkrechten beruht auf dem Wissen um die Eigenschaften der Raute.

Das Viereck *ABCD* ist eine Raute.

Die Diagonale *BD* liegt auf einer Symmetrieachse. Die Diagonale *BD* halbiert die Diagonale *AC* und ist senkrecht zur Diagonalen *AC*.

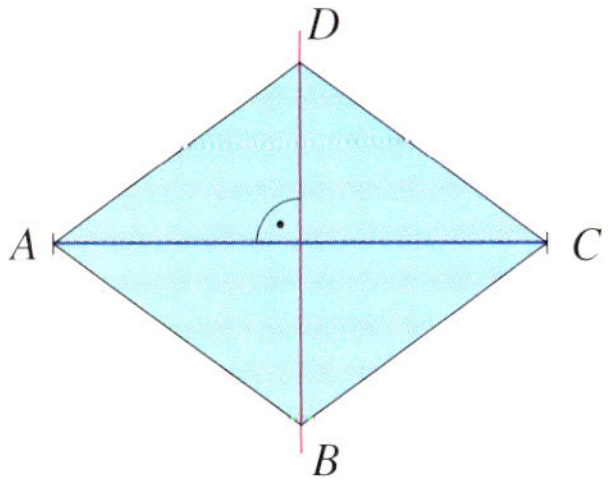

Wir führen die klassische Konstruktion der Mittelsenkrechten einer Strecke durch.

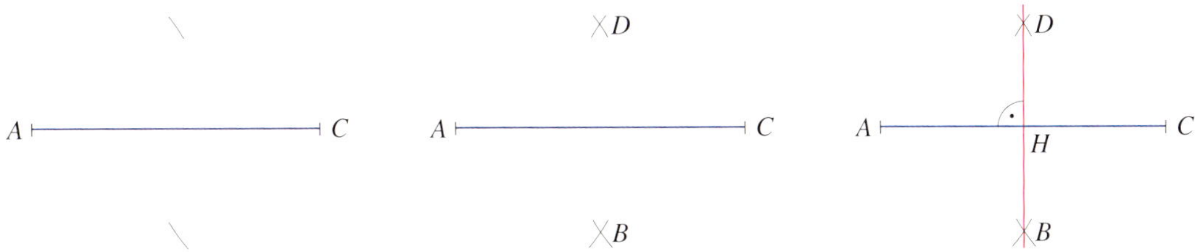

Wir zeichnen einen Kreis um A_1, der nach Augenmaß größer als die Hälfte der Strecke ist.

Wir zeichnen mit dem gleichen Radius einen Kreis um *C*. Die beiden Kreise schneiden sich in den Punkten *B* und *D*.

Die Gerade durch *B* und *D* halbiert die Strecke *AC* im Punkt *H* und ist senkrecht zu ihr. Sie ist Mittelsenkrechte der Strecke *AC*.

Übungen

In allen folgenden Aufgaben soll die Mittelsenkrechte auf klassische Art konstruiert werden.

1 Übertrage mit dem Zirkel und halbiere die Strecke.

2 Übertrage die Figur ins Heft und konstruiere zu jeder Seite die Mittelsenkrechte.

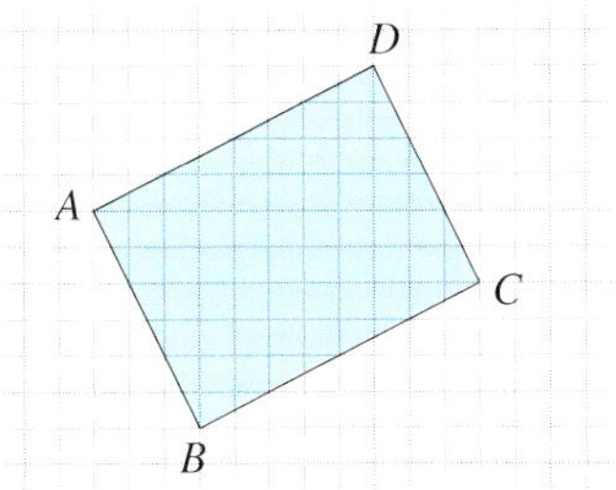

3 Übertrage ins Heft und konstruiere zu jeder Seite des Vierecks die Mittelsenkrechte.

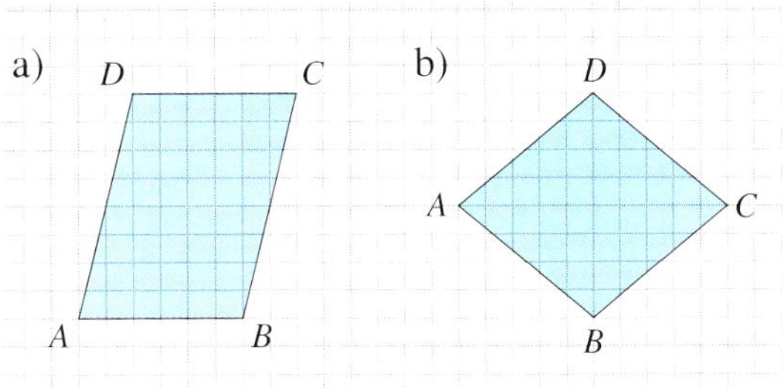

4 Konstruiere nach dieser Planfigur.

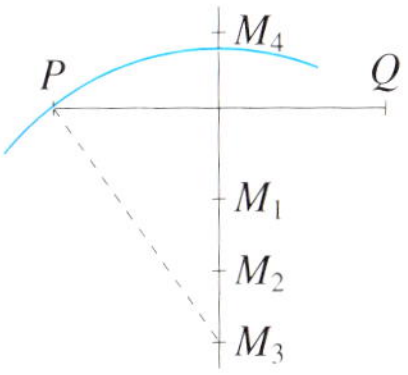

1. Zeichne die Strecke $\overline{PQ} = 6{,}3$ cm.
2. Konstruiere ihre Mittelsenkrechte.
3. Wähle auf der Mittelsenkrechten beliebig die Punkte M_1, M_2, M_3 und M_4.
4. Zeichne um jeden dieser Punkte einen Kreis, der durch *P* geht.

Info

Im Mittelalter beschäftigten sich Alchemisten mit den Stoffen in der Natur. Sie suchten den „Stein der Weisen“, um aus anderen Stoffen, wie zum Beispiel Blei, Gold herstellen zu können. Diese Versuche reizten besonders die Herrscher. Sie nahmen Alchemisten in ihren Dienst und hofften, mit deren Hilfe reicher zu werden. Die Goldherstellung gelang den Alchemisten jedoch nicht. So nahmen sie an, dies sei nur bei bestimmten Positionen der Sterne möglich. Um das vorhersagen zu können, beschäftigten sie sich auch mit mathematischen Berechnungen und Konstruktionen.

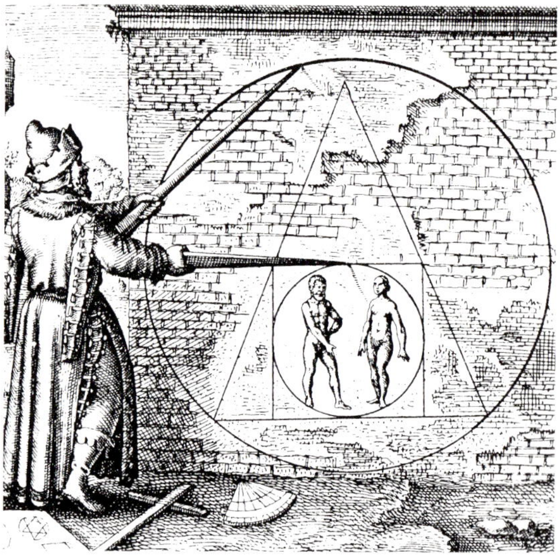

Der Kupferstich zeigt, wie ein Alchemist einen Kreis zeichnet, der durch zwei Eckpunkte eines Dreiecks geht. Es scheint, als suche er den Kreis, der durch alle Eckpunkte des Dreiecks geht. Der Mittelpunkt *M* des Kreises, den der Alchemist zeichnet, liegt auf der Mittelsenkrechten der Seite *AB*, denn jeder Punkt dieser Mittelsenkrechten ist gleich weit von *A* und *B* entfernt.

Der Kreis der durch alle Eckpunkte des Dreiecks geht, heißt **Umkreis**. Der Mittelpunkt *M* des Umkreises eines Dreiecks muss gleich weit von jedem der Punkte *A*, *B* und *C* entfernt sein. Der Mittelpunkt des Umkreises liegt daher

- auf der Mittelsenkrechten der Seite *AB*,
- auf der Mittelsenkrechten der Seite *BC*,
- auf der Mittelsenkrechten der Seite *AC*.

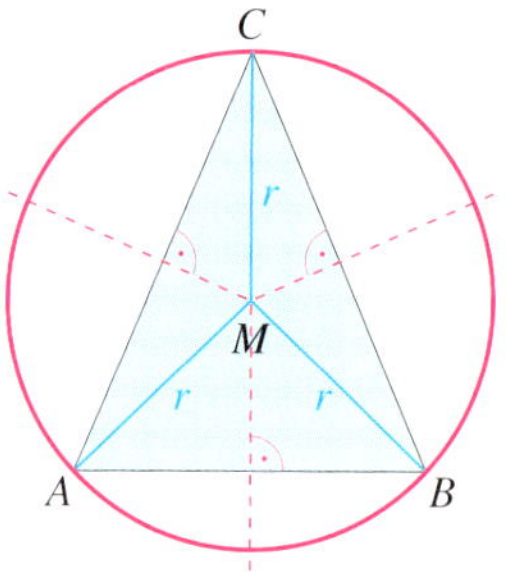

Die Mittelsenkrechten der Seiten eines Dreiecks schneiden sich im Punkt *M*, dem Mittelpunkt seines Umkreises.

Übungen

1 Übertrage das Dreieck ins Heft. Konstruiere die Mittelsenkrechten und zeichne den Umkreis des Dreiecks.

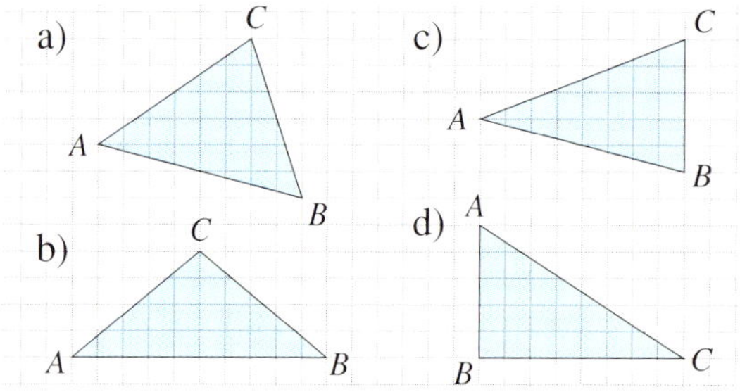

2 Zeichne das Dreieck in ein Koordinatensystem. Konstruiere die Mittelsenkrechten und zeichne den Umkreis.

a) $A(3|4)$; $B(9|1)$; $C(6|9)$
b) $A(3|3)$; $B(7|6)$; $C(7|0)$
c) $A(0|0)$; $B(9|0)$; $C(5|7)$
d) $A(2|3)$; $B(10|3)$; $C(10|8)$

3 Konstruiere das Dreieck mit Umkreis.

a) $a = 8$ cm; $b = 10$ cm; $c = 12$ cm
b) $c = 10$ cm; $b = 8$ cm; $\alpha = 65°$
c) $a = 5$ cm; $b = 4{,}3$ cm; $\gamma = 100°$
d) $b = 4{,}8$ cm; $\alpha = 55°$; $\gamma = 60°$

Beispiele

Gegeben:
$c = 4$ cm
$r = 2{,}5$ cm
$\beta = 70°$

Planfigur

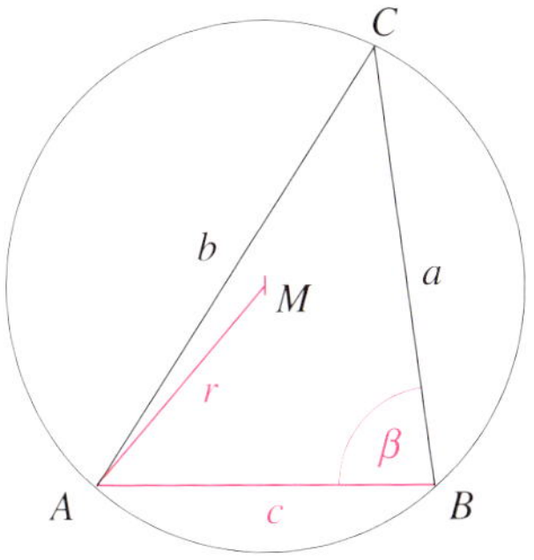

Konstruktion

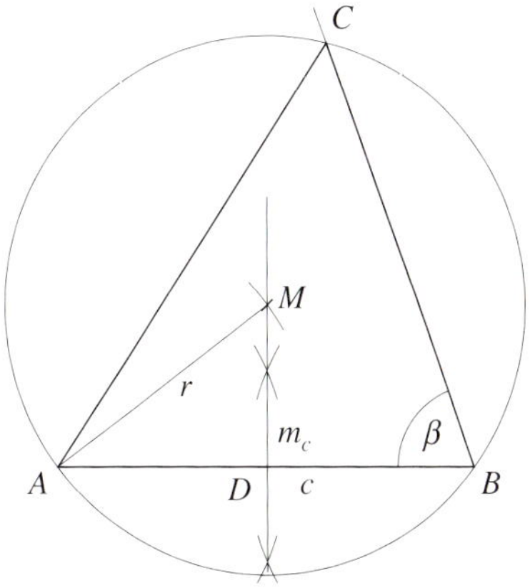

Konstruktionsbeschreibung:
1. Zeichne $c = AB$.
2. Konstruiere die Mittelsenkrechte m_c auf AB.
3. Zeichne um A den Kreis mit dem Radius r. Der Schnittpunkt vom Kreis mit m_c ist der Mittelpunkt M des Umkreises.
4. Zeichne den Umkreis.
5. Trage den Winkel β in B an AB an. Der Schnittpunkt des freien Schenkels mit dem Kreis ist C.

Bei der Konstruktion kannst du auch zuerst den Kreis zeichnen.

Übungen

1 Konstruiere das Dreieck.
a) $a = 6$ cm; $r = 4$ cm; $\gamma = 60°$
b) $a = 5$ cm; $r = 3{,}5$ cm; $b = 6$ cm
c) $a = 5{,}4$ cm; $r = 4{,}5$ cm; $\beta = 52°$
d) $b = 2{,}2$ cm; $r = 3$ cm; $\gamma = 100°$
e) $c = 5{,}5$ cm; $r = 4$ cm; $\alpha = 55°$

2 Konstruiere das gleichschenklige Dreieck, bei dem die Seite c die Basis ist.
a) $c = 7{,}6$ cm; $r = 4{,}5$ cm
b) $a = 5$ cm; $r = 4{,}3$ cm
c) $\gamma = 60°$; $r = 3{,}6$ cm

3 Wo liegt der Umkreismittelpunkt bei
a) spitzwinkligen Dreiecken,
b) stumpfwinkligen Dreiecken,
c) rechtwinkligen Dreiecken?

4 Kreise werden vielfach bei Ziermustern und in der Baukunst verwendet. Zeichne die Konstruktion des Dreibogens nach und beschreibe, wie du vorgegangen bist.

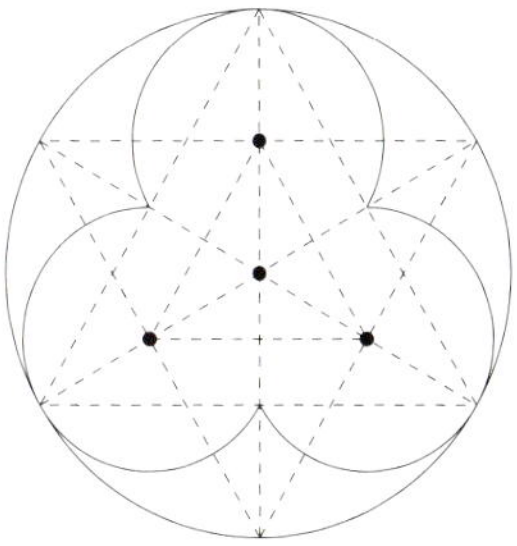

5 $AB = 7500$ m, $AC = 5200$ m, $BC = 5900$ m sind die Entfernungen dreier Orte A, B, C voneinander. Finde durch eine Maßstabskonstruktion den Punkt M, der von allen Orten gleich weit entfernt liegt.

Der Mittelpunkt M des Umkreises liegt im spitzwinkligen Dreieck innerhalb, im stumpfwinkligen Dreieck außerhalb. Im rechtwinkligen Dreieck liegt dieser Punkt auf der längsten Dreiecksseite. Sie ist ein Durchmesser des Kreises.

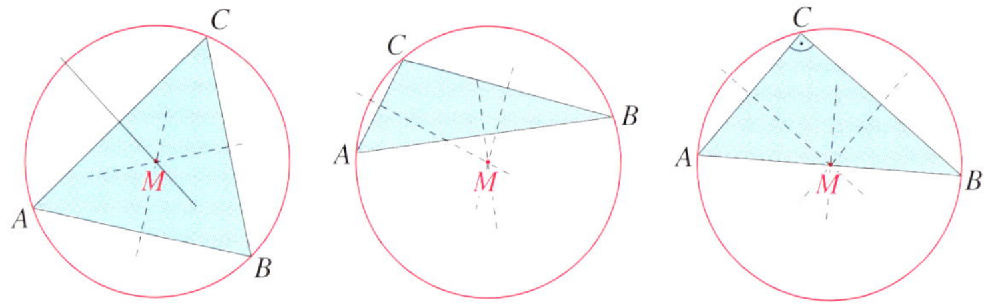

Umgekehrt können wir auch zeigen, dass jedes Dreieck rechtwinklig ist, wenn eine Seite Durchmesser des Umkreises ist.

Wir wählen einen Punkt P beliebig auf einem Kreis und verbinden ihn mit den Endpunkten eines Durchmessers AB.
Wir zeigen, dass das Dreieck ABP rechtwinklig ist.

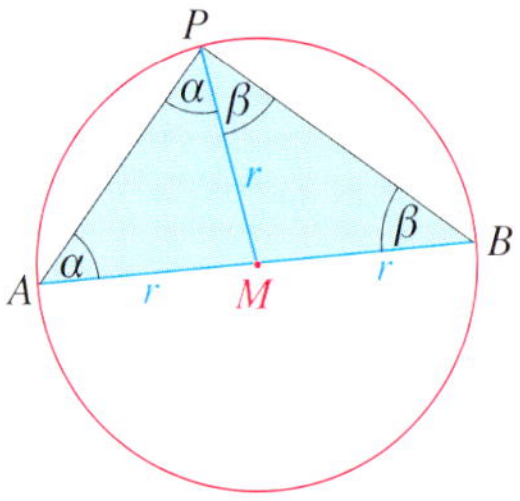

Die Dreiecke AMP und BMP sind gleichschenklig. Da ihre Basiswinkel gleich groß sind, gilt für das Dreieck ABP:

$$\alpha + \alpha + \beta + \beta = 180°$$
$$2\alpha + 2\beta = 180°$$
$$2(\alpha + \beta) = 180° \quad | :2$$
$$\alpha + \beta = 90°$$

Der Winkel bei P ist $\alpha + \beta$. Er ist also ein rechter Winkel.

Verbindet man einen Punkt eines Kreises mit den Endpunkten eines Durchmessers, so erhält man ein rechtwinkliges Dreieck. Diese Erkenntnis wird **Satz des Thales** genannt.

Der Scheitelpunkt des rechten Winkels liegt auf dem Kreis.

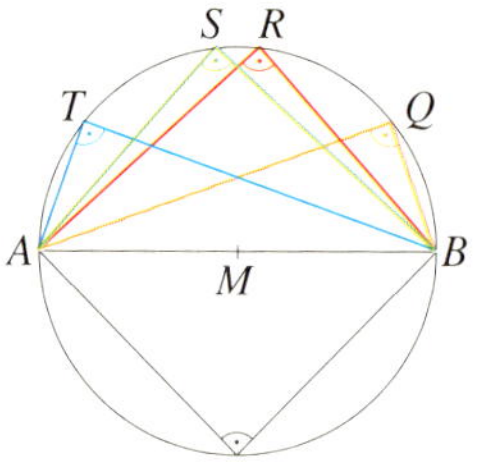

Info

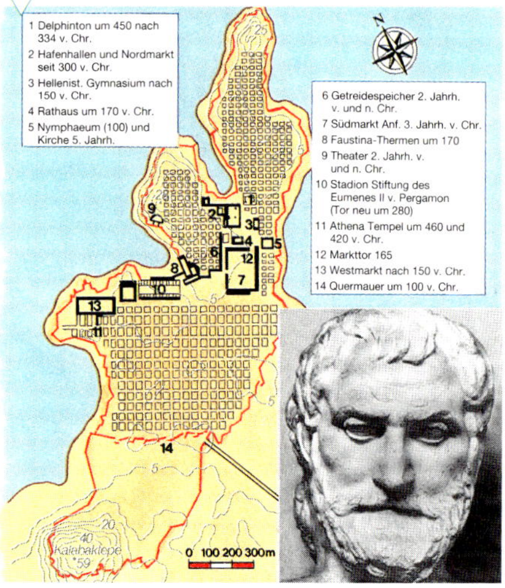

Büste des Thales von Milet

Plan der antiken Stadt

Thales (624 v. Chr. bis etwa 547 v. Chr.) war Kaufmann in Milet, einer Stadt in der heutigen Türkei, die 1600 v. Chr. von griechischen Siedlern an der Mündung des Mäander gegründet wurde. Deutsche Archäologen haben sie seit 1899 ausgegraben. Einige Ausgrabungsstücke kann man im Pergamonmuseum in Berlin besichtigen.
Milet war eine reiche Stadt und lange Zeit Zentrum für griechische Naturphilosophen. Thales brachte von seinen Kaufmannsreisen nach Babylon und Ägypten mathematische Kenntnisse mit. Es wird berichtet, er habe im Jahr 585 v. Chr. eine Sonnenfinsternis vorhergesagt. Man gab ihm den Titel „Einer der sieben Weisen". Thales war Lehrer des griechischen Mathematikers Pythagoras.

Übungen

1 a) Zeichne auf dicke Pappe einen Kreis. Stelle mithilfe eines Gummis und mit Pinnnadeln ein Dreieck her. Was vermutest du?

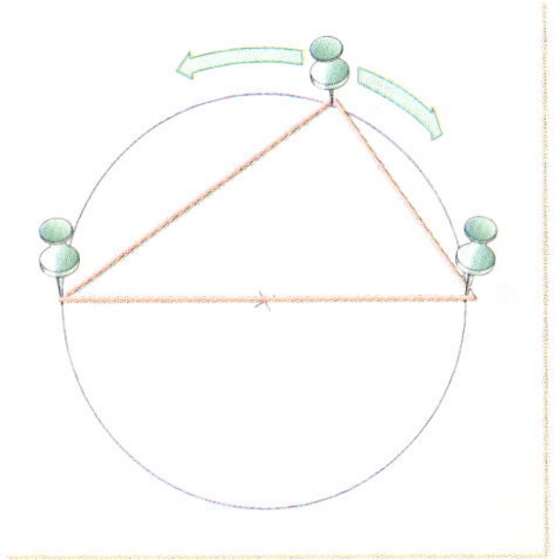

b) Stelle mithilfe des Gummibandes durch Verschieben der Nadeln auf der Kreislinie weitere Dreiecke her. Erkennst du gleich große Winkel?

2 Zeichne einen Kreis mit 4 cm Radius. Markiere wie in der Zeichnung auf dem Kreis die angegebenen Punkte, sodass gilt:

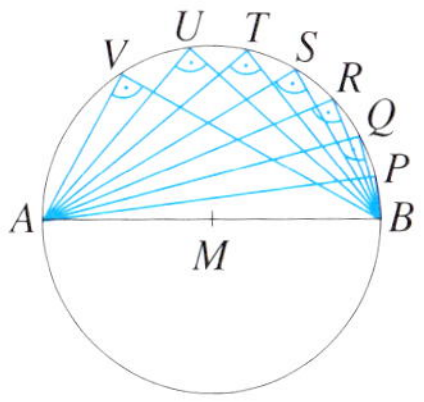

$PB = 1$ cm, $QB = 2$ cm, $RB = 3$ cm,
$SB = 4$ cm, $TB = 5$ cm, $UB = 6$ cm,
$VB = 7$ cm.
Zeichne die rechtwinkligen Dreiecke.

3 Zeichne in einen Kreis mit $r = 3{,}5$ cm ein rechtwinkliges Dreieck.
Die längste Seite sei $AB = 7$ cm.
a) $AC = 5$ cm d) $BC = 4$ cm
b) $AC = 4{,}8$ cm e) $BC = 2{,}3$ cm
c) $AC = 39$ mm f) $BC = 51$ mm

4 Zeichne einen Kreis mit 7 cm Durchmesser.

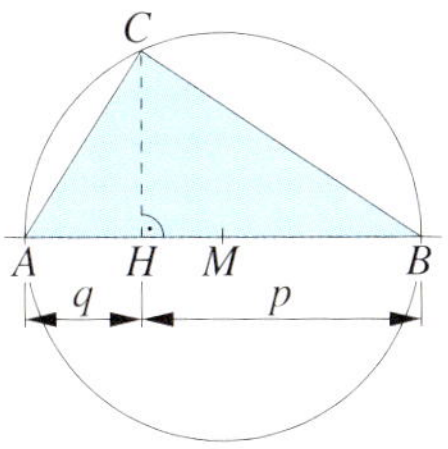

Konstruiere das rechtwinklige Dreieck ABC nach der gegebenen Zeichnung.
a) $q = 2$ cm e) $p = 3$ cm
b) $q = 4$ cm f) $p = 6$ cm
c) $q = 1{,}9$ cm g) $p = 5{,}7$ cm
d) $q = 3{,}5$ cm h) $p = 3{,}5$ cm

5 Gib die fehlenden Winkelmaße an.

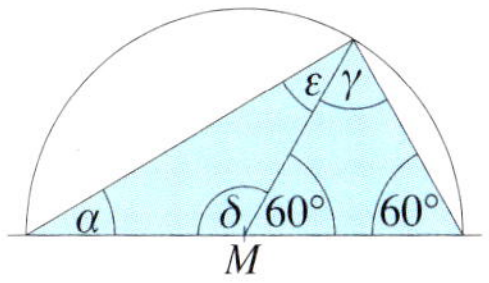

6 Gib die fehlenden Winkelmaße an.
a) $\alpha = 30°$ d) $\varphi = 50°$
b) $\beta = 70°$ e) $\delta = 25°$
c) $\varepsilon = 20°$ f) $\gamma = 75°$

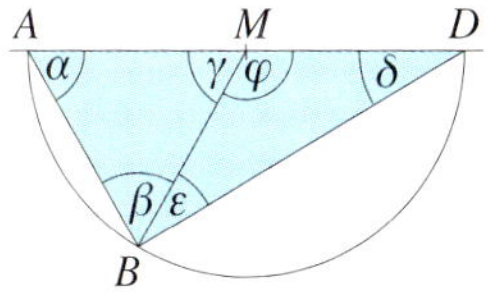

7 a) Zeichne mithilfe eines Halbkreises mit dem Durchmesser $AB = 6$ cm rechtwinklige Dreiecke ABC, deren Eckpunkte C 2 cm von AB entfernt sind.
b) Zeichne eine parallele Gerade g im Abstand von 3,5 cm zu einer Strecke $AB = 8{,}4$ cm. Ermittle die Punkte von g, bei denen die Verbindungslinien zu A und B einen rechten Winkel bilden.

8 Der Punkt C hat von dem Durchmesser c den Abstand h_c. Konstruiere ein rechtwinkliges Dreieck.

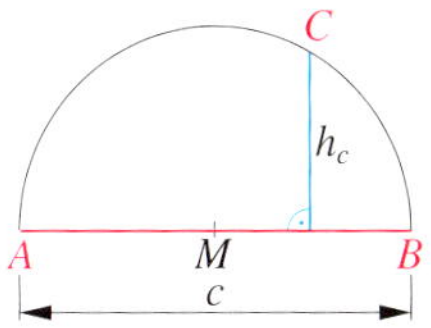

a) $c = 6{,}4$ cm, $h_c = 2{,}1$ cm
b) $c = 6{,}4$ cm, $h_c = 3{,}2$ cm
c) $c = 4{,}5$ cm, $h_c = 1{,}8$ cm
d) $c = 5{,}3$ cm, $h_c = 2{,}3$ cm

9 Das Fällen eines Lotes von einem Punkt P auf eine Gerade g oder das Errichten von Senkrechten in einem Punkt auf einer Geraden lassen sich mit dem Satz des Thales konstruieren.

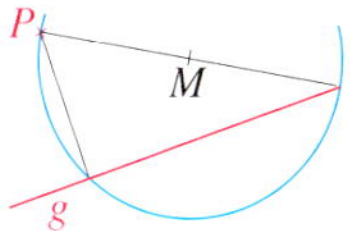

a) Beschreibe die Konstruktion für die gegebene Zeichnung.
b) Konstruiere mit dem Satz des Thales die Senkrechte im Punkt Q einer Geraden h.

10 Konstruiere ein rechtwinkliges Dreieck ABC ($\gamma = 90°$) aus der Höhe $h_c = 3$ cm auf die Seite c und der Höhe $h_a = 6{,}5$ cm auf die Seite a.

Tangenten von einem Punkt an einen Kreis

Info

Nachrichtensatelliten umkreisen in verschiedenen Umlaufbahnen die Erde. Diese Satelliten dienen dazu, zum Beispiel Fernsehberichte, Radiosendungen und Telefongespräche über große Entfernungen zu übertragen.

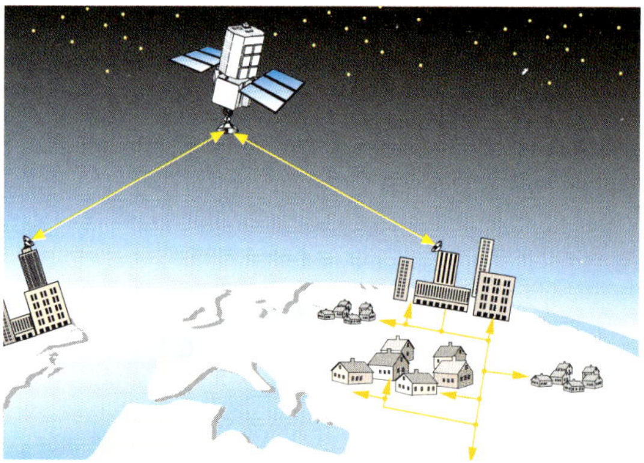

Die Grafik zeigt schematisch, wie Fernsehsignale von einer Stelle der Erde über einen Satelliten in die verschiedenen Wohnungen gefunkt werden.

Damit die Signale den Satelliten stets erreichen können, muss er sich auf einer Umlaufbahn so schnell bewegen, dass er sich immer über demselben Punkt der Erde befindet. Wenn sich der Satellit in dieser Bahn befindet, scheint er für den Beobachter still zu stehen.
Diese Umlaufbahn ist fast 36 000 km über dem Äquator. Man nennt sie geostationär.

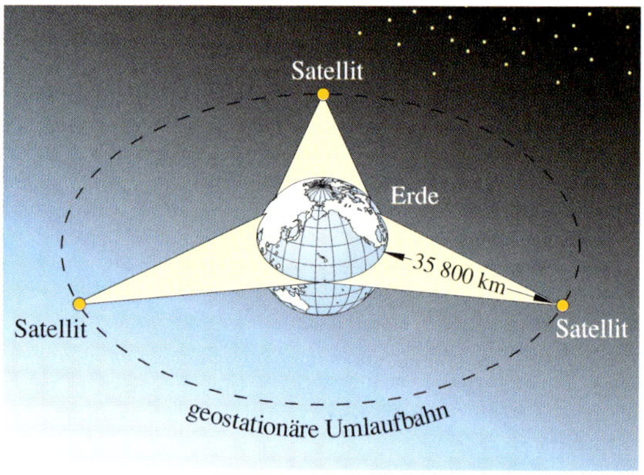

Der Satellit kreist auf einer geostationären Bahn. Die meisten Nachrichtensatelliten benutzen die geostationäre Bahn. Um über die ganze Erde Nachrichten mitteilen zu können, benötigt man mindestens drei geostationäre Satelliten. Diese drei Satelliten sind über dem Atlantischen Ozean, über dem Indischen Ozean und über dem Pazifischen Ozean postiert.
Zusätzlich stehen wegen des großen Nachrichtenaustauschs zwischen Europa und Amerika zwei weitere Satelliten über dem Atlantik zur Verfügung.
Diese fünf Nachrichtensatelliten werden von 119 Staaten gemeinsam genutzt und finanziert. Der Zusammenschluss dieser 119 Staaten heißt INTELsat (International Telecommunication Satellite consortium).

Die Maßstabszeichnung zeigt die Position eines geostationären Satelliten zur Erde.

Aus dem Physikunterricht weißt du vielleicht bereits, dass sich Funksignale wie Licht geradlinig ausbreiten. Daher können nur solche Signale die Erde erreichen, die der Satellit innerhalb des gelben Bereichs aussendet. Funksignale außerhalb dieses Bereichs würden in den Weltraum abgestrahlt werden.

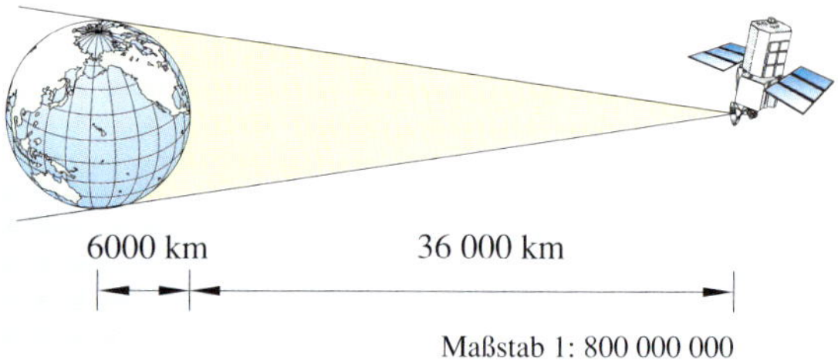

Die **Tangenten** an die Erde bilden die Begrenzung des Bereichs, in dem man die Signale auf der Erde empfangen kann.

Um die Tangenten von einem Punkt S an einen Kreis k mit dem Mittelpunkt M zu konstruieren, musst du wissen, in welchen Punkten die Tangenten den Kreis berühren. Im **Berührungspunkt** sind Tangente und **Berührungsradius** senkrecht zueinander.
Zeichnet man einen Kreis um den Mittelpunkt M_T der Strecke MS, so schneidet dieser den Kreis k in den Punkten T_1 und T_2. Der Kreis um den Mittelpunkt M_T hat den Durchmesser MS. Nach dem **Thalessatz** sind dann die Berührungsradien und die zugehörigen Tangenten senkrecht zueinander.

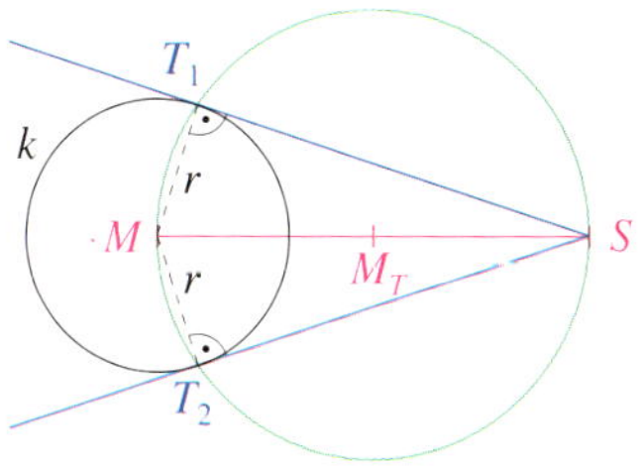

Zum Zeichnen der Tangenten von einem Punkt S an einem Kreis k benötigt man die Berührungspunkte T_1 und T_2. Dies konstruieren wir nach der folgenden Konstruktionsbeschreibung.

1. Verbinde den Punkt S mit dem Kreismittelpunkt M.
2. Konstruiere den Mittelpunkt M_T der Strecke MS.
3. Zeichne um M_T den Thaleskreis mit dem Radius M_TS so, dass er den Kreis k in den Punkten T_1 und T_2 schneidet.
4. Zeichne die Tangenten von S durch T_1 und von S durch T_2.

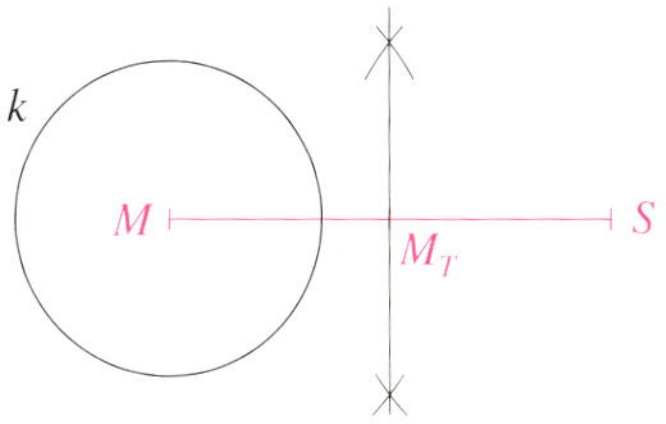

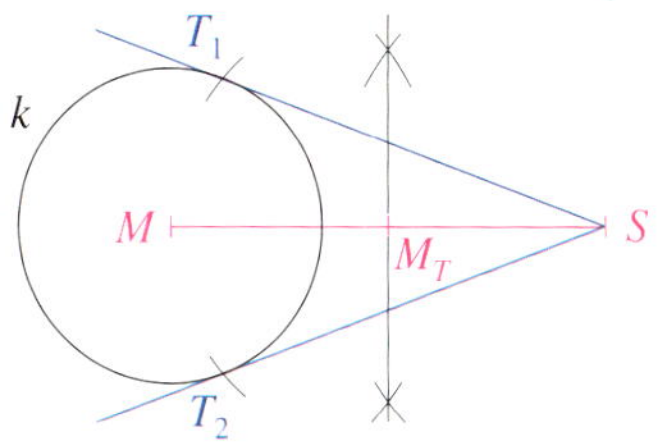

Übungen

1 Zeichne die Tangenten von Punkt P an den Kreis k mit $r = 2{,}2$ cm.
a) $MP = 6{,}4$ cm
b) $MP = 3{,}3$ cm

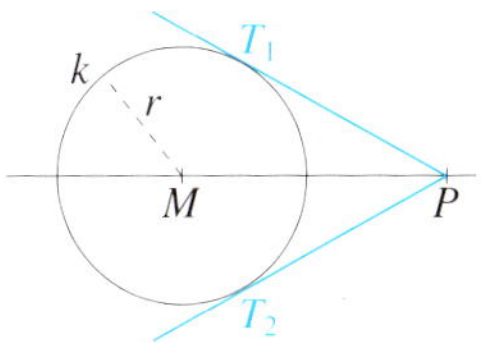

2 Zeichne die Tangenten vom Punkt Q an den Kreis mit dem Radius r.
a) $MQ = 8{,}4$ cm; $r = 3{,}1$ cm
b) $MQ = 6{,}3$ cm; $r = 2{,}5$ cm
c) $MQ = 5{,}7$ cm; $r = 1{,}8$ cm

3 Zeichne von den Punkten P und Q die Tangenten an den Kreis mit dem Radius r.

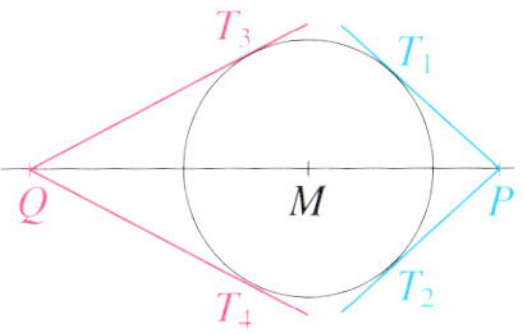

a) $r = 2$ cm; $MP = 6$ cm; $MQ = 4$ cm
b) $r = 2{,}8$ cm; $MP = 6{,}3$ cm; $MQ = 4{,}7$ cm
c) $r = 1{,}8$ cm; $MP = 4{,}9$ cm; $MQ = 5{,}8$ cm
d) $r = 2{,}3$ cm; $MP = 5$ cm; $MQ = 5$ cm
e) $r = 1{,}5$ cm; $MP = 3{,}7$ cm; $MQ = 3{,}7$ cm

4 Zeichne von jedem Punkt die Tangenten an den Kreis mit dem Radius $r = 2$ cm.

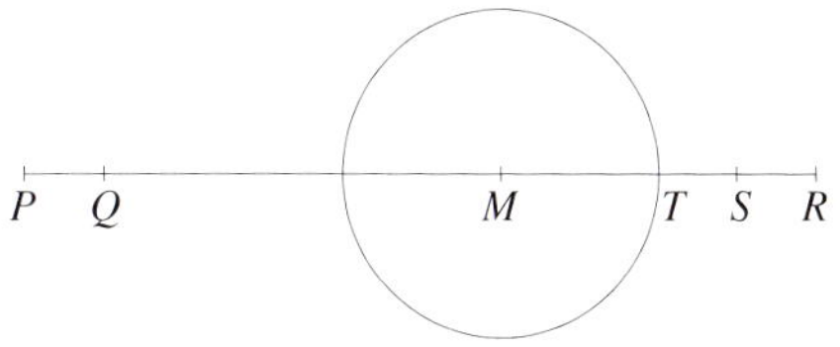

$MP = 6$ cm; $MQ = 5$ cm; $MR = 4$ cm;
$MS = 3$ cm; $MT = 2$ cm

5 Markiere die Punkte M und P in einem Koordinatensystem (1 Einheit = 1 cm).
Zeichne um M den Kreis mit dem Radius r.
Konstruiere von P aus die Tangenten an den Kreis.
a) $M(4|4)$; $P(10|4)$; $r = 2$ cm
b) $M(4|4)$; $P(4|10)$; $r = 2$ cm
c) $M(3|3)$; $P(8|8)$; $r = 3$ cm
d) $M(5|4)$; $P(12|9)$; $r = 2$ cm

6 Zeichne einen Kreis mit $r = 2{,}5$ cm. Lege zwei Punkte P und Q so fest, dass die Tangenten an den Kreis eine Raute bilden.

7 Konstruiere vom Punkt Q aus die Tangenten an jeden der beiden Kreise.

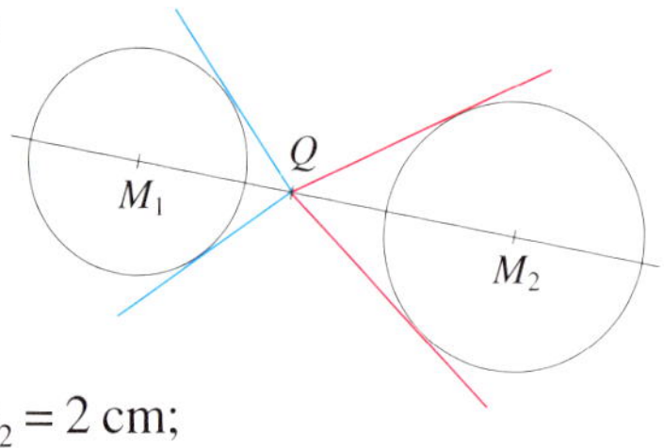

a) $r_1 = 3$ cm; $r_2 = 2$ cm; $M_1M_2 = 8$ cm; $M_1Q = 5$ cm
b) $r_1 = 1{,}5$ cm; $r_2 = 3{,}5$ cm; $M_1M_2 = 7{,}5$ cm; $M_1Q = 3$ cm
c) $r_1 = 2$ cm; $r_2 = 3$ cm; $M_1M_2 = 9$ cm; $M_1Q = 4{,}5$ cm
d) $r_1 = 2{,}5$ cm; $r_2 = 2{,}5$ cm; $M_1M_2 = 9$ cm; $M_1Q = 4{,}5$ cm

8 Zeichne die Figur in dein Heft. Konstruiere von jedem Eckpunkt des Sechsecks die Tangenten an den inneren Kreis.

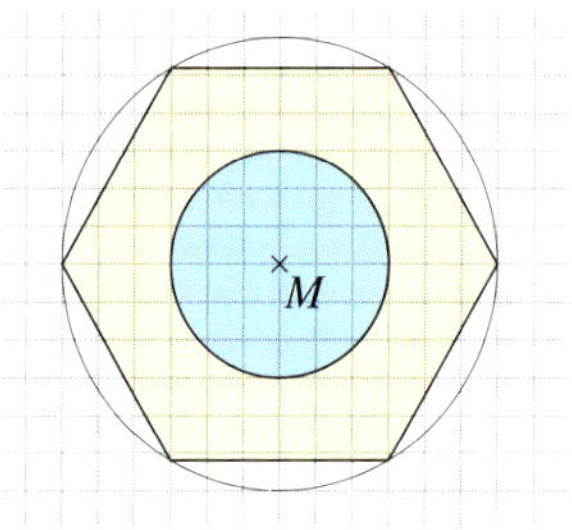

9

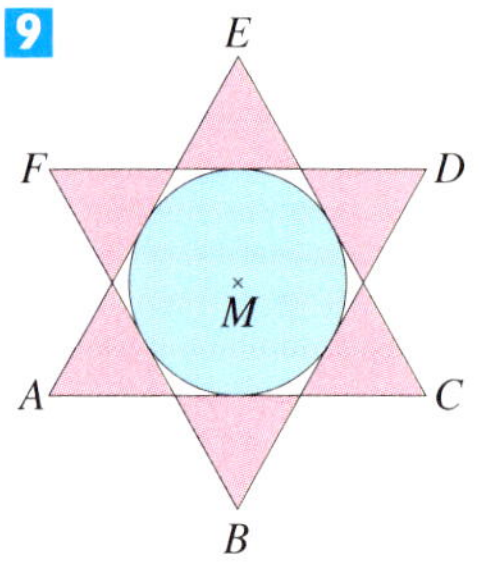

Der Radius des Kreises ist $r = 2$ cm. Jeder der Punkte A bis F liegt 4 cm von M entfernt. Konstruiere wie in der Zeichnung alle Tangenten von jedem Punkt an den Kreis.

10 Die drei Satelliten, die es ermöglichen über die ganze Erde Nachrichten mitzuteilen, sind in der geostationären Bahn so postiert, dass ihre Verbindungen mit dem Mittelpunkt M der Erde einen Winkel von 120° bilden.

Radius der Erde $r = 6000$ km
Entfernung $SM = 42\,000$ km

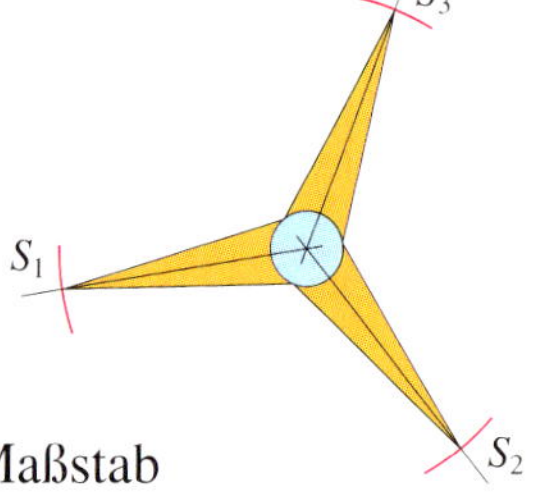

Zeichne die Figur im Maßstab 1 : 600 000 000 (1 cm = 6000 km).

11 Du kannst das Stehaufmännchen „Herbert" basteln. Dazu benötigst du zwei DIN-A4-Bogen Zeichenkarton, Papierkleber, Sand und eine Kerze.

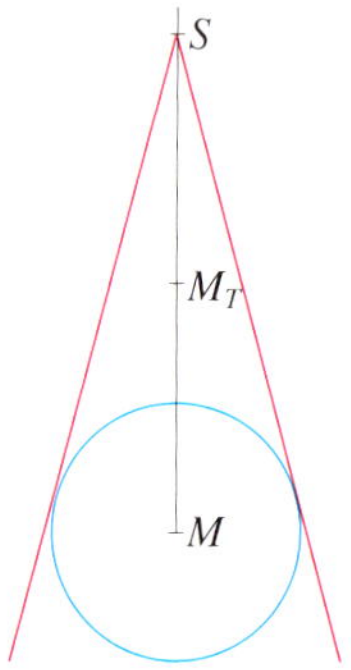

Konstruiere die beiden Frontteile des Stehaufmännchens auf je einem Zeichenkarton. Als Maße werden vorgeschlagen: Radius r des Kreises 5 cm. Abstand Kreismittelpunkt – Spitze $MS = 20$ cm.

Anleitung:
1. Konstruiere die Tangenten von S an den Kreis.
2. Schneide längs der roten Markierung aus.
3. Bemale die Frontteile mit einem Gesicht.
4. Schneide einen etwa 4 cm breiten Streifen zurecht, der mindestens so lang ist wie die rote Markierung.
5. Klebe diesen Streifen zwischen die beiden bereits ausgeschnittenen Frontteile. Verklebe zunächst nur etwa bis zu den Berührpunkten.
6. Fülle das Stehaufmännchen bis etwa zu den Mundwinkeln mit Sand.
7. Lass auf den Sand Kerzenwachs tropfen bis der Sand durch das Wachs so versiegelt ist, dass er sich nicht mehr verschiebt.
8. Verklebe den Zwischenstreifen bis zur Spitze.

Schwerpunkt von Scheiben

Wenn man eine Scheibe in ihrem **Schwerpunkt** unterstützt, ist der Körper im Gleichgewicht

Den Schwerpunkt einer beliebigen Scheibe kann man durch einen Versuch bestimmen. Die Lage des Schwerpunkts wird ermittelt, indem man die Scheibe wie dargestellt an einem Faden hängt. Der Schwerpunkt liegt dann irgendwo auf der **Schwergeraden.**
Man zeichnet diese Linie auf die Scheibe. Nun ändert man die Aufhängung der Scheibe und zeichnet wieder die Schwergerade ein.
Im Schnittpunkt der Schwergeraden liegt der Schwerpunkt der Scheibe.

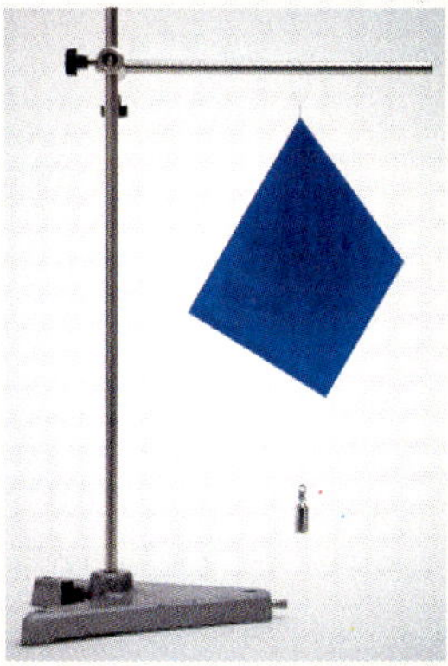

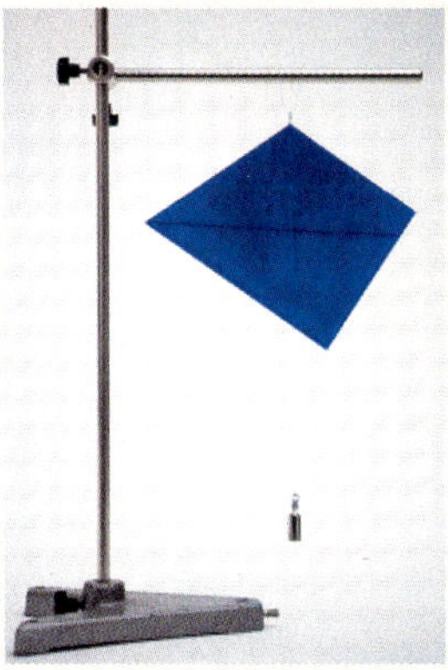

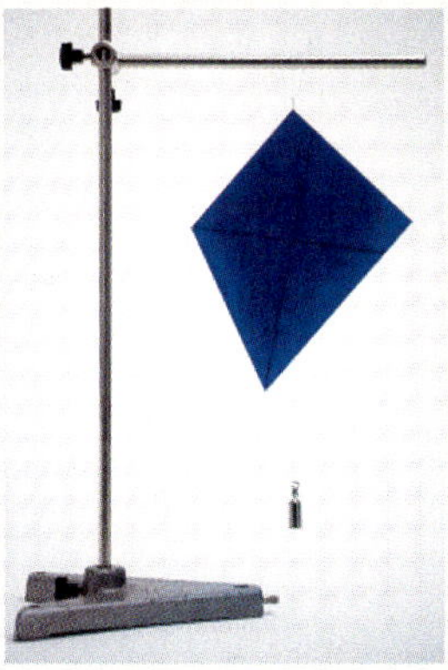

Bei einigen einfachen geometrischen Formen von Scheiben lässt sich der Schwerpunkt auch durch Konstruktion ermitteln.

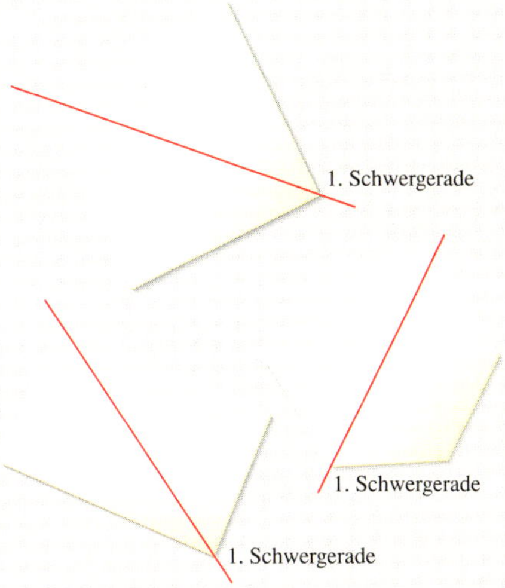

Einen solchen Kreisel kann man auch basteln, wenn man den Mittelpunkt der Kreisscheibe nicht kennt.

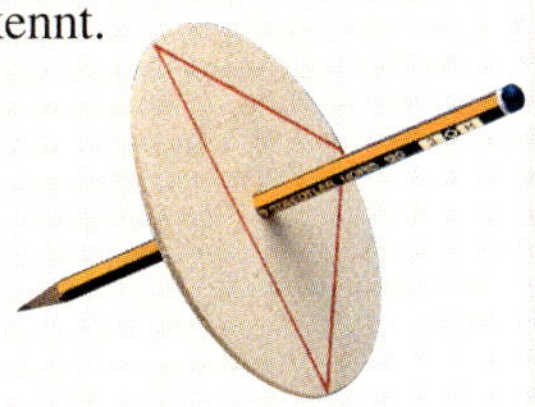

Bei dreieckigen Scheiben sind die Schwergeraden die **Seitenhalbierenden** des Dreiecks.
Diese Linien verlaufen jeweils vom Eckpunkt des Dreiecks durch den Mittelpunkt der gegenüberliegenden Seite.

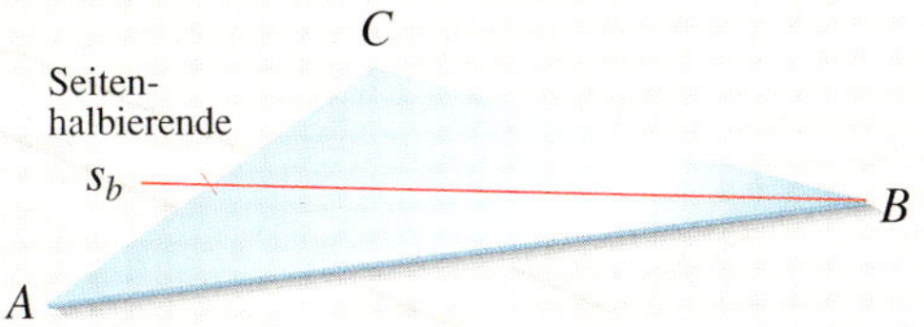

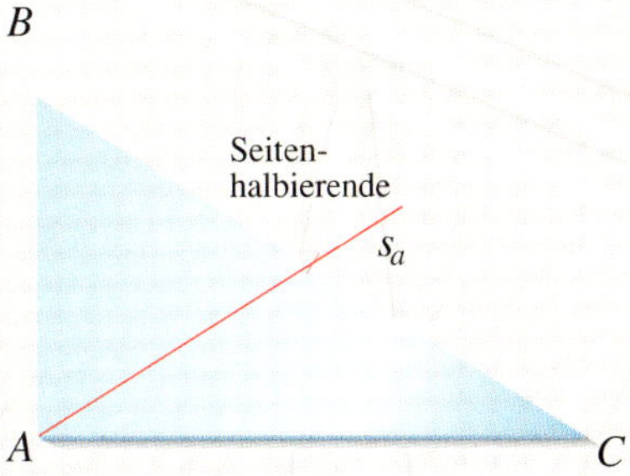

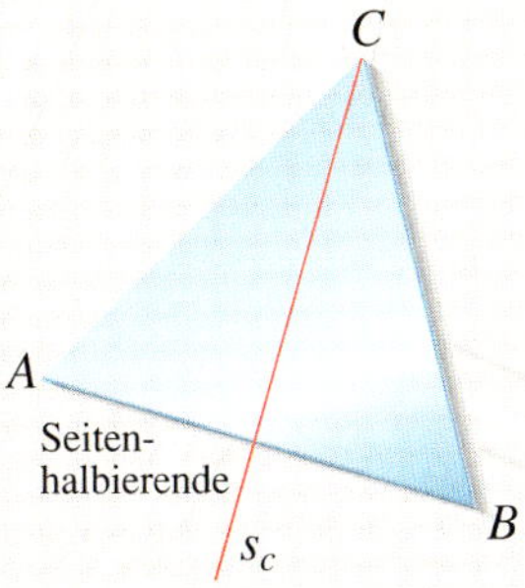

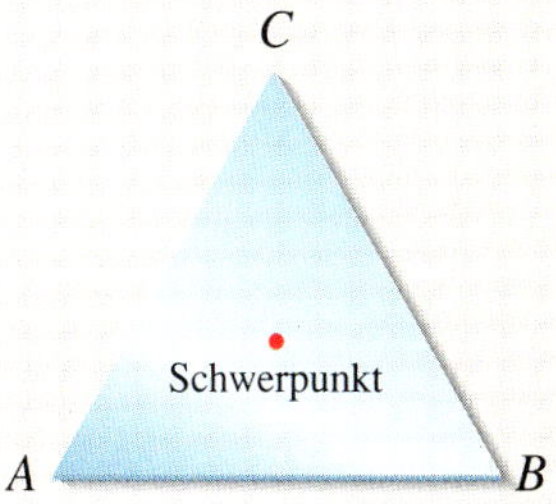

checkpoint

1 Miss und zeichne den Winkel. Konstruiere die Winkelhalbierende. (4 Punkte)

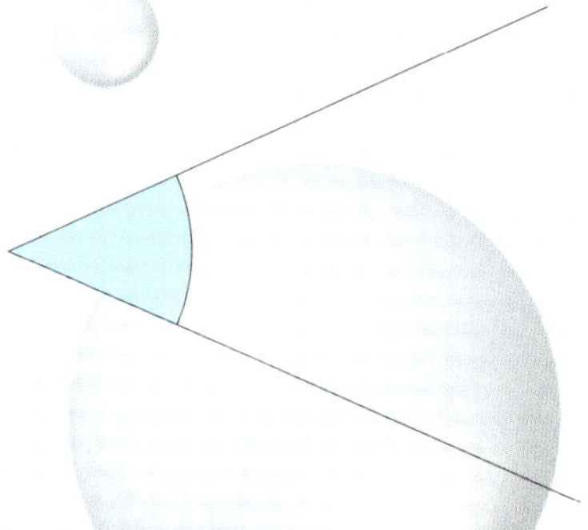

2 Übertrage und konstruiere die Mittelsenkrechte der Strecke MN. (3 Punkte)

3 Zeichne einen Kreis mit dem Radius $r = 3{,}3$ cm. Konstruiere, wie in der Skizze angegeben, die Tangenten in den Punkten A, B, C und D. (5 Punkte)

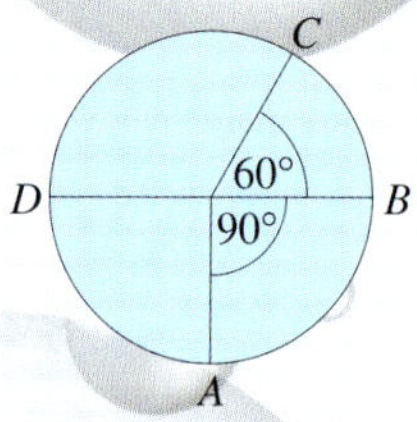

4 Zeichne mithilfe des Thalessatzes das rechtwinklige Dreieck ABC, wobei AB der Durchmesser des Thaleskreises ist. Es gilt $AB = 5{,}4$ cm; $AC = 2{,}1$ cm. (4 Punkte)

5 Übertrage das Parallelogramm und konstruiere die Winkelhalbierenden. (4 Punkte)

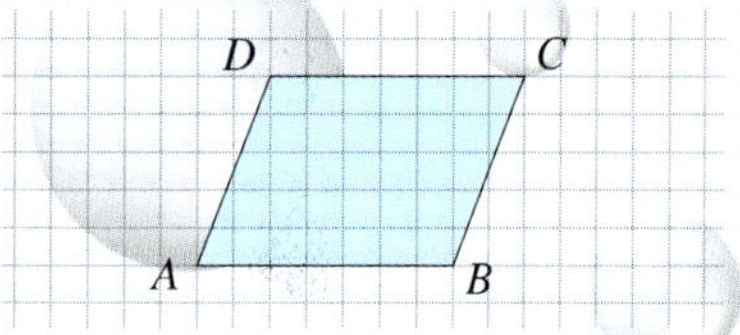

5 Zeichne das Dreieck $A(2|1)$, $B(6|3)$ und $C(3|5)$ in ein Koordinatensystem und konstruiere den Umkreis. (6 Punkte)

6 Zeichne das gleichseitige Dreieck mit $a = 6{,}5$ cm und konstruiere die Mittelsenkrechten. (4 Punkte)

6 Konstruiere das Dreieck ABC aus $c = 5{,}5$ cm; $a = b = 7$ cm. Konstruiere den Inkreis des Dreiecks. (7 Punkte)

7 Konstruiere das rechtwinklige Dreieck ABC mithilfe des Thaleskreises.
$c = 6{,}3$ cm; $p = 2{,}2$ cm (4 Punkte)

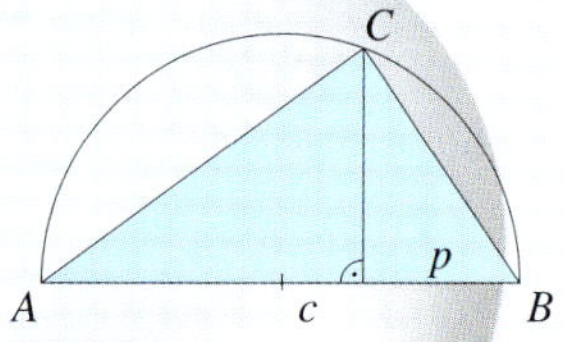

7 Konstruiere das Dreieck mithilfe der Winkelhalbierenden.
$w_\beta = 3{,}4$ cm; $\alpha = 56°$; $\beta = 48°$ (6 Punkte)

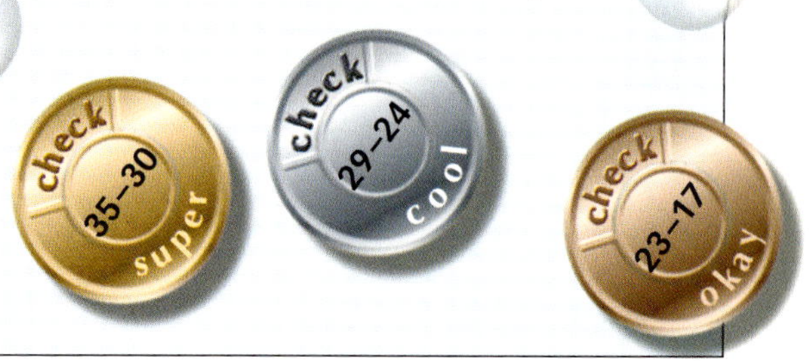

Gesellschaft und Wirtschaft

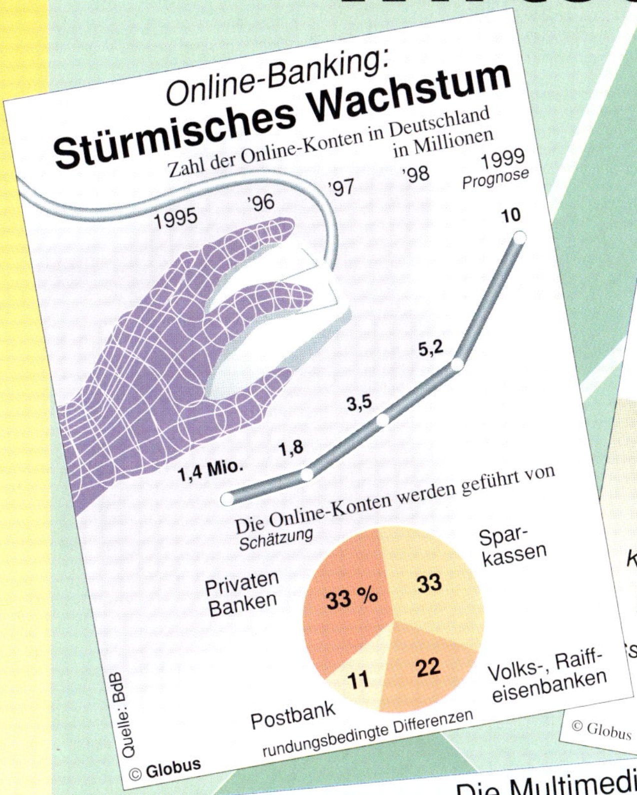

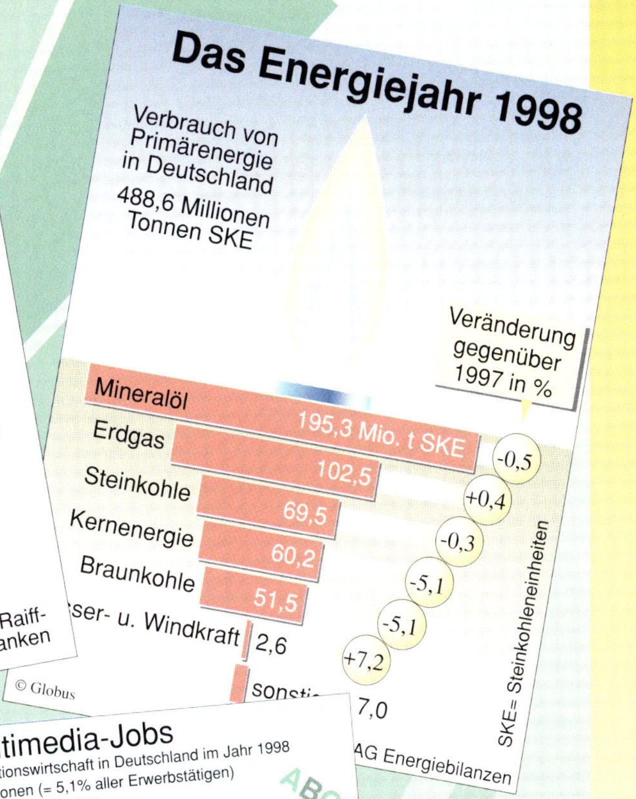

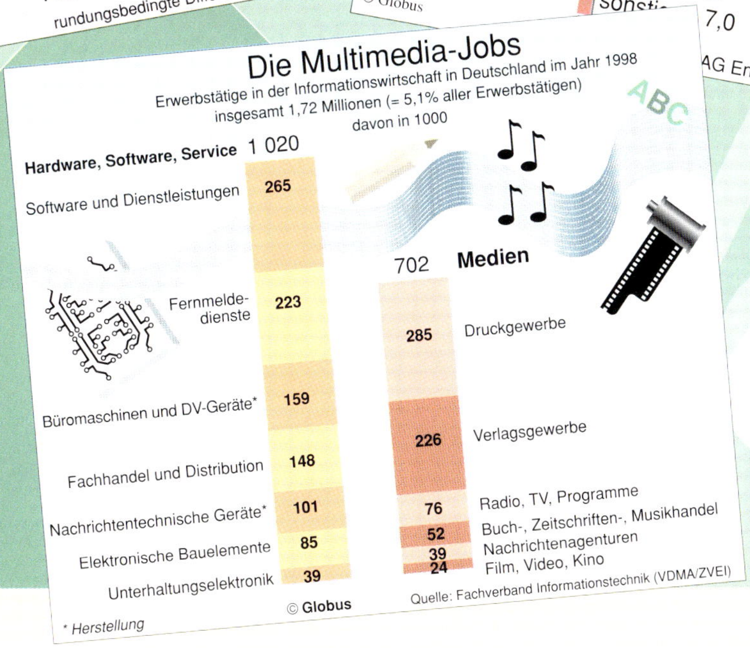

Nicht alle Taschenrechner arbeiten nach demselben Muster. Wir orientieren uns in diesem Buch an einem handelsüblichen Taschenrechnermodell. Es ist aber möglich, dass dein Taschenrechner andere Eingaben erfordert und andere Darstellungen im Display (Anzeigenfeld) aufweist. Auskunft darüber gibt dir die Betriebsanleitung deines Taschenrechners.

Mit [ON] wird der Taschenrechner eingeschaltet. Zahlen werden mithilfe der Zifferntasten [0] bis [9] eingegeben.

Die Anzeige im Display zeigt meistens bis zu zehn Stellen an. Man kann nicht mehr Ziffern eintippen als der Taschenrechner Stellen anzeigt.

1234567890.

Wenn du dich vertippst, kannst du die komplette Eingabe löschen oder auch einzelne Ziffern, was bei den meisten Modellen möglich ist.

Beim Taschenrechner wird statt des Dezimalkommas der Dezimalpunkt verwendet, der mit der Taste [·] eingegeben wird.

3,125 3.125

Übungen

1 Du kannst mit dem Taschenrechner Wörter schreiben. Gib die Zahlen ein und drehe den Taschenrechner auf den Kopf.

a) 432
b) 343
c) 3553
d) 3713
e) 73 834
f) 55 134

2 Verfahre wie in Aufgabe 1. Trage im Heft die entstandenen Wörter ein:

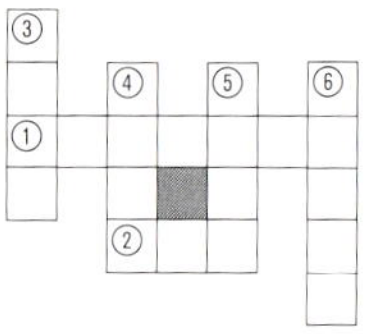

waagerecht:
① 3 907 018
② 343

senkrecht:
③ 1809
④ 3504
⑤ 3705
⑥ 55 134

TR Grundrechenarten mit dem Taschenrechner

Bei den meisten Taschenrechnern kann man nicht mehr als 10 Stellen eingeben.

Mit der Taste [+] wird die Addition, mit der Taste [−] wird die Subtraktion, mit der Taste [×] wird die Multiplikation und mit der Taste [÷] die Division ausgeführt.

Bei Taschenrechnern mit zweizeiligem Display kann man in der oberen Zeile die Eingaben verfolgen. Nach dem Betätigen der Taste [=] wird in der unteren Zeile das Ergebnis angezeigt.

Hat das Ergebnis bei einer Rechnung mehr als 10 Stellen, rundet es der Taschenrechner. Dabei gibt er in den Endstellen unter Umständen ungenaue Ziffern an.

Beispiele

Rechne mit dem Taschenrechner und vergleiche die Ergebnisse miteinander.

1.
```
  2,84379
+ 0,98
  3,82379
```
Eingabe: 2.84379 [+] .98 [=] [3.82379]
Bei Dezimalzahlen mit Null vor dem Komma muss die Null nicht eingegeben werden.
Die Taschenrechneranzeige ist das Ergebnis der Aufgabe.

2.
```
   121,2345678
+ 1001,23456
  1122,4691278
```
Eingabe: 121.2345678 [+] 1001.23456 [=] [1122.469128]
Die letzte Stelle, die vom Taschenrechner angezeigt werden kann, ist das Rundungsergebnis beim Runden auf die 6. Stelle nach dem Komma.

3.
```
  12,12345678
−  0,000000009
  12,123456771
```
Eingabe: 12.12345678 [−] .000000009 [=] [12.12345677]
Die letzten zwei Stellen, die vom Taschenrechner angezeigt werden können, wurden nicht sinnvoll gerundet.

4.
```
123,1234 · 0,12
    12 31234
     2 462468
    14,774808
```
Eingabe: 123.1234 [×] .12 [=] [14.774808]
Die Taschenrechneranzeige ist das Ergebnis der Aufgabe.

5.
```
726,2 : 2,04 =
72620 : 204 = 355,980392156 …
612
1142
1020
 1220
 1020
  2000
  1836
   164
     ⋱
```
Eingabe: 726.2 [÷] 2.04 [=] [355.9803922]
Die letzte Stelle, die vom Taschenrechner angezeigt werden kann, ist das Rundungsergebnis beim Runden auf die 7. Stelle nach dem Komma.

Übungen

1 Rechne mit dem Taschenrechner. Nach der wievielten Aufgabe zeigt dein Taschenrechner ein gerundetes Ergebnis an? Überprüfe mithilfe schriftlicher Rechnungen.

a) 4 + 0,7; 44 + 0,77; 444 + 0,777; …
b) 666 + 4,44; 6666 + 4,444: …
c) 88 – 0,22; 888 – 0,222; 8888 – 0,2222; …
d) 1 – 0,9; 11 – 0,99; 111 – 0,999; …

2 Überschlage.
Rechne dann mit dem Taschenrechner.

a) 79 846 – 4083 + 24 573 – 54 768
b) 4864 + 73 899 – 83 256 – 20 968
c) 0,84072 + 0,50923 – 0,00643 – 0,42768

3 Rechne die Aufgaben mit dem Taschenrechner und vergleiche die Anzeige mit den hier berechneten Ergebnissen.

a)
```
  1234,123456
+    0,876544
  1235,000000
```
b)
```
  1234,123456
+    0,012345
  1234,135801
```

4 Rechne schriftlich und mit dem Taschenrechner. Vergleiche die Ergebnisse. Subtrahiere von 123,1234567 die Zahl

a) 0,0000325,
b) 0,0042164,
c) 0,3921578,
d) 2,0309876.

5 Rechne schriftlich. Stelle den Fehler bei den gerundeten Ergebnissen deines Taschenrechners fest.

a)
```
   45,12345678
+ 100,45
```
b)
```
    45,12345678
+ 1000,3
```
c)
```
  987
–  45,12345678
```
d)
```
  9632
–   45,12345678
```

6 Marc „schreibt" mit dem Taschenrechner an Sabrina: „1294,02 : 1,58 9579,25 · 4".
An Sarah schreibt er: „50 · 75,4 480 · 81,9."
Von beiden Mädchen Bekommt er die Antwort: „6617,7 : 0,9!"

7 Berechne mit dem Taschenrechner. Welches Ergebnis wird gerundet angezeigt? Berechne das genaue Ergebnis.

a) 345 678 · 0,123
b) 123 · 0,00123
c) 45,123456 · 123
d) 36 278 · 45,8946
e) 12 315 387 : 87 654
f) 1 : 80 000 000
g) 0,001116045 : 4725
h) 1,577995296 : 73 628

8 Berechne. Runde das Ergebnis sinnvoll.

a) 3,0003 · 0,000009 · 8,0008
b) 0,00897 · 234,089 · 9,123456
c) 1,50084 : 0,00746 : 21,3896

Info

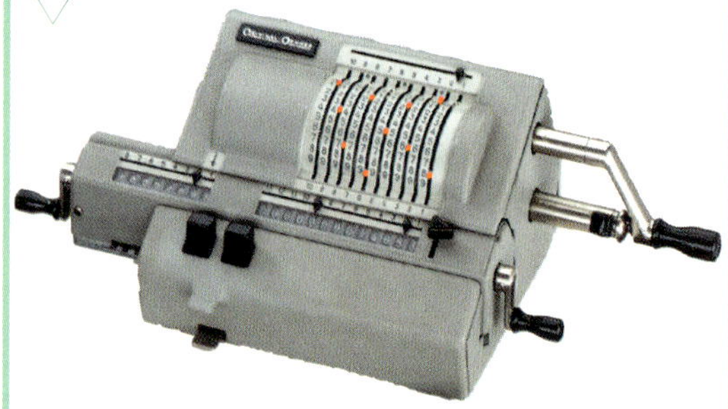

Diese mechanische Rechenmaschine wurde 1962 gebaut. Mit ihr kann man die Grundrechenarten durchführen. Die Ziffern der Zahlen werden durch kleine Hebel eingestellt, die in dem Gerät Zahnräder verstellen. Man kann hier höchstens zehnstellige Zahlen eingeben. Durch Drehen der seitlichen Kurbel in die jeweilige Richtung werden die eingestellten Zahlen addiert bzw. subtrahiert. Durch mehrfaches Drehen wird entsprechend multipliziert bzw. dividiert. Diese komplizierten Rechner wurden seit etwa 1970 mehr und mehr durch die elektronischen Rechner abgelöst, die billiger und leistungsfähiger sind.

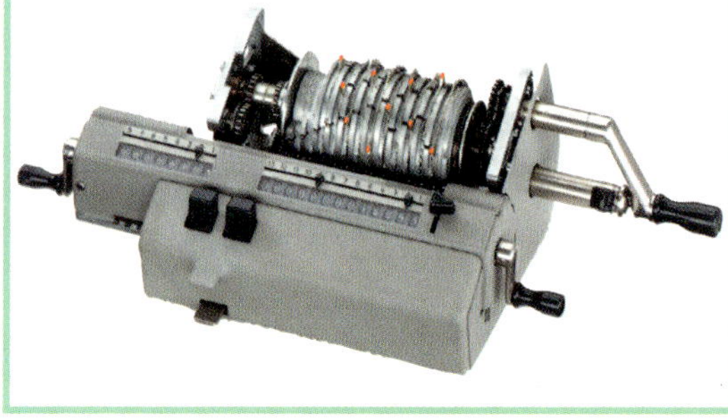

Potenzdarstellung am Taschenrechner

Ist beim Taschenrechner das Ergebnis einer Addition oder Subtraktion eine mehr als zehnstellige Zahl vor dem Dezimalpunkt (11-stellig), „schaltet“ er in eine besondere Anzeigeart um.

Wir betrachten zunächst diese Aufgabe:
1 234 567 890 + 9 000 000 000 = 10 234 567 890

Eingabe: 1 234 567 890 [+] 9 000 000 000 [=]

[1.023456789 × 10^10]

Diese Anzeige bedeutet, dass das Komma im Ergebnis um 10 Stellen nach rechts verschoben werden muss.

Bei den meisten Taschenrechnern gibt es noch die Taste [+/–] zum Vorzeichenwechsel, die vor allem zum Eingeben von negativen Zahlen benötigt wird.

Wir rechnen mit dem Taschenrechner diese Aufgabe: – 9 999 999 999 – 1 111 111 111

Eingabe: [+/–] 9 999 999 999 [–] 1 111 111 111 [=] [1.111111111 × 10^10]
Das Ergebnis bedeutet – 11 111 111 110. Das ist auch das genaue Ergebnis.

Wenn wir 12 345 678 · 3 456 789 mit dem Taschenrechner berechnen, erscheint die Anzeige: [4.267640391 × 10^13]. Das bedeutet, das Komma muss 13 Stellen nach rechts verschoben werden. Das Ergebnis beträgt also rund 42 676 403 910 000.

Wenn wir 0,0000007 · 0,000058 mit dem Taschenrechner berechnen, erscheint die Anzeige: [4.06 × 10^-11]. Das bedeutet, das Komma muss 11 Stellen nach links verschoben werden. Das Ergebnis beträgt also 0,0000000000406.

Bei Multiplikationen und Divisionen kann der Taschenrechner nicht unbegrenzt sehr große bzw. sehr kleine Ergebnisse anzeigen. Wenn die berechnete Zahl größer oder gleich 10^{100} ist, zeigt er „ERROR“ an. Ist die berechnete Zahl kleiner als 10^{-99}, zeigt der Taschenrechner Null an.

Übungen

1 Teste mit deinem Taschenrechner, welcher größte bzw. kleinste Exponent in der Zehnerpotenz der Potenzdarstellung bei den Grundrechnungen (+, –, ·, :) auftreten kann.

2 Schreibe aus der Potenzdarstellung die Dezimalzahl.
a) $3{,}45 \times 10^{7}$ b) $-1{,}313 \times 10^{10}$ c) $2{,}7 \times 10^{-8}$

3 Schreibe die Ergebnisanzeige des Taschenrechners als Dezimalzahl.
a) 8 345 674 568 + 9 572 395 635
b) – 7 472 108 963 – 8 407 216 345
c) 4 567 890 123 · 987 654 321
d) 38 762 906 · 45 678 352,7
e) 0,0007493 · 0,00000084
f) 0,04 : 5 000 000 000
g) 0,00003789 : 7 495 963
h) 478 294 653 : 0,000902176

Mithilfe der Taste [a b/c] lassen sich Brüche in den Taschenrechner eingeben. Diese Anzeige unterscheidet sich bei Modellen verschiedener Firmen geringfügig.

Die Eingabe von Brüchen erfolgt mit:
[Zähler] [a b/c] [Nenner].
Die Eingabe von gemischten Zahlen erfolgt mit:
[Zahl] [a b/c] [Zähler] [a b/c] [Nenner].
Wird nach der Eingabe von Brüchen die Taste [=] gedrückt, wird der Bruch so weit wie möglich gekürzt. Ist die Bruchzahl größer als 1, erfolgt die Anzeige als gemischte Zahl.
In die Bruchdarstellung kann man durch die Tastenkombination [2nd] [a b/c] umschalten, bei anderen Modellen mit SHIFT [a b/c].
Bei dem von uns verwendeten Taschenrechner wird durch wiederholtes Betätigen der Taste [a b/c] in die Dezimalzahl umgewandelt und umgekehrt. Besitzt dein Taschenrechner diese Funktion nicht, kannst du in die Dezimalzahl umwandeln, indem du die Zahl des Zählers durch die Zahl des Nenners dividierst.
Mithilfe der Tasten [(] und [)] lassen sich die Klammern in den Taschenrechner eingeben. Die Taste [=] schließt alle geöffneten Klammern.

Übungen

1 Schreibe mithilfe des Taschenrechners als gemischte Zahl.

a) $\frac{19}{5}$ b) $\frac{95}{13}$ c) $\frac{256}{19}$ d) $\frac{735}{25}$ e) $\frac{847}{26}$

2 Gib die gemischten Zahlen in den Taschenrechner ein und wandle sie in Brüche um.

a) $6\frac{1}{7}$ c) $17\frac{7}{9}$ e) $89\frac{1}{21}$ g) $102\frac{2}{9}$
b) $12\frac{3}{5}$ d) $67\frac{3}{13}$ f) $94\frac{1}{6}$ h) $114\frac{7}{8}$

3 Schreibe als Dezimalzahlen.

a) $\frac{3}{8}$ c) $\frac{5}{16}$ e) $4\frac{4}{5}$ g) $24\frac{1}{32}$
b) $\frac{1}{25}$ d) $\frac{7}{64}$ f) $12\frac{5}{8}$ h) $107\frac{21}{40}$

4 Berechne.

a) $\frac{3}{8} + 6\frac{2}{7}$ c) $5\frac{2}{5} - 3\frac{5}{6}$ e) $\frac{2}{3} \cdot \frac{4}{5}$ g) $\frac{9}{25} : \frac{18}{35}$
b) $1\frac{5}{6} + 7\frac{11}{30}$ d) $2\frac{5}{8} - 2\frac{3}{5}$ f) $9\frac{3}{5} \cdot \frac{5}{6}$ h) $3\frac{7}{9} : 5\frac{2}{3}$

5 Berechne.

a) $(\frac{5}{16} + \frac{3}{8}) : \frac{2}{3}$ d) $(9\frac{1}{2} - 4\frac{5}{6}) : 3\frac{4}{5}$
b) $1\frac{7}{9} \cdot (\frac{3}{5} + 4\frac{1}{2})$ e) $(17\frac{3}{10} - 8\frac{4}{15}) \cdot (\frac{2}{3} - \frac{8}{21})$
c) $(\frac{3}{5} - \frac{11}{15}) \cdot 3\frac{1}{2}$ f) $(\frac{2}{5} + \frac{3}{4}) : (3\frac{1}{3} \cdot \frac{9}{10})$

6 Schreibe einen Eingabeplan und rechne aus.

a) $[(87 + 98) : 15 + 24] : 3$
b) $16 \cdot 15 \cdot [(122 + 17) \cdot (93 - 105)]$
c) $13 \cdot [(13 - 25) \cdot 145]$
d) $194 - [(726 \cdot 198) : 50]$
e) $23 \cdot \{398 + [295 + (375 - 189)]\}$
f) $4 + 48 \cdot \{498 : [(253 + 494) : 15]\}$

7 Berechne und gib mindestens zwei verschiedene Eingabepläne an.

a) $\frac{7}{5 \cdot 4}$ c) $\frac{3,8 + 0,28}{9,6 \cdot 2,5}$ e) $\frac{0,9 : 0,96}{0,12 \cdot 1,6}$ g) $\frac{3,57 \cdot 2,6}{2,08 : 3,4}$

b) $\frac{5 - 0,875}{6,25 \cdot 3,2}$ d) $\frac{0,33 \cdot 1,8}{1,32 \cdot 6,4}$ f) $\frac{\frac{5}{8}}{\frac{23}{18} \cdot \frac{5}{6}}$ h) $\frac{5 + \frac{3}{5}}{0,7 \cdot \frac{2}{3}}$

TR Prozenttaste und Speicher

Obwohl jeder Prozentsatz problemlos als Dezimalzahl schnell angegeben werden kann, besitzen viele Taschenrechner mit der Prozenttaste [%] noch eine Funktion, die das automatisch durchführt.

$1\% = \frac{1}{100} = 0{,}01 \quad (23\% = 0{,}23;\ 4{,}5\% = 0{,}045)$

Die Prozenttaste bedeutet meist [÷] 100 [=].
Der Prozentsatz kann dann nicht am Anfang mit der Prozenttaste eingegeben werden.

Wir berechnen unter Verwendung der Prozenttaste 15,4% von 400:

Eingabe: 400 [×] 15,4 [%] 61.6
15,4% von 400 = 61,6

15,4% = 0,154, also rechnen wir ohne Verwendung der Prozenttaste:

Eingabe: .154 [×] 400 [=] 61.6

Taschenrechner besitzen Speicher, meist auch mehrere Speichermöglichkeiten.
Für das Eingeben einer Zahl in einen Speicher ist überwiegend die Taste [STO] vorhanden, die gedrückt werden muss. Anschließend wird die Taste für den Speicher betätigt, zum Beispiel für den Speicher [M].
STO bedeutet englisch „to store“, übersetzt „speichern“.
Durch Drücken der überwiegend auf den Taschenrechnern vorhandenen Taste [RCL] und dann der Taste für den Speicher, zum Beispiel den Speicher [M], wird die gespeicherte Zahl im Display angezeigt und in laufende Rechnungen eingefügt.
RCL bedeutet englisch „to recall“, übersetzt „zurück rufen“.

Müssen zum Beispiel mehrere Berechnungen mit der gleichen Zahl durchgeführt werden, ist die Arbeit mit dem Speicher sinnvoll.
Wir berechnen mithilfe des Speichers 15,4% von 500, 600, 700, 800:

Eingabe: .154 [STO] [M] [×] 500 [=] 77
[RCL] [M] [×] 600 [=] 92.7
[RCL] [M] [×] 700 [=] 107.8
[RCL] [M] [×] 800 [=] 123.2

Übungen

1 Berechne die Prozentwerte.
a) 2,4% von 550; 670, 900; 1420; 2500
b) 7,5% von 789; 564; 352; 3215; 3455
b) 16% von 63; 180; 246; 333; 1851
e) 29% von 17; 261; 378; 3492; 6507
f) 32,5% von 603; 970; 10 540; 23 344; 65 109

2 a) Ein Fahrrad kostet 868 €. Dazu kommen noch 16% Mehrwertsteuer. Wie hoch ist der Betrag für die Mehrwertsteuer und wie viel beträgt der Endpreis?
b) Beim Kauf eines Heimtrainers wird wegen eines Verarbeitungsfehlers der Verkaufspreis 219 € um 3,5% verringert. Um wie viel ist dadurch der Preis gesenkt worden?

Die Bundestagswahl 1998

Am 27. September 1998 fand die Wahl zum 14. Deutschen Bundestag statt.
Die Wahl war für die SPD ein historischer Wahlsieg, weil Bundeskanzler Kohl (CDU) nach 16 Jahren abgewählt wurde, und Gerhard Schröder (SPD) an die Regierungsspitze trat.

Die Anzahl der Abgeordneten, mit der eine Partei im Bundestag vertreten ist, wird durch die Wählerinnen und Wähler bestimmt. Wahlberechtigte erhalten, bevor sie in die Wahlkabine gehen, je einen Stimmzettel. Dieser ist nach Erst- und Zweitstimme unterteilt. Mit der Erststimme haben die Wähler die Möglichkeit eine Kandidatin oder einen Kandidaten ihres Wahlbezirkes zu wählen.
Für die Sitzverteilung im Deutschen Bundestag entscheidend sind aber die Zweitstimmen. Sie bestimmen die Anteile, mit denen die Parteien im Bundestag vertreten sind.

Wahlergebnisse füherer Bundestagwahlen

Wahljahr	1990	1994
Wahlberechtigte	60 374 000	60 452 000
gültige Zweitstimmen	76,9 %	79,0 %
Von den gültigen Zweitstimmen entfielen auf die einzelnen Parteien:		
CDU/CSU	48,8 %	41,5 %
SPD	33,5 %	36,5 %
FDP	11,0 %	6,9 %
B'90/Grüne	5,0 %	7,3 %
PDS	2,4 %	4,4 %

(Stimmenzahl und Prozentsätze sind gerundete Werte.)

Die letzte Hochrechnung ergab die folgende Sitzverteilung:

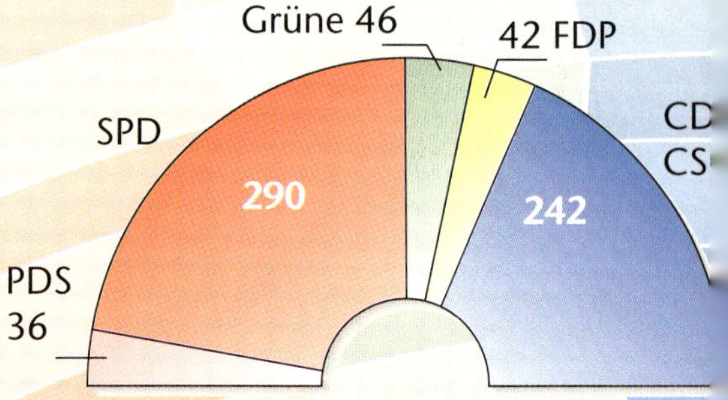

Frühere deutsche Bundeskanzler

Auch im Zusammenhang mit Bundestagswahlen werden von Instituten Umfragen vorgenommen. Aus den Aussagen ausgewählter Personen können Prognosen (wissenschaftliche Vorhersagen) abgeleitet werden.
Eine große Zeitung beauftragte diese Umfrage, die zu einer Wahlprognose vor der Wahl führte.

1998 waren von den 60,8 Millionen deutschen Wahlberechtigten 31,9 Mio. weiblich und 28,9 Mio. männlich.
Ungefähr 3,3 Mio. Wahlberechtigte konnten zum ersten Mal an einer Bundestagswahl teilnehmen, 2,4 Mio. von ihnen waren noch keine 21 Jahre alt. Dagegen waren 17,7 Mio. Wahlberechtigte 60 Jahre und älter.

„Wen würden Sie wählen, wenn am nächsten Sonntag Bundestagswahl wäre?"

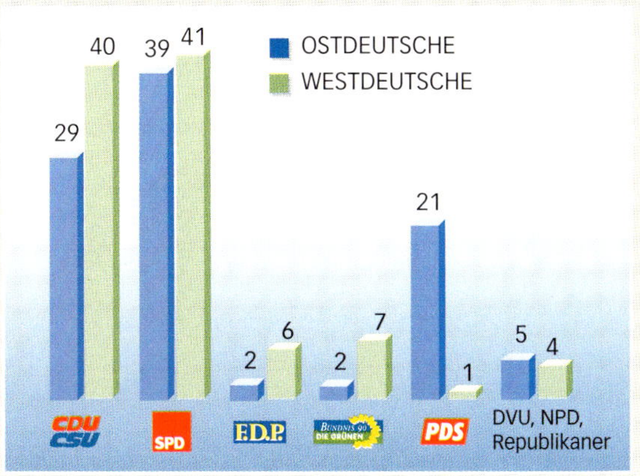

Emnid-Umfrage: rund 2000 Befragte, 4. bis 9. September, an 100 fehlende Prozent: sonstige

Das amtliche Endergebnis
(Parteien mit mindestens 0,3% Stimmen)

	Stimmen	
Wahlberechtigte	60 762 751	
Abgegebene Stimmen	49 947 087	82,2 %
Gültige	49 308 512	
SPD	20 181 269	40,9 %
CDU	14 004 908	28,4 %
CSU	3 324 480	6,7 %
Grüne	3 301 624	6,7 %
FDP	3 080 955	6,2 %
PDS	2 515 454	5,1 %
REP	906 383	1,8 %
DVU	601 192	1,2 %
Pro DM	430 099	0,9 %
Graue	152 557	0,3 %
Tierschutz	133 832	0,3 %
NPD	126 571	0,3 %

Das amtliche Endergebnis:

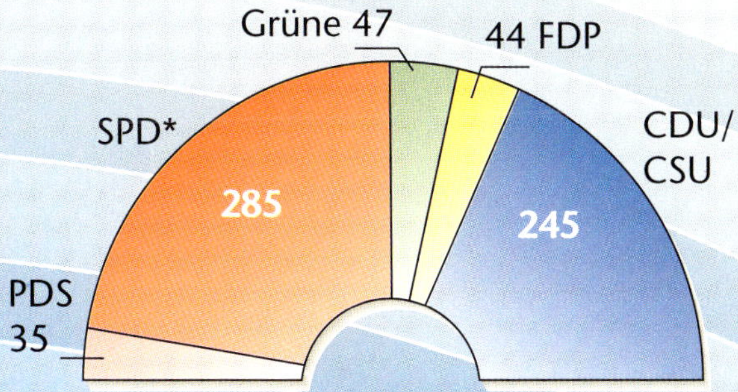

(*13 Überhangmandate)

Wahlergebnisse aus drei Städten:	ESSEN	KÖLN	PADERBORN
SPD	213 489	267 154	27 343
CDU / CSU	116 043	181 368	39 861
Grüne	7 789	16 174	3 076
FDP	22 410	48 035	5 875
PDS	4 930	6 306	0
Rep.	6 419	7 031	1 141
insgesamt	373 842	532 181	78 532

Quelle: Landesamt für Datenverarbeitung und Statistik Nordrhein-Westfalen, Düsseldorf

Helmut Kohl (CDU)

Gerhard Schröder (SPD)

von 1982 bis 1998

von 1998

Viele Tierarten sind auch in Deutschland gefährdet. Das Bundesamt für Naturschutz hat für Deutschland 1998 eine „rote Liste“ für die gefährdeten Arten erstellt.

Untersucht wurden 16 000 der rund 45 000 vorkommenden Tierarten. Daraus ergab sich die Forderung, dass der Lebensraum für Tiere besser geschützt werden muss.

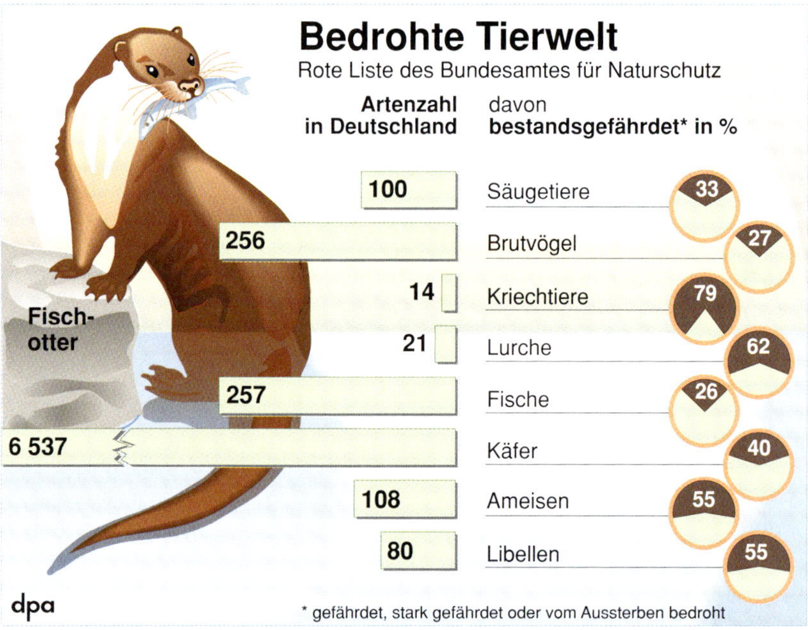

Von 6537 Arten bei Käfern sind 40% bestandsgefährdet. Wir berechnen, wie viele Arten das sind.

Wir müssen 40% von 6537 berechnen.

$$40\% \cdot 6537$$
$$= 0{,}4 \cdot 6537$$
$$= 2614{,}8$$
$$\approx 2615$$

Bei Käfern sind ungefähr 2615 Arten bestandsgefährdet.

Im Beispiel haben wir den **Prozentwert** berechnet.

2614,8	sind	40%	von	6537
2614,8	=	40%	·	6537
Prozentwert	**=**	**Prozentsatz**	**·**	**Grundwert**

Die Grundformel der Prozentrechnung lautet: Prozentwert = Prozentsatz · Grundwert

abgekürzt $W = p\% \cdot G$

Beispiele

Von insgesamt 257 Fischarten wurden bei der Untersuchung des Bundesamtes für Naturschutz 26% der Fischarten als bestandsgefährdet eingestuft. Berechne wie viele Arten davon betroffen sind.

Gegeben: $G = 257$
$p\% = 26\% = 0{,}26$

Gesucht: W

Lösung: $W = p\% \cdot G$
$W = 0{,}26 \cdot 257$
$W = 66{,}82$
$W \approx 67$

Ungefähr 67 Tierarten sind nach der Untersuchung als bestandsgefährdet eingestuft worden.

Übungen

1 Berechne 5% von den gegebenen Größen.
a) 75 €; 108 €; 245 €; 1313 €
b) 80 m; 321 m; 845 m; 1372 m
c) 14 kg; 91 kg; 156 kg; 1938 kg
d) 0,5 kg; 1,3 t; 2,5 g; 0,35 t
e) 4,3 km; 21,6 m; 0,9 km; 1,28 km

2 Übertrage die Tabelle und ergänze.
Beispiel: 3% von 123 €
0,03 · 123 € = 3,69 €

von	123 €	4,5 t	3,75 km	72 min
3%	3,69 €			
5%				
15%				
25%				
75%				

3 Berechne. Runde auf Cent.
a) 17% von 2735 €
b) 14% von 1032,18 €
c) 4,8% von 240,93 €
d) 24,5% von 174,18 €
e) 23,8% von 86,90 €
f) 44,6% von 97,78 €

4 Berechne den Anteil der Währung.
Beispiel: 3,3% von 110 Schweizer Franken sind 3,63 Schweizer Franken
a) 5,5% von 156 US-Dollar
b) 12,8% von 456 Schweizer Franken
c) 43,2% von 4650 Australische Dollar
d) 27,6% von 270 500 Yen

5 Berechne und runde das Ergebnis auf die angegebene Einheit.
a) 17,5% von 4,3 t (t)
b) 44,3% von 1075 kg (kg)
c) 63,7% von 427,7 g (g)
d) 74,3% von 314,080 t (t)

6 Berechne und runde das Ergebnis auf die angegebene Einheit.
a) 37,8% von 456 m^2 (m^2)
b) 66,6% von 26 a (m^2)
c) 75,5% von 154 ha (a)
d) 82,4% von 2 km^2 (ha)

7 Berechne nach der Übersicht auf Seite 118, wie viele Arten der angegebenen Tierart bestandsgefährdet sind.
a) Säugetiere
b) Brutvögel
c) Kriechtiere
d) Lurche
e) Ameisen
f) Libellen

8 Neben den gefährdeten Tieren gelten 3% als ausgestorben oder verschollen. Wie viele Tierarten sind das, wenn man von der Gesamtanzahl von etwa 45 000 der in Deutschland vorkommenden Tierarten ausgeht?

9 „Energie sparen schont die Umwelt und den Geldbeutel." Der größte Teil des Energieverbrauchs der privaten Haushalte entfällt mit 80% auf die Raumheizung. Ein Durchschnittshaus benötigt 175 kWh (Kilowattstunden) Energie im Jahr, ein Niedrigenergiehaus 52,5 kWh. Berechne jeweils den Energieverbrauch, der sich durchschnittlich durch die Heizung ergibt.

10 Berechne aus der Grafik, wie viele Wohnungen jeden Typs den Wohnungsbestand Deutschlands 1997 ausmachten.

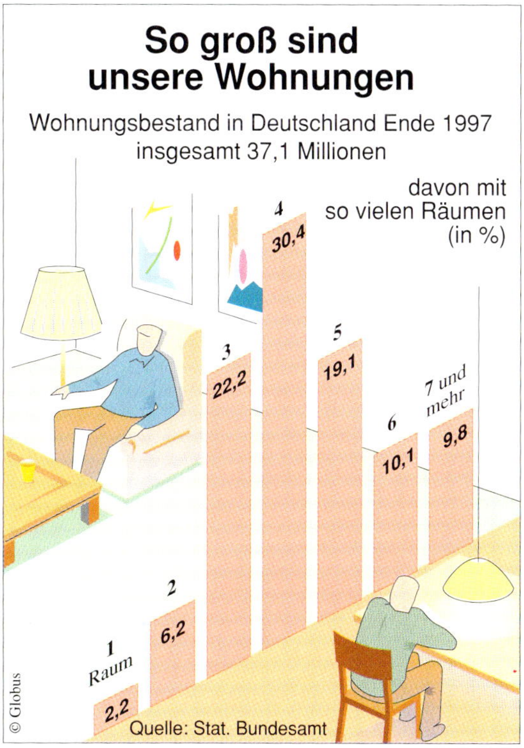

Heute kauft man häufig in Selbstbedienungsläden fertig verpackte Lebensmittel ein.

Früher war es üblich, dass der Kaufmann für jeden Kunden die Lebensmittel abwog und verpackte. Beim Abwiegen stellte der Kaufmann häufig die Frage: „Darf es ein bisschen mehr sein?" Der Kunde konnte zustimmen oder ablehnen.

Bei maschinell abgewogener und verpackter Ware kann der Kunde die Abweichung vom aufgedruckten Füllgewicht nicht feststellen. Deshalb legen Vorschriften die erlaubten Abweichungen verbindlich fest. Bei einer Packung, bei der ein Inhalt von 1000 g angegeben ist, dürfen höchstens 30 g weniger enthalten sein. Wie viel Prozent des angegebenen Inhalts darf die Abweichung betragen?

Wir kennen den Prozentwert und den Grundwert. Der Prozentsatz $p\%$ muss berechnet werden.

Wir benutzen die Grundformel $W = p\% \cdot G$ und lösen sie nach $p\%$ auf.
Formeln werden wie Gleichungen umgeformt.

$$W = p\% \cdot G \quad |:G$$
$$\frac{W}{G} = p\%$$
$$p\% = \frac{W}{G}$$

Wir setzen die gegebenen Werte ein und rechnen.

$$p\% = \frac{30\text{ g}}{1000\text{ g}}$$
$$p\% = 0{,}03$$
$$p\% = 3\%$$

Bei einer vorgeschriebenen Füllung von 1000 g darf die Abweichung 3% betragen.

Aus der Grundformel der Prozentrechnung ergibt sich durch Umformung die Formel zur Berechnung des Prozentsatzes.

$$\text{Prozentsatz} = \frac{\text{Prozentwert}}{\text{Grundwert}} \qquad \text{kurz: } p\% = \frac{W}{G}$$

Beispiele

Bei einer Packung mit 300 g Füllung weicht der Inhalt um 27 g ab. Berechne diese Abweichung in Prozent.

Gegeben: $G = 300$ g
$W = 27$ g
Gesucht: $p\%$

Lösung:
$$W = p\% \cdot G \quad |:G$$
$$\frac{W}{G} = p\%$$
$$p\% = \frac{W}{G}$$
$$p\% = \frac{27\text{ g}}{300\text{ g}}$$
$$p\% = 0{,}09$$
$$p\% = 9\%$$

Bei der überprüften Packung beträgt die prozentuale Abweichung des Inhalts 9%.

Übungen

1 Übertrage die Tabelle in dein Heft und ergänze sie.

W	15 €	7 €	124 €	74,75 €
G	375 €	56 €	775 €	325 €
p%				

2 Berechne den Prozentsatz. Gib das Ergebnis mit einer Stelle nach dem Komma gerundet an.
Grundwert: 375

a) 5 € c) 30 € e) 75 € g) 105 €
b) 15 € d) 45 € f) 85 € h) 255 €

3 Wie viel Prozent sind das?

a) 0,375 kg von 3 kg c) 12,6 g von 28 g
b) 2,952 t von 12 t d) 28,6 g von 52 g

4 Wie viel Prozent sind das?

a) 6 min von 2 h c) 4 min von 6 h
b) 15 min von 3 h d) 12 s von 4 min

5 Gib den Prozentsatz mit einer Stelle nach dem Komma gerundet an.

a) 2 ha von 75 ha
b) 3 a von 18 a
c) 15 m^2 von 328 m^2
d) 4,5 cm^2 von 700 cm^2

6 Berechne den Prozentsatz. Gib das Ergebnis mit einer Stelle nach dem Komma gerundet an.

a) 400 m von 42 km
b) 325 cm von 7 m
c) 425 mm von 3 m
d) 450 g von 8 kg
e) 720 kg von 38 t
f) 3750 mg von 16 g
g) 500 g von 0,3 t
h) 35 a von 4 ha

Prüfzahlen: 0,2; 1,0; 1,9; 5,6; 8,8; 14,2; 23,4; 46,4

7 Nach der Vereinigung Deutschlands entschieden die 662 Abgeordneten des Deutschen Bundestages am 20. Juni 1991 über den Sitz des Bundestages. 337 Abgeordnete wählten Berlin, 320 entschieden sich für den Verbleib in Bonn, der Rest enthielt sich der Stimme. Berechne die Stimmenanteile in Prozent.

8 Im April 1999 gab das Bundesministerium der Finanzen die folgenden Zahlen zum Entwurf für den Bundeshaushalt Deutschlands an. Die Angaben sind hier geringfügig gerundet und auf Euro-Beträge umgerechnet.

Bundeshaushalt 1999 (Entwurf)
Gesamtausgaben 249,5 Mrd. €

Aufteilung in Mrd. €

1	Arbeit und Sozialordnung	88,6	9	Familie, Senioren, Frauen und Jugend	6,1
2	Bundesschuld	44,1	10	Ernährung, Landwirtschaft und Forsten	5,9
3	Verkehr, Bau und Wohnungswesen	24,6	11	Wirtschaftliche Zusammenarbeit und Entwicklung	4,0
4	Verteidigung	24,2	12	Finanzen	3,9
5	Allgemeine Finanzverwaltung	14,0	13	Inneres	3,7
6	Versorgung	8,6	14	Auswärtiges Amt	1,9
7	Wirtschaft und Technologie	8,2	15	Bundeskanzleramt	1,5
8	Bildung und Forschung	7,7	16	Sonstiges	2,5

a) Wie viel Prozent nehmen nach der Übersicht im Entwurf zum Bundeshaushalt die Bereiche 1, 3, 9 und 11 ein?

b) 1996 betrug die Bundesschuld (Schulden aus früheren Kreditaufnahmen, DDR-Schulden, Altlasten aus Bundeseisenbahnvermögen usw.) umgerechnet 40,9 Mrd. €. Berechne den prozentualen Anteil am Bundeshaushalt 1996 mit umgerechnet ca. 232,9 Mrd. € und vergleiche mit dem für 1999 angegebenen Anteil.

In Deutschland muss jedes Motorfahrzeug, das am öffentlichen Straßenverkehr teilnimmt, durch eine Haftpflichtversicherung versichert sein. Die Höhe des Versicherungsbeitrags hängt unter anderem vom Fahrzeugtyp und den unfallfreien Jahren (Schadenfreiheitsklassen SF) ab.

Jährlich teilt die Versicherung dem Versicherungsnehmer die aktuelle Schadenfreiheitsklasse mit. Aus dem Jahrestarifbeitrag und dem entsprechenden Beitragssatz wird der Versicherungsbeitrag berechnet.

Beitragssätze für Personenkraftwagen

Schadenfreiheitsklasse	Beitragssatz in %	Schadenfreiheitsklasse	Beitragssatz in %
SF 1	100	SF 11	45
SF 2	85	SF 12	40
SF 3	70	SF 13	40
SF 4	60	SF 14	40
SF 5	55	SF 15	40
SF 6	55	SF 16	35
SF 7	50	SF 17	35
SF 8	50	SF 18	35
SF 9	45	SF 19	30
SF 10	45	SF 20	30

Jahrestarifbeitrag in € Typklasse A	Schadenfreiheitsklasse	Beitragssatz in %	Versicherungsbeitrag in €
570,00	SF5	55	313,50

Werden selbst verschuldete Unfälle über die Versicherung abgewickelt, stuft diese in dem Folgejahr die Schadenfreiheitsklasse zurück.
Frau Schlei zahlt in der Typklasse B in der SF 3 nur 70% des Jahrestarifbeitrags, das sind 243,52 €. Wegen eines selbst verschuldeten Unfalls muss sie im folgenden Jahr wieder 100%, also den vollen Jahrestarifbeitrag, bezahlen. Welcher Jahrestarifbeitrag ist für Frau Schlei festgelegt worden?

Wir kennen den Prozentwert und den Prozentsatz. Der Grundwert G muss berechnet werden.

Wir benutzen die Grundformel $W = p\% \cdot G$ und lösen sie nach G auf.

$$W = p\% \cdot G \quad | : p\%$$
$$\frac{W}{p\%} = G$$
$$G = \frac{W}{p\%}$$

Wir setzen die gegebenen Werte ein und rechnen.

$$G = \frac{243{,}52\,€}{0{,}7}$$
$$G \approx 347{,}89\,€$$

Frau Schlei muss im nächsten Jahr den Jahrestarifbeitrag 347,89 € als Versicherung bezahlen.

Aus der Grundformel der Prozentrechnung ergibt sich durch Umformung die Formel zur Berechnung des Grundwertes

$$\text{Grundwert} = \frac{\text{Prozentwert}}{\text{Prozentsatz}} \qquad \text{kurz: } G = \frac{W}{p\%}$$

Beispiele

Bei zwei selbst verschuldeten Unfällen ändert sich der Versicherungsbeitrag im folgenden Jahr von 45% wieder auf 100%. Berechne den neuen Betrag, wenn bisher 144,90 € zu zahlen waren.

Gegeben: $W = 144{,}90\,€$
$p\% = 45\% = 0{,}45$
Gesucht: G

Lösung: $W = p\% \cdot G \quad | : p\%$

$$\frac{W}{p\%} = G$$
$$G = \frac{W}{p\%}$$
$$G = \frac{144{,}90\,€}{0{,}45}$$
$$G = 322\,€$$

Der Versicherungsbeitrag beträgt nach dem Unfall im folgenden Jahr 322 €.

Übungen

1 Berechne den Grundwert

	Prozentwert	Prozentsatz
a)	25	52%
b)	56	18%
c)	34	72%
d)	189	45%
e)	245	58%

2 Frau Wagner fährt seit 15 Jahren unfallfrei. Sie zahlt bei einem Beitragssatz von 40% nur 155 € für die Haftpflichtversicherung ihres Autos. Ihr Sohn fährt ein Jahr lang unfallfrei. Wie hoch ist sein Versicherungsbeitrag in der SF 1, wenn er denselben Wagentyp fährt wie seine Mutter?

3 Herr Sicher zahlt nach fünf unfallfreien Jahren noch 185,60 € Versicherungsbeitrag, das sind 55%. Wie hoch war der Versicherungsbeitrag zu Beginn nach einem Jahr unfallfreien Fahrens in der SF 1?

4 Herr Rasig muss nach 18 unfallfreien Jahren 35% Versicherung zahlen, das sind 117 €. Nach drei verursachten Schäden muss er wieder 100% zahlen. Wie hoch ist dann der Beitrag?

Info

Führerscheinneulinge werden häufiger in Unfälle verwickelt als erfahrene Kraftfahrer. Deshalb müssen die Neulinge zu Anfang für die Haftpflichtversicherung einen Beitrag zahlen, der 55% über dem Beitrag eines Fahrers liegt, der schon ein Jahr unfallfrei gefahren ist. Der Beitragssatz beträgt also für einen Neuling 155%.

5 Frank Sturms ist stolzer Besitzer eines Kleinwagens geworden. Er zahlt 845,25 € für die 155% des Anfangsbeitrags. Wie hoch ist der Versicherungsbeitrag nach einem Jahr unfallfreien Fahrens in der SF 1?

6 Irene Sanft hat ihr Fahrzeug ein halbes Jahr lang unfallfrei gefahren. Sie braucht nur noch 120% Beitragssatz zu zahlen, das sind 486 €. Wie hoch ist der Versicherungsbeitrag nach einem Jahr unfallfreier Fahrt in der SF 1?

7 Wie viele Schülerinnen und Schüler hat die Klasse?

a) In einer Abschlussklasse der Gesamtschule wollen 15 Schülerinnen und Schüler eine weiterführende Schule besuchen, das sind 60%.

b) Von den Schülerinnen und Schülern einer Abschlussklasse erhielten 12 die Fachoberschulreife mit Qualifikation, das waren 48%.

c) Bei den Bundesjugendwettkämpfen erhielten 15 Schülerinnen und Schüler einer Klasse eine Urkunde, das waren 62,5%.

d) In der Klasse 8 a konnten 8 Schülerinnen und Schüler nicht schwimmen, das waren 25%. In der Klasse 8 b konnten mit einer Schülerin nur 4% nicht schwimmen.

8 Schon lange wird die Windenergie zum Betreiben von Wasserrädern oder Mühlsteinen genutzt. Seit einigen Jahren nutzt man auch privat die Windenergie zur Stromerzeugung. Überschüssiger Strom wird von Versorgungsunternehmen abgekauft. Nach dem Gesetz muss dafür 90% vom Durchschnittspreis des Vorjahres gezahlt werden. Für eine Kilowattstunde (kWh) betrug das ca. 8 Cent. Berechne den Durchschnittspreis des Vorjahres pro kWh.

9 Herr Gombart kaufte einen gebrauchten Rasenmäher für 120 €, das waren 60% des Neupreises. Wie viel hat der Rasenmäher neu gekostet?

10 Bei einer Lotterie sollen 35% aller Lose gewinnen, sodass 140 Gewinne möglich sind. Wie viele Nieten müssen zugefügt werden?

Tabellenkalkulation zur Kostenrechnung

In einem Geschäft müssen häufig Kostenberechnungen für Angebote und Rechnungen durchgeführt werden. Um die Arbeit zu vereinfachen, entwickelt man ein Formular, das wie eine Tabelle aufgebaut ist.

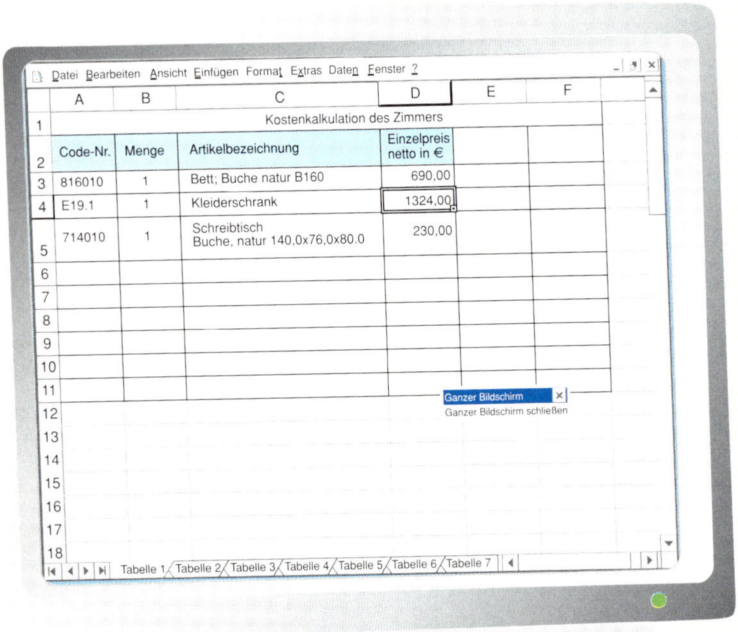
Datei Bearbeiten Ansicht Einfügen Format Extras Daten Fenster ?

	A	B	C	D	E	F
1	Kostenkalkulation des Zimmers					
2	Code-Nr.	Menge	Artikelbezeichnung	Einzelpreis netto in €		
3	816010	1	Bett; Buche natur B160	690,00		
4	E19.1	1	Kleiderschrank	1324,00		
5	714010	1	Schreibtisch Buche, natur 140,0x76,0x80,0	230,00		
6						
7						
8						
9						
10						
11						
12						
13						
14						
15						
16						
17						
18						

Wenn man häufig das gleiche Formular benutzten muss, bei dem sich nur die einzutragenden Daten ändern, bietet sich zur Bearbeitung ein **Tabellenkalkulationsprogramm** eines Computers an.

Die Spalten der Tabelle werden dabei mit Buchstaben und die Zeilen mit Zahlen beschrieben.
Eine bestimmte Spalte und eine bestimmte Zeile bilden eine **Zelle**.

Spalte\Zeile	...	B	C	D	...
:					
3					
4				D4	
5					
:					

Die Spalte **D** und die Zeile **4** bilden die Zelle **D4**. In eine Zelle kann man Wörter und Zahlen eintragen. So steht z.B. bei der Kostenkalkulation des Zimmers der Einzelpreis netto für den Kleiderschrank in der Zelle D4.

	A	B	C	D	E	F
1	Kostenkalkulation des Zimmers					
2	Code-Nr.	Menge	Artikelbezeichnung	Einzelpreis netto in €	Gesamtpreis netto in €	Gesamtpreis incl. MwSt. in €
3	816010	1	Bett, Buche natur B160	690,00	690,00	800,40
4	E19.1	1	Kleiderschrank	1321,00	1321,00	1532,36
5	714010	1	Schreibtisch Buche, natur 140,0x76,0x80,0	230,00	230,00	266,80
6	703010	1	Rollcontainer mit Vollauszug Buche, natur 43,5x60,0x55,0	265,00	265,00	307,40
7	534410	2	Schubkasten-Elemente 6R Buche, natur 42,4x115,5x46,5	368,00	736,00	853,76
8				Summe Einzelpreis netto in €	Summe Gesamtpreis netto in €	Summe Gesamtpreis incl. MwSt. in €
9				2874,00	3242,00	3760,72
10						darin enthalten 16% Mwst.
11					MwSt. in €	518,72

In die Zellen des Formulars einer Tabellenkalkulation könne auch **Formeln** geschrieben werden, mit deren Hilfe das Programm Berechnungen automatisch durchführen kann.

Spalte\Zeile	…	C	D	E	…
:					
6					
7				=B7*D7	
8					
:					

= B7*D7 bedeutet: In die Zelle E7 wird das Ergebnis der Multiplikation des Inhaltes der Zelle B7 mit der Zelle D7 eingetragen.
Das ist bei der Kostenkalkulation des Zimmers der Gesamtpreis netto für die Schubkastenelemente.

Bedeutung einiger einfacher Formeln in der Tabellenkalkulation

Formel	Bedeutung
=A7+B9	Zellenwert von A7 wird zum Zellenwert von B9 addiert.
=C7-D7	Zellenwert von D7 wird vom Zellenwert von C7 subtrahiert
=E8*B2	Multipliziert die Zellenwerte von E8 und B2
=A1/B4	Zellenwert von A1 wird durch den Zellenwert von B4 dividiert.

Bedeutung einiger zusammengesetzter Formeln in der Tabellenkalkulation

Formel	Bedeutung
=A1+B3*C3	Multipliziert den Zelleninhalt von B3 und C3 und addiert das Ergebnis zum Zelleninhalt von A1
=(D4-F5)/A2	Subtrahiert den Zelleninhalt von F5 vom Zelleninhalt von D4 und dividiert das Ergebnis durch den Zelleninhalt von A2
=Summe(D2:D9)	Addiert alle Zelleninhalte in der Spalte D von D2 bis D9
= A9-Summe(B4:G4)	Addiert die Zelleninhalte der Zeile 4 von B4 bis G4 und subtrahiert das Ergebnis vom Inhalt der Zelle A9

	A	B	C	D	E	F
1	Kostenkalkulation des Zimmers					
2	Code-Nr.	Menge	Artikelbezeichnung	Einzelpreis netto in €	Gesamtpreis netto in €	Gesamtpreis incl. MwSt. in €
3	816010	1	Bett, Buche natur B160	690	=B3*D3	=E3+E3*0,16
4	E19.1	1	Kleiderschrank	1321	=B4*D4	=E4+E4*0,16
5	714010	1	Schreibtisch Buche, natur 140,0x76,0x80.0	230	=B5*D5	=E5+E5*0,16
6	703010	1	Rollcontainer mit Vollauszug Buche, natur 43,5x60,0x55,0	265	=B6*D6	=E6+E6*0,16
7	534410	2	Schubkasten-Elemente 6R Buche, natur 42,4x115,5x46,5	368	=B7*D7	=E7+E7*0,16
8				Summe Einzelpreis netto in €	Summe Gesamtpreis netto in €	Summe Gesamtpreis incl. MwSt. in €
9				2874	=SUMME(E3:E7)	=SUMME(F3:F7)
10						darin enthalten 16% Mwst.
11					MwSt. in €	=F3-E9

1 Ergänze die Tabelle im Heft.

von	17 €	25,40 €	39,40 €	321 €
2%	0,34 €			
15%				
32%				
74%				
53%				
0,5%				
0,8%				
6,45%				
8,75%				

2 Berechne den Prozentsatz. Gib das Ergebnis auf zwei Stellen nach dem Komma gerundet an.

a) 7,50 € von 38,90 € (56 €)
b) 75 g von 370 g (124 g)
c) 11 km von 421 km (20,5 km)
d) 12 ha von 750 ha (810 ha)
e) 24 m von 375 m (124 m)
f) 0,35 kg von 1,658 kg (2,7 kg)
g) 6,74 t von 31,689 t (15,4 t)
h) 18 min von 74 min (39 min)
i) 3 h von 35 h (14 h)

3 Berechne den Grundwert. Gib das Ergebnis auf zwei Stellen nach dem Komma gerundet an.

W	14 kg	110 m	512 €	342 m	15 ha
p%	18,5%	24,3%	33,3%	43,7%	4,9%
G					

4 Übertrage und fülle aus. Gib das Ergebnis auf zwei Stellen nach dem Komma gerundet an.

a)

W	47 m	€	93 g	54 m	ha
p%	34,7%	26,5%			8,1%
G	m	542 €	442 g	223 m	54 ha

b)

W	42 ha	54 min	m^2	142 cm^2
p%			12,5%	83,5%
G	17 km^2	23 h	142 a	m^2

c)

W	350 kg	kg	25 m	17,5 ha
p%		42,8%	8,2%	
G	2,7 t	358 t	km	3 km^2

Info

Der Steinkohlenbergbau war früher ein wichtiger Wirtschaftsfaktor der deutschen Industrie. Niedrigere Preise für Erdöl, Erdgas und Kernenergie und der Abbau der Stahlindustrie führte in den 70er Jahren zu einem Rückgang des Kohleverbrauchs und damit zum Rückgang des Steinkohlebergbaus.
Hinzu kommt, dass die Kohle anderer Länder preisgünstiger angeboten wurde als die in Deutschland.

Der mit Messern bestückte „Kohlehobel“ wird unter Tage an einer endlosen Kette am Kohleflöz hin und her gezogen.

5 1957 gab es im Steinkohlebergbau 605 000 Beschäftigte. 1996 waren es 85 200. Um wie viel Prozent ging in diesem Zeitraum gegenüber 1957 die Anzahl der Beschäftigten zurück?

6 a) Im Jahr 1996 kostete importierte Steinkohle umgerechnet 37,98 € je t SKE (Steinkohleeinheit). Dagegen kostete einheimische Kohle umgerechnet 153,39 € je t SKE. Um wie viel Prozent war das teurer als beim Kohleimport?
b) Um wie viel Prozent sank die Steinkohleförderung von 53,565 Mio. t im Jahr 1995 auf 48,205 Mio. t im Jahr 1996?
c) Mit umgerechnet 5,726 Mrd. € wurde die deutsche Steinkohleförderung 1996 vom Staat gestützt. Bis zum Jahr 2005 beträgt die Hilfe jährlich 4,346 Mrd. €. Ab 2005 soll dieser Betrag auf 2,812 Mrd. € gesenkt werden. Wie viel Prozent Rückgang entspricht das jeweils?

7 Die Einfuhr von Kohle nahm von 1995 bis 1996 um 9,13% zu und betrug im Jahr 1996 13,646 Mio. t. Wie viel Kohle wurde 1995 in Deutschland eingeführt?

8 Nach einer Untersuchung des Statistischen Bundesamtes hatte 1996 eine „Modellfamilie“ mit zwei Kindern durchschnittlich monatlich einen Betrag von umgerechnet 2643 €.

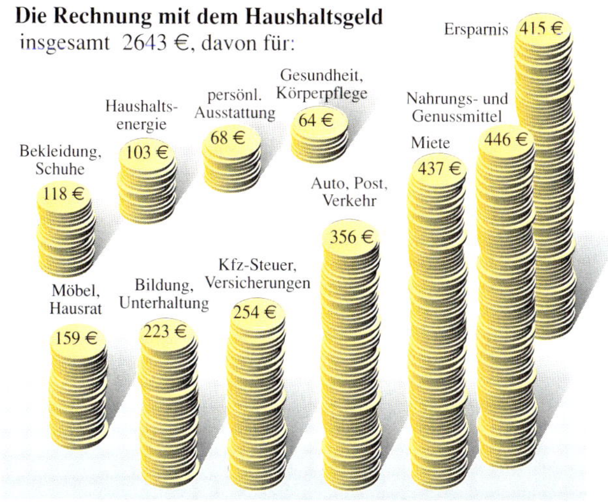

Wie viel Prozent des monatlich verfügbaren Einkommens wurden in der Modellfamilie für die einzelnen Bereiche ausgegeben?

9 In den vergangenen Jahren sind die Ausgaben für Miete und Energie ständig gestiegen. Dabei haben diese Kosten die Ausgaben für Nahrungsmittel übertroffen.

a) Im Jahr 1960 wurden monatlich in einer Musterfamilie für Miete und Energie umgerechnet 47 € verwendet, das waren 15,2% der gesamten Ausgaben. Berechne die monatlichen Gesamtausgaben.

b) Im Jahr 1970 war ein Betrag von umgerechnet 112,50 € für Miete und Energie monatlich notwendig, das waren 20,2% der monatlichen Gesamtausgaben. Berechne diese.

c) Im Jahr 1980 wurden bereits 24,4% der monatlichen Ausgaben für Miete und Energie benötigt, das waren 290 €. Berechne die monatlichen Gesamtausgaben.

d) Im Jahr 1990 betrugen die Ausgaben für Miete und Energie 585 €, das waren 28,1% der gesamten monatlichen Ausgaben. Berechne diese für einen Monat des Jahres 1990.

e) Im Jahr 1996 wurden für Miete und Energie 577 € ausgegeben, das waren 28% der gesamten Monatsausgaben. Berechne diese.

Info

Durch außergewöhnliche Regenfälle im Einzugsgebiet der Oder, Neiße und Weichsel wurden im Juli 1997 weite Landstriche in Deutschland, Polen und Tschechien überflutet. Das Oderbruch in Brandenburg, das um 1750 unter Friedrich dem Großen trockengelegt und besiedelt wurde, war ebenso betroffen wie die Ziltendorfer Niederung.

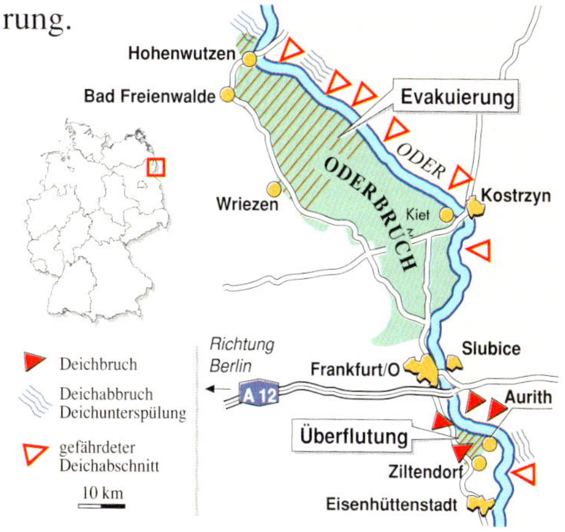

10 a) In den betroffenen Gebieten lebten 1997 ungefähr 20 000 Menschen. Davon wurden 5200 evakuiert. Wie viel Prozent waren das?

b) Von den 50 000 Hilfskräften waren 28% ständig im Einsatz. Wie viele Hilfskräfte haben in ihrem ständigen Einsatz Menschen gerettet bzw. auch Deiche durch Millionen von Sandsäcken stabilisiert?

11 a) Das Oderbruch hat 640 km^2 Gesamtfläche. Davon sind ca. 54 000 ha landwirtschaftliche Nutzfläche. Wie viel Prozent sind das?

b) Die Ziltendorfer Niederung war fast vollständig überflutet, das waren ca. 10,94% der 640 km^2 Gesamtfläche des Oderbruchs. Welche Fläche war in der Ziltendorfer Niederung ungefähr überflutet?

12 Die Instandsetzung der Deiche im Oderbruch wurde auf umgerechnet 66,5 Mio. € geschätzt, das sind etwa 26% des Gesamtschadens im Oderbruch. Mit welchem Gesamtschaden wurde im Oderbruch gerechnet?

1 In der Bundesrepublik Deutschland gibt es ungefähr 11 Mio. Skater. Sie leben gefährlich. Nach einer Statistik der Bundesanstalt für Arbeitsschutz und Arbeitsmedizin wurden 1997 von 52 500 Skatern Unfälle gemeldet. Damit haben sie fast den gleichen Unfallanteil wie Hobbybastler, bei denen 76 500 Unfälle verzeichnet wurden.

a) Welcher prozentuale Unfallanteil kann für beide Personengruppen angenähert angegeben werden?

b) Wie hoch war im Jahr 1997 in Deutschland ungefähr die Gesamtanzahl der Hobbybastler?

2 Der Fußballer Lothar Matthäus hat bei der Fußballweltmeisterschaft 1998 in Frankreich als ältester Feldspieler des Turniers einen dreifachen Weltrekord aufgestellt. Er nahm an fünf Weltmeisterschaften teil, spielte in 25 Endrunden und insgesamt 2048 Spielminuten in Weltmeisterschaftsspielen. Damit löste er den seit 1970 amtierenden „Minutenkönig" Uwe Seeler ab, der nun 4,79% weniger Minuten als Lothar Matthäus vorweisen kann. Mit wie vielen Minuten galt Uwe Seeler bis 1998 als „Minutenkönig"?

3 Von 800 Schülerinnen und Schülern einer Schule haben 60% bei den Bundesjugendspielen eine Urkunde erhalten. Davon errangen 25% eine Ehrenurkunde.

a) Wie viele Schülerinnen und Schüler erhielten eine Ehrenurkunde? Berechne in zwei Schritten 60% von 800 und dann 25% vom Ergebnis der ersten Rechnung.

b) Sandra berechnet die Anzahl der vergebenen Ehrenurkunden nach diesem Rechenplan:

.25 [×] .6 [×] 800 [=]

Hat sie richtig gerechnet? Begründe.

4 In einer Schule mit 600 Schülerinnen und Schülern soll die Mitgliedschaft der Jungen und Mädchen in den Sportgruppen in einer Übersicht zusammengestellt werden. Vervollständige diese Übersicht in deinem Heft.

Mädchen ☐ %		Jungen ☐ %
Anzahl 312		Anzahl ☐
davon:		davon:
34% ☐	Mitglied eines Sportvereins	41% ☐
12% ☐	Mitglied der Schul-Schwimmmannschaft	13% ☐
0% ☐	Mitglied der Schul-Fußballmannschaft	9% ☐
17% ☐	Mitglied der Schul-Leichtathletikmannschaft	15% ☐

5 Die Verteilung der vergebenen Schwimmabzeichen an einer Schule mit 547 Schülerinnen und Schülern soll ermittelt werden. Vervollständige diese Übersicht in deinem Heft.

Mädchen 47%		Jungen 53%
Anzahl ☐		Anzahl ☐
davon:		davon:
65% ☐	Bronze	64% ☐
46% ☐	Silber	48% ☐
32% ☐	Gold	35% ☐

6 Die bei den Bundesjugendspielen vergebenen Urkunden an einer Schule mit 642 Schülerinnen und Schülern soll prozentual aufgeschlüsselt werden. Vervollständige diese Übersicht in deinem Heft.

Mädchen ☐ %		Jungen ☐ %
Anzahl ☐		Anzahl 334
davon:		davon:
☐ % 74	Ehrenurkunde	☐ % 60
☐ % 120	Siegerurkunde	☐ % 137

1 Der Geschmack von Mineralwasser ist durch die Art und Menge der im Wasser gelösten Mineralstoffe bestimmt. Auf den Mineralflaschen ist eine chemische Analyse des Wassers angegeben. Aus ihr kann der Verbraucher entnehmen, welche festen Stoffe im Wasser gelöst sind. In der Analyse wird bestimmt, wie viel mg eines Minerals in 1 l = 1000 g Wasser enthalten ist.
Natrium 119 bedeutet zum Beispiel, in 1000 g Wasser sind 119 mg Natrium enthalten.
a) Bestätige durch eine Rechnung, dass 0,0119% des Mineralwassers aus Natrium besteht.

b) Wie viel Prozent des Mineralwassers besteht aus den angegebenen Mineralien?
c) Wie viel mg der einzelnen Mineralien sind in einer 0,7-l-Flasche enthalten?

2 Aus derselben Quelle gibt es ein „Stilles Wasser" mit derselben chemischen Analyse wie in Aufgabe 1. Es enthält nur weniger Kohlensäure. Dieses Wasser wird in 0,75-l-Flaschen gefüllt.

Wie viel mg der einzelnen Mineralien sind in einer 0,75-l-Flasche enthalten?

Info

Der Wasserbedarf eines erwachsenen Menschen beträgt ca. 35 g je kg Körpergewicht, bei 70 kg also ca. 2,5 l täglich. Er wird wesentlich durch die Umgebungstemperatur beeinflusst. Der Wasserbedarf wird jedoch nicht nur durch Getränke abgedeckt, sondern auch durch den Wassergehalt der Lebensmittel. Dadurch müssen zum Beispiel bei 2,5 l Wasserbedarf nur 1,5 l über Getränke abgedeckt werden.

Mineralien sind lebensnotwendig
Mineralien sind anorganische Substanzen, die zur Aufrechterhaltung eines ungestörten Stoffwechsels, das heißt alle auf- und abbauenden Vorgänge im Körper, erforderlich sind. Ohne Mineralien könnte der menschliche Organismus nicht bestehen. Wie andere biologische Stoffe, die einem ständigen Umsatz unterworfen sind, müssen Mineralien mit der Nahrung zugeführt werden. Sechs davon sind essentiell unentbehrlich: Natrium, Kalium, Calcium, Magnesium, Phosphor und Chlorid. Mineral- und Heilwässer enthalten Mineralien in gelöster Form, die an sich feste Stoffe sind. Sie können vom Körper sofort aufgenommen werden. Die im Wasser in Lösung befindlichen winzigen Teilchen nennt man Ionen. Der Chemiker verwendet diesen Begriff bei der Analyse der Bestandteile von Mineral- und Heilwässern, die er in die positiv geladenen Kationen und in die negativ geladenen Anionen gliedert.

Magnesium aktiviert die für den Stoffwechsel erforderlichen körpereigenen Enzyme, verbessert die Sauerstoffausnutzung, reguliert Nerven- und Muskeltätigkeit. Mangelerscheinungen sind Schwindel, Kopfdruck, Konzentrationsschwäche, Müdigkeit, Durchblutungsstörungen, Depressionen.

Magnesiumlieferanten sind vor allem pflanzliche Lebensmittel, besonders Spinat, Hülsenfrüchte, Weizenkeime, Nüsse, Kastanien, Kakao, Feigen, Datteln, Aprikosen; Mineral- und Heilwässer.

Calcium ist ein unentbehrlicher Baustein für Knochen und Zähne. Es sichert die Funktionstüchtigkeit der Muskulatur, die Leitfähigkeit der Nerven, die Blutgerinnung. Mangelerscheinungen sind Rachitis bei Kindern, Knochensprödigkeit bei älteren Menschen (besonders Frauen), Zahnschäden.

Calciumlieferanten sind hauptsächlich Milch und Milchprodukte, Blattgemüse, Kohl, Nüsse, Orangen, rote und schwarze Johannisbeeren, Himbeeren; Mineral- und Heilwässer.

Kalium sorgt für die Aufrechterhaltung der Flüssigkeitsbilanz, dient dem Nährstofftransport innerhalb der Körperzellen, wirkt wasserausscheidend. Mangelzeichen sind Muskelschwäche, Schwindel, Darmträgheit, Kopfschmerzen.

Kaliumlieferanten sind alle pflanzlichen Lebensmittel, besonders Kartoffeln, Spinat, Rosenkohl, Fenchel, Möhren, Feldsalat, Avocados, Pilze, Nüsse, Obst und Beerenfrüchte, Trockenobst; Mineral- und Heilwässer.

Quelle: Gerolsteiner Brunnen GmbH & Co.

Info

Das Blut eines Patienten kann dem Arzt Auskunft über dessen Gesundheitszustand geben. Zur Blutuntersuchung gehört häufig eine Blutsenkung. Bei ihr trennen sich in einem dünnen Röhrchen die Blutflüssigkeit (Blutplasma) von den im Blut enthaltenen festen Bestandteilen (Blutzellen). Aus der Geschwindigkeit, mit der die Trennung stattfindet, lassen sich Rückschlüsse auf den Gesundheitszustand des Patienten ziehen.

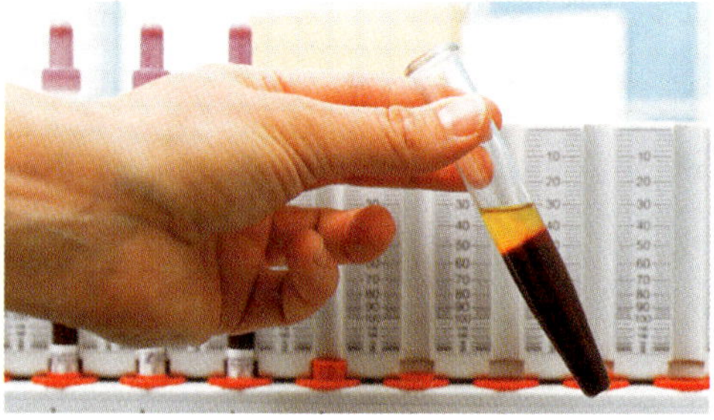

Wenn bei Operationen oder nach Unfällen Blutübertragungen notwendig sind, muss vor der Übertragung festgestellt werden, ob Spender- und Empfängerblut miteinander verträglich sind. Das geschieht durch Blutgruppenbestimmung. Untersuchungen haben ergeben, dass man beim Menschen 4 Blutgruppen unterscheiden kann.

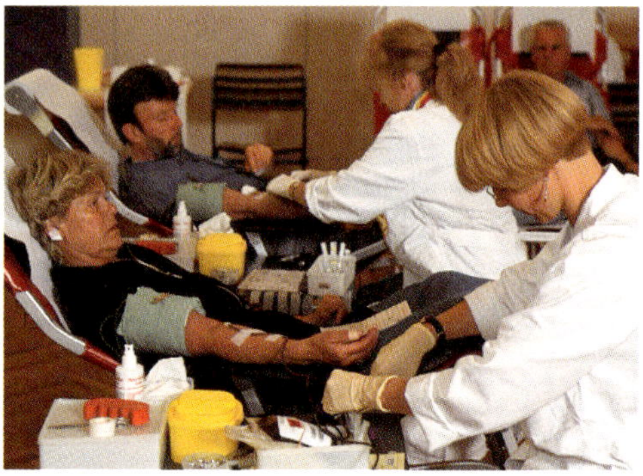

Ein weiteres Blutmerkmal ist der Rhesusfaktor. Wenn er im Blut vorhanden ist, nennt man das Blut rhesuspositiv, sonst rhesusnegativ. Bei der Bluttransfusion muss auch der Rhesusfaktor von Spender und Empfänger übereinstimmen.

1 Das Blut eines Menschen besteht zu 56% aus Blutplasma und zu 44% aus Blutzellen.
Eine erwachsene Frau hat 5 l Blut und ein erwachsener Mann etwa 6 l.
a) Wie viel cm^3 Blutplasma enthält das Blut bei einer Frau und bei einem Mann?
b) Wie viel cm^3 Blutzellen enthält das Blut bei einer Frau und bei einem Mann?
c) Beim Spenden von Blut wird abhängig vom Gewicht zwischen $\frac{1}{2}$ l und 1 l Blut abgenommen. Berechne die entsprechenden Anteile von Blutplasma und Blutzellen in cm^3 bei einer Blutspende von $\frac{3}{4}$ l Blut.

2 Die vier verschiedenen Blutgruppen sind in der Bevölkerung unterschiedlich verteilt nachgewiesen worden.

Blutgruppenverteilung bei Mitteleuropäern:

Blutgruppe	*Verteilung*
A	44%
AB	4%
0	42%
B	10%

Gib an, wie viele der ca. 82 Mio. Einwohner Deutschlands den einzelnen Blutgruppen zuzuordnen sind.

3 Im Jahr 1998 sind am Universitätsklinikum der Rheinisch-Westfälischen Technischen Hochschule Aachen 1350 Blutkonserven der Blutgruppe AB an Patienten übertragen worden.

Wie viele Blutkonserven werden im Jahr 1998 insgesamt an diesem Klinikum übertragen worden sein, wenn man von einer normalen Verteilung ausgeht?
Benutze zur Berechnung die Blutgruppenverteilung der Aufgabe 2.

checkpoint

1 Berechne die fehlenden Größen. (6 Punkte)

	a)	b)	c)
Grundwert G	5000 m		250 €
Prozentwert W	175 m	11 kg	
Prozentsatz $p\%$		2,2%	13%

2 Ein Versandgeschäft verschickte 75 000 Werbeschreiben. Hiervon führten 7,6% zu Warenbestellungen. Wie viele Schreiben bewirkten Warenbestellungen? (2 Punkte)

3 André verdient als Lehrling monatlich 410 €. Hiervon spart er 123 €. Wie viel Prozent seines Verdienstes spart er? (3 Punkte)

4 Diana gibt monatlich 22,75 € für Kosmetikartikel aus, das sind 7% ihrer Ausbildungsvergütung. Wie viel Geld bekommt Diana monatlich? (3 Punkte)

5 Füllhalter kosten 13,50 € beim Großhandel. Ein Schreibwarenhändler will diese mit 30% Gewinn verkaufen. Um wie viel erhöht sich dadurch der Preis des Füllhalters? (3 Punkte)

3 Herr Nursen kauft für 15 000 € ein neues Auto. Er gibt das alte Auto in Zahlung, für das er noch 6900 € bekommt. Wie viel Prozent des Kaufpreises muss er noch aufbringen? (4 Punkte)

4 Im Ausverkauf sind Schuhe um $66\frac{2}{3}\%$ des ursprünglichen Preises herabgesetzt worden. Simona zahlt nun für ein Paar Sportschuhe 37,50 €. Wie teuer waren die Schuhe vorher? (5 Punkte)

5 Ein Liegestuhl kostet nach einer Preiserhöhung um 12% nun 70 €. Was kostete der Liegestuhl ursprünglich? (4 Punkte)

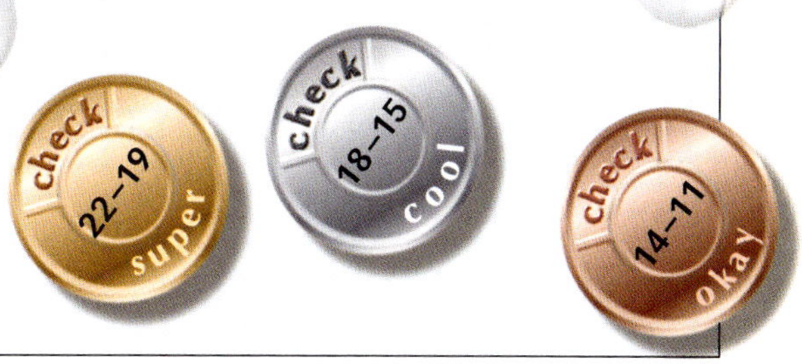

Berechnung der Zinsen

Banken und Sparkassen handeln mit Geld. Ihre Kunden haben die Möglichkeit, Geld einzuzahlen oder sich Geld zu leihen.

Wenn der Kunde der Bank für einen bestimmten Zeitraum Geld überlässt, zahlt ihm die Bank dafür eine Leihgebühr.

Wenn sich der Kunde bei der Bank für einen bestimmten Zeitraum Geld leiht, muss er dafür eine Leihgebühr zahlen.

Die Leihgebühr bei Geldgeschäften nennt man **Zinsen**.
Die Banken achten darauf, dass sie mehr Zinsen einnehmen, als sie ihren Kunden zahlen.

Herr Wagner will im nächsten Jahr ein Auto kaufen. Daher zahlt er 6200 €, die er aus einer Lebensversicherung erhalten hat, für 1 Jahr auf ein Sparkonto ein. Die Bank zahlt ihm nach 1 Jahr 1,5% von 6200 € Zinsen.

1,5% von 6200 € =
1,5% · 6200 € =
0,015 · 6200 € = 93 €

Die Bank zahlt Herrn Wagner für ein Jahr 93 € Zinsen.

Nach einem Jahr kauft Herr Wagner den Wagen. Ihm fehlen zum Kauf noch 6200 €.
Er leiht sich diesen Betrag bei der Sparkasse. Sie berechnet für 1 Jahr 9% von 6200 € Zinsen.

9% von 6200 € =
9% · 6200 € =
0,09 · 6200 € = 558 €

Herr Wagner zahlt für ein Jahr 558 € Zinsen.

Die Zinsrechnung ist eine Anwendung der Prozentrechnung mit anderen Begriffen.

Dem Prozentwert entsprechen die Zinsen für ein Jahr. — **Prozentwert – Zinsen** Z

Der Prozentsatz heißt im Geldgeschäft Zinssatz. Er wird in der Regel für ein Jahr angegeben (p.a.: „per annum"). — **Prozentsatz – Zinssatz** $p\%$

Der Grundwert wird Kapital genannt. — **Grundwert – Kapital** K

Die Formel zur Berechnung der Zinsen **nach Ablauf eines Jahres** lautet somit: **Zinsen = Zinssatz · Kapital**

abgekürzt: $Z = p\% \cdot K$

Übungen

1 Berechne die Zinsen für das Kapital nach einem Jahr bei dem Zinssatz 5%.
a) 1000 € b) 2500 € c) 4200 € d) 6500 €

2 Berechne aus dem Zinssatz die Zinsen für ein Kapital von 5500 € nach einem Jahr.
a) 2,5% b) 7,5% c) 6% d) 5,5%

3 Berechne die Zinsen.

	a)	b)	c)	d)
Zinssatz	4,5%	3,5%	8,5%	12,5%
Kapital	3000 €	5400 €	9000 €	12 000 €

Info

Um ein Haus oder eine Wohnung kaufen zu können, leihen sich Käufer meist viel Geld bei einer Bank. Sie belasten ihr Haus oder ihre Wohnung mit einer **Hypothek**. Dadurch erhält die Bank das Recht, das Haus oder die Wohnung auch zu verkaufen, wenn der *Schuldner* keine Möglichkeit mehr hat, seinen Zahlungsverpflichtungen an die Bank nachzukommen.

4 Florians Eltern haben ihr Haus mit drei Hypotheken belastet. Die angegebenen Zinssätze haben sie mit ihrer Bank vereinbart.
I. 90 000 € zu einem Zinssatz von 5,5%
II. 80 000 € zu einem Zinssatz von 4,8%
III. 60 000 € zu einem Zinssatz von 5,9%
a) Berechne die Zinsen der einzelnen Hypotheken nach Ablauf eines Jahres.
b) Wie viel Zinsen müssen sie insgesamt pro Jahr bezahlen?

5 Nach fünf Jahren müssen Florians Eltern über die noch bestehenden Hypothekenschulden mit der Bank einen neuen Vertrag abschließen. Wie viel Zinsen müssen sie pro Jahr nach Abschluss des folgenden Vertrages zahlen?
a) 90 000 € zu einem Zinssatz von 4,5%
b) 76 000 € zu einem Zinssatz von 4,9%
c) 54 000 € zu einem Zinssatz von 6,5%

Info

Banken und Sparkassen bieten Kunden je nach Kündigungsfrist der Konten unterschiedliche Zinssätze an.
Von einem **Girokonto** kann der Kontoinhaber Beträge, ohne eine Kündigungsfrist einhalten zu müssen, abheben.
Bei **Sparkonten** muss der Kunde festgelegte Kündigungsfristen einhalten. Die gesetzliche Kündigungsfrist ist für Beträge über umgerechnet ca. 1534 € zur Zeit 3 Monate. Teilt der Kunde der Bank oder Sparkasse mit, dass er einen höheren Betrag von seinem Sparkonto abheben möchte, wird dieser Betrag erst nach Ablauf des vereinbarten Kündigungszeitraums ohne Verluste ausgezahlt.
Auch bei **Festgeldkonten** kann der Kunde erst nach Ablauf des festgelegten Zeitraumes über das Geld verfügen.

Aktuelle Information 15. März 1999

Zinssätze für Guthabenzinsen beim
Girokonto 0,5%;
Sparkonten mit gesetzlicher Kündigung 1,5%;
Sparkassenbriefe mit jährlicher Zinsausschüttung 2,8%;
Festgeldkonten für 1 Jahr 2,4%;
Mindesteinlage umgerechnet ca. 5113 €

6 Berechne die Zinsen für ein Kapital von 7000 €, die ein Sparer nach einem Jahr erhält, wenn er das Geld
a) auf einem Girokonto einzahlt,
b) auf ein Sparkonto mit gesetzlicher Kündigungsfrist einzahlt,
c) als Sparkassenbrief anlegt,
d) auf ein Festgeldkonto einzahlt.

7 Peter hat 600 € auf einem Sparkonto mit gesetzlicher Kündigungsfrist angespart. Er zahlt den Betrag nun auf ein Konto mit einer Kündigungsfrist von 1 Jahr ein.
Vergleiche die Zinsen nach Ablauf eines Jahres. Wie viel Zinsen erhält er nun?

Berechnung des Kapitals

Info

Die Deutsche Bundesbank als „Hausbank des Staates“ wirkt bei der Kreditaufnahme des Bundes und der Länder mit. Sie verkauft die angebotenen Finanzierungsschätze, Bundesschatzbriefe Typ A und Typ B sowie Bundesobligationen für Rechnung des Bundes (fiscal agent).
Kauft man zum Beispiel Bundesschatzbriefe vom Typ A, leiht man dem Bund dieses Geld für 6 Jahre. Dafür zahlt er nach Ablauf eines Jahres Zinsen aus. Der Zinssatz für die einzelnen Jahre ist unterschiedlich.

Zinssätze für Bundesschatzbriefe Typ A

2,50%	im 1. Jahr
2,75%	im 2. Jahr
2,99%	im 3. Jahr
3,17%	im 4. Jahr
3,28%	im 5. Jahr
3,39%	im 6. Jahr

(Stand 1999)

Frau Winands hat einen größeren Betrag in Bundesschatzbriefen vom Typ A angelegt und nach Ablauf des ersten Jahres Zinsen in Höhe von 1250 € ausgezahlt bekommen. Der Zinssatz für das erste Jahr betrug 2,5%.

Für welchen Betrag hat Frau Winands Bundesschatzbriefe gekauft?

Wir kennen die Höhe der Zinsen und den Zinssatz. Das Kapital muss berechnet werden.

Wir benutzen die Formel $Z = p\% \cdot K$ und lösen sie nach K auf.

$$Z = p\% \cdot K \quad | : p\%$$
$$\frac{Z}{p\%} = K$$
$$K = \frac{Z}{p\%}$$

Wir setzen die gegebenen Werte ein und rechnen.

$$K = \frac{1250\,€}{2{,}5\%}$$

$$K = \frac{1250\,€}{0{,}025}$$
$$K = 50\,000\,€$$

Frau Winands hat für 50 000 € Bundesschatzbriefe vom Typ A gekauft.

Beispiele

Wie viel € hat Herr Schmitz in Bundesschatzbriefen vom Typ A angelegt, wenn ihm für das zweite Jahr 82,50 € Zinsen bei einem Zinssatz von 2,75% ausgezahlt werden?

Gegeben: $Z = 82{,}50\,€$
$p\% = 2{,}75\%$
Gesucht: K

Lösung: $Z = p\% \cdot K \quad | : p\%$

$$\frac{Z}{p\%} = K$$
$$K = \frac{Z}{p\%}$$
$$K = \frac{82{,}50\,€}{2{,}75\%}$$

$$K = \frac{82{,}50\,€}{0{,}0275}$$
$$K = 3000\,€$$

Herr Schmitz hat 3000 € in Bundesschatzbriefen vom Typ A angelegt.

Übungen

1 Berechne das Kapital mithilfe der Formel, für das die gegebenen Zinsen nach einem Jahr bei dem Zinssatz 7,5% gezahlt werden.
a) 18,75 € b) 22,50 € c) 37,50 € d) 67,50 €

2 Berechne aus dem Zinssatz und den nach einem Jahr gezahlten 21 € Zinsen das Kapital.
a) 2,1% b) 3% c) 3,5% d) 7%

3 Berechne das Kapital.

	a)	b)	c)	d)
Zinssatz	4,5%	5,5%	7,5%	9,4%
Kapital	54,00 €	82,50 €	180 €	282 €

4 a) Welchen Betrag hat Frau Konrad in Bundesschatzbriefen vom Typ A angelegt, wenn sie bei einem Zinssatz von 3% nach Ablauf eines Jahres 1200 € Zinsen ausgezahlt bekommt?

b) Wie viel € hätte Frau Konrad in Bundesschatzbriefen vom Typ A anlegen müssen, um bei einem Zinssatz von 3,28% nach dem fünften Jahr 787,20 € ausgezahlt zu bekommen?

5 Herr Wenniger hat einen Lotteriegewinn auf ein Festgeldkonto bei einem Zinssatz von 3,9% eingezahlt, nach einem Jahr zahlt ihm die Bank 1053 € aus. Wie viel hat Herr Wenniger in der Lotterie gewonnen?

6 Frau Sturm möchte nach Ablauf eines Jahres 2150 € Zinsen für ein Festgeldkonto ausgezahlt bekommen. Die Bank gewährt einen Zinssatz von 4,3%. Wie viel muss Frau Sturm dazu auf das Konto einzahlen?

7 Das Sparguthaben von Franz blieb ein Jahr lang auf dem Konto unverändert. Dafür erhält er nun nach Ablauf eines Jahres 5 € Zinsen. Das Konto wurde mit 2,5% verzinst.
a) Welches Guthaben hatte Franz am Anfang des Jahres auf seinem Sparkonto?
b) Wie hoch müsste das Sparguthaben sein, damit Franz bei gleichem Zinssatz nach einem Jahr 12,50 € Zinsen ausgezahlt bekommen kann?

8 Ein Konto A mit 3,8% Verzinsung bringt nach einem Jahr 26,22 € Zinsen. Ein Konto B, das mit 4,2% verzinst ist, erbringt 28,56 € Zinsen. Auf welchem Konto befand sich am Anfang des Jahres der höhere Geldbetrag?

9 Eine Bank zahlte bei einem Zinssatz von 3,5% in einem Jahr insgesamt 168 000 € Zinsen für Sparkonten an ihre Kunden aus. Wie viel € wurden insgesamt verzinst?

10 Für die Festgeldkonten, die mit 2,6% verzinst wurden, zahlte die Bank in einem Jahr insgesamt 91 000 €. Wie viel € Festgeldbeträge wurden verzinst?

11 Für die Renovierung ihres Einfamilienhauses hat Frau Gauer einen Kredit aufgenommen, der mit 6,5% verzinst wird. Nach einem Jahr zahlt sie 390 € Zinsen. Über welche Höhe hat Frau Gauer den Kredit aufgenommen?

12 Herr Münster zahlt für die Hypotheken, die er beim Kauf eines Hauses aufnehmen musste, nach einem Jahr die folgenden Zinsen.
I. 1100 € (Zinssatz von 5,5%)
II. 900 € (Zinssatz von 6%)
III. 650 € (Zinssatz von 6,5%)
Berechne die Hypothekenschulden insgesamt.

13 Die Familie Cunsolo plant einen Garagenbau und beabsichtigt deshalb einen Kredit aufzunehmen. Die jährlichen Zinsen sollen bei einem Zinssatz von 5,5% höchstens 550 € betragen. Bis zu welcher Höhe kann die Familie einen Kredit aufnehmen?

Berechnung des Zinssatzes

Es gibt Bundesschatzbriefe, durch deren Kauf man dem Staat Geld für ein Jahr oder zwei Jahre leiht. Man nennt sie Finanzierungs-Schätze. Für einen Finanzierungs-Schatz im Wert von 8000 € brauchte man im März 1999 beim Kauf nur umgerechnet 7784 € zu bezahlen. Nach Ablauf eines Jahres erhält der Käufer 8000 €. Er hat somit 216 € Zinsen erhalten.
Der Bund berechnet bei Finanzierungs-Schätzen die Zinsen vom Kapital, das nach einem Jahr ausgezahlt wird. Dieses Kapital beträgt in unserem Fall 8000 €.

Zu welchem Zinssatz wurden die Finanzierungs-Schätze angeboten?

Wir kennen die Höhe der Zinsen und das Kapital. Der Zinssatz muss berechnet werden.

Wir benutzen die Formel $Z = p\% \cdot K$ und lösen sie nach $p\%$ auf.

$$Z = p\% \cdot K \quad | : K$$
$$\frac{Z}{K} = p\%$$
$$p\% = \frac{Z}{K}$$

Wir setzen die gegebenen Werte ein und rechnen.

$$p\% = \frac{216\,€}{8000\,€}$$
$$p\% = 0{,}027$$
$$p\% = 2{,}7\%$$

Der Bund gewährte beim Verkauf der Finanzierungs-Schätze einen Zinssatz von 2,7%.

Beispiele

Welchen Zinssatz gewährte der Bund, wenn für einen Finanzierungs-Schatz im Wert von 2000 € nach einem Jahr letztendlich 55 € Zinsen ausgezahlt wurden?

Gegeben: $Z = 55\,€$
$K = 2000\,€$
Gesucht: $p\%$

Lösung: $Z = p\% \cdot K \quad | : K$
$$\frac{Z}{K} = p\%$$
$$p\% = \frac{Z}{K}$$
$$p\% = \frac{55\,€}{2000\,€}$$
$$p\% = 0{,}0275$$
$$p\% = 2{,}75\%$$

Der Bund gewährte für diesen Finanzierungs-Schatz einen Zinssatz von 2,75%.

Übungen

1 Berechne den Zinssatz für das gegebene Kapital nach einem Jahr bei 22,50 € Zinsen.
a) 1000 € b) 900 € c) 750 € d) 500 €

2 Berechne den Zinssatz mithilfe der Formel, wenn nach Ablauf eines Jahres für das Kapital von 2500 € die gegebenen Zinsen ausgezahlt werden.
a) 112,50 € b) 87,50 € c) 75 € d) 62,50 €

3 Berechne den Zinssatz.

	a)	b)	c)	d)
Zinsen	225 €	306 €	41,25 €	17,50 €
Kapital	4500 €	6800 €	750 €	500 €

4 Legt man 20 000 € in Bundesschatzbriefen Typ A für 6 Jahre an, zahlt der Bund nach Ablauf eines jeden Jahres folgende Zinsen aus.

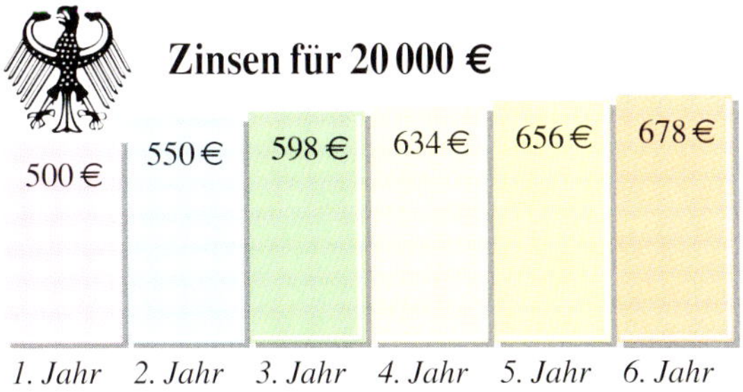

Berechne, mit welchem Zinssatz jedes Jahr das Kapital verzinst wurde.

5 Petra erhält für ihr Sparguthaben in Höhe von 2500 € nach Ablauf eines Jahres 55 € Zinsen. Claudia hat ihr Sparguthaben in Höhe von 2000 € auf einem Konto mit einjähriger Kündigungsfrist angelegt. Sie erhält 66 € Zinsen. Welches Mädchen vermehrte ihr Geld mit dem besseren Zinssatz?

6 Uwe erhält für sein Sparguthaben in Höhe von 3400 € nach Ablauf eines Jahres 78,20 € Zinsen. Björn hat sein Sparguthaben in Höhe von 1300 € auf einem Konto mit einjähriger Kündigungsfrist angelegt. Er erhält 36,40 € Zinsen. Welcher Junge vermehrte sein Geld mit dem besseren Zinssatz?

7 Für ein Sparguthaben von 8000 € erhält Frau Kanter nach Ablauf eines Jahres 176 € Zinsen. Zu welchem Zinssatz ist ihr Geld verzinst worden?

8 Auf einem Sparbuch befanden sich am 1. Januar 245 €. Der Betrag änderte sich im Lauf des Jahres nicht. Am 1. Januar des folgenden Jahres betrug der Kontostand 249,41 €. Mit welchem Zinssatz wurde das Guthaben verzinst?

9 Herr Wüllner hat aus drei Bausparverträgen Kredite zurückzuzahlen.

I. 40 000 € mit 2000 € Jahreszinsen
II. 20 000 € mit 700 € Jahreszinsen
III. 10 000 € mit 250 € Jahreszinsen

a) Welchen Zinssatz berechnet die Bausparkasse jeweils?
b) Wie hoch ist der durchschnittliche Zinssatz für die gesamte Bausparsumme?

10 Ein Darlehen von 12 000 € soll nach einem Jahr einschließlich Zinsen zurückgezahlt werden. Die Bank fordert 13 320 €.
a) Wie viel Zinsen müssen bezahlt werden?
b) Welchen Zinssatz berechnete die Bank?

11 Ein privater Geldverleiher bietet an:

KLEINKREDITE – besonders günstig

Sofortige Auszahlung, Rückzahlung nach einem Jahr mit kleinem Aufpreis

für **500 €**	**62,50 €**	Jahreszinsen
für **1000 €**	**150,00 €**	Jahreszinsen
für **1500 €**	**850,00 €**	Jahreszinsen

Ist der Zinssatz immer gleich?

Info

Die weltbekannten **Nobelpreise** werden in jedem Jahr von der Nobelstiftung in Stockholm und Oslo verliehen. Der Stifter Alfred Nobel lebte von 1833 bis 1896.
Die von der Stiftung vergebenen Nobelpreise sind mit 7,4 Mio. Schwedischen Kronen (umgerechnet ca. 869 000 €) dotiert. Vergeben werden der Friedensnobelpreis sowie die Nobelpreise für Literatur, Chemie, Physik, Medizin oder Physiologie.

12 Eine Stiftung, die über ein Kapital von 500 000 € verfügt, zeichnet in jedem Jahr Künstler für besondere Verdienste mit einem Geldpreis aus. Die Höhe richtet sich nach dem jeweiligen Zinsertrag. Im ersten Jahr konnte ein Preisgeld in Höhe von 36 250 € ausgezahlt werden, im zweiten Jahr 37 500 €. Berechne den jeweiligen Zinssatz.

1 Übertrage die Tabelle in dein Heft und berechne die fehlenden Werte.

	a)	b)	c)	d)
Zinssatz		5,5%	2,5%	
Kapital	5000 €		500 €	9000 €
Zinsen	225 €	137,50 €		1080 €

2 Die folgenden Kredite werden nach einem Jahr zurückgezahlt. Übertrage die Tabelle und berechne den Rückzahlungsbetrag.

	a)	b)	c)	d)
Kredit	4500 €	5600 €	8000 €	1000 €
Zinssatz	5,5%	13,5%	7,5%	9%
Zinsen				
Rückzahlung				

3 Wie viel Euro hat Frau Schönberg auf einem Festgeldkonto angelegt, wenn sie nach Ablauf eines Jahres bei einem Zinssatz von 4,5% von der Bank 1350 € Zinsen ausgezahlt bekommt?

4 Wie viel Euro müsste Frau Amsel auf ein Festgeldkonto einzahlen, damit ihr bei einem Zinssatz von 4,5% nach Ablauf eines Jahres 2070 € ausgezahlt werden?

5 Für Bundesschatzbriefe im Wert von 1200 € werden nach Ablauf eines Jahres 33 € Zinsen gezahlt. Welchen Zinssatz berechnete die Deutsche Bundesbank?

6 Für Renovierungsmaßnahmen nahm Herr Tauer einen Kredit in Höhe von 6000 € auf. Er zahlt in 12 Monatsraten von 542,50 € zurück.
a) Wie viel zahlt Herr Tauer insgesamt für den Kredit zurück?
b) Wie viel Zinsen zahlt er?

7 Florian bekommt zu seinem ersten Geburtstag von seiner Oma ein Sparbuch geschenkt. Nach dem ersten Jahr zahlt die Bank 7,54 € bei einem Zinssatz von 2,9% aus. Mit wie viel Euro hat die Oma das Sparbuch eröffnet?

8 Banken und Sparkassen berechnen bei der Erteilung eines Kredites häufig neben den Kreditzinsen eine einmalige Bearbeitungsgebühr. Prüfe die Angebote.

KREDIT 5000 €

Angebot I. Zinssatz *9,5%* und *2%* Bearbeitungsgebühr
II. Zinssatz *10,5%* und *0,50 €* je *100 €* als Bearbeitungsgebühr
III. Zinssatz *12%*, keine Bearbeitungsgebühr

a) Wie viel Euro muss der Kunde beim ersten Angebot insgesamt nach einem Jahr zahlen?
b) Berechne die Bearbeitungsgebühr des Angebots II.
c) Welches der drei Angebote ist das günstigste?

9 Die Bausparkasse gibt Herrn Haupts drei Bausparkredite.
I. 20 000 € mit 800 € Jahreszinsen
II. 10 000 € mit 350 € Jahreszinsen
III. 4 000 € mit 200 € Jahreszinsen
a) Welchen Zinssatz hat die Bausparkasse bei jedem der drei Teilbeträge zugrunde gelegt?
b) Welchen Zinssatz zahlt Herr Haupts für die gesamten Bausparkredite?

10 Der Darlehensvertrag für ein Jahr zum Kauf einer Musikanlage kostet bei 10,2% Zinsen 66,30 €. Wie hoch ist das Darlehen?

11 Frau Braun kauft beim Autohändler einen Neuwagen für 23 500 €. Sie kann 5500 € bar bezahlen. Für ihren alten Pkw erhält sie vom Autohändler noch 7500 €. Für den Restbetrag gibt ihr der Autohändler einen Kredit, den sie in 12 Monatsraten von 901,25 € zurückzahlen muss.
a) Wie groß ist der Restbetrag?
b) Wie viel Zinsen zahlt Frau Braun?
c) Der Autohändler sagt: „Ich habe Ihnen einen Zinssatz von 3% berechnet.“ Überprüfe die Aussage.

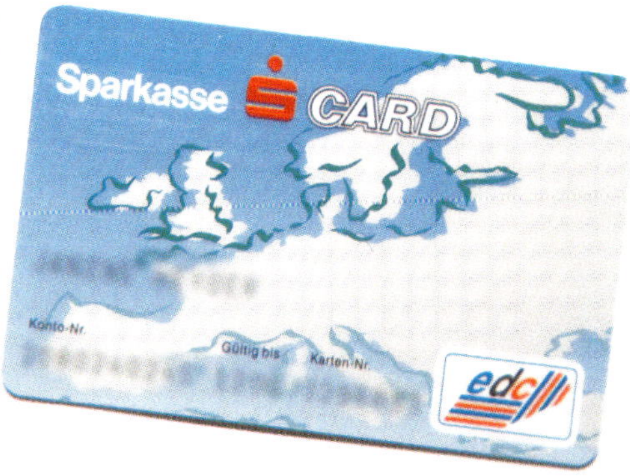

Sparkassen und Banken bieten Schülerinnen und Schülern, Studentinnen und Studenten bis zum 25. Lebensjahr ein **Girokonto** an, für das sie keine Gebühren zahlen müssen. Wird auf ein Girokonto eingezahlt, erfolgt eine Gutschrift. Wird ausgezahlt, erfolgt eine Belastung.
Das Kapital auf einem Girokonto wird häufig mit 0,5% Zinsen pro Jahr (p. a.) verzinst. Da sich der Kontostand oft ändert, berechnet die Bank **Tageszinsen**.

Zur Vereinfachung rechnet man im Bankwesen so:
Jeder Monat hat 30 Tage.
Ein Geschäftsjahr hat 360 Tage.

Elenas Schwester hatte 32 Tage lang 310 € auf ihrem Girokonto. Sie hebt den Betrag mit ihrer Kundenkarte am Automaten ab. Sie erhält dafür den entsprechenden Anteil an Jahreszinsen.

Wir benutzen die Formel $Z = p\% \cdot K$ und berechnen die Zinsen für ein Jahr.

$Z = p\% \cdot K$
$Z = 0{,}5\% \cdot 310\ €$
$Z = 0{,}005 \cdot 310\ €$
$Z = 1{,}55\ €$

Die Zinsen betragen für ein Jahr 1,55 €.

Die Zinsen für einen Tag entsprechen $\frac{1}{360}$ der Jahreszinsen.
Die Zinsen für 32 Tage entsprechen $\frac{32}{360}$ der Jahreszinsen.

$Z = \frac{32}{360} \cdot 1{,}55\ €$
$Z \approx 0{,}14\ €$

Elenas Schwester erhält nach 32 Tagen 0,14 € Zinsen für den Betrag 310 € gutgeschrieben.

Die Zinsen für einen Tag sind $\frac{1}{360}$ von den jährlichen Zinsen.

Die Zinsen für t Tage sind $\frac{t}{360}$ von den jährlichen Zinsen.

Damit erhalten wir die Zinsformel für Tageszinsen: $\boldsymbol{Z = K \cdot p\% \cdot \frac{t}{360}}$

Beispiele

Von einem Girokonto, das mit 0,5% p. a. verzinst ist, müssen von 435 € bei einer Laufzeit von 48 Tagen die Zinsen ermittelt werden. Welche Zinsgutschrift erhält man für diesen Betrag?

Gegeben: $K = 435\ €$
$t = 48$ (Tage)
$p\% = 0{,}5\% = 0{,}005$
Gesucht: Z

Lösung: $Z = K \cdot p\% \cdot \frac{t}{360}$

$Z = 435\ € \cdot 0{,}005 \cdot \frac{48}{360}$
$Z = 0{,}29\ €$

Für diesen Betrag werden nach 48 Tagen 0,29 € Zinsen gutgeschrieben.

Übungen

1 Schreibe als Bruchteil eines Jahres.

a) 30 Tage d) 180 Tage g) 54 Tage
b) 60 Tage e) 16 Tage h) 5 Monate
c) 90 Tage f) 45 Tage i) 7 Monate

2 Berechne die Zinsen.

	Kapital	Zinssatz p. a.	Zeit
a)	2300 €	2,2%	330 Tage
b)	8900 €	2,5%	150 Tage
c)	7650 €	2,75%	240 Tage
d)	1200 €	1,9%	95 Tage
e)	1500 €	1,95%	167 Tage
f)	2500 €	2,9%	217 Tage

3 Zahlt man bei einer Bank oder Sparkasse Geld für eine vereinbarte Zeit ein, so spricht man von Festgeld. Für Festgelder werden höhere Zinssätze gewährt als für normale Sparkonten. Berechne die Zinsen der folgenden Festgelder:

a) 25 000 € für 8 Monate zu 2,2% p. a.
b) 50 000 € für 6 Monate zu 2,7% p. a.
c) 90 000 € für 10 Monate zu 3,1% p. a.
d) 180 000 € für 4 Monate zu 2,5% p. a.
e) 240 000 € für 5 Monate zu 3,4% p. a.
f) 30 000 € für 3 Monate zu 2,6% p. a.

4 Ein Radio- und Fernsehhändler wirbt mit folgendem Hinweis:

Der Händler berechnet auf die Kaufpreise 3,9% p. a. Zinsen für 6 Monate. Berechne die neuen Preise, wenn man das Angebot des Händlers annimmt.

a) Fernseher 1890 €
b) CD-Player 486 €
c) Digitalstudio 599 €
d) Videorecorder 398 €
e) Satelliten-Anlage 345 €

5 Auf welchen Betrag wächst ein Sparguthaben von 8600 € an, das 9 Monate zu 2,75% p. a. verzinst wird?

6 Wegen der verspäteten Zahlung einer Rechnung in Höhe von 15 567 € verlangt eine Heizungsfirma für 45 Tage Zinsen mit einem Zinssatz von 11% p. a.
Wie viel Euro beträgt die Nachforderung?

7 Die Rechnung einer Firma über 8625 € wurde 52 Tage zu spät beglichen. Die Firma verlangt für diese Zeit einen Zinssatz von 12% p. a. Berechne die Höhe der Zinsen.

8 Berechne die Zinsen, die nach der Anzeige bezahlt werden.

Info

Wenn man mehr Geld ausgibt, als auf dem Girokonto vorhanden ist, überzieht man das Konto. Die Bank legt bei jedem Kunden fest, wie hoch er sein Konto überziehen darf. Sie gibt ihm einen Kredit, den **Dispositionskredit**. „Disposition" stammt aus dem Lateinischen und bedeutet „Verfügung". Es geht also um einen Kredit, über den man leicht verfügen kann. Für diesen Kredit berechnen die Banken meist hohe Zinsen.

9 Für die Überziehung eines Girokontos verlangt die Sparkasse einen Zinssatz von 13,25% p. a. Berechne die Zinsen für die Zeit von 17 Tagen und einen Kredit von 4657 €.

10 Berechne die Zinsen für einen Dispositionskredit.

a) 4 723 € zu 10,25% p. a. für 17 Tage
b) 8 500 € zu 11,1% p. a. für 36 Tage
c) 3 780 € zu 12,25% p. a. für 21 Tage
d) 8 200 € zu 11,0% p. a. für 40 Tage
e) 9 600 € zu 11,25% p. a. für 60 Tage
f) 12 100 € zu 11,7% p. a. für 45 Tage

Der Auszug aus einem Sparbuch zeigt die folgenden Eintragungen.

für HERRN MARC HILSUM

Nr. 1116219 7.10.76 KENNW.

	Unterschrift	Datum	Lauf-Nr. bei handschrift- Tausender	Konto-Nr. licher Eintragung Hunderter	Auszahlung	Einzahlung	Guthaben
1	4481644	05.01.99	EINZ 02931	1116219		*******250,00	*******250,00
2	4481644	17.04.99	EINZ 34857	1116219		********70,00	*******320,00
3	4481644	03.07.99	AUSZ 47082	1116219	*******150,00		*******170,00

Zinsen werden erst am Ende des Jahres gutgeschrieben. Da sich das Guthaben häufig ändert, müssen die Zinsen tageweise berechnet werden.

Beachte: Der letzte Tag im Monat ist immer der 30. Zinstag des Monats. Im Januar gibt es dann zweimal den 30. Zinstag.

Zeitabschnitt vom 05. 01. bis 17. 04.

5.1.	Februar / März	17.4.
25 Tage	60 Tage	17 Tage

25 Tage + 60 Tage + 17 Tage = 102 Tage

Zeitabschnitt vom 17. 04. bis 03. 07.

17.4.	Mai / Juni	3.7.
13 Tage	60 Tage	3 Tage

13 Tage + 60 Tage + 3 Tage = 76 Tage

„Subtraktionsmethode“:

	Tage	Monate
	17	4
–	5	1
	12	3

3 → 90 Tage
12 → 12 Tage
102 Tage

	Tage	Monate
	3	7
–	17	4

Hier können die Tage nicht einfach subtrahiert werden. Deshalb wird ein Monat in 30 Tage umgewandelt.

	Tage	Monate
	33	**6**
–	17	4
	16	2

2 → 60 Tage
16 → 16 Tage
76 Tage

Übungen

1 Berechne die Zinstage für die folgenden Zeiträume.

a) 01.06. – 19.08.
b) 05.05. – 13.09.
c) 02.01. – 30.07.
d) 26.03. – 05.06.
e) 14.02. – 30.05.
f) 24.01. – 18.04.
g) 11.07. – 24.10.
h) 17.10. – 01.12.
i) 30.08. – 02.11.
j) 28.07. – 14.10.

2 Berechne die Zinsen.

a) 450 € zu 2,2 % vom 03.01. bis 30.03.
b) 235 € zu 1,5 % vom 19.10. bis 28.11.
c) 175 € zu 1,25 % vom 02.11. bis 16.12.
d) 750 € zu 1,9 % vom 04.03. bis 30.10.
e) 690 € zu 1,75 % vom 16.02. bis 14.04.
f) 715 € zu 2,25 % vom 03.05. bis 02.12.
g) 853 € zu 1,8 % vom 23.06. bis 12.09.
h) 933 € zu 2,1 % vom 14.01. bis 27.02.
i) 1016 € zu 2,25 % vom 06.04. bis 03.10.

3 Die Tabelle wurde nach den Eintragungen in Christians Sparbuch erstellt. Das Sparbuch wird mit 1,75 % verzinst. Übertrage die Tabelle in dein Heft und vervollständige sie.

Datum	Tage	Aus-zahlung	Ein-zahlung	Gut-haben	Zinsen
30.12.				150,00	
16.03.		——	75,00		

4 Frau Mahlichs Sparbuch wird mit 1,5 % verzinst. Vervollständige die Tabelle im Heft.

Datum	Tage	Aus-zahlung	Ein-zahlung	Gut-haben	Zinsen
30.12.				1420,00	
05.03.		——	155,00		
28.07.		117,00	——		
15.10.		——	250,00		
30.12.					
Zinsen für das Jahr					

Berechnung des Zinssatzes aus den Tageszinsen

Banken und Sparkassen geben einem Kunden keinen Kredit, wenn sie nicht sicher sind, dass er den Kredit zurückzahlen kann. An solche Personen richten sich häufig private Geldverleiher durch Inserate in Tageszeitungen.

Um mit dem Angebot eines anderen Geldinstituts vergleichen zu können, muss der Zinssatz erst berechnet werden.

Wir berechnen den Zinssatz p.a. des Zeitungsangebots. Wir benutzen die Zinsformel $Z = K \cdot p\% \cdot \frac{t}{360}$ und lösen sie nach $p\%$ auf.

Zinstage: $t = 30$

$$Z = K \cdot p\% \cdot \frac{t}{360} \quad |: \frac{t}{360}$$

$$Z \cdot \frac{360}{t} = K \cdot p\% \quad |: K$$

$$\frac{Z}{K} \cdot \frac{360}{t} = p\%$$

$$p\% = \frac{Z}{K} \cdot \frac{360}{t}$$

Wir setzen die gegebenen Werte ein und rechnen.

$$p\% = \frac{20\,€}{1500\,€} \cdot \frac{360}{30}$$

$$p\% = \frac{1}{75} \cdot 12$$

$$p\% = 0{,}16$$

$$p\% = 16\%$$

Bei dem Inserat betrug der Zinssatz 16% p.a. Banken haben wesentlich günstigere Zinssätze.

Übungen

1 Berechne den Zinssatz p.a.

	Kapital	Zinsen	Zeit
a)	36 000 €	108 €	300 Tage
b)	5 200 €	91 €	210 Tage
c)	4 750 €	32 €	120 Tage
d)	7 300 €	4574 €	240 Tage
e)	15 000 €	325 €	130 Tage
f)	25 000 €	383 €	80 Tage
g)	40 000 €	560 €	60 Tage

2 Bei einem Dispositionskredit von 4230 € für einen Zeitraum von 19 Tagen berechnet die Sparkasse 29,47 € Zinsen. Berechne den Zinssatz p.a. für den Dispositionskredit.

3 Ein Kredit über 75 000 € für 130 Tage kostete 3087,50 € Zinsen.
Berechne den Zinssatz p.a., der für den Kredit festgelegt wurde.

4 Für Guthaben auf Girokonten werden nur noch von wenig Banken Zinsen gezahlt. Zudem ist der gewährte Zinssatz p.a. bei diesen Konten äußerst gering.
a) Welchen Zinssatz p.a. gewährt eine Bank, wenn sie für 14 Tage bei 1200 € Guthaben auf einem Girokonto 0,23 € Zinsen zahlt?
b) Welchen Zinssatz p.a. verlangt eine Bank, wenn sie für die Kontoüberziehung von 1200 € über 14 Tage 6,30 € Überziehungszinsen berechnet?

5 Herr Haber hat nach einem Zeitungsinserat einen Sofortkredit von 5000 € erhalten. Er zahlt für 5 Monate 200 € Zinsen. Mit welchem Zinssatz p.a. wurde der Kredit verzinst?

6 Familie Krentz beanspruchte für 9 Monate einen Zwischenkredit in Höhe von 50 000 €. Die Bausparkasse berechnete 3266,67 € Zinsen. Zu welchem Zinssatz p.a. wurde der Zwischenkredit gewährt?

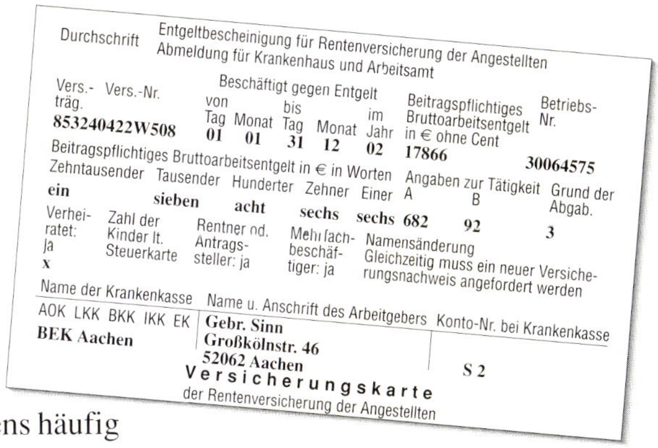
Durchschrift
Entgeltbescheinigung für Rentenversicherung der Angestellten
Abmeldung für Krankenhaus und Arbeitsamt
Vers.-träg. Vers.-Nr. 853240422W508
Beschäftigt gegen Entgelt von Tag 01 Monat 01 bis Tag 31 Monat 12 im Jahr 02
Beitragspflichtiges Bruttoarbeitsentgelt in € ohne Cent 17866
Betriebs-Nr. 30064575
Beitragspflichtiges Bruttoarbeitsentgelt in € in Worten
Zehntausender ein Tausender sieben Hunderter acht Zehner sechs Einer sechs
Angaben zur Tätigkeit A 682 B 92
Grund der Abgab. 3
Verheiratet: ja x
Zahl der Kinder lt. Steuerkarte
Rentner od. Antragsteller: ja
Mehrfachbeschäftiger: ja
Namensänderung Gleichzeitig muss ein neuer Versicherungsnachweis angefordert werden
Name der Krankenkasse AOK LKK BKK IKK EK
BEK Aachen
Name u. Anschrift des Arbeitgebers Gebr. Sinn Großkölnstr. 46 52062 Aachen
Konto-Nr. bei Krankenkasse S 2
Versicherungskarte der Rentenversicherung der Angestellten

Arbeiter und Angestellte müssen während ihres Berufslebens monatlich für ihre Rente zahlen. Diese Rentenversicherung ist gesetzlich vorgeschrieben. Alle Einzahlungen innerhalb eines Jahres werden auf einer Versicherungskarte vermerkt.

Selbstständige Geschäftsleute sind zur Zahlung von Rentenbeiträgen nicht verpflichtet. Um aber auch im Ruhestand ein Einkommen zu haben, sparen Selbstständige während ihres Berufslebens häufig Kapital an. Die Zinsen dieses Kapitals sind dann das Einkommen.

Ein selbstständiger Geschäftsmann will im Ruhestand ein monatliches Einkommen von 1600 € haben. Wir berechnen, welches Kapital er anlegen muss, wenn man einen Zinssatz von 8% p.a. annimmt.

Wir benutzen die Zinsformel $Z = K \cdot p\% \cdot \frac{t}{360}$ und lösen sie nach K auf.

$$Z = K \cdot p\% \cdot \frac{t}{360} \quad \Big| : \frac{t}{360}$$
$$Z \cdot \frac{360}{t} = K \cdot p\% \quad \Big| : p\%$$
$$\frac{Z}{p\%} \cdot \frac{360}{t} = K$$
$$K = \frac{Z}{p\%} \cdot \frac{360}{t}$$

Wir setzen die gegebenen Werte ein und rechnen.

$$K = \frac{1600\,€}{0{,}08} \cdot \frac{360}{30}$$
$$K = 20\,000\,€ \cdot 12$$
$$K = 240\,000\,€$$

Der Geschäftsmann muss zur Finanzierung seines Ruhestandes 240 000 € angespart haben.

Übungen

1 Berechne das Kapital.

	Zinsen	Zinssatz	Zeit
a)	4 500 €	7,5% p.a.	180 Tage
b)	2 415 €	6,9% p.a.	90 Tage
c)	9 750 €	7,5% p.a.	60 Tage
d)	2 175 €	7,25% p.a.	240 Tage
e)	10 240 €	7,2% p.a.	160 Tage
f)	5 005 €	7,15% p.a.	4 Monate

2 Frau Schwartz erhält nach 90 Tagen für ihr Festgeld 812,50 € Zinsen. Welches Kapital hat sie angelegt, wenn sie 6,5% p.a. Zinsen erhält?

3 Die Sparkasse zahlt Herrn Sommer monatlich 800 € Zinsen. Welchen Betrag hat er angelegt, wenn der Zinssatz 7,5% p.a. beträgt?

4 Frau Quasten hat Geld aus einer Lebensversicherung für 7 Monate bei einem Zinssatz von 3,4% p.a. festgelegt. Welchen Betrag hat sie angelegt, wenn sie am Ende 892,50 € Zinsen erhält?

5 Ein Profisportler will von den Zinsen seines Vermögens leben. Wie viel Euro muss er bei 8% p.a. anlegen, damit er alle zwei Monate über 3500 € verfügen kann?

6 Als Altersversorgung hat Frau Martini ein Kapital bei 7,5% fest angelegt. Berechne das Kapital, wenn monatlich 2000 € zur Verfügung stehen sollen.

7 Für einen Kredit müssen 137,50 € Zinsen monatlich bei einem Zinssatz von 6,6% p.a. bezahlt werden. Wie hoch ist der Kredit?

Augen auf beim Ratenkauf

Ratenkredite stellen die wohl häufigste Kreditform dar. Der Kredit wird in monatlichen Raten zusammen mit Zinsen und Gebühren zurückgezahlt. Anzahl und damit Höhe der Raten kann unterschiedlich vereinbart werden, je nachdem wie viel der Kreditnehmer monatlich zahlen kann oder will. Dies wird häufig in einem sogenannten Tilgungsplan festgesetzt.

Beachte, dass es bei Ratenkäufen unterschiedliche Angaben von Zinssätzen gibt. Der effektive Jahreszins gibt an, wie hoch der Zinssatz für ein Jahr ist. „Effektiv“ kommt aus dem lateinischen und heisst so viel wie „tatsächlich“. Bei Krediten müssen bei effektivem Zinssatz auch alle Gebühren einbezogen sein.

Teilzahlungspreis in € bei Zahlung in Monatsbeträgen

Monate	3	6	9	12	18	24
Barzahlungs- bzw. Kaufpreis in €	Mindestbestellwert					
	100,00	200,00	300,00	400,00	600,00	800,00
1,00	1,02	1,04	1,06	1,07	1,11	1,14
5,00	5,12	5,20	5,29	5,37	5,55	5,72
10,00	10,23	10,41	10,58	10,73	11,1	11,44
50,00	51,16	52,04	52,88	53,66	55,49	57,2
100,00	102,31	104,08	106,76	107,32	110,96	114,4
150,00	153,47					
200,00	204,62	208,16				
250,00	255,78	260,20				
300,00	306,93	312,24	317,28			
350,00	358,09	364,28	370,16			
400,00	409,24	416,32	423,04	429,28		
450,00	460,40	468,36	475,92	482,94		
500,00	511,55	520,40	528,80	536,60		
550,00	562,71	572,44	581,68	590,26		
600,00	613,86	624,48	634,56	643,92	665,88	
650,00	665,02	676,52	687,44	697,58	721,37	
700,00	716,17	728,56	740,32	751,24	776,86	
750,00	767,33	780,60	793,20	804,90	832,35	
800,00	818,48	832,64	846,08	858,56	887,84	915,20
850,00	869,64	884,68	898,96	912,22	943,33	972,40
900,00	920,79	936,72	951,84	965,88	998,82	1029,60
950,00	971,95	988,76	1004,72	1019,54	1054,31	1086,80
1000,00	1023,10	1040,80	1057,60	1073,20	1109,80	1144,00
1200,00	1227,72	1246,96	1269,12	1287,84	1331,76	1372,80
1500,00	1534,65	1561,20	1586,4	1609,80	1664,70	1716,00
1600,00	1836,96	1665,28	1692,16	1717,12	1775,66	1830,40
2000,00	2046,20	2081,60	2115,20	216,40	2219,60	2268,00
2500,00	2557,75	2602,00	2644,00	2683,00	2774,50	2860,00
3000,00	3069,30	3122,40	3172,80	3219,60	3329,40	3432,00
4000,00	4092,40	4163,20	4230,40	4292,80	4439,20	4576,00
5000,00	5115,50	5204,00	5288,00	5366,00	5549,00	5720,00
Zinsaufschlag	0,77 %	0,66 %	0,64 %	0,61 %	0,61%	0,60 %
	pro Monat × Laufzeit					
Effektiver Jahreszins	14,0 %	14,4 %	14,5 %	14,4 %	14,4 %	14,3 %

Teilzahlung

Bei größeren Anschaffungen können Sie bequem in 3, 6, 9, 12, 18 und in 24 Monatsbeträgen bezahlen. (Bonität vorausgesetzt).

Die monatlichen Zinsaufschläge, die entsprechenden Mindestbestellwerte und die effektiven Jahreszinssätze ersehen Sie aus unsere Teilzahlungstabelle.

Berechnung der Teilzahlungspreise

Die in der Tabelle nicht genannten Werte können Sie leicht errechnen: den Kaufpreis mit den gewünschten Monatsraten und dem entsprechenden Zinsaufschlag malnehmen, durch 100 teilen und den so ermittelten Teilzahlungsaufschlag dem Kaufpreis hinzuzählen.

Beispiel: Kaufpreis		**849,00 €**
Zahlung in 24 Monatsraten,		
Zinsaufschlag 0,60 % pro Monat		
Teilzahlungsaufschlag		
= 849 × 24 × 0,6 : 100	=	122,26 €
Kaufpreis	+	849,00 €
Teizahlungspreis	**=**	**971,26 €**
monatliche Rate		
= 971,26 : 24	=	40,47 €

Fälligkeit der Rate:
Die 1. Rate wird 30 Tage nach Erhalt der Ware fällig, die weiterer Raten jeweils einen Monat später.

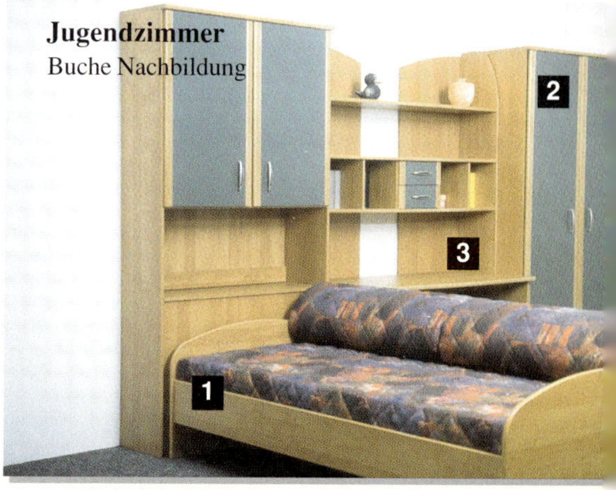

1	Liege	139,- €
2	Kleiderschrank zweitürig	199,- €
3	Schreibteil mit Regalaufsatz	168,- €

Unsere Roller sind supergünstig

Null Anzahlung und z. B. 0,49 % effektiver Jahreszins
Das Beste dabei: Ihr startet mit den Raten erst nach den Ferien.

Easy to buy
0,49 % effektiver Jahreszins bei 12 Monaten Laufzeit. Weitere Laufzeit: 24 Monate mit 9 % effektivem Jahreszins, 36 Monate mit 2,9 % effektivem Jahreszins und 47 Monate mit 3,9 % effektivem Jahreszins.

supergünstig

KTM
1 Zylinder; 2 Takt-Motor
49 cm³; Variomatik
Luftkühlung
Tankinhalt 5,2 Liter
1590,- €

Dragster
1 Zylinder; 2 Takt-Motor
49 cm³;
stufenlose Variomatik
Wasserkühlung
Tankinhalt 7 Liter
2690,- €

...hantom
...ylinder; 2 Takt-Motor
... cm³; Variomatik
...tkühlung
...nkinhalt 8,1 Liter
2040,- €

Tapo
supergünstig
1 Zylinder; 2 Takt-Motor
49 cm³; Variomatik
Luftkühlung
Tankinhalt 4,8 Liter
1550,- €

Namur
1 Zylinder; 2 Takt-Motor
49 cm³; stufenlose Automatik
Wasserkühlung
Tankinhalt 7 Liter plus 2 Liter Reserve
2350,- €

Angebote aus einem Versandhaus:

Leder Kurzjacke Damen	ab 129 €
Lederhose (Damen)	**ab 99 €**
Lammnappa-Blouson (Herren)	**ab 159 €**
Trainingsanzug für Sie	ab 65 €
für Ihn	ab 55 €
Jeans	39,95 €
Sweatshirt	15,95 €
Hose mit Beintasche	29,95 €
Anorak	**39,95 €**
Hi-Fi Minianlage	669 €
Stereo-Radiorecorder	129 €
CD-Porti	**75 €**
Videorecorder	249 €
Fernseher	345 €
Computer	690 €
Taucheruhr	999 €

Kleinkredite, 500 € mit halbjährlicher Laufzeit, effektiver Jahrszins 12 %

☏ (02190) 86782

Peugeot Motorroller zu verk., 1 700,- €.
☏ (02191) 882748

Yamaha DT 80 LC 2, rep.-bedürftig, 380,- €. ☏/ Fax (02191) 73722

Verk. Motorroller Piaggio Zip-Base 50, 25 km/h, 2 135 km. Bj. 97, VB 2500,- €.
☏ (02195) 8371

Motorroller zu verk., 3 500,- €.

Nach dem Geldsegen folgt der Crash
Eine Umfrage (1996) der Verbraucherzentrale ergab, dass 16 % der befragten Jugendlichen zwischen 14 und 17 Jahre ihre Dispo-Konto bei Banken überzogen hatten. In den meisten Fällen „nur" bis zu einer Höhe von umgerechnet durchschnittlich 750 Euro, das Maximum lag allerdings bei 7000 Euro.

Zinseszinsen

Petra will 1500 € auf einem Konto 3 Jahre lang „arbeiten" lassen. Sie erhält 3,2% Zinsen p.a. Die Zinsen werden am Jahresende zum jeweiligen Kapital addiert und mit verzinst. Man spricht hier von **Zinseszinsen**, da die jährlichen Zinsen weiter verzinst werden.

Nach dem **ersten Jahr** ist ihr Kapital von 1500 € (K_0) von 100% auf 103,2% angewachsen:

$K_1 = 1{,}032 \cdot 1500\,€$
$K_1 = 1{,}032 \cdot K_0$

Nach dem **zweiten Jahr** ist ihr Kapital K_1 von 100% auf 103,2% angewachsen:

$K_2 = 1{,}032 \cdot K_1 = 1{,}032 \cdot 1{,}032 \cdot K_0$

Nach dem **dritten Jahr** ist ihr Kapital K_2 von 100% auf 103,2% angewachsen:

$K_3 = 1{,}032 \cdot K_2 = 1{,}032 \cdot 1{,}032 \cdot 1{,}032 \cdot K_0$

Bei gleich bleibendem Zinssatz hat Petra nach 3 Jahren ein Kapital von 1648,66 €.

$K_3 = \mathbf{1{,}032^3} \cdot K_0$
$K_3 = 1{,}032^3 \cdot 1500\,€ \approx 1648{,}66\,€$

Petra kann so auch das Kapital bei gleich bleibendem Zinssatz von 3,2% für beliebige Zeiträume (n Jahre) berechnen. Der Faktor 1,032 wird **Zinsfaktor** genannt. $K_n = \mathbf{1{,}032^n} \cdot K_0$

Der Zinsfaktor ergibt sich allgemein aus $1 + p$, also gilt: $\mathbf{K_n = (1 + p)^n \cdot K_0}$

Oft gibt es Angebote, bei denen sich der Zinssatz ständig ändert. Dann muss man für jedes Jahr die Zinsen einzeln ausrechnen.

Bei Bundesschatzbriefen vom Typ B werden die jährlichen Zinsen zum Kapital addiert und im Folgejahr mit verzinst. Zusätzlich ändern sich die Zinssätze meist von Jahr zu Jahr.

Bundesschatzbriefe Typ B
Geldzuwachs mit wachsendem Zins

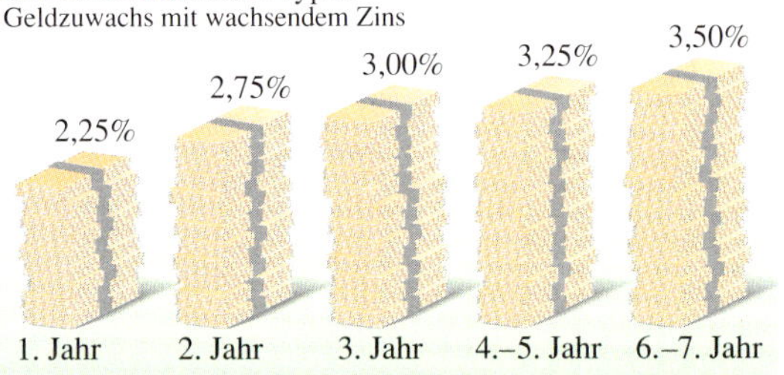

Wir berechnen für ein Anfangskapital von 4000 € am 1. Januar den Kapitalzuwachs nach 3 Jahren und füllen schrittweise das „Berechnungsformular" aus.

4000 € bringen nach einem Jahr 2,25% Zinsen.
$Z_1 = 4000\,€ \cdot 0{,}0225 = 90\,€$.
Die Zinsen werden zum Kapital addiert.

Im 2. Jahr wurden 4090 € mit 2,75% verzinst.
$Z_2 = 4090\,€ \cdot 0{,}0275 \approx 112{,}48\,€$

Im 3. Jahr wurden 4202,48 € mit 3% verzinst.
$Z_3 = 4202{,}48\,€ \cdot 0{,}03 \approx 126{,}07\,€$

Anfangskapital am 01.01.	4000,00 €
Zinsen für das 1. Jahr	90,00 €
Kapital nach 1 Jahr	4090,00 €
Zinsen für das 2. Jahr	112,48 €
Kapital nach 2 Jahren	4202,48 €
Zinsen für das 3. Jahr	126,07 €
Kapital nach 3 Jahren	4328,55 €

Nach 3 Jahren hat sich das Kapital auf 4328,55 € erhöht.

Übungen

1 Welche Geldanlage ergibt nach 3 Jahren für 2000 € das größere Endkapital?
I. Zinssatz 4,25% p.a. (fest)
II. Zinssatz im ersten Jahr 3,75%, im zweiten Jahr 4,2%, im dritten Jahr 4,4%

2 Berechne das Kapital nach 5 Jahren, wenn 3600 € in der Zeit mit Zinseszinsen bei einem Zinssatz von 2,75% p.a. angelegt werden.

3 Berechne den Kapitalzuwachs mit Bundesschatzbriefen vom Typ B nach 7 Jahren für ein Kapital von 2500 € (5000 €; 7500 €).

1 Berechne die Zinsen für ein Jahr.
a) 174 € werden mit 1,9 % verzinst.
b) 620 € werden mit 2,5 % verzinst.
c) 2500 € werden mit 4,5 % verzinst.
d) 3250 € werden mit 5,2 % verzinst.

2 Berechne die Anzahl der Tage für diesen Zeitabschnitt.
a) vom 01.02. bis 01.05.
b) vom 10.02. bis 09.05.
c) vom 16.05. bis 14.08.
d) vom 02.11. bis 16.12.

3 Berechne die Zinsen für den Zeitraum.
a) 785 € werden 37 Tage mit 2,2 % verzinst
b) 619 € werden 84 Tage mit 1,9 % verzinst
c) 926 € werden 244 Tage mit 4,3 % verzinst
d) 1035 € werden 315 Tage mit 4,5 % verzinst

4 Berechne die Zinsen für den Zeitraum.
a) 837 € zu 1,85 % vom 01.10. bis 03.12
b) 1328 € zu 3,9 % vom 28.09. bis 30.10.
c) 1450 € zu 5,5 % vom 18.05. bis 03.10.

5 Ein Darlehen von 2360 € brachte nach einem Jahr 112,10 € Zinsen. Mit welchem Zinssatz wurde das Darlehen verzinst?

6 Ein Sparer möchte halbjährlich 600 € Zinsen für sein Konto erhalten. Wie viel Euro muss er dazu bei einer Verzinsung von 4 % auf seinem Konto angelegt haben?

7 Ein Gewinn von 18 500 € wird 4 Monate lang auf einem Konto angelegt, das mit 3,9 % verzinst wird. Welchen Geldbetrag bekommt man nach dieser Zeit ausgezahlt?

8 Ein Vermögen bringt bei einer Verzinsung von 4,25 % p.a. monatlich 4250 € Zinsen. Berechne das Kapital, das angelegt wurde.

9 Frau Seifert hat bei einer Lotterie Geld gewonnen und das Geld sofort für 3 Monate bei einer Bank angelegt. Sie erhält 1800 € Zinsen bei einer Verzinsung mit 4,2 % p.a. Welchen Betrag hat sie gewonnen?

10 Jaqueline kauft ein Moped für 900 €. Bei Barzahlung gewährt der Händler 2 % Preisnachlass. Da Jaqueline nur 500 € sofort aufbringen kann, muss sie den Restbetrag finanzieren. Dazu hat sie diese Möglichkeiten:
I. Sie überzieht ihr Konto 30 Tage lang über den Fehlbetrag und muss 3,60 € Überziehungszinsen bezahlen.
II. Sie nimmt für den Betrag für ein Jahr ein Darlehen auf, das mit 8,5 % verzinst wird.
Welche Möglichkeit ist günstiger?

11 Herr Bahr muss eine Rechnung über 650 € innerhalb von 30 Tagen zahlen. Bei Zahlung innerhalb von 8 Tagen erhält er 2 % Preisnachlass.
a) Welcher Betrag wird gespart, wenn Herr Bahr am 8. Tag die Rechnung begleicht?
b) Wie viel spart Herr Bahr doch noch, wenn er am 8. Tag die Rechnung begleicht, dabei aber sein Konto über diesen Betrag überzieht. Für 22 Tage werden 9,5 % Überziehungszinsen berechnet.

12 Vervollständige die Tabelle im Heft bei einer Verzinsung mit 1,85 %.

Datum	Tage	Auszahlung	Einzahlung	Guthaben	Zinsen
30.12.				256,00	
06.04.		——	375,00		
05.05.		——	160,00		
02.12.		750,00	——		
30.12.					
			Zinsen für das Jahr		

13 Welches Kapital hat man nach 4 Jahren mit Bundesschatzbriefen vom Typ B (S. 146) bei der folgenden Geldanlage?
a) 2000 € b) 3000 € c) 3500 € d) 6500 €

14 Berechne das Kapital nach der Laufzeit bei gleich bleibendem Zinssatz.

	a)	b)	c)	d)
Kapital	500 €	2000 €	10 000 €	5000 €
Zinssatz	3,6 %	4,5 %	4,55 %	4,75 %
Laufzeit	5 Jahre	8 Jahre	10 Jahre	12 Jahre

Frau Bonse hat 1500 € zu 3% p. a. auf ihrem Konto. Sie will nach 275 Tagen ihr Kapital einschließlich der Zinsen vom Konto abheben.
Bevor sie zur Bank geht, hat sie den zu erwartenden Geldbetrag mithilfe der Zinsformel ausgerechnet.

Frau Bonse bekommt 1534,38 € ausgezahlt.

$Z = K_0 \cdot p\% \cdot \frac{t}{360}$
$Z = 1500\,€ \cdot 0{,}03 \cdot \frac{275}{360}$
$Z = 34{,}38\,€$

$K = K_0 + Z$
$K = 1500\,€ + 34{,}38\,€$
$K = 1534{,}38\,€$

Um sich Zinsen und Kapital berechnen zu lassen, kommen häufig Kunden zu den Geldinstituten. Stets wiederkehrende Rechnungen werden mit Computerprogrammen automatisiert. Man braucht nur die Eingangswerte einzugeben, den Rest rechnet das Programm.

Solche Möglichkeiten bieten auch Programme zur **Tabellenkalkulation**.
In diesem Formular sind von verschiedenen Konten Kapitalberechnungen durchgeführt worden.

	A	B	C	D	E	F
1	Konto-Nr.	Anfangs-kapital in €	Zinssatz	Anzahl der Zinstage	Zinsen in €	Endkapital in €
2	4376500153	1.500,00	3,00%	275	34,38	1.534,38
3	1198340269	2.700,00	3,00%	180	40,50	2.740,50
4	5873129082	15.000,00	3,50%	300	437,50	15.437,50
5	8561437515	4.370,00	3,10%	120		

1 In der Tabelle fehlen die zu berechnenden Werte für das Konto 8561437515.
a) Berechne die Zinsen.
b) Gib das Endkapital an.

Bei der Tabellenkalkulation besteht das Formular aus Spalten und Zeilen. Die Spalten werden mit Großbuchstaben bezeichnet, die Zeilen mit Zahlen. Dadurch entstehen die **Zellen**. Jede Zelle erhält durch die Spalte und durch die Zeile, in der sie steht, eindeutig ihre eigene Bezeichnung.

Zum Beispiel sind die 40,50 € Zinsen für das Konto 1198340269 in der **Zelle E3** zu finden.

2 Welche Zelle der Tabelle enthält die folgende Angabe?
a) das Anfangskapital des Kontos 5873129082
b) die Kontonummer des Kontos, das mit 3,5% verzinst wird
c) das Endkapital des Kontos 4376500153

In die Tabelle müssen das Anfangskapital, der Zinssatz und die Zinstage eingegeben werden. Die Zinsen und das Endkapital werden durch das Programm berechnet.

	A	B	C	D	E	F
1	Konto-Nr.	Anfangs-kapital in €	Zinssatz	Anzahl der Zinstage	Zinsen in €	Endkapital in €
2	4376500153	1500	0,03	275	=B2*C2*D2/360	=B2+E2
3	1198340269	2700	0,03	180	=B3*C3*D3/360	=B3+E3
4	5873129082	15000	0,035	300	=B4*C4*D4/360	=B4+E4

Hinter den Zinsen in der Zelle E3 „verbirgt" sich eine **Formel**, die sich aus der Zinsformel ableitet. $Z = K_0 \cdot p\% \cdot t : 360$
E3 = **B3*C3*D3/360**

Damit das Programm einen Eintrag als Formel erkennt, muss dieser mit einem Gleichheitszeichen eingeleitet werden. Hier sind einige Formeln mit ihrer Bedeutung vorgestellt:

=A7+B9	Zellenwert von A7 wird zum Zellenwert von B9 addiert
=C7-D7	Zellenwert von D7 wird vom Zellenwert von C7 subtrahiert
=E8*B2	Zellenwert von E8 wird mit dem Zellenwert von B2 multipliziert
=A1/B9	Zellenwert von A1 wird durch den Zellenwert von B9 dividiert

=A1+B3*C3	multipliziert den Zellenwert von B3 und C3 und addiert das Ergebnis zum Zellenwert von A1
=(D4-F5)/A2	subtrahiert den Zellenwert von F5 vom Zellenwert von D4 und dividiert das Ergebnis durch den Zellenwert von A2
=SUMME(D2:D9)	addiert alle Zahlenwerte in der Spalte D von D2 bis D9

Übungen

Bearbeite die folgenden Aufgaben möglichst mit einem Tabellenkalkulationsprogramm. Nimm bei der Eingabe der Formeln das Handbuch des Programms zu Hilfe. Die verschiedenen Programme können sich darin geringfügig unterscheiden. Die Angaben sind aber auch mit dem Taschenrechner lösbar. Dazu müssen die Tabellen ins Heft übertragen und entsprechend ausgefüllt werden. Sollen in Aufgaben Formeln für die Tabellenkalkulation genannt werden, können sie mithilfe der Beispiele auf Seite 148 auch ohne das Tabellenkalkulationsprogramm aufgestellt werden.

3 Übertrage das Formular von Seite 148.

a) Ergänze die fehlenden Formeln.

b) Auf seinem Konto 7894532778 hatte Herr Kleinholz mit dem Zinssatz 2,5% für 165 Tage 3432 € angelegt. Fülle damit die Zeile 6 in dem Formular aus.

c) Auf ihrem Konto 3472159008 hatte Frau Kleinholz mit 2,75% Verzinsung 245 Tage lang 4532 € angelegt. Erweitere damit das Formular.

4 Gib für jedes Konto die Formel für den Kapitalzuwachs an und rechne aus.

	A	B	C	D
1	Kontonummer	Anfangskapital in €	Endkapital in €	Kapitalzuwachs
2	35686	2563	2653	
3	12088	1432	1543	
4	43297	145,70	163,04	
5	76090	17 564,87	19 233,53	

5 Bestimme die Formeln und vervollständige die Tabelle.

	A	B	C	D
1	Anfangskapital in €	Zinssatz	Zinsen in €	Endkapital in €
2	1300	0,03		
3	7850	0,025		
4	1380	0,02		
5	1570	0,035		
6	8900	0,04		

6 Frau Bergrath hat 3500 € für 5 Jahre bei gleich bleibender Verzinsung mit 4% angelegt.

a) Entwirf eine Tabelle nach diesem Muster.

	A	B	C	D	E
1	Jahr	Kapital am Jahresanfang in €	Zinssatz	Zinsen am Jahresende in €	Kapital am Jahresende in €
2	1	3500,00	0,04	149,00	3640,00
3	2	3640,00			

Beachte, dass schon einige der hier angegebenen Zahlen durch Formeln berechnet wurden.

b) Ergänze die fehlenden Formeleinträge.

	A	B	C	D	E
1	Jahr	Kapital am Jahresanfang in €	Zinssatz	Zinsen am Jahresende in €	Kapital am Jahresende in €
2	1	3500,00	0,04		
3	2	=E2			
4	3				
5	4				
6	5				

7 Frau Taufenbach hat bei ihrer Bank mehrere Konten. Am Jahresende hat die Bank die Jahreszinsen mitgeteilt. Da Zinsen steuerpflichtig sind, wurde unter anderem auch die Gesamtsumme der Zinsen von der Bank errechnet.

a) Entwirf eine Tabelle nach diesem Muster.

	A	B	C	D
1	Kontonummer	Anfangskapital in €	Zinsen in €	Zinssatz
2	657890	10 000,00	400,00	
3	089653	7500,00	281,25	
4	96421	570,00	11,40	
5	649821	8425,00	337,00	
6	Summe:			
7	Gesamtkapital:			

b) Bestimme Formeln für die Zellen B6 und C6.

c) In Zelle B7 soll das Gesamtkapital einschließlich der Zinsen stehen. Welche Formel muss eingetragen werden?

d) Bestimme die Formeln, mit der in Spalte D für jedes Konto der Zinssatz p. a. berechnet wird und vervollständige die Tabelle.

checkpoint

1 Berechne die fehlenden Größen. (6 Punkte)

	a)	b)	c)	d)
Kapital *K*	12 500 €	7500 €		15 000 €
Zinsen *Z*			800 €	50 €
Prozentsatz *p*%	6%	3,6%	8%	

2 Wadimir zahlt 250 € für ein Jahr auf sein Sparbuch. Wie viel Geld bekommt er bei einem Zinssatz von 1,9%? (2 Punkte)

3 Für ein Darlehen von 4500 € müssen jährlich 292 € Zinsen bezahlt werden. Welcher Zinssatz wird angewendet? (3 Punkte)

4 Eine Rechnung über 420 € wurde erst 108 Tage nach der Fälligkeit beglichen, dafür werden 10,5% Verzugszinsen gefordert. Wie viel musste mehr bezahlt werden? (3 Punkte)

5 Frau Rode hat eine Erbschaft gemacht. Sie legte das Geld zu 6% an und erhielt nach einem Jahr 585 € gut geschrieben. Wie hoch war die Erbschaft? (3 Punkte)

6 Martina will sich ein Mountainbike für 720 € kaufen. Sie hat nur die Hälfte des Geldes und überzieht ihr Konto 4 Monate lang bei einem Zinssatz von 10,2% Überziehungszinssatz. Wie viel muss sie dafür bezahlen? (4 Punkte)

3 Beim Kauf eines Rollers für 2100 € wurde die Hälfte angezahlt und die Restschuld nach 6 Monaten mit 1089,90 € beglichen. Mit welchem Prozentsatz wurden die Schulden verzinst? (5 Punkte)

4 Frau Zinno hat ihr Konto vom 12.2. bis 15.3. um 1900 € überzogen. Wie viel Zinsen muss sie bezahlen, wenn der Zinssatz dafür 10,75% beträgt? (5 Punkte)

5 Herr Fuchs zahlte 2400 € in seinen Bausparvertrag. Welches Kapital hatte er nach 3 Jahren bei dem gleich bleibenden Zinssatz von 3,5% p. a.? (5 Punkte)

6 Christian benötigt für ein neues Fahrrad 448 €. Wie lange müsste er 4800 € bei einem Zinssatz von 7% auf seinem Konto lassen, um von den Zinsen das Fahrrad kaufen zu können? (6 Punkte)

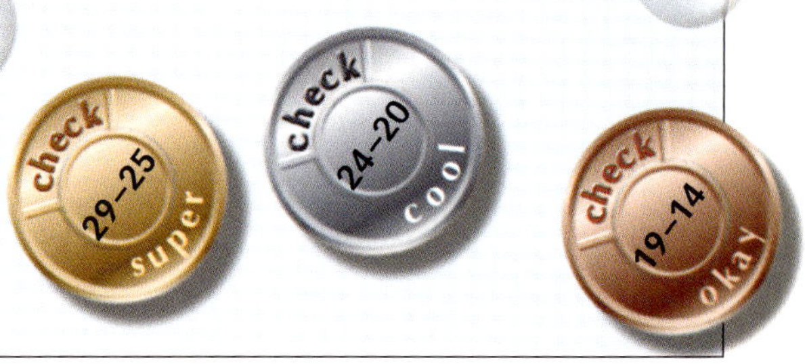

Zufall

700
AUSSETZEN
2000
3000
4000
1500
5000
BANKROTT
400
GLÜCKSRAD GLÜCKSRAD GLÜCKSRAD

Laplace-Wahrscheinlichkeit

Nina, Anna und Kevin haben den abgebildeten Baustein jeweils 50-mal mit einem Würfelbecher auf eine Tischplatte geworfen und notiert, welche Seitenfläche oben liegt.

	1	2	3	4	Noppenseite	Lochseite
Nina	1	6	0	3	16	24
Anna	0	7	0	6	16	21
Kevin	0	4	0	8	13	25

Die Ergebnisse zeigen, dass für die verschiedenen Seitenflächen die Wahrscheinlichkeit oben zu liegen nicht gleich groß ist.

Beim Spielwürfel dagegen nimmt man den Idealfall an, dass die Wahrscheinlichkeit oben zu liegen für alle Seitenflächen gleich groß ist. Daher ist die Wahrscheinlichkeit für jedes mögliche Würfelergebnis gleich groß.

Beim 6er-Würfel beträgt die Wahrscheinlichkeit für jedes mögliche Ergebnis $\frac{1}{6} \approx 0{,}167$, also $\approx 16{,}7\,\%$.

1 Wie groß ist die Wahrscheinlichkeit für jedes mögliche Ergebnis beim 12er-Würfel (20er-Würfel)?

Zufallsexperimente, bei denen alle Ergebnisse gleich wahrscheinlich sind, nennt man **Laplace-Experimente**.

Bei einer Anzahl von n möglichen Ergebnissen beträgt die Wahrscheinlichkeit für jedes Ergebnis $\frac{1}{n}$. Man spricht in diesem Fall von einer **Laplace-Wahrscheinlichkeit**.

Beispiel

Wie groß ist die Wahrscheinlichkeit dafür, dass bei dem abgebildeten Glücksrad mit acht gleich großen Feldern die 3 gewinnt?

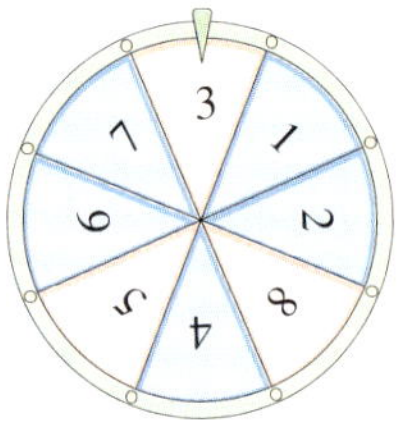

8 mögliche Ergebnisse, also $n = 8$
Wahrscheinlichkeit $\frac{1}{8} = 0{,}125 = 12{,}5\,\%$

Die Wahrscheinlichkeit, dass die 3 gewinnt, beträgt 12,5 %.

Info

Der Franzose **Pierre Simon Laplace** wurde am 28. März 1749 in einem Dorf in der Normandie geboren und starb am 5. März 1827 in Paris.
Die wissenschaftlichen Untersuchungen von Laplace dienten dem Ziel, physikalische Vorgänge oder Naturerscheinungen mithilfe der Mathematik zu erklären. Besonders bedeutsam waren seine Bücher über die Wahrscheinlichkeitsrechnung. Laplace war der Ansicht, dass es keinen Zufall gab. Das Problem sei nur das Unvermögen des Menschen, alle Vorgänge berechnen und damit vorhersehen zu können.

Übungen

2 Entscheide und begründe, ob es sich bei den folgenden Experimenten um ein Laplace-Experiment handelt oder nicht.
a) Eine Geldmünze wird geworfen; Kopf oder Zahl.
b) Ein Elfmeter wird geschossen; Tor oder nicht.

c) Ein Marmeladenbrot fällt vom Tisch; Marmeladenseite oder Unterseite.
d) Ein Dartpfeil wird auf die Dartscheibe geworfen; Treffer oder nicht.

3

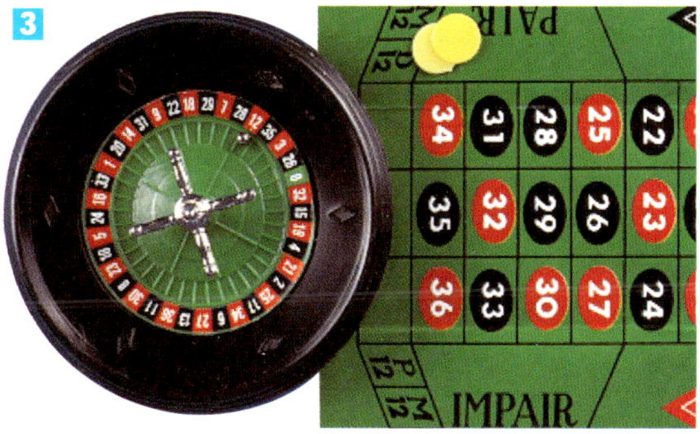

a) Berechne die Wahrscheinlichkeit, dass beim Roulette nach einer Drehung die Zahl 17 gewinnt.
b) Wie groß ist die Wahrscheinlichkeit, dass die Kugel nach einer Drehung auf die 35 rollt?
c) Das Roulette wird 185-mal gedreht. Wie oft wird erwartungsgemäß die Null auftreten?

4 a) Ein Skatspiel besteht aus 32 Karten. Berechne die Wahrscheinlichkeit dafür, dass du verdeckt die Herz-Dame ziehst.
b) Ein Romméspiel besteht aus 52 Karten. Wie groß ist die Wahrscheinlichkeit dafür, dass du die Pik-Sieben ziehst?

5 In der Wahrscheinlichkeitsrechnung bezeichnet man ein Gefäß, aus dem man Kugeln oder Ähnliches zieht, als **Urne**. Die bekannteste Urne ist wohl die Lottotrommel aus dem Fernsehen.

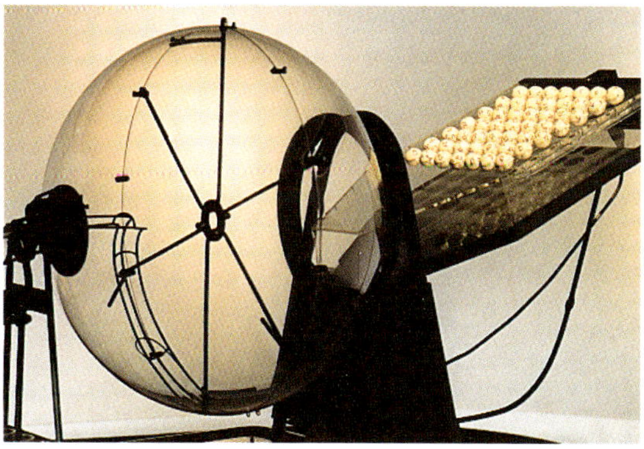

a) Wie groß ist die Wahrscheinlichkeit, dass die 14 als erste Zahl gezogen wird?
b) Bei einer Lottoziehung werden die Zahlen 14, 36, 5, 3, 41 und 11 gezogen. Wie groß ist die Wahrscheinlichkeit, dass die 20 als Zusatzzahl gezogen wird?

6 In einer Urne liegen eine schwarze und fünf weiße Kugeln.
a) Wie groß ist die Wahrscheinlichkeit, dass du beim „blinden" Hineingreifen die schwarze Kugel ziehst?
b) Alexandra hat beim ersten Zug eine weiße Kugel erwischt. Sie legt sie nicht wieder zurück. Berechne nun die Wahrscheinlichkeit, dass sie nun beim zweiten Versuch die schwarze Kugel zieht.

7 In einer Urne befinden sich 10 Kugeln. Bei 100 Versuchen wird 63-mal eine weiße und 37-mal eine schwarze Kugel gezogen. Wie viele weiße und wie viele schwarze Kugeln befinden sich wahrscheinlich in der Urne?

8 Jörg zieht aus einem gut gemischten Skatspiel (32 Karten) eine Karte. Berechne die Wahrscheinlichkeit dafür, dass er zufällig
a) den Herz-König,
b) eine Zahl,
c) ein schwarzes As,
d) eine Pik-Karte zieht.

Summenregel

Sabrina greift mit verbundenen Augen in die Urne. Sie entnimmt zufällig eine Kugel.

Wie groß ist die Wahrscheinlichkeit, dass sie eine rote Kugel erwischt?

Bei diesem Versuch handelt es sich um ein Laplace-Experiment.

Da alle Ergebnisse gleich wahrscheinlich sind, gilt:

$$\text{Wahrscheinlichkeit des Ereignisses} = \frac{\text{Anzahl der günstigen Ergebnisse}}{\text{Anzahl der möglichen Ergebnisse}}$$

Die Wahrscheinlichkeit, dass Sabrina eine rote Kugel zieht, beträgt $\frac{2}{7} \approx 0{,}286$, also $\approx 28{,}6\%$.

Man kann diese Wahrscheinlichkeit auch anders berechnen. Jede einzelne Kugel wird mit der Wahrscheinlichkeit $\frac{1}{7}$ gezogen. Günstig für Sabrina sind die Kugeln 1 und 6.

Wahrscheinlichkeit, dass eine rote Kugel gezogen wird: $\frac{1}{7} + \frac{1}{7} = \frac{2}{7} \approx 0{,}286$.

Sabrina zieht mit einer Wahrscheinlichkeit von ungefähr 28,6% eine rote Kugel.

Die Berechnung der Wahrscheinlichkeit eines Ereignisses durch Addition der Wahrscheinlichkeiten der günstigen Ergebnisse gilt auch für Zufallsexperimente, die keine Laplace-Experimente sind.

Bei Zufallsexperimenten gilt die **Summenregel** zur Berechnung von Wahrscheinlichkeiten.

Man berechnet die Wahrscheinlichkeit eines Ereignisses, indem man die Wahrscheinlichkeiten der günstigen Ergebnisse addiert.

Beispiel

Wie groß ist die Wahrscheinlichkeit dafür, dass bei dem abgebildeten Glücksrad ein Gewinn erzielt wird?

Wahrscheinlichkeit für einen Hauptgewinn:
$\frac{1}{12} \approx 0{,}083$, also $\approx 8{,}3\%$

Wahrscheinlichkeit für einen Kleingewinn:
$\frac{3}{12} = \frac{1}{4} = 0{,}25 = 25\%$

Wahrscheinlichkeit für einen Gewinn:
$\frac{1}{12} + \frac{3}{12} = \frac{4}{12} = \frac{1}{3} \approx 0{,}333$, also $\approx 33{,}3\%$

Die Wahrscheinlichkeit für einen Gewinn beträgt ungefähr 33,3%.

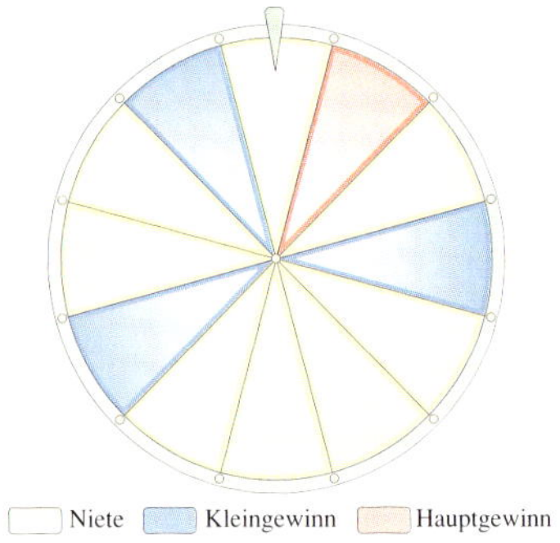

Übungen

1 Jana zieht eine Karte aus einem Skatspiel (32 Karten).

Wie groß ist die Wahrscheinlichkeit, dass folgendes Ereignis eintritt?
a) die Karo-Sieben
b) ein Bube
c) eine Dame oder ein König
d) das Herz-As oder eine Acht
e) eine Kreuz-Karte oder die Pik-Sieben
f) eine rote Karte oder eine Zehn.

2 Britta wirft dreimal hintereinander eine Münze. Wie groß ist die Wahrscheinlichkeit, dass zweimal „Zahl" erscheint?

3 Berechne die Wahrscheinlichkeit dafür, dass Agnes an einem Sonntag oder Mittwoch geboren wurde.

4 In einer Lostrommel befinden sich 112 Nieten, 69 Kleingewinne und 19 Hauptgewinne. Wie groß ist die Wahrscheinlichkeit,
a) einen Kleingewinn,
b) eine Niete oder einen Kleingewinn,
c) einen Gewinn zu ziehen?

5 Von 30 Schülerinnen und Schülern einer Klasse kommen 8 mit dem Bus zur Schule und 12 mit dem Fahrrad. 4 Schülerinnen und Schüler gehen zu Fuß zur Schule, 3 werden mit dem Auto gebracht. Wie groß ist die Wahrscheinlichkeit, dass ein zufällig ausgewählter Schüler bzw. eine Schülerin
a) mit dem Fahrrad,
b) mit dem Fahrrad oder zu Fuß,
c) nicht mit dem Fahrrad
zur Schule kommt?

6 Bei einem Fußballturnier schießen die Teilnehmer auf die Torwand. Dabei wurde zu 35% einmal getroffen, zu 15% zweimal, zu 8% dreimal und zu 42% keinmal. Wie groß ist die Wahrscheinlichkeit, dass ein zufällig ausgewählter Spieler die Torwand mindestens einmal trifft?

7 Zeichne ein Glücksrad mit 16 gleich großen Feldern. Färbe die Felder so rot, blau, gelb und grün ein, dass rot mit der Wahrscheinlichkeit $\frac{1}{8}$, blau mit $\frac{1}{4}$, gelb mit $\frac{3}{16}$ und grün mit $\frac{7}{16}$ „erdreht" werden könnte.

8 Berechne die Wahrscheinlichkeit, mit der beim Roulette die Kugel auf eine ungerade Zahl fällt.

9 Danny wirft vier Münzen.

Berechne die Wahrscheinlichkeit dafür, dass
a) genau drei Münzen „Zahl" zeigen,
b) mindestens 2 Münzen „Kopf" zeigen,
c) mindestens 3 Münzen „Zahl" zeigen.

10 Dustin würfelt mit zwei Würfeln. Bei dem Spiel „Backgammon" ist es günstig, einen „Pasch" zu erzielen.

Bei einem „Pasch" zeigen beide Würfel die gleiche Augenzahl. Wie groß ist die Wahrscheinlichkeit, dass Dustin mit einem Wurf einen „Pasch" wirft?

11 Berechne die Wahrscheinlichkeit, bei einem Wurf mit zwei 12er-Würfeln einen „Pasch" zu erhalten.

Viele Schülerinnen und Schüler behaupten, bestimmte Nahrungsmittel oder Getränke geschmacklich besonders gut unterscheiden zu können. Solche Behauptungen kann man mit einem einfachen Test überprüfen.

Die Klasse 8 c untersucht die Frage, wer Leitungswasser von Mineralwasser ohne Kohlensäure geschmacklich unterscheiden kann. Dazu werden drei Glaskaraffen beschriftet. Durch Los oder Münzwurf bestimmt werden sie zufällig mit Leitungswasser oder Mineralwasser gefüllt. Es ist dabei theoretisch möglich (wenn auch nicht wahrscheinlich), dass in allen drei Karaffen die gleiche Wassersorte ist.
Keine Testperson weiß, womit die Karaffen gefüllt sind. Jede Testperson kostet nun das Wasser in den einzelnen Karaffen und notiert, welche Wassersorte sich nach ihrer Meinung darin befindet. Später wird die tatsächliche Füllung bekannt gegeben.

Viele Schülerinnen und Schüler haben 2 oder 3 Treffer. Sind auch diejenigen „gute Wasserschmecker“, die nur zwei Wassersorten richtig erkannt haben?

Wir berechnen die Wahrscheinlichkeit dafür, dass eine Testperson rein zufällig durch Raten ohne zu schmecken genau 2 Treffer erreicht. Dazu veranschaulichen wir alle Möglichkeiten und ihre Wahrscheinlichkeiten in einem **Baumdiagramm**.

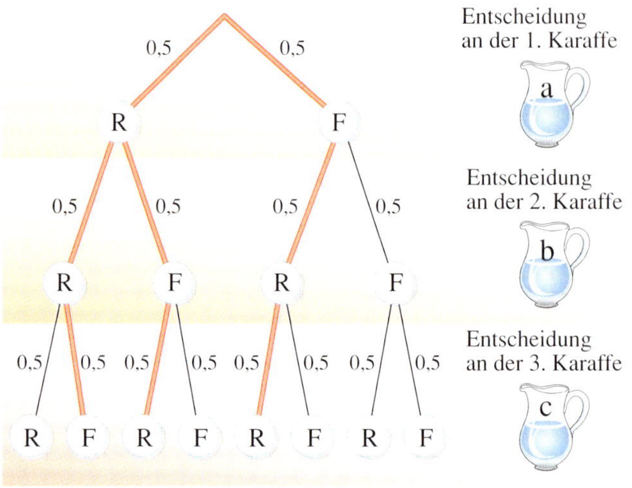

Bei jedem Versuch beträgt die Wahrscheinlichkeit jeweils $\frac{1}{2} = 0{,}5$, sich richtig (R) bzw. falsch (F) zu entscheiden.

Es gibt im Baumdiagramm 3 von 8 **Pfaden**, die genau zwei richtige Entscheidungen darstellen:

- (R)—(R)—(F)
- (R)—(F)—(R)
- (F)—(R)—(R)

Die Wahrscheinlichkeit für jeden Pfad ergibt sich aus den Einzelwahrscheinlichkeiten bei jeder Entscheidung.
Sie beträgt 0,125.

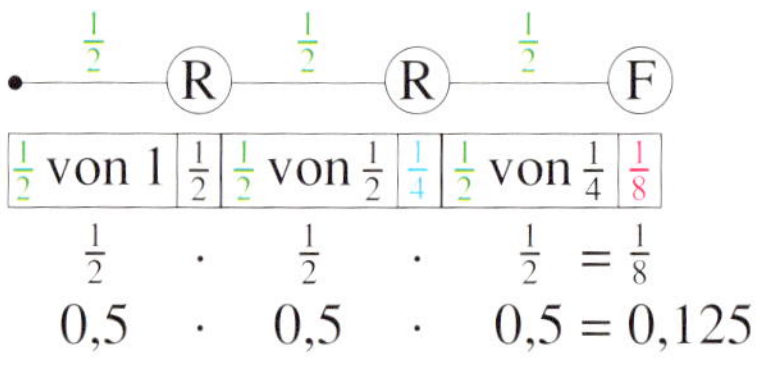

Nach der Summenregel beträgt die Wahrscheinlichkeit, dass eine Testperson zufällig genau 2 Treffer erzielt, $0{,}125 + 0{,}125 + 0{,}125 = 0{,}375 = 37{,}5\,\%$.
Daher ist es sinnvoll, nur bei 3 Treffern von einem „guten Schmecker“ zu sprechen.

Bei mehrstufigen Zufallsexperimenten, die sich in einem Baumdiagramm darstellen lassen, gilt die **Pfadregel**.

Die Wahrscheinlichkeit eines Pfads erhält man, indem man die Wahrscheinlichkeiten längs des Pfads miteinander multipliziert.

Beispiel

Wie groß ist die Wahrscheinlichkeit dafür, dass aus 5 verdeckten Karten (2 Buben, 3 Damen) zweimal hintereinander eine Dame gezogen wird?

Wahrscheinlichkeit für das Ziehen von Buben: 2 von $5 = \frac{2}{5} = 0{,}4$; von Damen: 3 von $5 = \frac{3}{5} = 0{,}6$

Längs des Pfads •—(D)—(D) ergibt sich zweimal die Wahrscheinlichkeit 0,6.

$0{,}6 \cdot 0{,}6 = 0{,}36 = 36\%$.

Die Wahrscheinlichkeit dafür, dass zweimal hintereinander eine Dame gezogen wird, beträgt 36%.

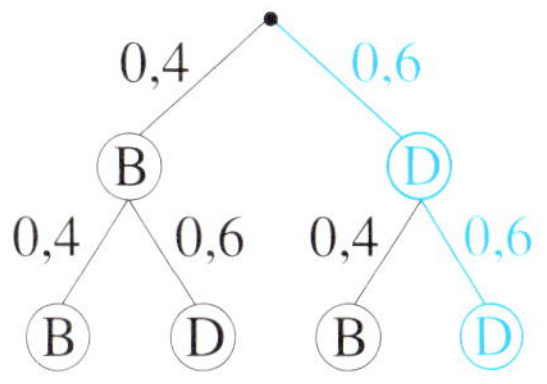

Übungen

1 Sicherlich kennst du das Spiel „Papier-Schere-Stein". Zwei Spieler zählen bis drei und zeigen dann gleichzeitig mit einer Hand Schere, Stein oder Papier.
Es gelten die Regeln „Papier wickelt Stein", „Stein schleift Schere", „Schere schneidet Papier". Zeigen beide Spieler dasselbe Zeichen, ist das Spiel unentschieden.

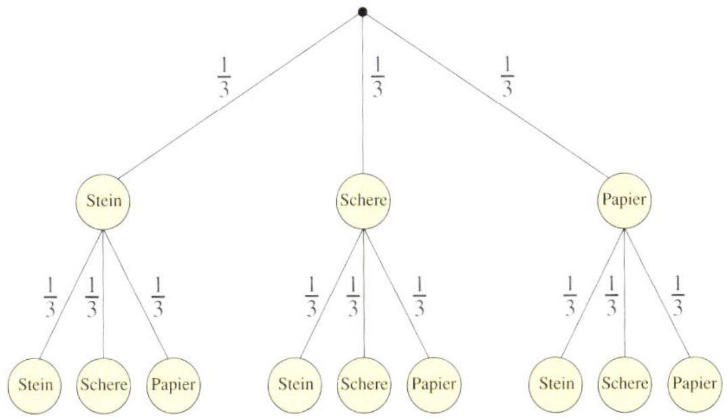

a) Gib alle möglichen Spielergebnisse an.
b) Wie groß ist die Wahrscheinlichkeit, dass das Spiel unentschieden ausgeht?
c) Bestimme die Wahrscheinlichkeit dafür, dass das Spiel zweimal (dreimal) hintereinander unentschieden endet.
d) Gib eine Formel für die Wahrscheinlichkeit an, dass das Spiel n-mal hintereinander unentschieden endet.

2 Berechne mit der Pfadregel die Wahrscheinlichkeit dafür, dass beim dreimaligen Werfen einer Münze keinmal „Zahl" erscheint. Zeichne ein Baumdiagramm.

3 Berechne die Wahrscheinlichkeit dafür, dass man bei drei Versuchen mit einem normalen Spielwürfel wenigstens einmal die 6 erzielt. Zeichne dazu ein Baumdiagramm.

4 Denise hat 7 Spielkarten verdeckt auf den Tisch gelegt: 4 Buben, 2 Damen und ein As. Berechne die Wahrscheinlichkeit dafür, dass man bei drei Versuchen
a) genau 2 Buben,
b) mindestens 2 Buben,
c) 3 Damen,
d) mindestens 1 As,
e) genau 1 As,
f) mindestens 1 Buben zieht.

5 Eine Klasse führt einen Geschmackstest zur Untersuchung zweier Sorten Vollmilchschokolade durch. Dazu werden vier zufällig bestimmte Proben A, B, C und D bereitgestellt.

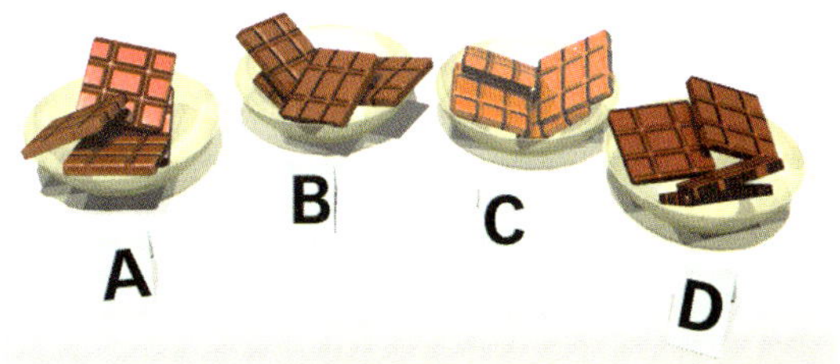

a) Zeichne ein Baumdiagramm.
b) Berechne die Wahrscheinlichkeit dafür, dass jemand zufällig mindestens drei Treffer erzielt.
c) Entscheide und begründe, wann man bei diesem Test von einem „guten Schmecker" sprechen kann.

6 Bei Mario liegen 6 schwarze, 2 rote und 4 blaue Socken in einer Schublade des Schrankes wild durcheinander.

Mario greift ohne hinzuschauen hinein. Bestimme die Wahrscheinlichkeit dafür,
a) dass er nach drei Versuchen mindestens zwei Socken gleicher Farbe,
b) dass er nach vier Versuchen mindestens zwei Socken gleicher Farbe,
c) dass er nach vier Versuchen mindestens zwei blaue Socken gezogen hat.

7 An einer Eisbude am Strand werden 11 verschiedene Sorten Eis verkauft, darunter 5 Sorten Fruchteis.

Tatjana wählt zufällig 3 verschiedene Eissorten aus. Zeichne ein Baumdiagramm und berechne die Wahrscheinlichkeit dafür, dass sie mindestens (genau) zwei Fruchteissorten erhalten hat.

Info

Bereits vor etwa 300 Jahren stellte der Engländer John Arbuthnot (1667–1735) fest, dass die Wahrscheinlichkeit für eine Jungengeburt größer als 0,5 ist. Er sah darin eine göttliche Vorsehung, durch die die Verluste an Männern durch Kriege ausgeglichen werde.
Daniel Bernoulli (1700 – 1782) vermutete zunächst, es sei Zufall, dass mehr Jungen als Mädchen geboren werden. Nach Auswertung von Geburtenstatistiken in Frankreich berechnete Laplace die relative Häufigkeit von Jungengeburten mit $\frac{22}{43} \approx 0{,}512$ und bei Mädchen mit $\frac{21}{43} \approx 0{,}488$. Heute weiß man, die Ursache dafür ist genetischer Art.
In Deutschland betrug 1997 die relative Häufigkeit für die Geburt eines Jungen 0,513.

8 Wie wahrscheinlich ist es, dass in einer Familie mit 4 Kindern genau 3 Mädchen sind? Beantworte mithilfe eines Baumdiagramms.

9 Viele Einstellungstests sind als „Multiple-Choice“ gestaltet. Bei dieser Methode muss der Prüfling unter mehreren vorgegebenen Antworten die richtige auswählen.

Zahlensymbole

Welche Zahl bzw. Ziffer muss für das Symbol ● eingesetzt werden, damit sich eine korrekte Gleichung ergibt?

① ● + ● = ◧ ▲ ⓐ 1; ⓑ 3; ⓒ 4; ⓓ 6
② ▼ – ▼ = ● ⓐ 0; ⓑ 1; ⓒ 2; ⓓ 4
③ ● ◩ · ■ = ■ ◩ ⓐ 0; ⓑ 1; ⓒ 5; ⓓ 8
④ ● ● · ◀ = ◀ ◀ ⓐ 1; ⓑ 2; ⓒ 3; ⓓ 6
⑤ ◪ ● : ● = ● ⓐ 1; ⓑ 2; ⓒ 4; ⓓ 5

a) Bestimme die Wahrscheinlichkeit dafür, dass die ersten beiden Aufgaben zufällig richtig angekreuzt werden.
b) Wie groß ist die Wahrscheinlichkeit, alle fünf Aufgaben zufällig richtig anzukreuzen?
c) Wenn man vier der fünf Aufgaben richtig löst, hat man diesen Teil des Testes bestanden. Berechne die Wahrscheinlichkeit dafür, dass man dies durch zufälliges Ankreuzen schafft.

Das Ziegenproblem

In der amerikanischen Fernsehshow „Let's make a deal" ist ein Auto der Hauptpreis. Um ihn zu gewinnen, muss sich der Kandidat schließlich für die richtige von drei verschlossenen Türen entscheiden. Hinter einer befindet sich das Auto, hinter den beiden anderen jeweils eine Ziege. Wenn sich der Kandidat für eine der drei Türen entschieden hat, zum Beispiel für Tür 1, öffnet der Moderator, der weiß, was sich hinter den Türen befindet, mit den Worten „Soll ich Ihnen 'mal 'was zeigen?" eine der beiden anderen Türen, zum Beispiel Tür 3, und eine Ziege schaut ins Publikum.

Der Kandidat hat nun noch die Möglichkeit, sich für die andere verschlossene Tür, hier Tür 2, zu entscheiden. Soll er besser bei seiner ursprünglichen Wahl bleiben oder soll er die Tür wechseln?
Diese Frage wurde der Journalistin *Marylin vos Savant* von einem Leser der Zeitschrift „Parade" gestellt. In ihrer Kolumne „Ask Marylin" antwortete sie, dass der Kandidat auf jeden Fall wechseln sollte. Dieses Vorgehen würde seine Gewinnwahrscheinlichkeit verdoppeln, nämlich von $\frac{1}{3}$ auf $\frac{2}{3}$. Daraufhin erhielt sie etwa zehntausend Leserbriefe, die diese Strategie für falsch hielten.

Argumentation von Marylin vos Savant

Die Wahrscheinlichkeit, dass sich das Auto hinter Tür 1 befindet, ist $\frac{1}{3}$. Die Wahrscheinlichkeit, dass sich das Auto hinter einer der beiden anderen Türen befindet, ist somit $\frac{2}{3}$. Mindestens hinter einer dieser beiden Türen steht eine Ziege.
Öffnet der Moderator eine dieser Türen, so steht die Tür fest, hinter welcher das Auto mit der Wahrscheinlichkeit $\frac{2}{3}$ steht. Also empfiehlt es sich, die gewählte Tür zu wechseln. Die Chance auf den Hauptgewinn verdoppelt sich.

Argumentation der meisten Leser

Die Wahrscheinlichkeit, dass sich das Auto hinter Tür 1 befindet, ist $\frac{1}{3}$, genauso wie für die beiden anderen Türen.
Öffnet der Moderator eine der beiden anderen Türen, zum Beispiel Tür 3, so scheidet diese Tür als mögliche Auto-Tür aus. Die Wahrscheinlichkeit, dass sich das Auto hinter Tür 1 befindet, beträgt jetzt $\frac{1}{2}$, genauso wie für Tür 2. Es gibt also keinen Grund die Tür zu wechseln. Die Gewinnchance ist für beide Türen gleich.

1 Diskutiert die beiden unterschiedlichen Argumentationen.

2 Wenn du als Kandidat entscheiden müsstest, würdest du die Tür wechseln oder nicht? Begründe deine Überlegungen.

3 Überprüft eure Überlegungen an einem Experiment, das dem „Ziegenproblem" entspricht. Geeignet sind zum Beispiel drei Würfelbecher und eine Münze als Gewinn oder drei Spielkarten mit einem As als „Gewinn" und zwei Siebenen als „Ziegen".

Glücksspiele

Spielanleitung „Der große Wurf“

Am Würfelspiel „Der große Wurf“ (auch als „Kniffel“ oder „Yatzee“ bekannt) können beliebig viele Spieler teilnehmen (sowohl weibliche als auch männliche Teilnehmer).

Es sind insgesamt 15 Runden zu spielen. In jeder Runde hat jeder Spieler 3 Würfe. Der erste Wurf wird mit 5 Würfeln gespielt. Der Spieler kann diesen Wurf komplett gelten lassen, mit allen Würfeln noch einmal würfeln, oder einzelne Würfel heraus legen und mit den restlichen Würfeln weiter spielen. Danach sind auf gleiche Weise der zweite und der dritte Wurf möglich. Spätestens nach dem dritten Wurf muss das Ergebnis in ein Feld des Spielscheins eingetragen bzw. ein Feld des Spielscheins ausgestrichen werden, wenn das Würfelergebnis für kein Feld geeignet ist.

Sieger ist, wer nach 15 Runden die höchste Endsumme erreicht hat.

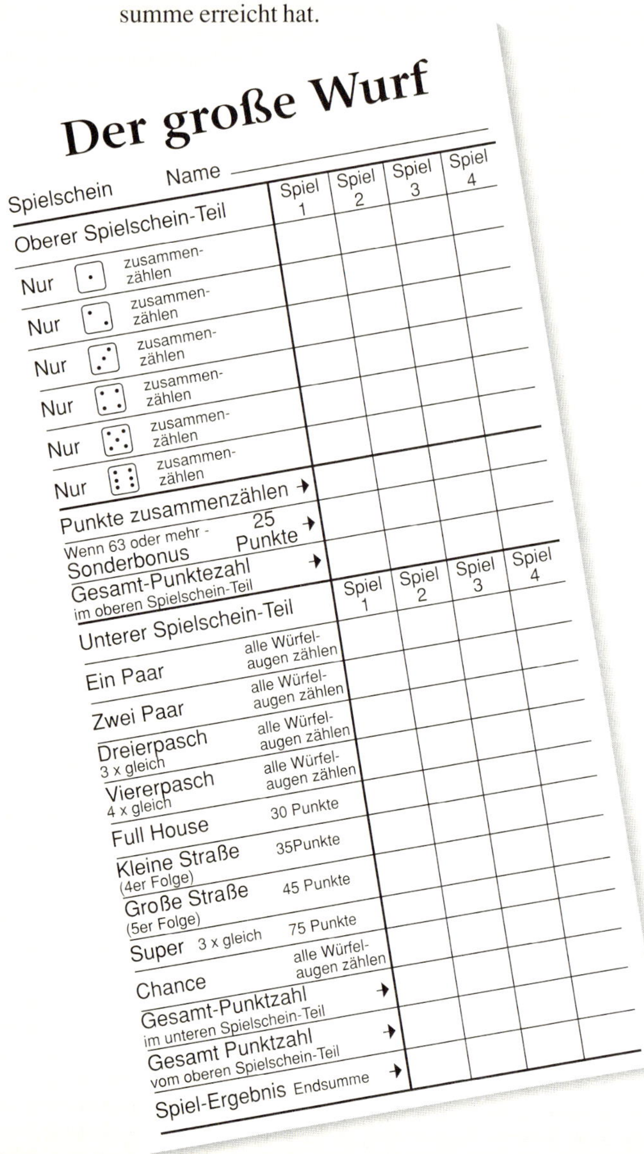

Der große Wurf

Spielschein Name

Oberer Spielschein-Teil	Spiel 1	Spiel 2	Spiel 3	Spiel 4
Nur ⚀ zusammenzählen				
Nur ⚁ zusammenzählen				
Nur ⚂ zusammenzählen				
Nur ⚃ zusammenzählen				
Nur ⚄ zusammenzählen				
Nur ⚅ zusammenzählen				
Punkte zusammenzählen →				
Sonderbonus Wenn 63 oder mehr – 25 Punkte →				
Gesamt-Punktezahl im oberen Spielschein-Teil →				

Unterer Spielschein-Teil	Spiel 1	Spiel 2	Spiel 3	Spiel 4
Ein Paar – alle Würfelaugen zählen				
Zwei Paar – alle Würfelaugen zählen				
Dreierpasch 3 x gleich – alle Würfelaugen zählen				
Viererpasch 4 x gleich – alle Würfelaugen zählen				
Full House – 30 Punkte				
Kleine Straße (4er Folge) – 35Punkte				
Große Straße (5er Folge) – 45 Punkte				
Super 3 x gleich – 75 Punkte				
Chance – alle Würfelaugen zählen				
Gesamt-Punktzahl im unteren Spielschein-Teil →				
Gesamt Punktzahl vom oberen Spielschein-Teil →				
Spiel-Ergebnis Endsumme →				

Würfeln mit dem Taschenrechner

Fast alle in der Schule genutzten Taschenrechner besitzen einen **Zufallszahlengenerator**. Das Erzeugen einer Zufallszahl (random number) unterscheidet sich bei den verschiedenen Modellen geringfügig. Nach der Zweitbelegungstaste (**SHIFT**, **2nd**, **2ndF**) wird die Taste gedrückt, über die der Zufallszahlengenerator angesprochen wird (**RAN#**, **RANDOM**). Bei verschiedenen Modellen muss zusätzlich die Taste [=] gedrückt werden.

Der Zufallszahlengenerator erzeugt eine Zahl zwischen 0 und 1 mit drei Dezimalen, zum Beispiel 0,398. Diese Zufallszahlen lassen sich für die verschiedenen Zufallsexperimente nutzen.

Man kann damit auch beliebige Würfel simulieren, zum Beispiel einen 7er-Würfel.

Taschenrechner: 7 [×] Zufallszahl [=]

Ergebnis: Zahl zwischen 0 und 7, z.B. 3,91

Durch eine „Festkomma“-Einstellung auf 0 Dezimalen können diese Dezimalzahlen auf „ganze“ Zahlen gerundet werden, sodass die „Würfelzahlen“ 0 bis 7 entstehen, wobei jedoch die 0 und die 7 halb so häufig auftreten wie die Zahlen 1 bis 6.

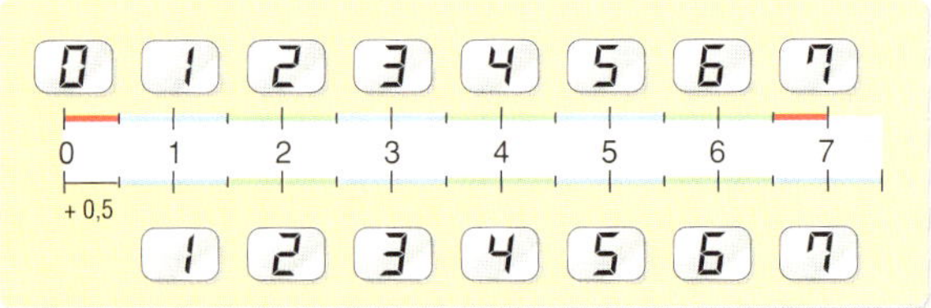

Addieren wir stets 0,5, erhalten wir alle Zahlen von 1 bis 7 mit der gleichen Wahrscheinlichkeit.

Simulation des 7er-Würfels:

- Voreinstellung „Festkomma“ mit 0 Dezimalen
- Eingabe: 0,5 [+] 7 [×] Zufallszahl [=]
  Ergebnis: eine Zahl von 1 bis 7

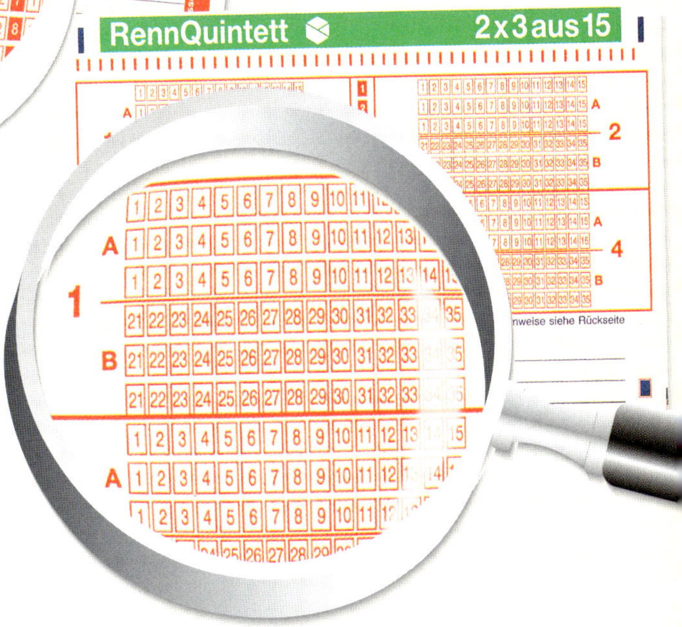

2,3,4,5,6 im Lotto

KÖLN (dpa) Mit den Ziffern 2, 3, 4, 5, 6 im Fünferpack wurden am Samstag abend Millionen von Tippern in Aufregung versetzt. Freilich kreuzen nach allen Erfahrungen mehrere tausend Menschen jede Woche die „unmögliche" Folge 1, 2, 3, 4, 5, 6. „Die Quoten für Fünfer, Vierer und Dreier werden konkurrenzlos in den Keller sausen", prognostizierte Elmar Bamfaste, Sprecher der Westdeutschen Lotteriegesellschaft.

Rheinische Post, 12.4.99

Drei Tipper lagen richtig

MÜNCHEN Unglaublich! Trotz der sensationellen Zahlenreihe im Samstagslotto haben drei Spieler den Jackpot in Höhe von rund zwölf Millionen Mark geknackt. Die drei Glückspilze, die die Ziffern 2, 3, 4, 5, 6 und 26 angekreuzt hatten gewinnen jeweils 4 229 585 Mark. Pech für alle, die nur fünf Richtige haben: eine Minusquote von 379,90 Mark.

Rheinische Post, 13.4.99

7. Ausspielung, 20. Februar 1999

1	TSV München 1860	– Eintracht Frankfurt	4:1	1
2	VfB Stuttgart	– Schalke 04	2:1	1
3	Hertha BSC Berlin	– Borussia Dortmund	3:0	1
4	1.FC Nürnberg	– Werder Bremen	1:1	0
5	Bayer Leverkusen	– SC Freiburg	1:1	0
6	MSV Duisberg	– Bayern München	0:3	2
7	B.Mönchengladbach	– 1.FC Kaiserslautern	0:2	2
8	KFC Uerdingen	– Hannover 96	0:1	2
9	AC Mailand	– Cagliari Caldo	1:0	1
10	Lazio Rom	– Inter Mailand	1:0	1
11	Juventus Turin	– Vicenca Calcio	2:0	1

Entsprechend den Spielergebnissen werden Punkte vergeben.

Ergebniswette

Spieleinsatz				DM 3.908.902,00
Gewinntippreihe	1 1 1 0 0 2 2 2 1 1 1			
Klasse I	0 Fehler	598	x	1.089,40
Klasse II	1 Fehler	16.441	x	39,60
Klasse III	2 Fehler	110.162	x	5,90

RennQuintett 2 x 3 aus 15

Spieleinsatz				DM 48.058,00
(A) 10 7 14		(B) 35 34 27		
(A)	1. Rang*	56	x	85,80
	2. Rang**	257	x	18,60
(B)	1. Rang	7	x	686,50
	2. Rang	69	x	69,60
(A) + (B) = Kombination Rennen A1 + B1:				
		unb./Jackp.		43.820,40

*drei Richtige in der richtigen Reihenfolge

**drei Richtige ohne Berücksichtigung der Reihenfolge

In Rennen A hat Pferd 10 gewonnen, zweites wurde Pferd 7, als drittes kam Pferd 14 ins Ziel.

checkpoint

1 Murat hat zehn Spielkarten verdeckt auf den Tisch gelegt: 3 Buben, 4 Könige, 2 Asse, 1 Zehn. Bestimme die Wahrscheinlichkeit, dass Anna
a) ein As,
b) einen Buben,
c) einen König oder ein As zieht. (3 Punkte)

2 Florian behauptet, die Chance, bei einem Wurf mit drei normalen Spielwürfeln wenigstens eine 6 zu erzielen, liege unter 50%. Kerstin meint, die Chance liege bei 50 : 50. Timo glaubt, dass sie sogar mehr als 50% betrage. Wer hat Recht? Begründe deine Antwort durch Berechnung des genauen Wertes.
(4 Punkte)

3 Wie groß ist die Wahrscheinlichkeit, bei 3 Würfen mit zwei normalen Spielwürfeln wenigstens einmal einen Pasch (zwei gleiche Zahlen) zu erzielen? Zeichne ein Baumdiagramm und berechne den Wert.
(4 Punkte)

4 Bei einem Pferderennen starten 7 Pferde. Bei einer Zweierwette muss man die ersten beiden Pferde in der richtigen Reihenfolge tippen. Berechne die Wahrscheinlichkeit, dass man zufällig bei der Zweierwette gewinnt.
(4 Punkte)

4 Bei einem Pferderennen starten 9 Pferde. Bei der Platzwette muss man ein Pferd tippen, das auf die ersten drei Plätze kommt. Frau Jäger gibt für das Rennen drei verschiedene Platzwetten ab. Wie groß ist die Wahrscheinlichkeit, dass sie zufällig bei allen drei Wetten gewinnt?
(8 Punkte)

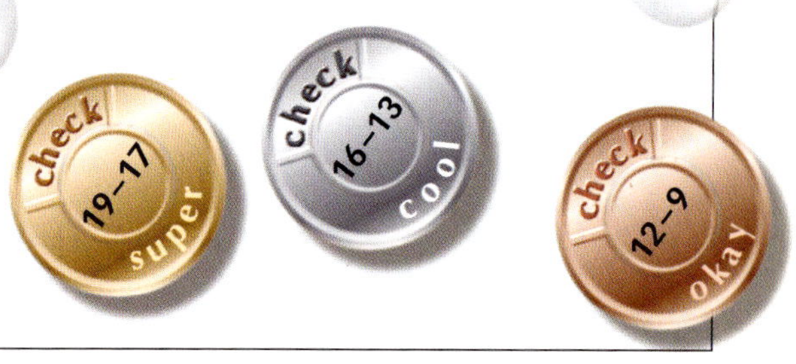

Beziehungen im Raum

Häufig sind die landwirtschaftlichen Nutzflächen eines Bauern so klein und weit verstreut, dass eine wirtschaftliche Nutzung kaum oder nur mit großem Aufwand möglich ist. Ursachen dafür waren zum Beispiel das Erbrecht, nach dem der Besitz eines gestorbenen Landwirtes gleichmäßig an seine Erben verteilt wurde. Andere Landwirte verkauften oder verpachteten ihr Land, sodass diejenigen, die weiterhin den Boden bewirtschafteten, zwar größere, aber zersplitterte Anbauflächen hatten.

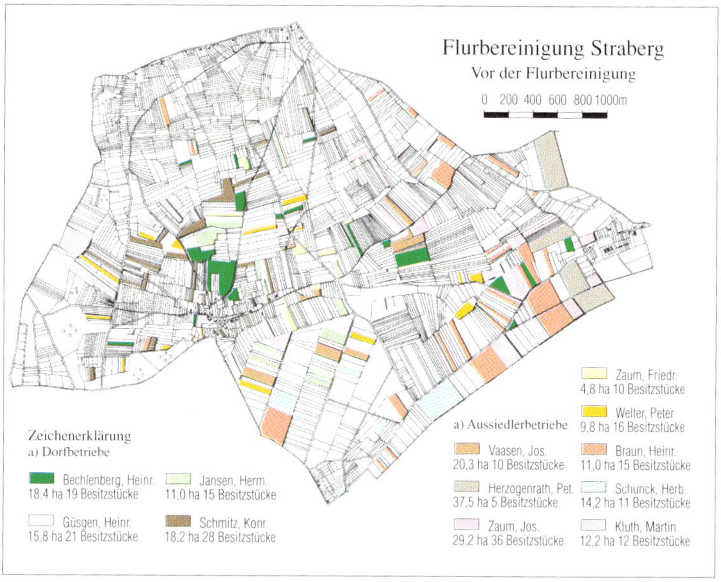

Um die Arbeitsbedingungen der Landwirte zu verbessern, wird die landwirtschaftliche Nutzfläche neu geordnet. Es wird eine Flurbereinigung durchgeführt. Die Maßnahmen der Flurbereinigung haben zum Ziel, die Bodenbearbeitung zu erleichtern. Es ist wirtschaftlicher, Maschinen auf großen zusammenliegenden Feldern einzusetzen als auf kleinen, zerstreut liegenden. Durch die Zusammenlegung werden die Wege zu den Feldern kürzer, Transportkosten geringer. Außerdem werden die Wege so breit angelegt, dass sie von modernen Maschinen befahren werden können.

Bei allen Maßnahmen der Flurbereinigung soll verstärkt der Schutz der Landschaft beachtet werden. So sollen zum Beispiel wieder Hecken angepflanzt werden, um Wildpflanzen und Tieren ihren Lebensraum zu erhalten.
Wichtige Maßnahmen sind:
Vermessung und Bewertung der Grundstücke;
Neugestaltung des Wege- und Gewässernetzes;
Aussiedlung von einzelnen Höfen aus dem zu engen Dorfkern;
Erneuerung des Dorfbildes;
Bodenschutz, Bodenverbesserung und Landschaftsgestaltung.

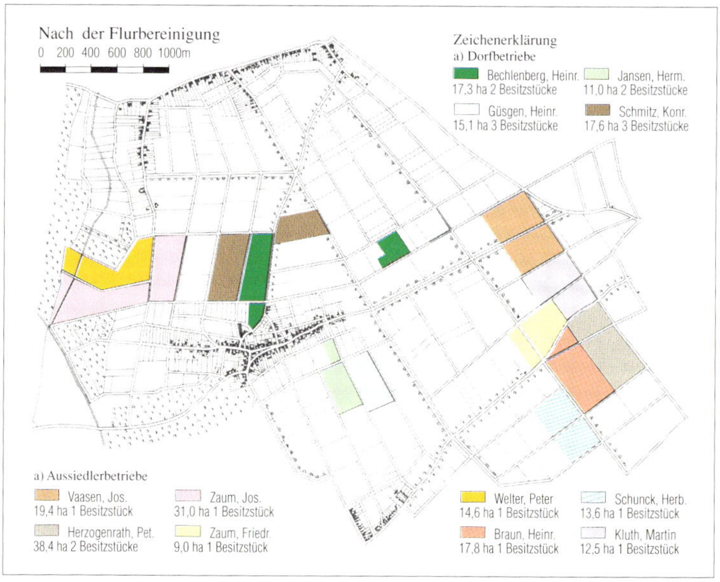

Eine der ersten und wichtigsten Maßnahmen der Flurbereinigung ist die Vermessung der Grundstücke der einzelnen Bauern und die Berechnung ihrer Fläche. Dabei ist es nützlich, für die Berechnung von Flächen gleicher Form die Formeln zu kennen.

Mithilfe einer Messstrecke können aus der Zeichnung die Maße der Rechteckfläche entnommen und dann der Flächeninhalt berechnet werden.

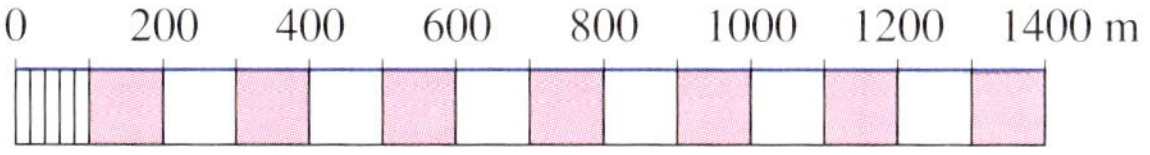

Der Flächeninhalt eines Rechtecks mit den Seitenlängen a und b wird mit der Formel $A = a \cdot b$ berechnet.

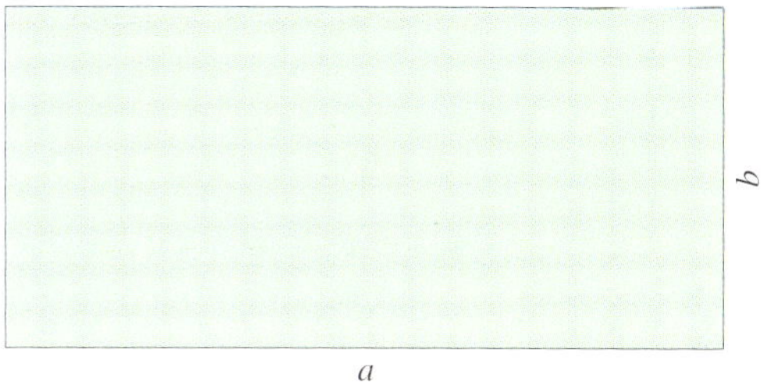

Wir übertragen mit dem Zirkel die Länge der Seite a auf die Messstrecke.

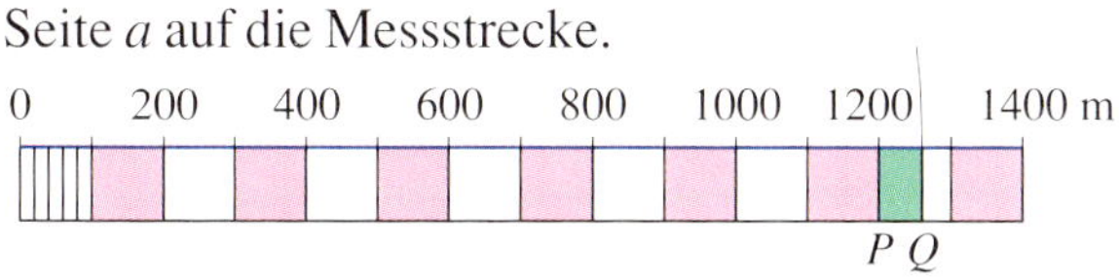

Die Seite a ist länger als 1200 m und kürzer als 1300 m. Die Seite a ist um die Strecke PQ länger als 1200 m. Um die Länge der Strecke PQ zu bestimmen, übertragen wir sie mit dem Zirkel auf den Abschnitt der Messstrecke von 0 m aus, der feiner unterteilt ist.

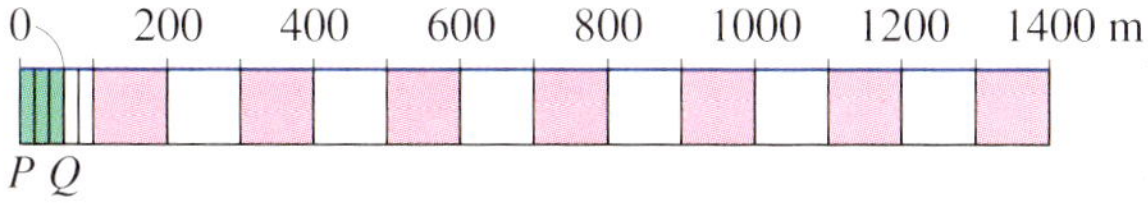

Wir lesen auf der Messstrecke ab, dass die Länge der Strecke $PQ = 60$ m ist.
Somit ist die Länge von $a = 1260$ m.

Auf dieselbe Art ermitteln wir die Länge von b und erhalten $b = 580$ m.

Der Flächeninhalt dieses Rechtecks wird aus seiner Länge $a = 1260$ m und seiner Breite $b = 580$ m berechnet.

$A = a \cdot b$
$A = 1260 \cdot 580 \text{ m}^2$
$A = 730\,800 \text{ m}^2$
$A = 73{,}08 \text{ ha}$

In Wirklichkeit hat die Rechteckfläche einen Flächeninhalt von 73,08 ha.

Übungen

In dem Ausschnitt einer Flur sind die Zufahrtswege blau gezeichnet und ihre Endpunkte beschriftet. Die Felder W, X, Y und Z sind rechteckig.

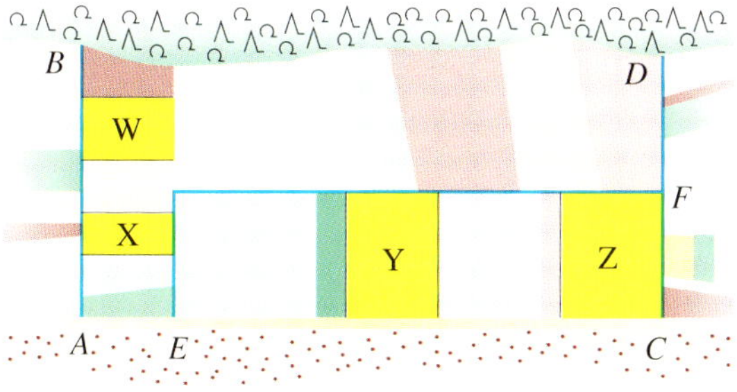

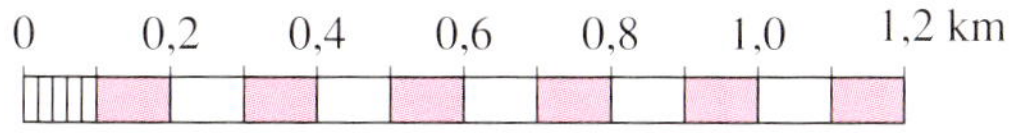

1 Entnimm mithilfe der Messstrecke Länge und Breite jedes beschrifteten Feldes. Berechne die Flächeninhalte und gib sie in ha an.

2 Die blau markierten Zufahrtswege sollen geteert werden.

a) Die lang sind die Wege von A nach B, von C nach D und von E nach F?

b) Wie Wege sind 3 m breit. Wie viel ha müssen jeweils von A nach B, von C nach D und von E nach F bearbeitet werden?

Hinweis: Achte darauf, dass die Größen vor der Rechnung in gleiche Einheiten umgewandelt werden.

Beispiel: $a = 3$ m
$b = 0{,}5 \text{ km} = 500$ m

Der Flächeninhalt des rechtwinkligen Dreiecks

Mithilfe der Messstrecke können aus der Zeichnung die Maße der violetten Dreiecksfläche entnommen werden.

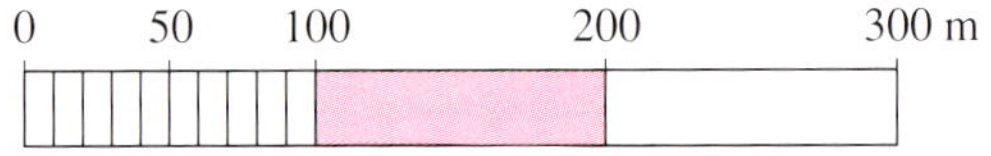

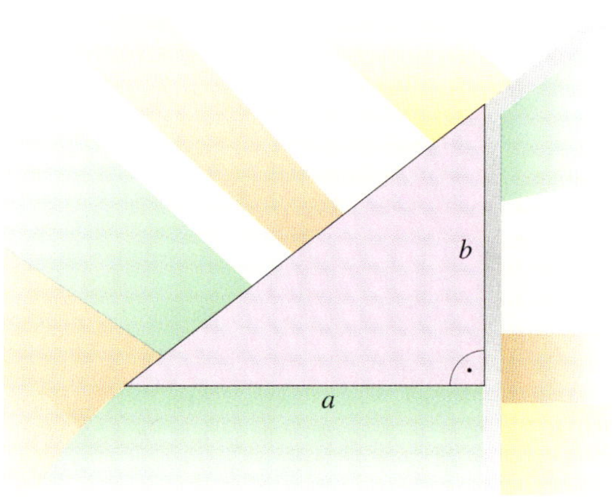

Wir wollen von diesem Dreieck den Flächeninhalt berechnen.

Das Dreieck ist rechtwinklig. Die Seiten a und b sind senkrecht zueinander.

In Wirklichkeit ist die Seite $a = 210$ m und die Seite $b = 160$ m lang.

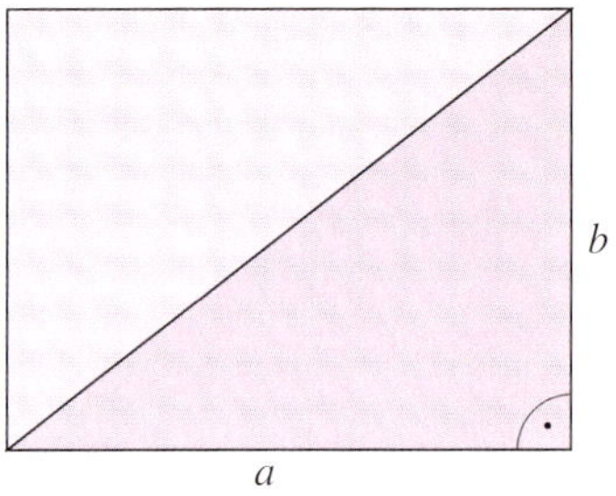

Das rechtwinklige Dreieck lässt sich zu einem Rechteck ergänzen, dessen Flächeninhalt wir mit der Formel $A = a \cdot b$ berechnen können.

Das Rechteck besteht aus zwei Dreiecken. Diese stimmen in Form und Größe überein. Sie haben den gleichen Flächeninhalt.

Der Flächeninhalt des violetten Dreiecks mit den zueinander senkrechten Seiten a und b ist halb so groß wie der Flächeninhalt des Rechtecks mit den Seiten a und b.

Somit gilt für den Flächeninhalt des violetten Dreiecks: $A = \frac{a \cdot b}{2}$

Wir berechnen mithilfe dieser Formel den Flächeninhalt des rechtwinkligen Dreiecks, bei dem $a = 210$ m und $b = 160$ m betragen.

Wir setzen die gegebenen Werte in die Formel ein und rechnen aus.

$$A = \frac{a \cdot b}{2}$$

$$A = \frac{210 \cdot 160}{2}\,\text{m}^2$$

$$A = 16\,800\ \text{m}^2$$

$$A = 1{,}68\ \text{ha}$$

Der Flächeninhalt des rechtwinkligen Dreiecks beträgt in Wirklichkeit 1,68 ha.

Der Flächeninhalt eines rechtwinkligen Dreiecks kann aus den zueinander senkrechten Seiten berechnet werden.

Da es drei mögliche Fälle zueinander senkrechter Seiten in einem rechtwinkligen Dreieck geben kann, sind diese drei Formeln zur Berechnung des Flächeninhalts rechtwinkliger Dreiecke mithilfe der zueinander senkrechten Seiten möglich:

$$\mathbf{A = \frac{a \cdot b}{2} \qquad A = \frac{b \cdot c}{2} \qquad A = \frac{a \cdot c}{2}}$$

Übungen

1 Zeichne das Rechteck *ABCD* mit den Seiten $a = 5{,}3$ cm und $b = 6{,}4$ cm. Berechne den Flächeninhalt des Dreiecks *BCD*.

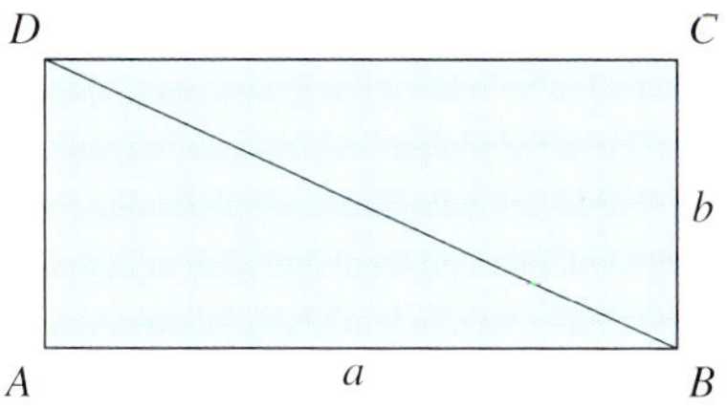

2 Zeichne das Dreieck *ABC* mit $b = 4{,}2$ cm, $c = 3{,}7$ cm und $\alpha = 90°$. Berechne den Flächeninhalt des Dreiecks *ABC*.

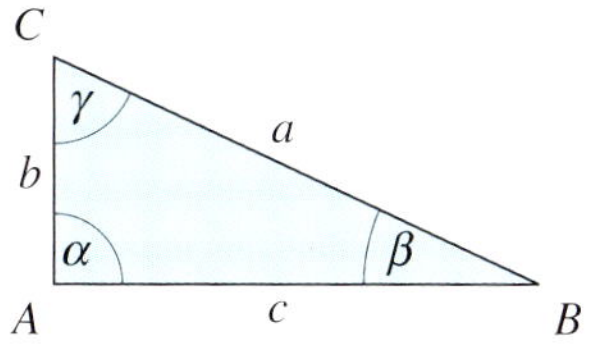

3 Zeichne das Dreieck *ABC* und berechne seinen Flächeninhalt.

a) $a = 3{,}9$ cm, $b = 4{,}8$ cm und $\gamma = 90°$

b) $a = 3{,}7$ cm, $c = 2{,}8$ cm und $\beta = 90°$

4 Berechne den Flächeninhalt des rechtwinkligen Dreiecks. Entnimm die Maße der Zeichnung.

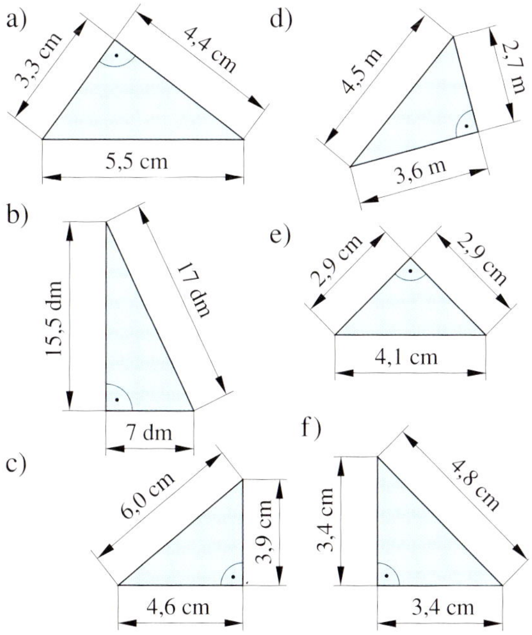

5 Berechne die fehlenden Größen eines rechtwinkligen Dreiecks ($\gamma = 90°$).

	a	*b*	*A*
a)	2 m	1,5 m	
b)	6,24 m		15,6 m²
c)		3,97 m	7,94 m²

6 Zeichne das gleichschenklige Dreieck *ABC* mit $a = b = 4{,}5$ cm und $c = 5{,}4$ cm und zeichne die Symmetrieachse ein. Berechne den Flächeninhalt des Dreiecks *ABC*. Miss dazu die fehlende Größe.

7 Berechne die Flächeninhalte der roten und der grünen Flächen. Entnimm die Maße der Zeichnung. Nimm an, dass 1 Kästchen 1 cm lang ist.

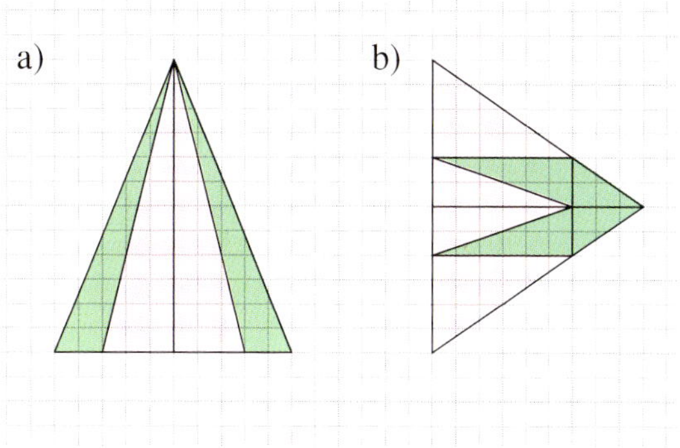

8 Berechne den Flächeninhalt der roten Fläche. Entnimm die Maße der Zeichnung. Nimm an, dass 1 Kästchen 1 cm lang ist.

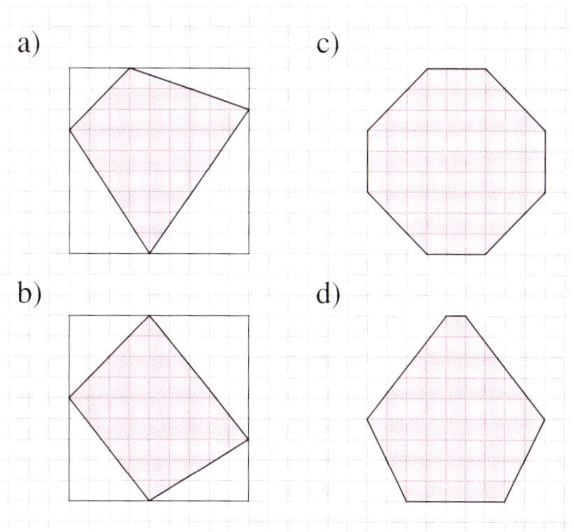

Der Flächeninhalt des allgemeinen Dreiecks

Mithilfe der Messstrecke können aus der Zeichnung die Maße der orangen Dreiecksfläche entnommen werden.

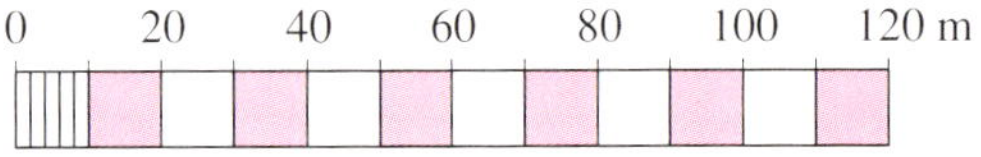

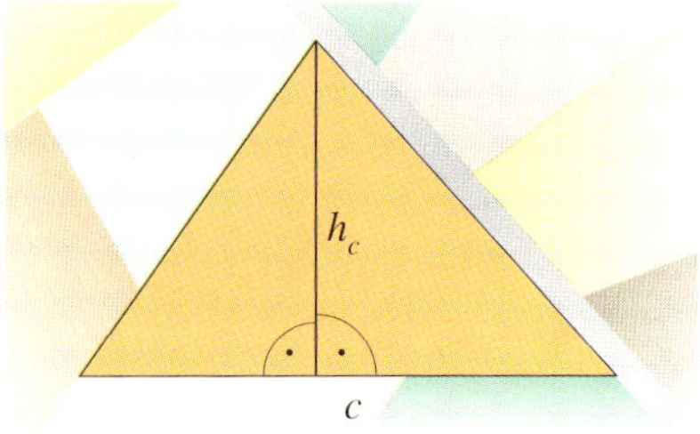

Wir wollen von diesem Dreieck den Flächeninhalt berechnen.

Das Dreieck ist nicht rechtwinklig. Die zur Seite c zugehörige Höhe h_c teilt das Dreieck jedoch in zwei rechtwinklige Dreiecke.

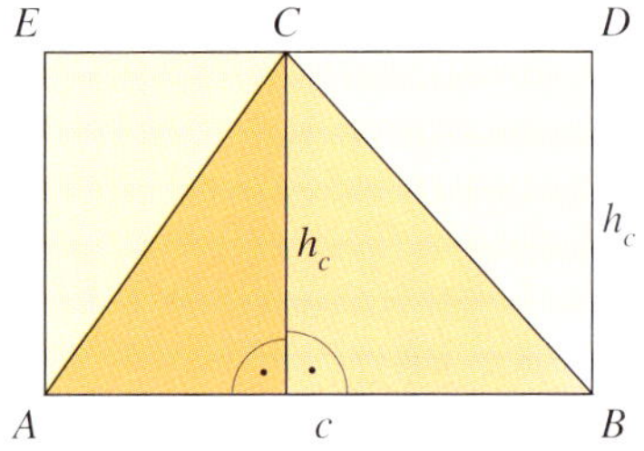

In Wirklichkeit ist die Seite $c = 82$ m und die Höhe $h_c = 50$ m lang.

Die zwei rechtwinkligen Teildreiecke ergänzen wir zu Rechtecken. Der Flächeninhalt des Dreiecks ABC ist somit halb so groß wie der Flächeninhalt des Rechtecks $ABDE$ mit den Seitenlängen c und h_c.

Wir erhalten für den Flächeninhalt des orangen Dreiecks: $A = \frac{c \cdot h_c}{2}$

Wir berechnen mithilfe dieser Formel den Flächeninhalt des Dreiecks, bei dem $c = 82$ m und $h_c = 50$ m betragen.

Wir setzen die gegebenen Werte in die Formel ein und rechnen aus.

$$A = \frac{c \cdot h_c}{2}$$

$$A = \frac{82 \cdot 50}{2} \text{ m}^2$$

$$A = 2050 \text{ m}^2$$

$$A \approx 0{,}2 \text{ ha}$$

Der Flächeninhalt des Dreiecks beträgt in Wirklichkeit ca. 0,2 ha.

Der Flächeninhalt dieses Dreiecks lässt sich auch mithilfe einer der anderen Höhen berechnen.

Wir skizzieren das Dreieck, wie es durch die Höhe jeweils in zwei rechtwinklige Dreiecke geteilt wird, die wir anschließend zu Rechtecken ergänzen.

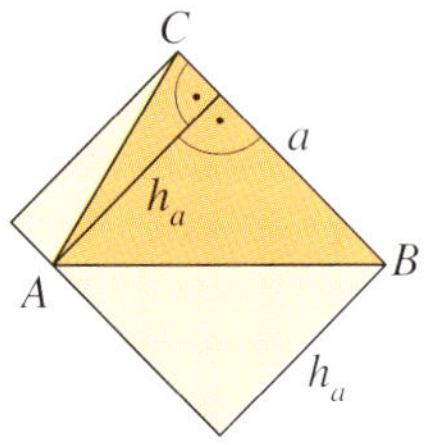

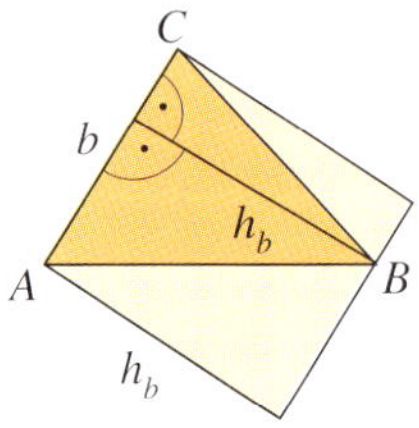

Das Dreieck ABC ist stets halb so groß wie das entstandene große Rechteck, dessen Seitenlängen der Dreiecksseite und ihrer zugehörigen Höhe entsprechen.

Für den Flächeninhalt des Dreiecks gilt auch: $A = \frac{a \cdot h_a}{2}$ $\quad A = \frac{b \cdot h_b}{2}$

Aus der Zeichnung entnehmen wir: $a = 71$ m; $h_a \approx 58$ m $\quad a = 59$ m; $h_a \approx 69$ m

Wir setzen die Werte in die Formel ein und rechnen aus. $A \approx \frac{71 \cdot 58}{2} \text{ m}^2$ $\quad A \approx \frac{59 \cdot 69}{2} \text{ m}^2$

Der Flächeninhalt des Dreiecks kann beliebig aus einer Seite und der zugehörigen Höhe berechnet werden.

$A \approx 2059 \text{ m}^2$ $\quad A \approx 2035{,}5 \text{ m}^2$

$A \approx 0{,}2$ ha $\quad A \approx 0{,}2$ ha

Den Flächeninhalt eines Dreiecks berechnet man mithilfe einer dieser Formeln:

$$A = \frac{a \cdot h_a}{2} \qquad A = \frac{b \cdot h_b}{2} \qquad A = \frac{c \cdot h_c}{2}$$

Diese drei Formeln fasst man oft zu einer zusammen. Dabei bedeutet g Grundseite und h zugehörige Höhe. Jede Seite des Dreiecks kann Grundseite sein.

$$A = \frac{g \cdot h}{2}$$

Wir haben die Formeln für die Berechnung des Flächeninhalts an einem spitzwinkligen Dreieck hergeleitet. Wir zeigen, dass diese Formeln auch für stumpfwinklige Dreiecke gelten, wenn die zugehörige Höhe einer Dreiecksseite außerhalb des Dreiecks liegt.

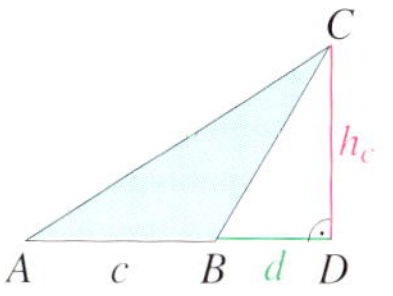

Den Flächeninhalt A des Dreiecks ABC erhalten wir, wenn wir vom Flächeninhalt A_1 des Dreiecks ADC den Flächeninhalt A_2 des Dreiecks BDC subtrahieren. Wir wenden die Formel für die Berechnung des Flächeninhalts rechtwinkliger Dreiecke an und formen um.

$$A = A_1 - A_2$$
$$A = \frac{(c+d) \cdot h_c}{2} - \frac{d \cdot h_c}{2}$$
$$A = \frac{c \cdot h_c + d \cdot h_c}{2} - \frac{d \cdot h_c}{2}$$
$$A = \frac{c \cdot h_c + d \cdot h_c - d \cdot h_c}{2}$$
$$A = \frac{c \cdot h_c}{2}$$

Damit haben wir gezeigt, dass die Formeln zur Berechnung des Flächeninhalts beliebiger Dreiecke uneingeschränkt gültig sind.

Übungen

1 Bestimme den Flächeninhalt des Dreiecks. Ein Kästchen ist 1 cm lang.

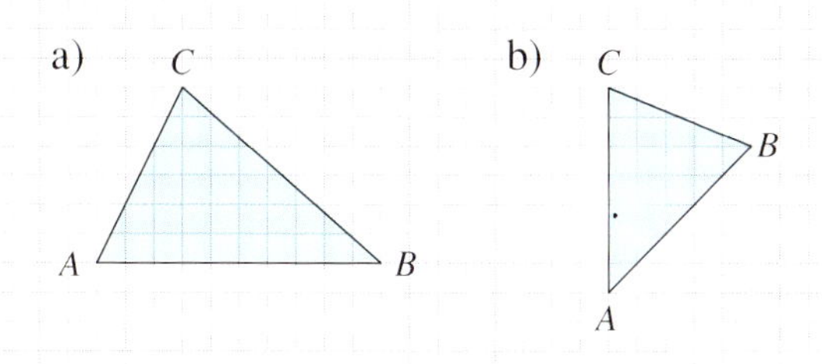

2 Berechne den Flächeninhalt des Dreiecks.
a) $c = 4$ cm; $h_c = 7$ cm
b) $c = 3{,}5$ cm; $h_c = 2{,}1$ cm
c) $a = 4{,}6$ cm; $h_a = 3{,}6$ cm
d) $b = 5{,}8$ cm; $h_b = 6{,}6$ cm
e) $h_a = 8{,}3$ cm; $a = 2{,}9$ cm

3 Berechne den Flächeninhalt des Dreiecks.
a) $g = 26$ m; $h = 7{,}5$ m
b) $g = 18{,}2$ cm; $h = 10{,}4$ cm
c) $g = 803$ mm; $h = 1042$ mm
d) $g = 9{,}7$ dm; $h = 6{,}8$ dm

4 Berechne den Flächeninhalt der roten Fläche. Ein Kästchen ist 1 cm lang.

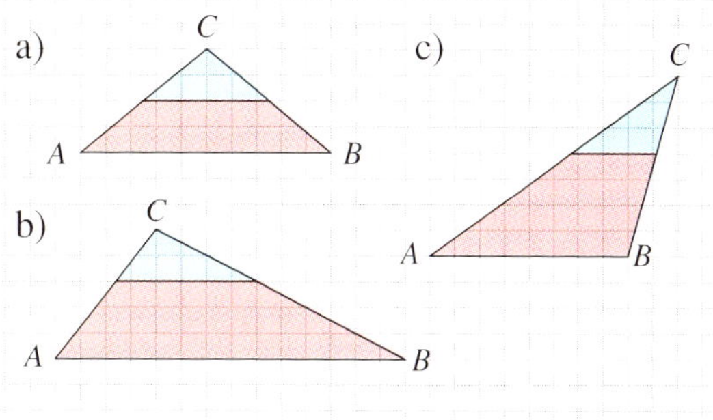

5 Wie lang ist die Grundseite des Dreiecks?
a) $A = 2\ \text{m}^2$; $h_a = 0{,}25$ m
b) $A = 32{,}4\ \text{cm}^2$; $h_b = 12$ cm
c) $A = 12\ \text{dm}^2$; $h_c = 6$ cm

6 Zeichne drei Dreiecke mit $a = 4{,}5$ cm und $A = 9\ \text{cm}^2$.

7 Ein Quadrat hat 5 cm lange Diagonalen.
a) Zeichne das Quadrat.
b) Bestimme ohne eine weitere Messung den Flächeninhalt des Quadrats.

Der Flächeninhalt des Drachens

Wir wollen von dem Drachen *ABCD* den Flächeninhalt berechnen.

Wir ergänzen ihn zunächst zu dem Rechteck mit den Seitenlängen e und f. Dies sind die Diagonalenlängen e und f des Drachens.

Der Flächeninhalt des Drachens ist halb so groß wie der Flächeninhalt des Rechtecks mit den Seiten e und f.

Für den Flächeninhalt des Drachens gilt also die Formel: $A = \frac{e \cdot f}{2}$

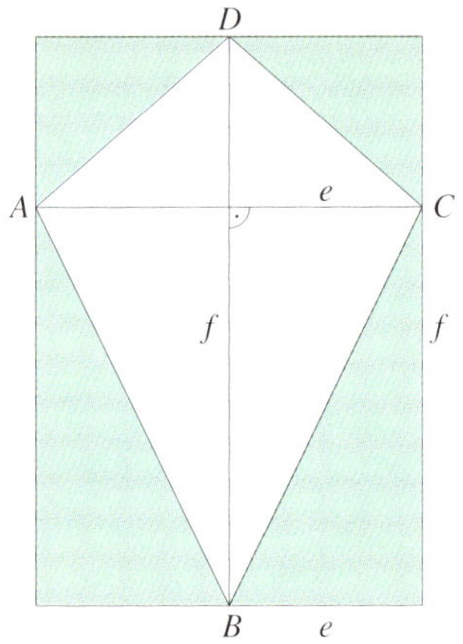

Der Flächeninhalt eines Drachens lässt sich aus den Diagonalen e und f mithilfe dieser Formel berechnen:

$$\mathbf{A = \frac{e \cdot f}{2}}$$

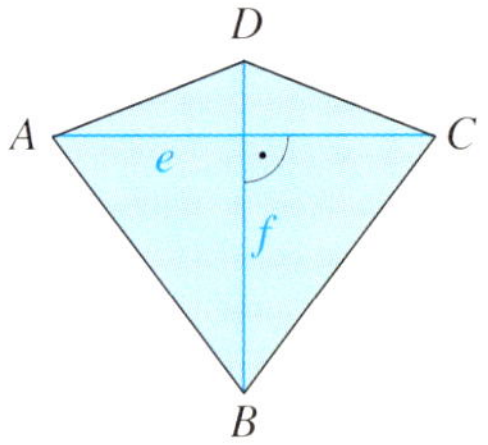

Da jede Raute ein Drachen ist, gilt diese Formel auch für Rauten und damit auch für Quadrate.

Übungen

1 Übertrage die Figur in dein Heft und berechne den Flächeninhalt des Drachens. Ein Kästchen ist 5 mm lang.

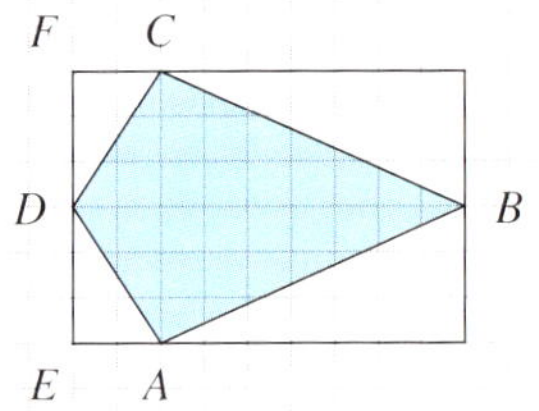

2 Verwende die Darstellung aus der Aufgabe 1. Die Lage der Punkte *A* und *C* soll verändert werden. Zeichne die Figur und berechne den Flächeninhalt des Drachens.

a) $EA = FC = 1{,}5$ cm
b) $EA = FC = 2$ cm
c) $EA = FC = 0{,}5$ cm
d) $EA = FC = 2{,}5$ cm

3 Gib den Flächeninhalt der gesamten rot eingefärbten Fläche an.

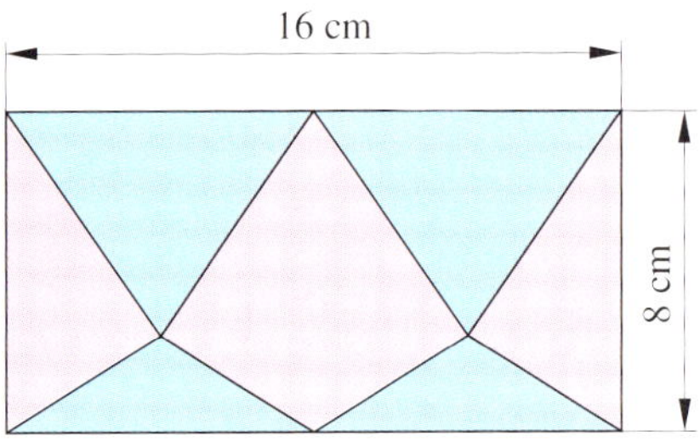

4 Gib den Flächeninhalt der gesamten rot eingefärbten Fläche an. Ein Kästchen ist 5 mm lang.

a)

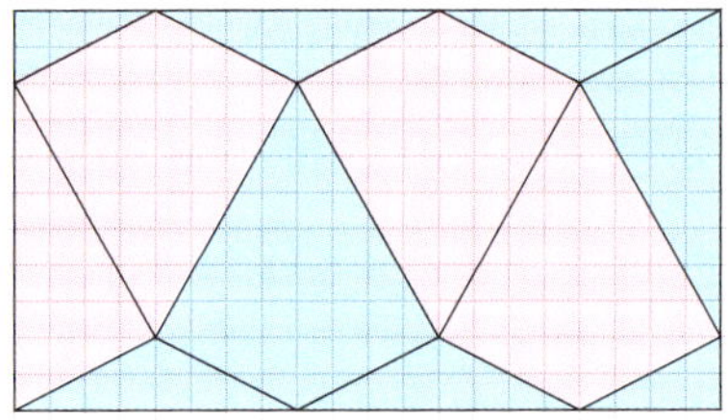

b)

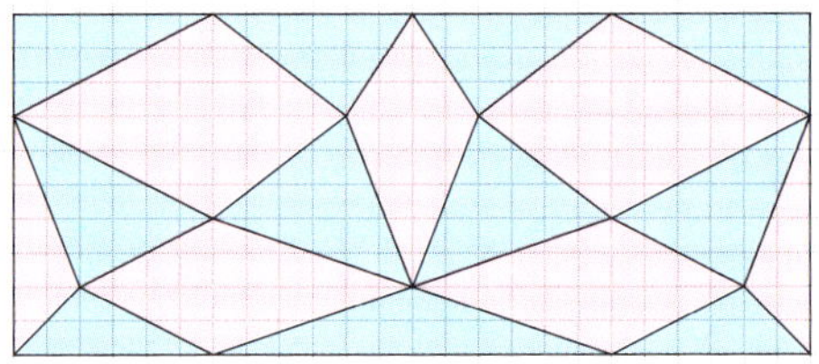

5 Ein Drachen hat die folgenden Eigenschaften.
BD liegt auf der Symmetrieachse.
$BD = 7{,}2$ cm; $AB = 5{,}6$ cm; $AD = 3{,}1$ cm.

a) Konstruiere den Drachen.

b) Berechne den Flächeninhalt des Drachens. Miss dazu die fehlende Größe.

Mithilfe der Messstrecke können aus der Zeichnung die Maße der Parallelogrammfläche entnommen werden.

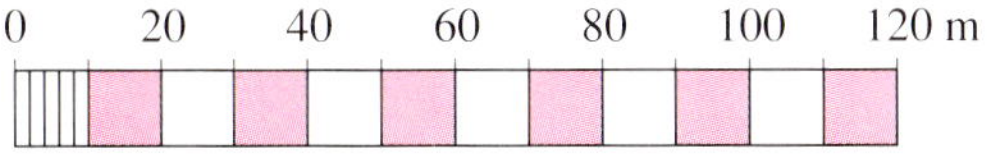

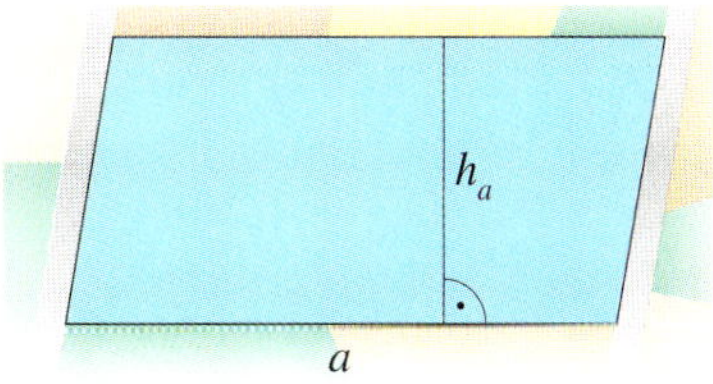

Wir wollen von diesem Parallelogramm den Flächeninhalt berechnen.

Dabei ist der Abstand gegenüberliegender Parallelogrammseiten von Bedeutung. Dieser Abstand wird als **Höhe** bezeichnet. Zur Seite a gehört die Höhe h_a.

In Wirklichkeit ist die Seite $a = 76$ m und die Höhe $h_a = 36$ m.

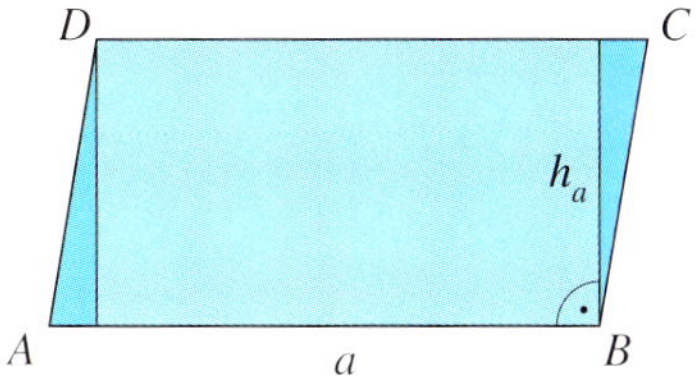

Wir zerlegen das Parallelogramm geeignet in ein Rechteck und zwei rechtwinklige Dreiecke. Diese drei Flächen setzen wir so zusammen, dass ein Rechteck entsteht, das den gleichen Flächeninhalt hat wie das Parallelogramm $ABCD$. Eine Seite des Rechtecks entspricht der Seite a, die andere der zugehörigen Höhe h_a des Parallelogramms.

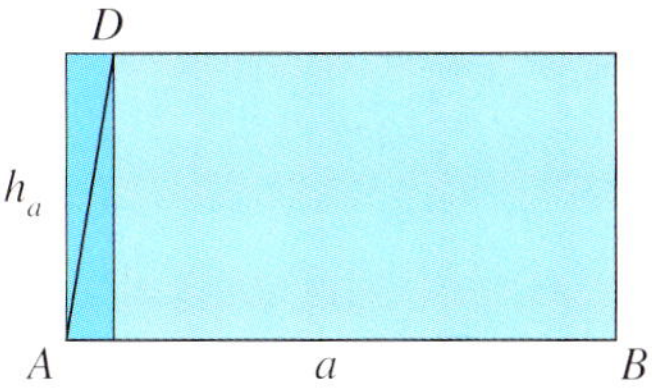

Für den Flächeninhalt des Parallelogramms gilt also die Formel: $A = a \cdot h_a$

Wir berechnen mithilfe dieser Formel den Flächeninhalt des Parallelogramms, bei dem $a = 76$ m und $h_a = 36$ m betragen.

Wir setzen die gegebenen Werte in die Formel ein und rechnen aus.
Der Flächeninhalt des Parallelogramms beträgt in Wirklichkeit ca. 0,27 h.

$A = a \cdot h_a$
$A = 76 \cdot 36\ \text{m}^2$
$A = 2736\ \text{m}^2$
$A \approx 0{,}27$ ha

Der Flächeninhalt des Parallelogramms lässt sich auch mithilfe der anderen Höhe berechnen.

Wir zeichnen das Parallelogramm, wie es entsprechend in zwei rechtwinklige Dreiecke und ein Parallelogramm zerlegt und zu dem Rechteck mit den Seiten b und h_b zusammengesetzt wird.

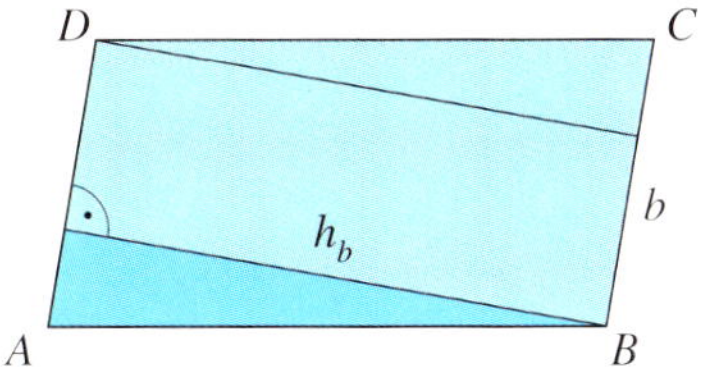

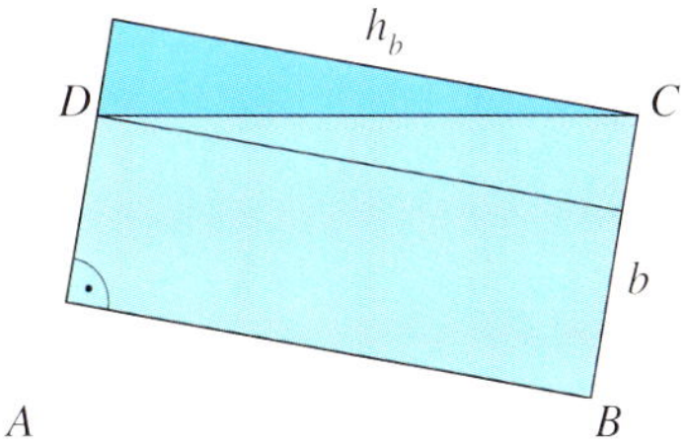

Der Flächeninhalt des Parallelogramms kann also auch auf diese Weise berechnet werden: $A = b \cdot h_b$

Aus der Zeichnung entnehmen wir: $b \approx 37$ m; $h_b \approx 74$ m

Wir setzen die Werte in die Formel ein und rechnen aus.
Der Flächeninhalt des Parallelogramms kann beliebig aus einer Seite und der zugehörigen Höhe berechnet werden.

$A \approx 37 \cdot 74\ \text{m}^2$
$A \approx 2738\ \text{m}^2$
$A \approx 0{,}27$ ha

Den Flächeninhalt eines Parallelogramms berechnet man mithilfe einer dieser Formeln:

$$\boldsymbol{A = a \cdot h_a} \qquad \boldsymbol{A = b \cdot h_b}$$

Diese Formeln fasst man oft zu einer zusammen.

$$\boldsymbol{A = g \cdot h}$$

Dabei bedeutet g die Grundseite und h die zugehörige Höhe.

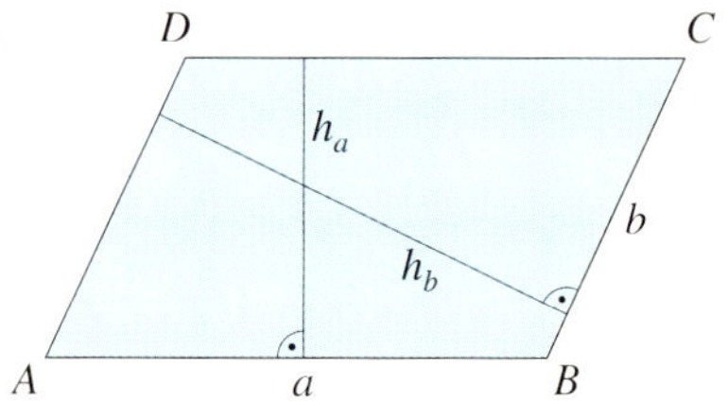

Übungen

1 a) Zeichne ein Parallelogramm mit $a = 5$ cm; $d = 3$ cm und $\alpha = 70°$.
b) Schneide das Parallelogramm aus und zerschneide es so in zwei Teile, dass du aus den Teilen ein Rechteck legen kannst. Bestimme den Flächeninhalt des Rechtecks. Miss die fehlende Größe.

2 Bestimme den Flächeninhalt des Parallelogramms. Die Länge für eine Einheit beträgt (1 LE ≙ 1 cm).

a)

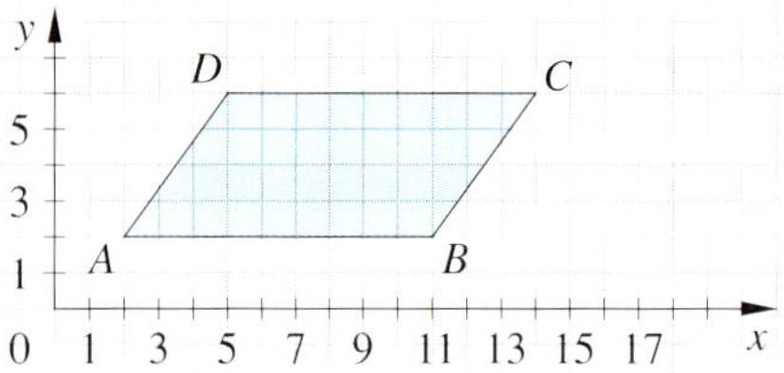

b)

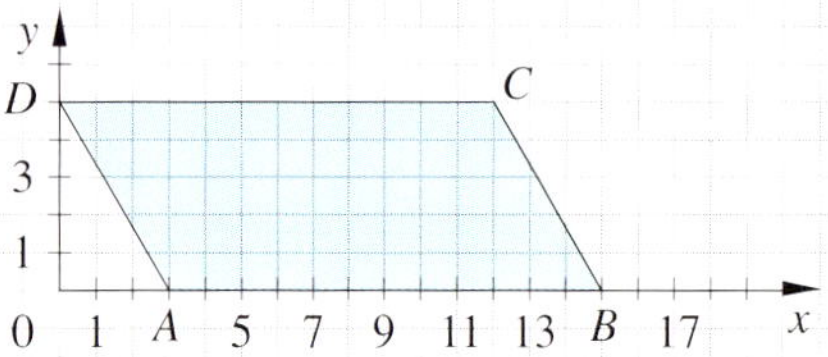

3 Berechne die Größe des Parallelogramms, die in der Klammer steht.
a) $a = 4$ cm; $h_a = 9$ cm (A)
b) $b = 12$ mm; $h_b = 19$ mm (A)
c) $g = 8{,}7$ cm; $h = 32$ mm (A)
d) $A = 6\ \text{m}^2$; $h_a = 5$ m (a)
e) $h_b = 1{,}2$ cm; $A = 1{,}92\ \text{cm}^2$ (b)
f) $b = 32$ mm; $A = 1344\ \text{mm}^2$ (h_b)
g) $A = 31{,}5\ \text{m}^2$; $a = 7$ m (h_a)

4 Berechne den Flächeninhalt der roten Fläche. Ein Kästchen ist 5 mm lang.

a)

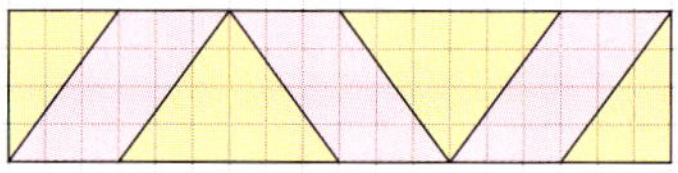

b)

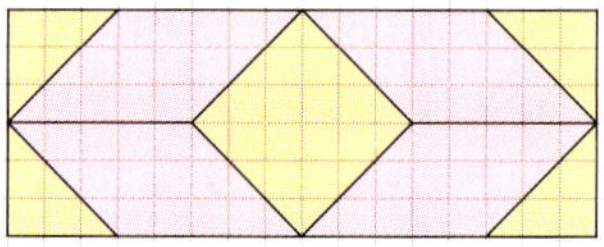

c)

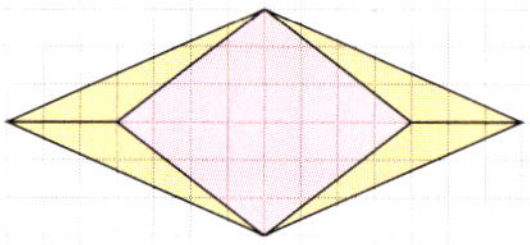

5 Vergleiche den Flächeninhalt der roten Fläche mit dem Flächeninhalt der grünen Fläche. Ein Kästchen ist 5 mm lang.

a)

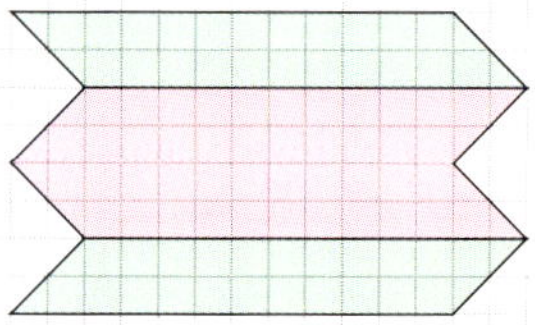

b)

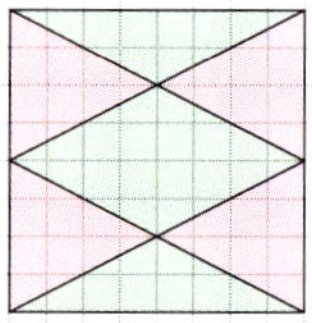

c)

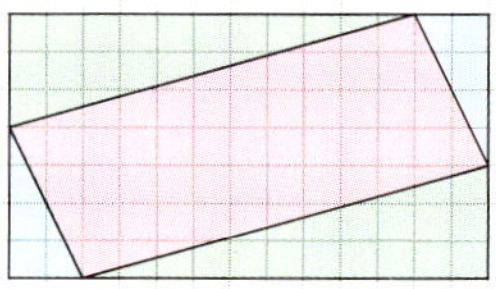

Bei Grundstücken kommen auch trapezförmige vor.

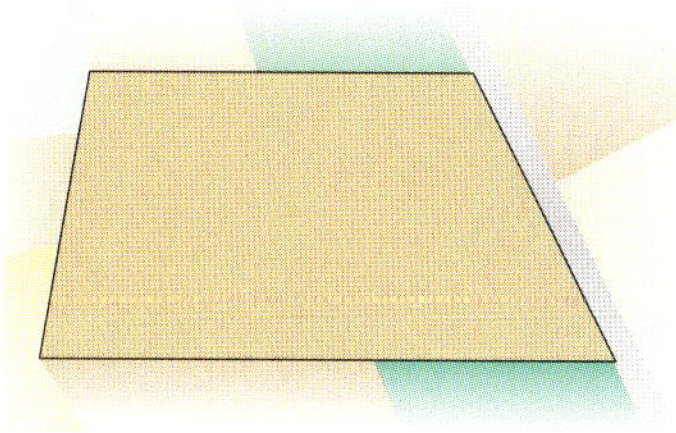

Wir wollen auch für Trapeze Möglichkeiten erarbeiten, wie man den Flächeninhalt berechnen kann.

Dabei ist der Abstand zwischen den parallelen Seiten von Bedeutung. Dieser Abstand wird als **Höhe *h*** bezeichnet.

Wir versuchen wieder, den Flächeninhalt des Trapezes mithilfe eines flächengleichen Rechtecks zu berechnen.

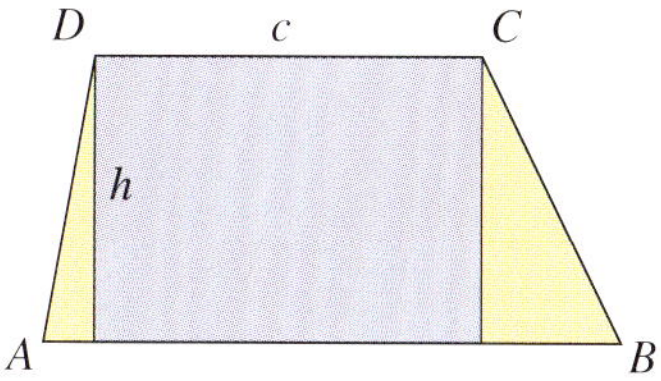

Der Flächeninhalt des Trapezes ist größer als der Flächeninhalt des blauen Rechtecks mit den Seitenlängen c und h.

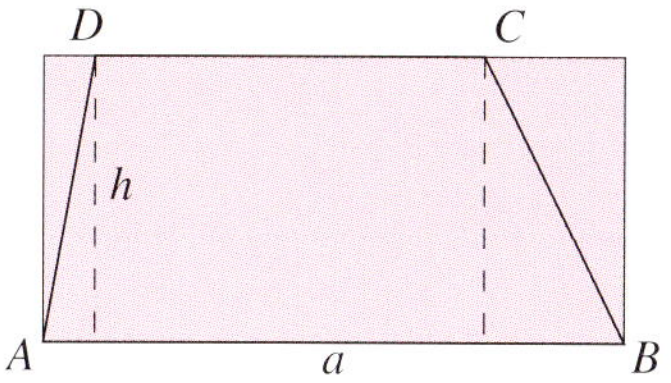

Der Flächeninhalt des Trapezes ist kleiner als der Flächeninhalt des roten Rechtecks mit den Seitenlängen a und h.

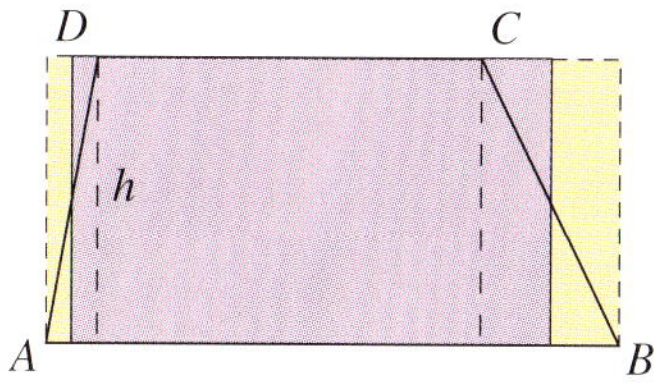

Wir vermuten, dass der Flächeninhalt des Trapezes der Mittelwert beider Flächeninhalte ist.

Um unsere Vermutung zu bestätigen, halbieren wir das Rechteck *AEDH* und das Rechteck *BGCF* parallel zur Höhe. Dadurch entsteht das violette Rechteck, dessen eine Seite wir mit m benennen. Die andere Seite ist h.

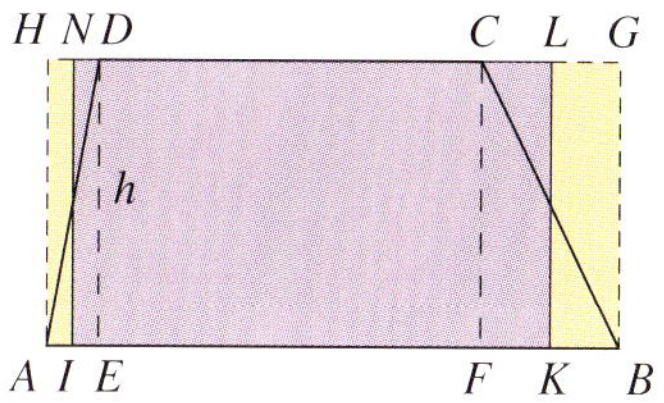

Das Trapez wird aus dem Rechteck *EFCD* und den Dreiecken *AED* und *FBC* gebildet.
Die Fläche des Dreiecks *AED* ist gleich der Fläche des Rechtecks *IEDN*. Beide sind halb so groß wie das Rechteck *AEDH*.
Die Fläche des Dreiecks *FBC* ist gleich der Fläche des Rechtecks *FKLC*. Beide sind halb so groß wie das Rechteck *FBGC*.
Der Flächeninhalt des Trapezes ist gleich dem Flächeninhalt des Rechtecks mit den Seiten m und h.

Für den Flächeninhalt des Trapezes gilt die Formel $\boldsymbol{A = m \cdot h}$.

Die Strecke m hat im Trapez einen besonderen Verlauf, denn sie verbindet die Mittelpunkte der nicht parallelen Trapezseiten. Man nennt sie **Mittellinie**.

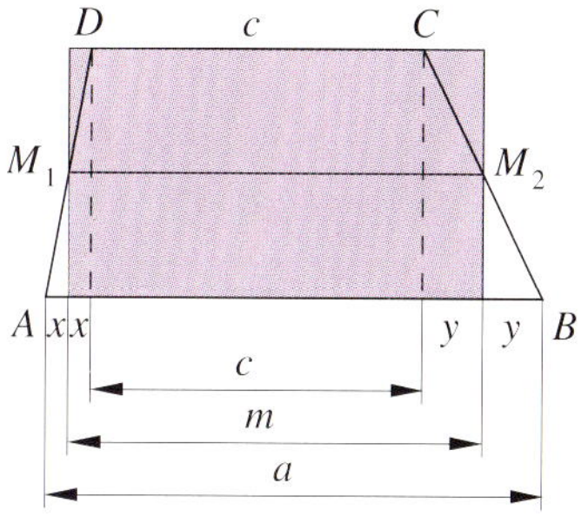

Zwischen der Länge der Mittellinie m und den Längen der parallelen Trapezseiten a und c gibt es eine besondere Beziehung.
Mit den Benennungen der Zeichnung erhalten wir:

$a = m + x + y$ $\quad$ $c = m - x - y$

$$a + c = m + x + y + m - x - y$$
$$a + c = m + m + x - x + y - y$$
$$a + c = 2m \quad |:2$$
$$\frac{a+c}{2} = m$$

Die Länge der Mittellinie m des Trapezes ist der Mittelwert aus den Längen der parallelen Trapezseiten.

Wir haben zwei Möglichkeiten gefunden, den Flächeninhalt von Trapezen zu berechnen und zwar aus der Mittellinie und der Höhe bzw. aus den parallelen Trapezseiten und der Höhe.

Der Flächeninhalt eines Trapezes lässt sich aus der Mittellinie m und der Höhe h berechnen.
Es gilt die Formel: $\boldsymbol{A = m \cdot h}$

Die Mittellinie m ist der Mittelwert der parallelen Trapezseiten (a und c). $\boldsymbol{m = \frac{a + c}{2}}$

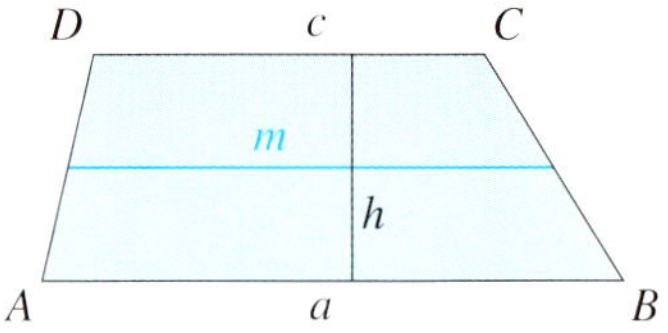

Der Flächeninhalt eines Trapezes lässt sich aus den parallelen Trapezseiten (a und c) und der Höhe h berechnen.

Es gilt die Formel: $\boldsymbol{A = \frac{a + c}{2} \cdot h}$

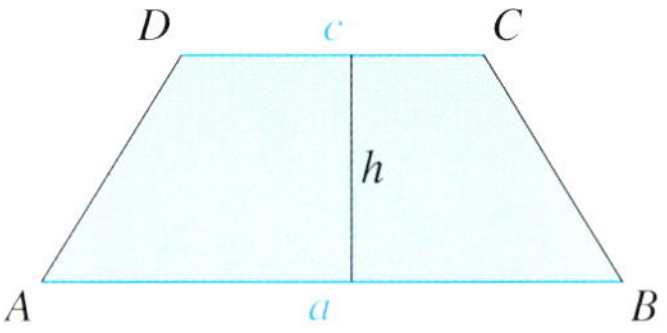

Übungen

1 Berechne den Flächeninhalt des Trapezes *ABCD*. Ein Kästchen ist 1 cm lang.

a)

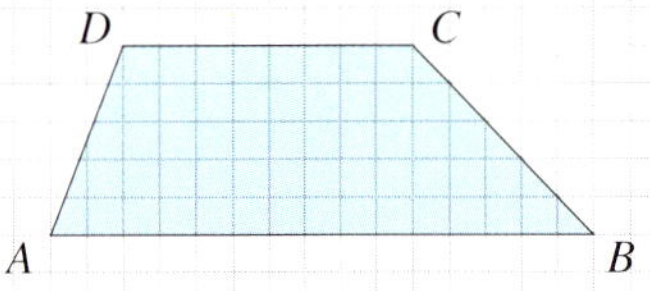

b)

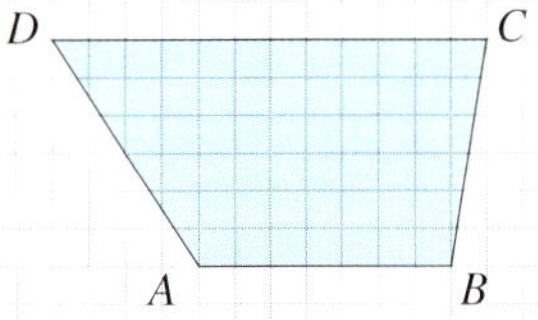

2 Berechne den Flächeninhalt des Trapezes ($a \parallel c$).

a) $a = 14$ cm; $c = 6$ cm; $h = 4$ cm
b) $a = 8$ dm; $c = 10$ dm; $h = 7$ dm
c) $a = 12$ dm; $c = 10$ dm; $h = 8$ dm
d) $a = 11$ m; $c = 9$ m; $h = 3$ m
e) $a = 7{,}5$ cm; $c = 3{,}5$ cm; $h = 4{,}5$ cm
f) $a = 5$ dm; $c = 45$ cm; $h = 7$ dm

3 Konstruiere das Trapez ($a \parallel c$) und berechne den Flächeninhalt. Miss die fehlenden Größen.

a) $a = 7{,}2$ cm; $b = 4{,}8$ cm; $\alpha = 51°$; $\beta = 39°$
b) $a = 6{,}3$ cm; $h = 4$ cm; $\alpha = 81°$; $\beta = 75°$
c) $a = 5{,}4$ cm; $d = 3{,}2$ cm; $h = 2{,}8$ cm; $\beta = 49°$

4 Berechne den Flächeninhalt der roten Fläche. Ein Kästchen ist 1 cm lang.

a)

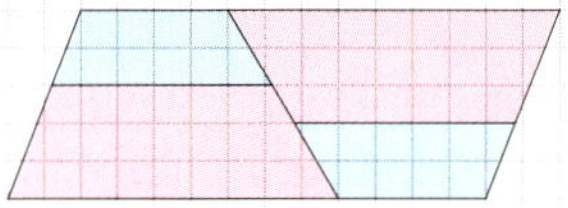

b)

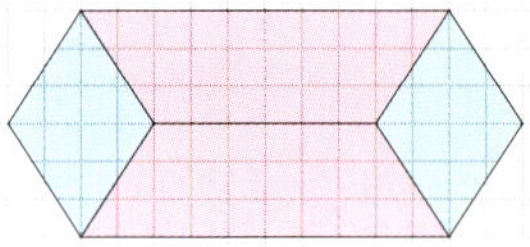

c)

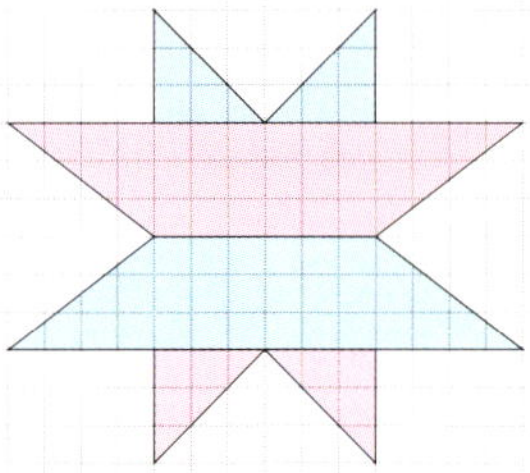

d)

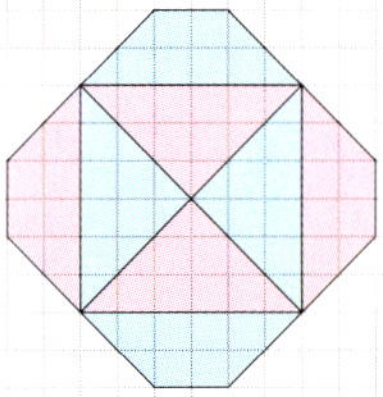

e)

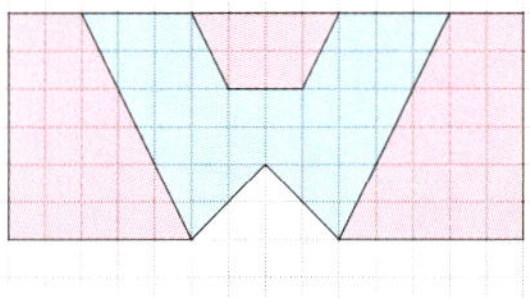

Um den Flächeninhalt eines beliebigen Vielecks berechnen zu können, zerlegen wir es in Flächen, deren Flächeninhalte wir berechnen können.

Eine einfache Möglichkeit ist die Zerlegung in Dreiecke durch Diagonalen. Man muss die Längen der entsprechenden Grundseiten und deren zugehörige Höhen bestimmen.

Der Flächeninhalt des Vielecks ergibt sich aus der Summe der Dreiecksflächen aller Teildreiecke.

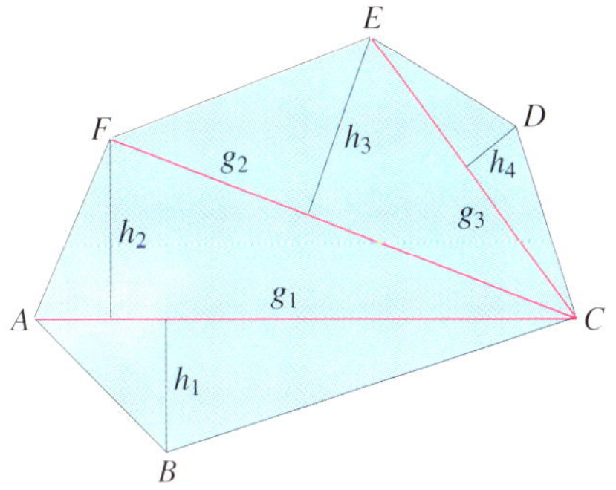

$$A = \frac{g_1 \cdot h_1}{2} + \frac{g_1 \cdot h_2}{2} + \frac{g_2 \cdot h_3}{2} + \frac{g_3 \cdot h_4}{2}$$

Übungen

1 a) Übertrage das Viereck in dein Heft (ein Kästchen ≙ 5 mm) und zerlege es durch eine Diagonale geeignet so, dass du seinen Flächeninhalt ohne Messfehler aus den Flächeninhalten der Teildreiecke berechnen kannst.
b) Berechne den Flächeninhalt des Vierecks.

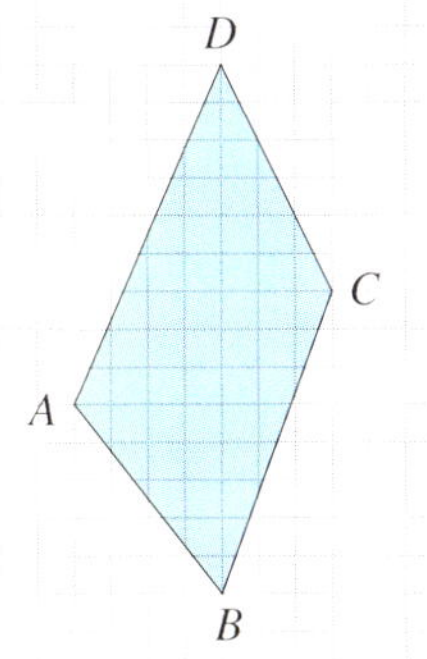

2 Übertrage das Viereck in dein Heft (ein Kästchen ≙ 5 mm) und zerlege es in Dreiecke. Miss die nötigen Längen und berechne den Flächeninhalt des Vierecks aus den Flächeninhalten der Teildreiecke.

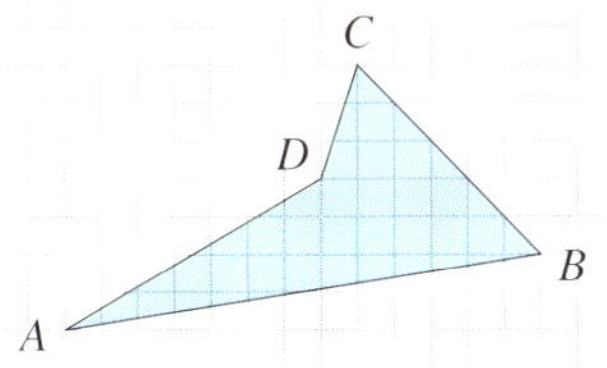

3 Zeichne das Viereck in ein Koordinatensystem (1 LE = 1 cm). Zerlege das Viereck geeignet und berechne den Flächeninhalt. Entnimm die erforderlichen Maße der Zeichnung.
a) $A\,(1|2)$; $B\,(8|1)$; $C\,(8|4)$; $D\,(5|6)$
b) $A\,(1|1)$; $B\,(9|2)$; $C\,(7|6)$; $D\,(3|5)$

4 a) Übertrage das Fünfeck ins Heft (ein Kästchen ≙ 5 mm) und zerlege es in Dreiecke. Berechne so den Flächeninhalt des Fünfecks.

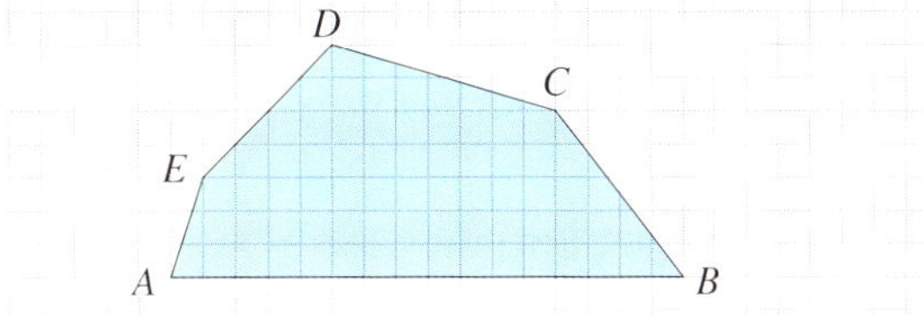

b) Finde eine andere Zerlegung des Fünfecks auch mit Vierecken, sodass du ohne Messfehler dessen Flächeninhalt bestimmen kannst.

5 Übertrage die Figur ins Heft (ein Kästchen ≙ 5 mm). Finde eine Zerlegung, sodass du ohne Messfehler den Flächeninhalt der Figur berechnen kannst.

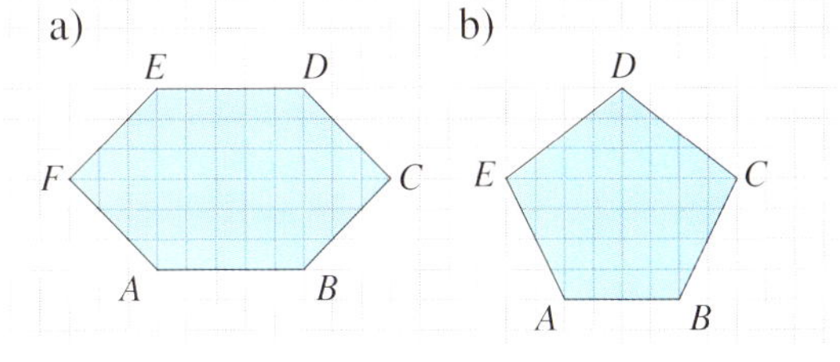

6 a) Ein Viereck mit $A\,(2|2)$, $B\,(8|1)$, $C\,(9|6)$ und $D\,(3|5)$ ist im Koordinatensystem gegeben (1 LE = 1 cm). Berechne den Flächeninhalt.
b) Verbinde die Mittelpunkte der Seiten nacheinander und berechne auch den Flächeninhalt des entstandenen Parallelogramms.
c) Vergleiche die Flächeninhalte aus a) und b). Was vermutest du? Überprüfe an einem selbst gewählten Viereck.

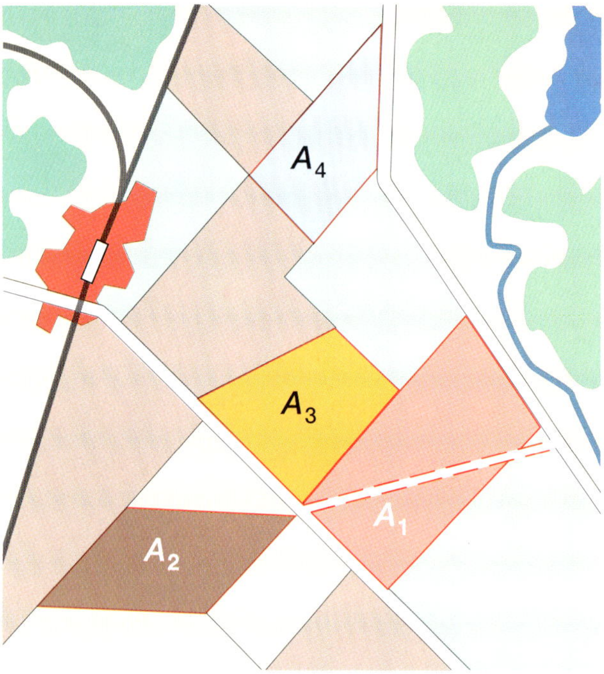

Die Karte zeigt die Flureinteilung einer Gemeinde.

1 Eine neu anzulegende Straße schneidet von einem Acker ein Flächenstück A_1 in Form eines rechtwinkligen Dreiecks ab, dessen kürzere Seiten 105 m und 88,4 m lang sind.

a) Wie groß ist das Teilstück des Ackers?

b) Berechne die Entschädigungssumme für den Eigentümer, wenn für 1 m^2 Fläche 59 € gezahlt werden.

2 Der Acker A_2 hat die Form eines Parallelogramms mit 182 m Länge und 61 m Höhe. Der Acker wird mit Kartoffeln bepflanzt. Wie viel kg Kartoffeln kann der Landwirt ernten, wenn man in der Bundesrepublik Deutschland mit 3,25 kg Kartoffeln pro 1 m^2 bei der Ernte rechnet?

3 Die Felder A_3 und A_4, die trapezförmig sind, sollen mit Weizen eingesät werden. Von A_3 sind die parallelen Seiten 114 m und 67 m, die Höhe beträgt 108 m. Bei A_4 sind die parallelen Seiten 162 m und 83 m, die Höhe beträgt 53 m. Wie viel kg Weizen werden benötigt, wenn man 25 g Weizen pro 1 m^2 rechnet?

4 Familie Hag hat sich nach dem Prospektfoto eine Sechsecklaube gebaut.

a) Herr Hag möchte aus massivem Nadelholz eine Sitzbank bauen. Dazu fertigte er eine Zeichnung an, mit deren Hilfe er berechnet, wie viel Material er braucht. Wie viel m^2 Holz muss er mindestens kaufen?

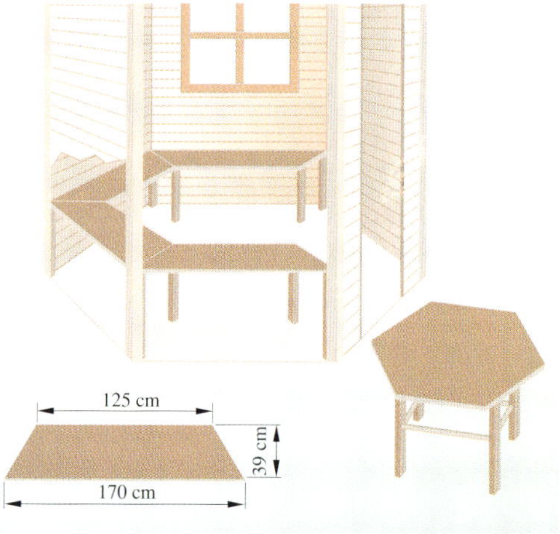

b) Wie teuer wird die ganze Sitzbank wenigstens, wenn 1 m^2 massives Nadelholz inklusive Mehrwertsteuer 48 € kostet?

c) Herr Hag möchte auch einen sechseckigen Tisch bauen. Dazu nutzt er das Gestell eines alten Tisches, zu dem er die Tischplatte mit einem Durchmesser von 110 cm anfertigt. Wie teuer würde mit demselben Nadelholz die Tischplatte etwa werden?

Trapeztische

Trapeztische besonders geeignet für Gruppen- oder Konferenzräume. Diese Tische lassen sich in vielen Variationen zusammenstellen.

Plattengröße:
lange Seite: 130 cm
kurze Seite: 65 cm 56 cm tief
Tischhöhe: 72 cm
Artikel-Nr.:
TT ________ 159 €

Zu Trapeztischen passende Rechteck- oder Quadrattische.
Ti 6 ________ 112 €
65 × 130 cm
Ti 7 ________ 85 €
65 × 65 cm

Stellvariationen

a)

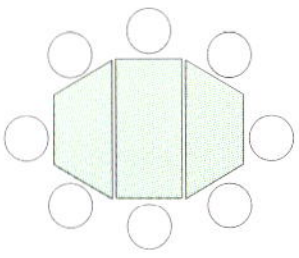

b)

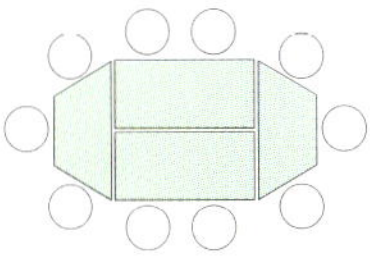

c)

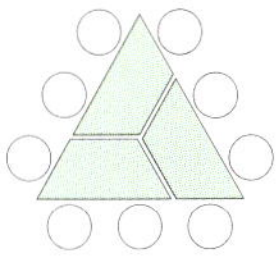

d)

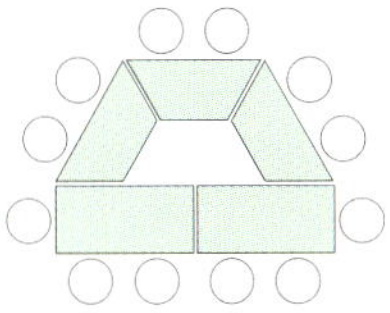

e)

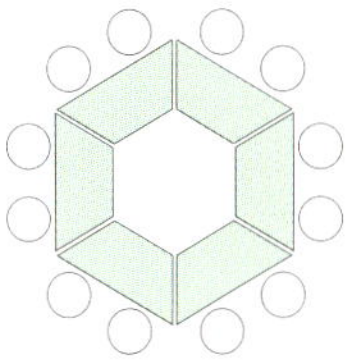

f)

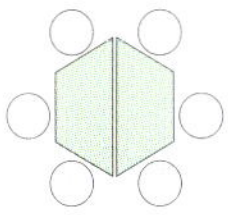

Rechnung Nr. 00370791

Stückz.	Artikel-Nr.	Artikel/Titel	Preis
2	TT	Trapeztisch	318,00 €
1	Ti 6	Rechtecktisch	112,00 €
			430,00 €
		16% MwSt.	68,80 €
			498,80 €

1 Ein Kunde, der die Stellvariation a) gekauft hat, erhielt die Rechnung Nr. 00370791.
Fülle je eine Rechnung für die Stellvariationen b) bis f) aus.

2 Vor dem Kauf einer Tischgruppe muss häufig die Fläche berechnet werden, die zum Aufstellen einer Tischgruppe (ohne Stühle) erforderlich ist. Berechne diese Fläche für die Stellvariationen a) bis f).

3 Wie viel Tischfläche kann jeder durchschnittlich nutzen, wenn alle Plätze besetzt sind? Berechne diese Fläche für die Stellvariationen a) bis f).

4 In einem Restaurant haben sich 16 Personen zum gemeinsamen Essen angemeldet. Stelle aus Quadrat-, Rechteck- oder Trapeztischen mögliche Tischgruppen zusammen. Berechne für diese Tischgruppen die Stellflächen.

Die Eltern haben das Dachgeschoss ihres Hauses ausgebaut. In einem der neuen Räume soll die Tochter ein Schlaf- und Arbeitszimmer einrichten können. Die Möbel dazu sollen neu angeschafft werden. Aus einem Möbelkatalog kann Elena auswählen.

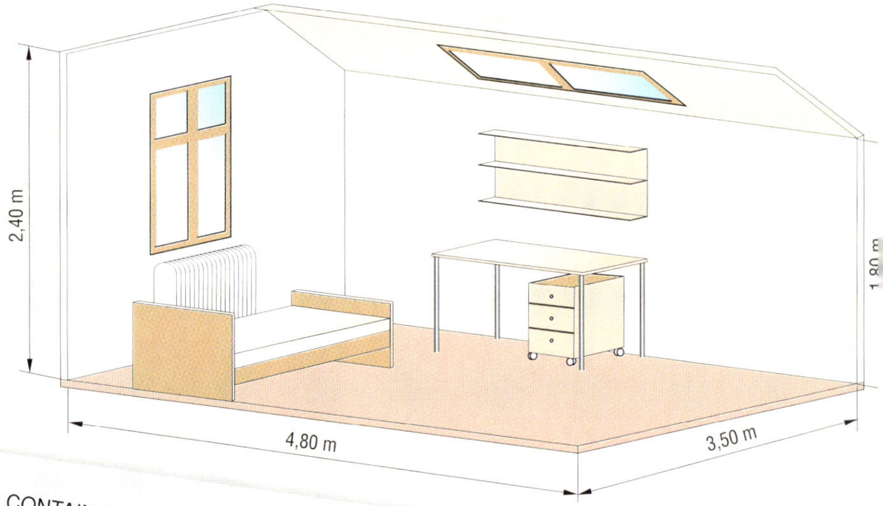

TISCHE, PC-STÄNDER UND ROLLCONTAINER

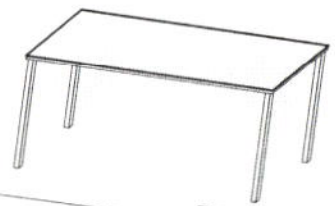
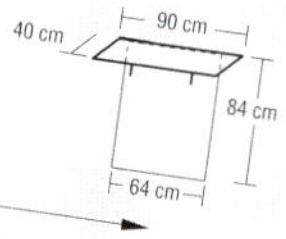

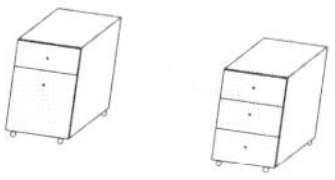

Füße höhenverstellbar

Type	Tisch mit 3 Schubkästen	Schreibtisch		PC-Ständer (Monitor und Drucker)	Rollcontainer mit Vollauszug		Couchtisch, Buche massiv
B x H x T in cm	170,0 x 76,0 x 85,0	140,0 x 76,0 x 80,0	160,0 x 76,0 x 80,0	90,0 x 84,0 x 40,0	43,5 x 60,0x 55,0		120,0 x 40,0 x 70,0
Ausführung	Buche, birnbaumfarbig	Buche, birnbaumfarbig		Metall/Buche, birnbaumfarbig	Buche, birnbaumfarbig		Buche, birnbaumfarbig/Glas
Code	**7170**	**7140**	**7160**	**7900**	**7020**	**7030**	**7126**
VK-Preis in €	**664,-**	**239,-**	**281,-**	**153,-**	**230,-**	**265,-**	**260,-**
Ausführung	Buche, natur	Buche, natur		Metall/Buche, natur	Buche, natur		Buche, natur/Glas
Code	717010	714010	716010	790010	702010	703010	712610
VK-Preis in €	664,-	230,-	281,-	153,-	230,-	265,-	260,-

ENDLOS-KLEIDER-SCHRANK

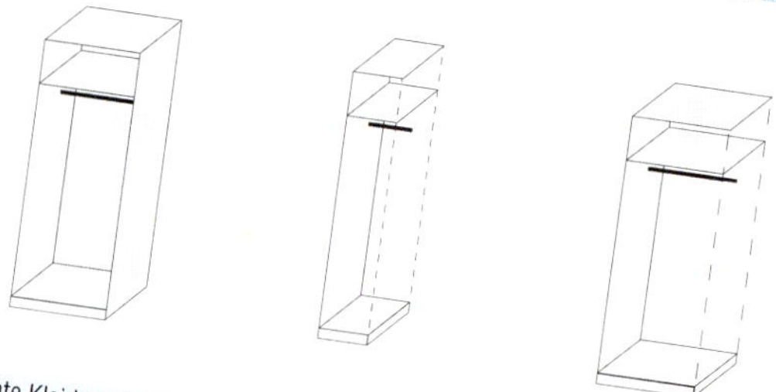

Type	Grundelemente Kleiderschrank	Anbauelemente Kleiderschrank	
B x H x T in cm	85,0 x 224,7 x 64,3	42,5 x 224,7 x 64,3	85,0 x 224,7 x 64,3
Ausführung	Buche, birnbaumfarbig	Buche, birnbaumfarbig	
Code	**3286**	**3246**	**3266**
VK-Preis in €	**332,-**	**204,-**	**276,-**
Ausführung	Buche, natur	Buche, natur	
Code	328610	324610	326610
VK-Preis in €	332,-	204,-	276,-

Stühle

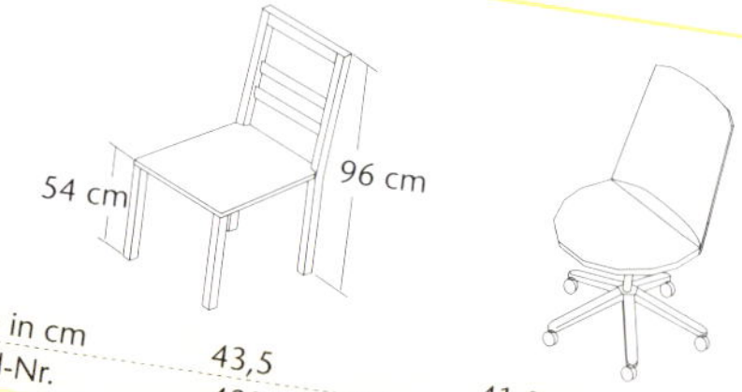

Breite in cm	43,5	41,0
Bestell-Nr.	420	510
VK-Preis in €	**49,-**	**79,-**

KLEIDER-SCHRANK komplett

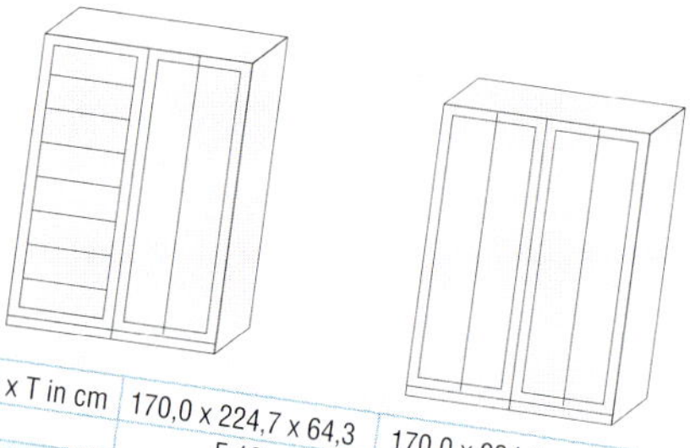

B x H x T in cm	170,0 x 224,7 x 64,3	170,0 x 224,7 x 64,3
Code	E 19	E 19.1
VK-Preis in €	**1596,-**	**1321,-**

BETTEN

Type	Bett, 200cm lang, Rahmenteile aus Massivholz				Bett, 200cm lang, Rahmenteile aus		
B x H x T in cm	B 90	B 120	B 140	B 160	B 90	B 120	B 140
Ausführung	Buche, birnbaumfarbig				Buche, birnbaumfarbig		
Code	**8090**	**8120**	**8140**	**8160**	**8290**	**8220**	**8240**
VK-Preis in €	**628,-**	**644,-**	**664,-**	**690,-**	**628,-**	**664,-**	**690,-**
Ausführung	Buche, natur				Buche, natur		
Code	809010	812010	814010	816010	829010	822010	824010
VK-Preis in €	628,-	644,-	664,-	690,-	628,-	664,-	690,-

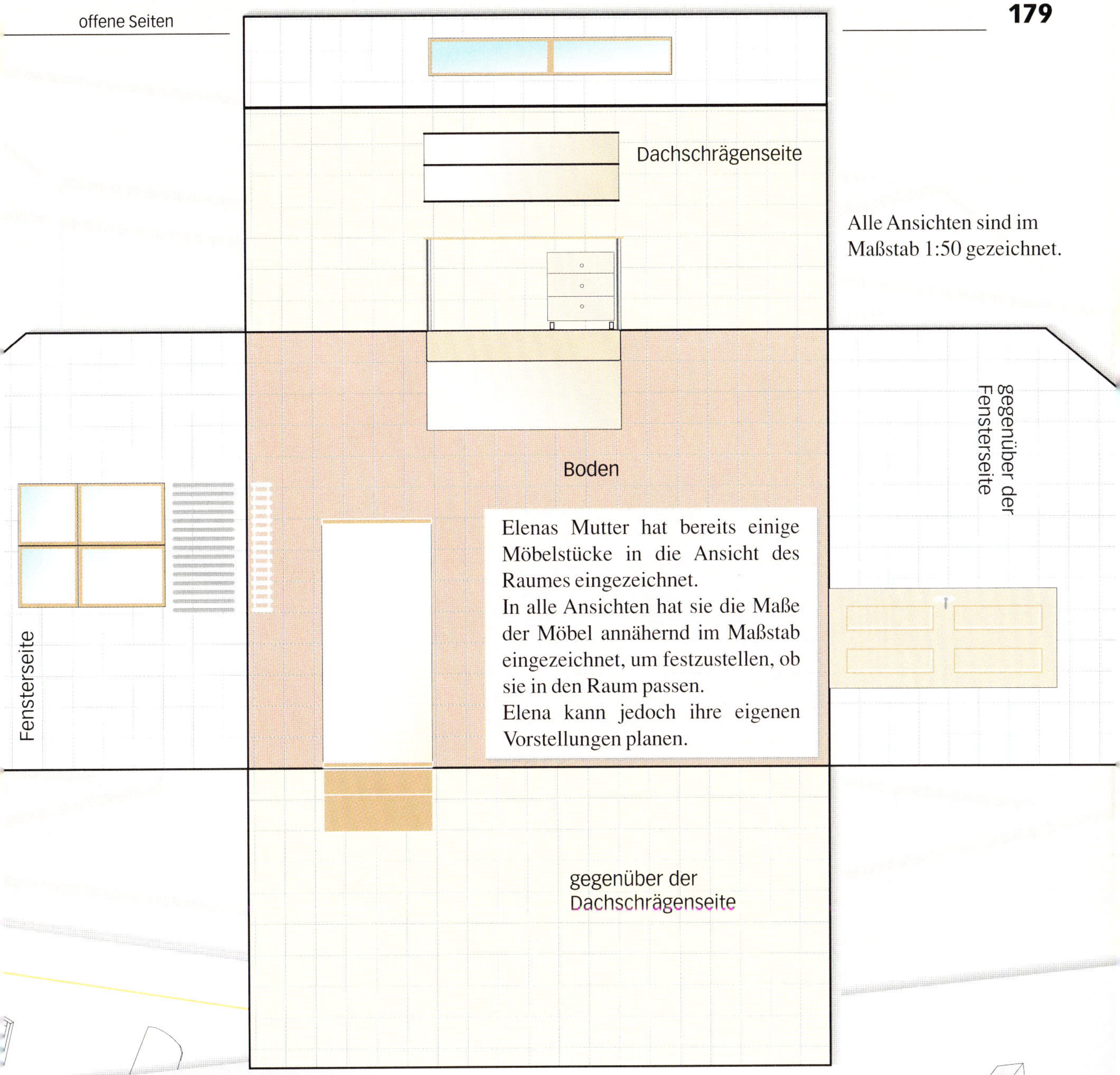

Alle Ansichten sind im Maßstab 1:50 gezeichnet.

Elenas Mutter hat bereits einige Möbelstücke in die Ansicht des Raumes eingezeichnet.
In alle Ansichten hat sie die Maße der Möbel annähernd im Maßstab eingezeichnet, um festzustellen, ob sie in den Raum passen.
Elena kann jedoch ihre eigenen Vorstellungen planen.

BAUKÄSTEN

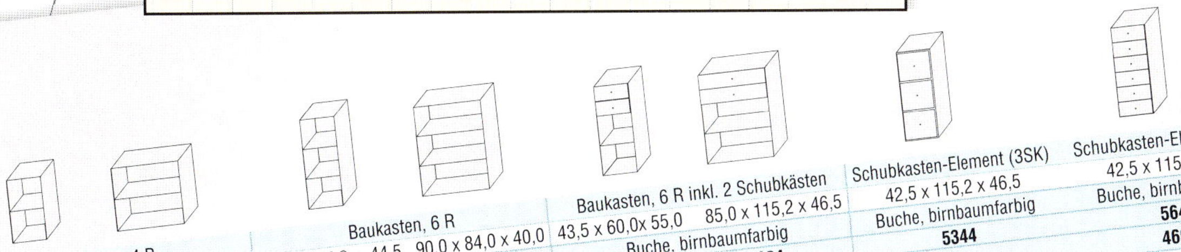

Type	Baukasten, 4 R		Baukasten, 6 R		Baukasten, 6 R inkl. 2 Schubkästen		Schubkasten-Element (3SK)	Schubkasten-Element (3SK)
B x H x T in cm	42,5 x 76,8 x 44,5	85,0 x 76,8 x 44,5	42,5 x 115,2 x 44,5	90,0 x 84,0 x 40,0	43,5 x 60,0x 55,0	85,0 x 115,2 x 46,5	42,5 x 115,2 x 46,5	42,5 x 115,2 x 46,5
Ausführung	Buche, birnbaumfarbig		Buche, birnbaumfarbig		Buche, birnbaumfarbig		Buche, birnbaumfarbig	Buche, birnbaumfarbig
Code	**1424**	**1444**	**1624**	**1644**	**5244**	**5284**	**5344**	**5644**
VK-Preis in €	**122,-**	**143,-**	**138,-**	**168,-**	**250,-**	**378,-**	**368,-**	**460,-**
Ausführung	Buche, natur		Buche, natur		Buche, natur		Buche, natur	Buche, natur
Code	142410	144410	162410	164410	524410	528410	534410	564410
VK-Preis in €	122,-	143,-	138,-	168,-	250,-	378,-	368,-	460,-

Aus der Werbung des Möbelkatalogs:

Für uns **kein** Thema mehr: **Formaldehyd**
Das Bundesgesundheitsamt schreibt für Möbel eine maximale Konzentration von 1,1 ppm (parts per million) vor. Untersuchungen des Fraunhofer-Institutes haben für unsere Möbel Werte von 0,028 ppm ermittelt.
Gut für Sie und die Umwelt.

checkpoint

1 Berechne den Flächeninhalt des Dreiecks. (3 Punkte)

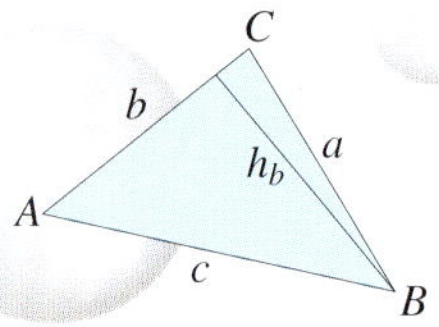

$a = 2{,}4$ cm
$b = 2{,}2$ cm
$h_b = 2{,}3$ cm

2 a) Konstruiere das Parallelogramm $ABCD$ mit $AB = 6$ cm; $BC = 5$ cm und $\alpha = 50°$.
b) Berechne den Flächeninhalt des Parallelogramms. Entnimm das fehlende Maß der Zeichnung.
(4 Punkte)

3 Die Eckpunkte eines Trapezes $ABCD$ sind durch die Punkte $A\,(2\,|\,1)$, $B\,(8\,|\,1)$, $C\,(7\,|\,5)$ und $D\,(4\,|\,5)$ gegeben.
a) Trage die Punkte in ein Koordinatensystem ein (1 LE = 1 cm) und verbinde sie zum Trapez.
b) Berechne den Flächeninhalt des Trapezes. Entnimm die Maße der Zeichnung.
(5 Punkte)

4 Der Flächeninhalt eines Parallelogramms beträgt 48,1 m². Berechne nach der Skizze die Höhe des Parallelogramms. (3 Punkte)

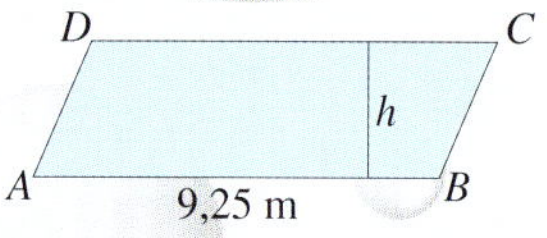

4 Der Flächeninhalt des Trapezes beträgt 41,25 m². Berechne nach der Skizze die Höhe des Trapezes. (5 Punkte)

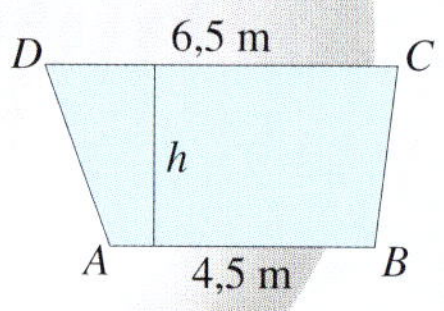

5 In den Dachgiebel soll ein Fenster mit Wärmedämmglas eingesetzt werden.

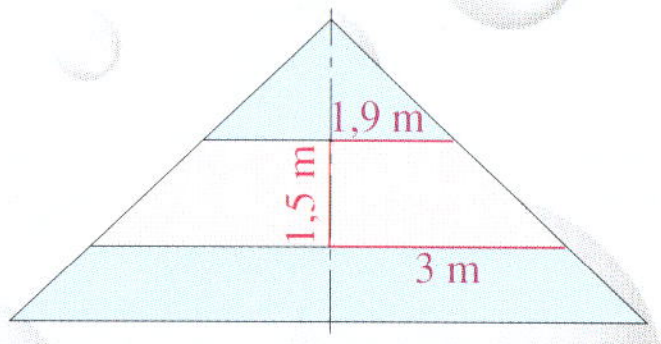

a) Berechne nach der Skizze die Fläche des Fensters in m².
b) Wie viel muss für das Wärmedämmglas bezahlt werden, wenn 1 m² für 145,67 € angeboten wird?
(5 Punkte)

5 In den Dachgiebel sollen Fenster aus Wärmedämmglas eingesetzt werden.

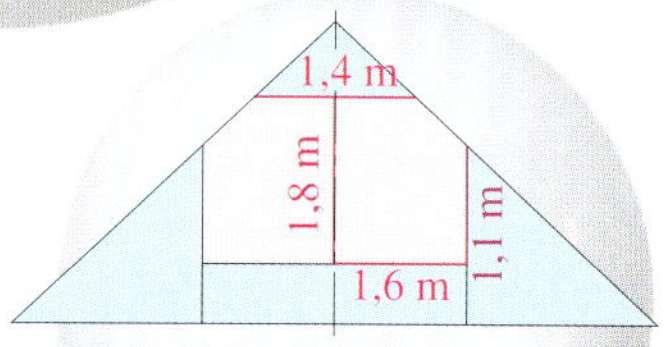

a) Berechne nach der Skizze die Fläche des Fensters in m².
b) Wie viel muss für das Wärmedämmglas bezahlt werden, wenn 1 m² für 145,67 € angeboten wird?
(8 Punkte)

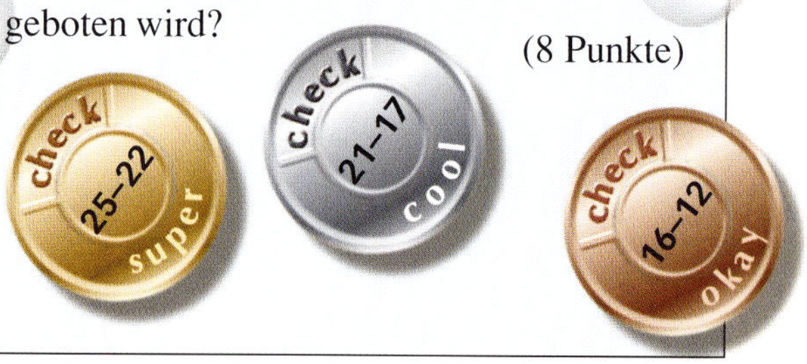

Wenn man einen quaderförmigen Holzklotz mit Schnitten senkrecht zur Grundfläche zersägt, entstehen **gerade Prismen**, bei denen die Seitenkanten senkrecht zur Grundfläche verlaufen.

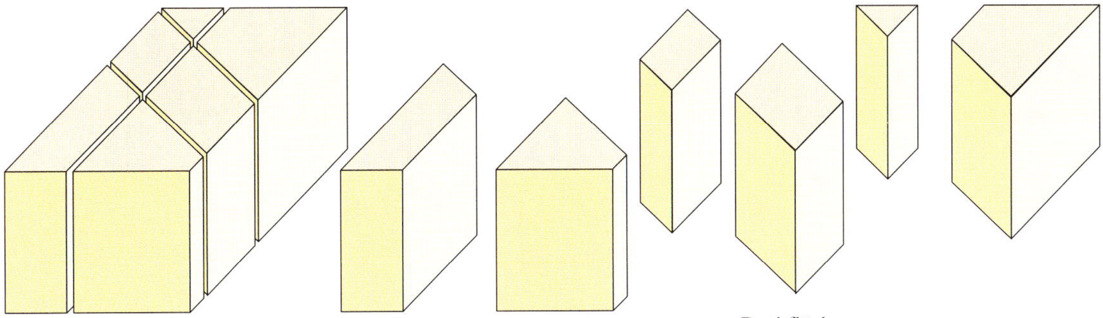

Ein Prisma hat als Grundfläche ein Vieleck. Wenn man parallel zur Grundfläche das Prisma zerschneidet, ist die Schnittfläche stets deckungsgleich zur Grundfläche. Deshalb sind bei einem Prisma die Grund- und die Deckfläche deckungsgleich (kongruent).

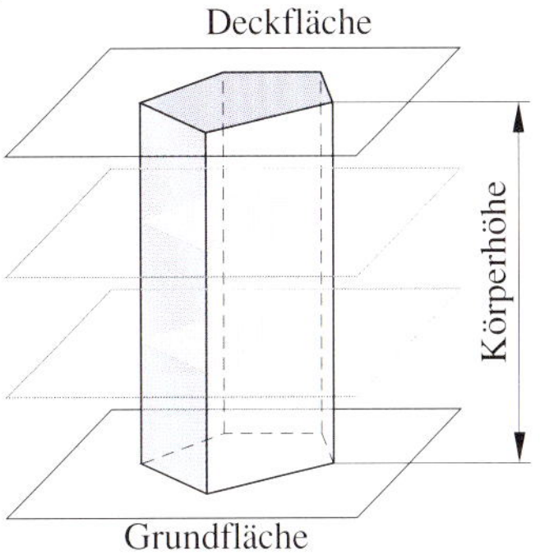

Den Abstand zwischen Grund- und Deckfläche nennt man **Höhe** h des Prismas.

Außer geraden Prismen gibt es auch **schiefe Prismen**. Bei schiefen Prismen verlaufen die Seitenkanten nicht senkrecht zur Grundfläche.

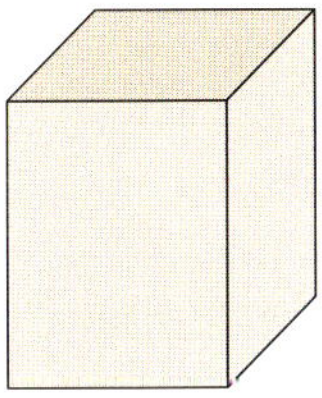

Alle Seitenflächen eines geraden Prismas sind Rechtecke.

Bei den Seitenflächen eines schiefen Prismas kommen auch Parallelogramme vor.

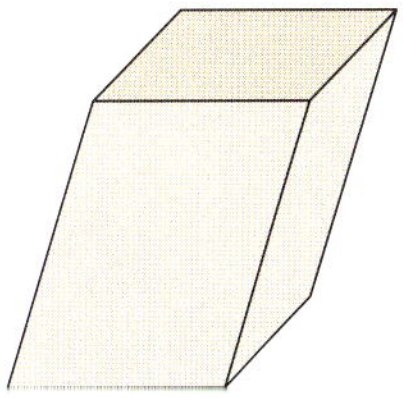

Bei Prismen bleibt die Zuordnung der Begriffe Grundfläche bzw. Deckfläche und Seitenfläche zu den Begrenzungsflächen erhalten, auch wenn sie auf eine Seite gelegt werden.

1 Die abgebildeten Körper stehen auf einer Rechteckfläche. Begründe, dass auch diese Körper Prismen sind.

Doppel-T-Träger

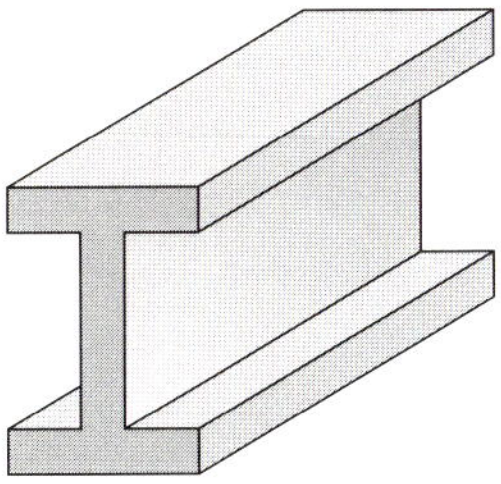

L-Stein

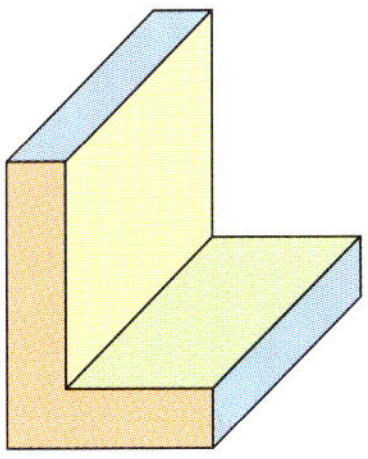

Keil

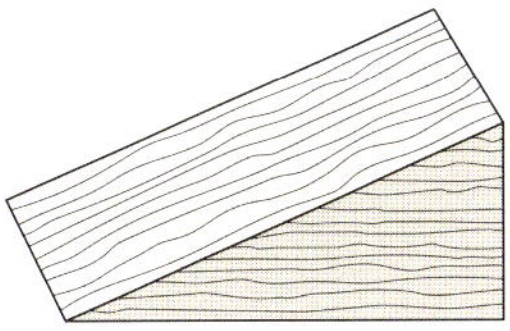

Pralinenschachtel

Übungen

2 Entscheide und begründe, ob der Körper ein Prisma ist. Wenn er ein Prisma ist, gib an, welche Form die Grundseite hat, und wie viele Seitenflächen das Prisma hat.

a)
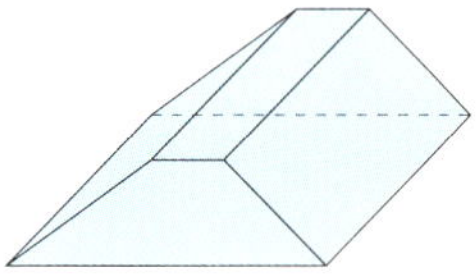

b)
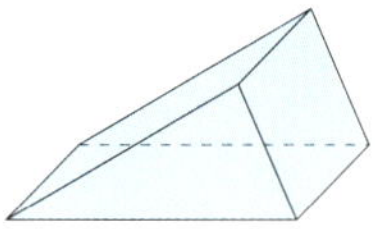

c)

d)
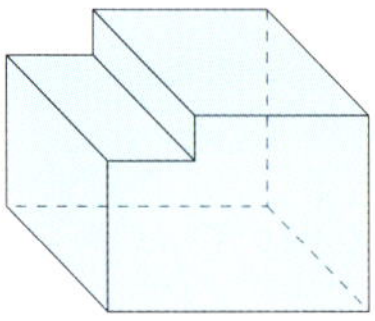

e)
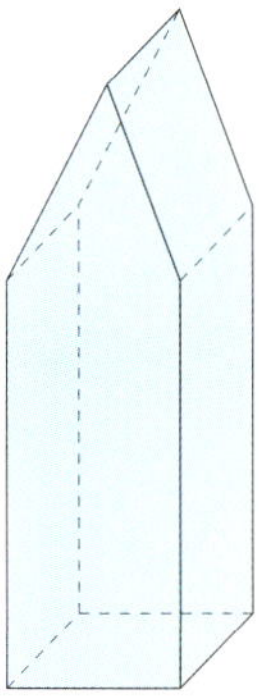

f)
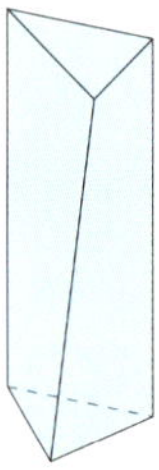

g)
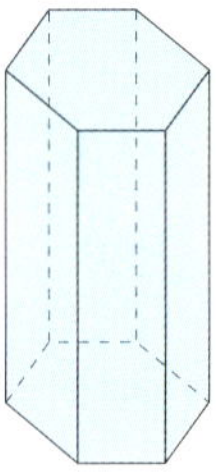

h)
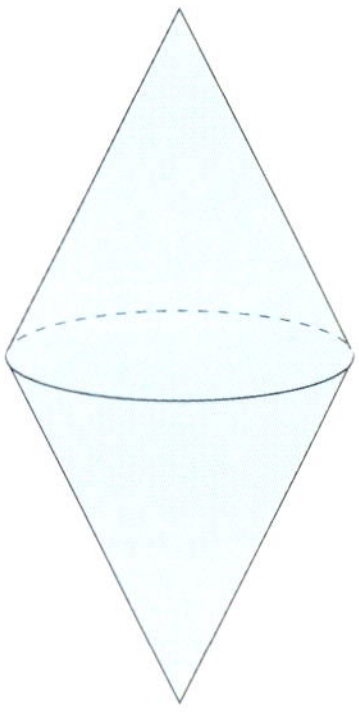

i)
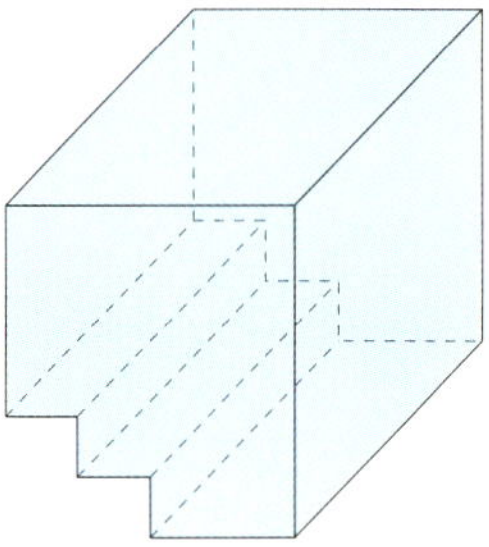

3 Entscheide und begründe, ob der Körper ein Prisma ist.

a)
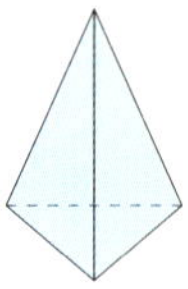

b)
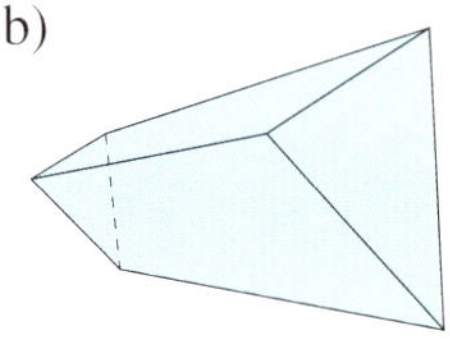

c)
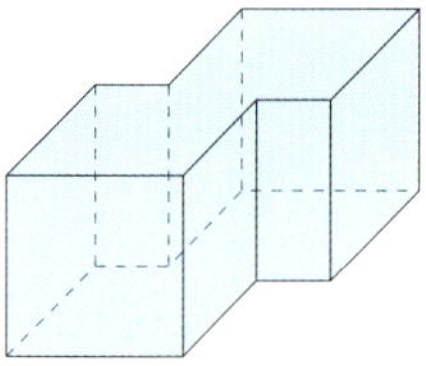

d)
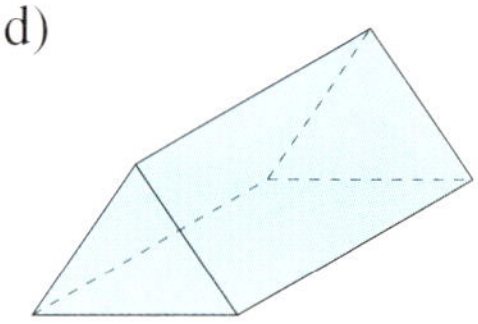

e)
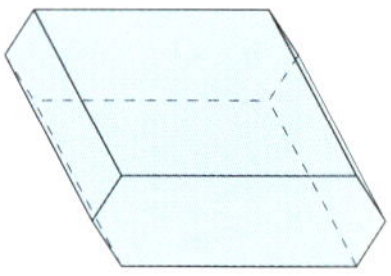

f)
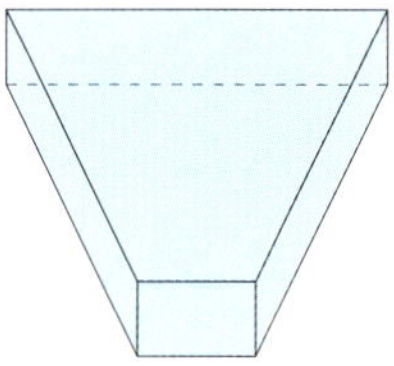

Info

In der Optik spielen Prismen eine besondere Rolle.
Wenn weißes Licht durch ein Glasprisma geht, wird es in die „Regenbogenfarben" (Spektralfarben) zerlegt.
Das Glas des Prismas verringert die Ausbreitungsgeschwindigkeit der im weißen Licht enthaltenen Farben unterschiedlich stark und erzeugt dadurch ein „Farbband".

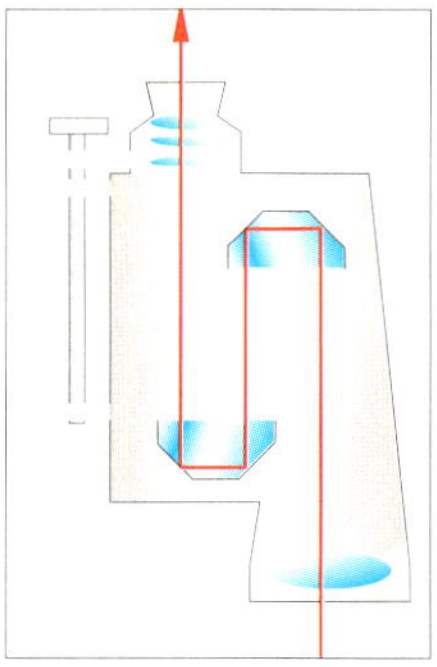

Beim Prismenfernrohr dienen die Prismen zur Umlenkung des Lichtes. Dadurch ist das Prismenfernrohr kürzer als das astronomische Fernrohr. Wegen der mehrfachen Lichtumlenkung ist es jedoch lichtschwächer als das astronomische.

Das Volumen des Prismas

Familie Jansen will das Dachgeschoss ihres Hauses ausbauen und mit einem Kaminofen beheizen. Für das Heizen mit einem Kaminofen müssen bei einem Kilowatt Heizleistung mindestens 4 m^3 Raum vorhanden sein. Deshalb muss der Rauminhalt (das Volumen) des Dachgeschosses berechnet werden, woraus ersichtlich ist, welche Heizleistung der Kaminofen höchstens haben darf.

Das Dachgeschoss hat die Form eines Prismas.

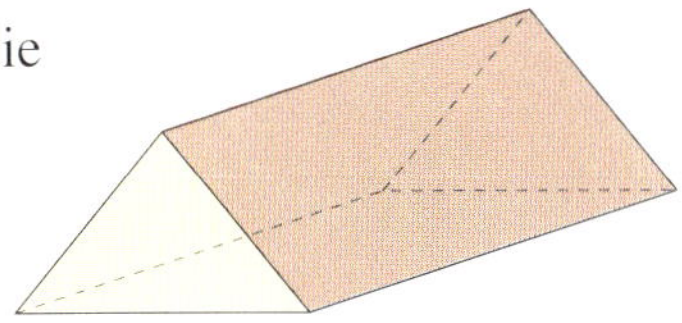

Eine Formel zur Berechnung des Volumens von Prismen lässt sich aus dem Sonderfall des Quaders ableiten.

$V = a \cdot b \cdot c$

$V = (a \cdot b) \cdot c$ Mit $a \cdot b$ wird die Grundfläche G des Quaders berechnet. Die Kantenlänge c entspricht der Körperhöhe h.

$\boldsymbol{V = G \cdot h}$

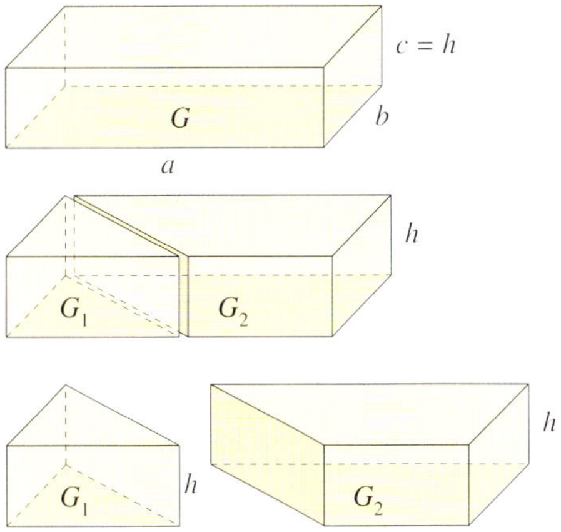

Zerlegt man den Quader wie dargestellt in Prismen, ist die Grundfläche G in die Teilflächen G_1 und G_2 zerlegt, die Grundflächen von Prismen sind. Das Volumen des Quaders ergibt sich aus den Volumina V_1 und V_2 der Prismen.

Für den zerlegten Quader gilt: $V = (G_1 + G_2) \cdot h$

$V = G_1 \cdot h + G_2 \cdot h$

$V = V_1 + V_2$

$V_1 = G_1 \cdot h$; $V_2 = G_2 \cdot h$

Es ergibt sich also auch für Prismen das Volumen aus dem Produkt von Grundfläche und Höhe.

> Das Volumen V eines Prismas mit der Grundfläche G und der Höhe h berechnet man mit dieser Formel: $\boldsymbol{V = G \cdot h}$

Übungen

1 Jansens Haus ist am Giebel 8 m breit und hat 12 m Länge. Der Giebel ist 4 m hoch.

a) Welches Volumen hat das Dachgeschoss? Entscheide dazu, welche Fläche Grundfläche des Prismas ist. Berechne deren Flächeninhalt. Gib die Höhe h des Prismas an. Berechne das Volumen aus Grundfläche und Höhe.

b) Welche Leistung darf der Heizkessel höchstens haben?

2 Von diesem Prisma soll das Volumen berechnet werden.

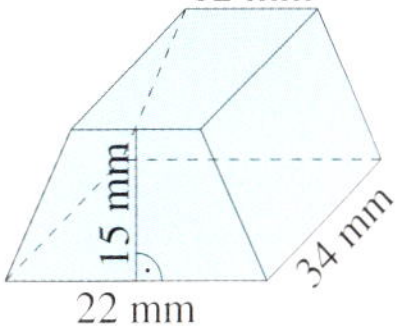

a) Berechne die Grundfläche G des Prismas.

b) Gib die Höhe h des Prismas an.

c) Berechne das Volumen des Prismas aus der Grundfläche und der Höhe und gib es auf volle cm^3 gerundet an.

3 Berechne das Volumen des Prismas.

a) $G = 25\ \text{cm}^2$, $h = 8\ \text{cm}$

b) $G = 12{,}5\ \text{m}^2$, $h = 10\ \text{m}$

c) $G = 49{,}5\ \text{m}^2$, $h = 12\ \text{m}$

d) $G = 17{,}25\ \text{dm}^2$, $h = 23\ \text{cm}$

4 Berechne das Volumen des Prismas. (Maße in cm)

a)

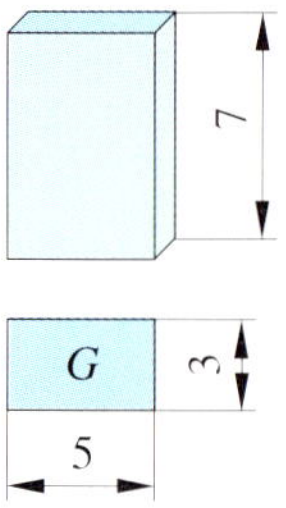

c)

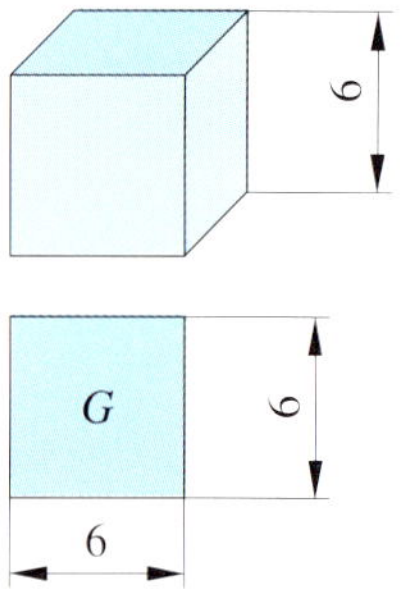

b)

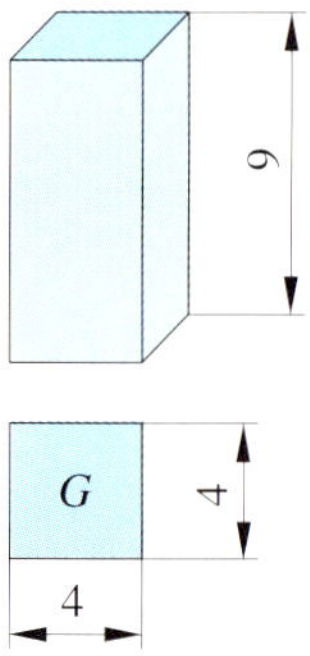

d)

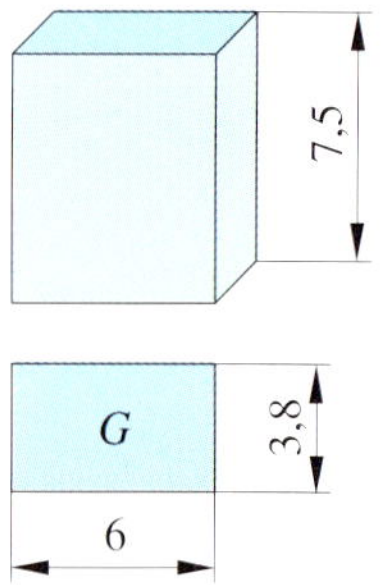

5 Berechne das Volumen des Prismas. Die Grundfläche ist ein Dreieck.

	a)	b)	c)	d)
Grundseite	8 m	13 cm	3,5 dm	13,1 m
Dreieckshöhe	6 m	9 cm	2,4 dm	17,4 m
Körperhöhe	10 m	17 cm	12,5 dm	120 m

6 Berechne das Volumen des Prismas. Die Grundfläche ist ein Trapez. 1. und 2. Grundseite sind die zwei zueinander parallelen Seiten des Trapezes.

	a)	b)	c)
1. Grundseite	6 m	20 dm	4,5 cm
2. Grundseite	2 m	30 dm	1,5 cm
Trapezhöhe	5 m	8 dm	9 cm
Körperhöhe	10 m	40 dm	11 cm

7 Berechne das Volumen des Prismas. (Maße in dm)

a)

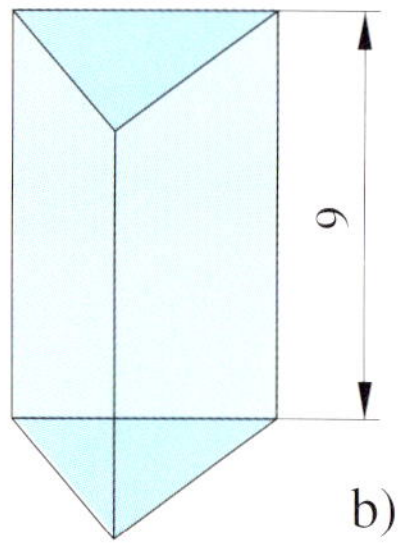

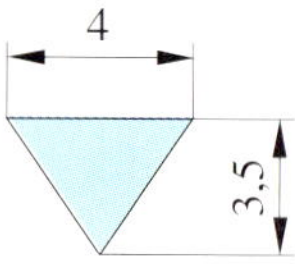

Grundfläche

b)

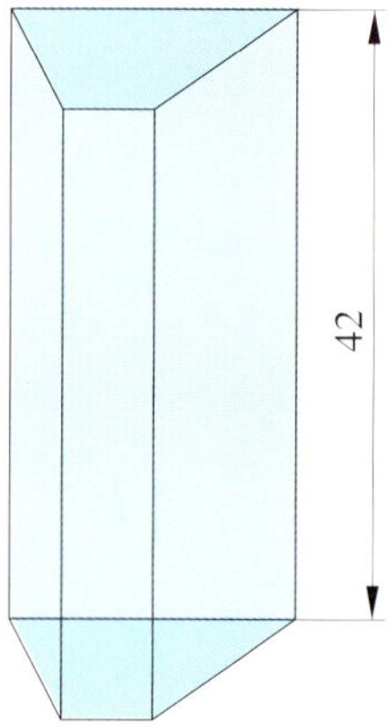

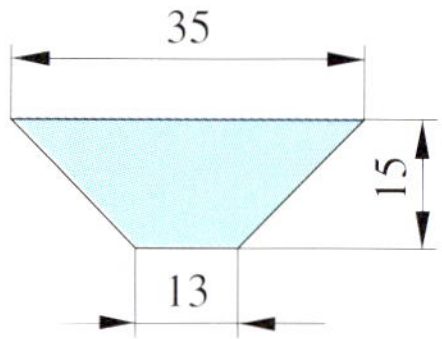

Grundfläche

8 Berechne das Volumen der nachfolgenden Prismen.

a) Grundfläche: Quadrat mit $a = 2{,}4$ cm
Höhe: $h = 8{,}5$ cm

b) Grundfläche: Rechteck mit $a = 3{,}2$ cm; $b = 1{,}2$ cm
Höhe: $h = 14{,}2$ cm

c) Grundfläche: Parallelogramm mit $a = 7{,}8$ cm; $h_a = 2{,}5$ cm
Höhe: $h = 25$ cm

d) Grundfläche: rechtwinkliges Dreieck ($\gamma = 90°$) mit $a = 4{,}2$ m; $b = 5{,}1$ m
Höhe: $h = 20$ m

e) Grundfläche: gleichschenkliges Dreieck mit Basis $c = 6{,}5$ dm; $h_c = 5{,}2$ dm
Höhe: $h = 9{,}4$ dm

f) Grundfläche: Dreieck mit $b = 4{,}5$ cm; $h_b = 3{,}6$ cm
Höhe: $h = 15$ cm

g) Grundfläche: Trapez mit $a = 7{,}8$ dm; $c = 2{,}5$ dm ($a \parallel c$); $h = 3$ dm
Höhe: $h = 12$ dm

h) Grundfläche: Drachenviereck mit $e = 6{,}5$ cm; $f = 9{,}7$ cm
Höhe: $h = 3{,}8$ cm

9 Ein Prisma aus Kristallglas hat die in der Zeichnung gegebene Form und die angegebenen Maße.

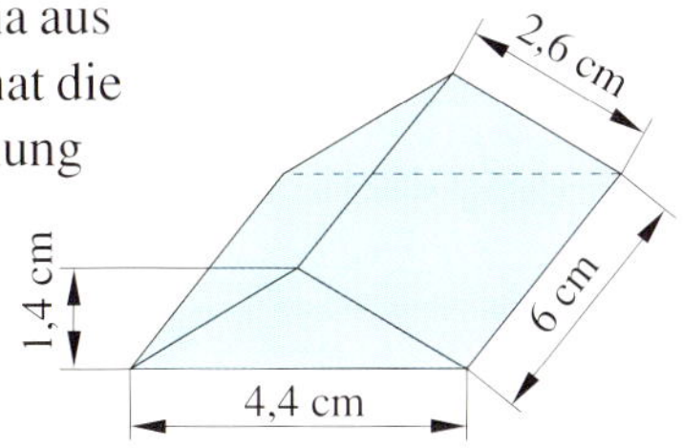

a) Berechne das Volumen.
b) Wie viel Gramm wiegt das Prisma? (Dichte von Kristallglas 2,9 $\frac{g}{cm^3}$)

10 Berechne das Volumen des Prismas.

a)

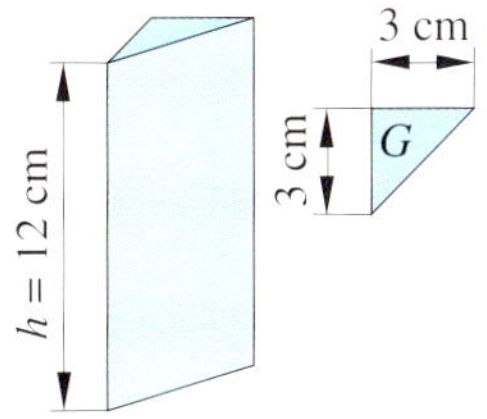

c)

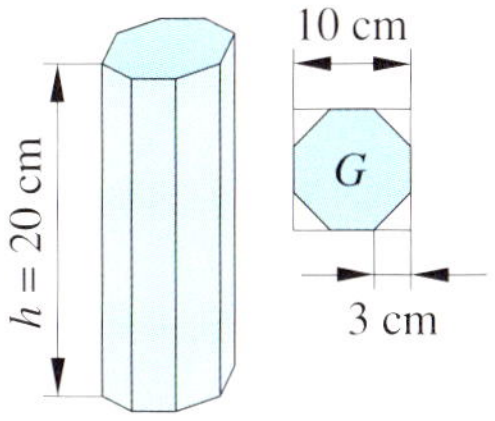

b)

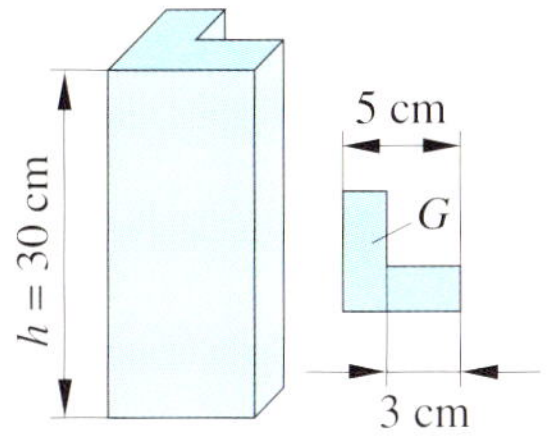

d)

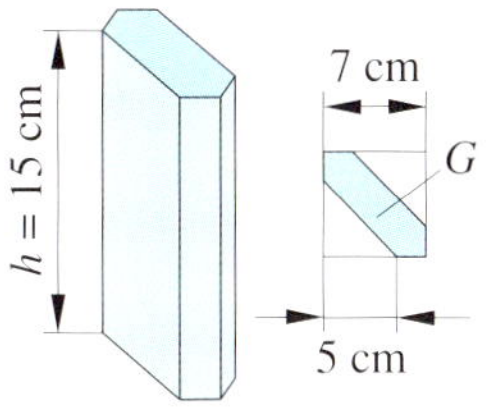

11 Die gegebene Fläche ist Grundfläche eines Prismas mit 6 cm Höhe. Berechne das Volumen des Prismas, indem du zunächst die Grundfläche in dein Heft zeichnest, sie geeignet zerlegst und ihren Flächeninhalt berechnest.
(Ein Kästchen ≙ 5 mm)

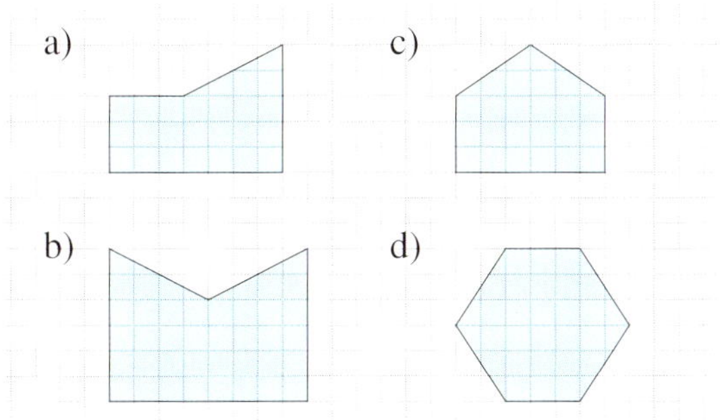

12 Berechne das Volumen des Prismas.
(Maße in cm)

a)

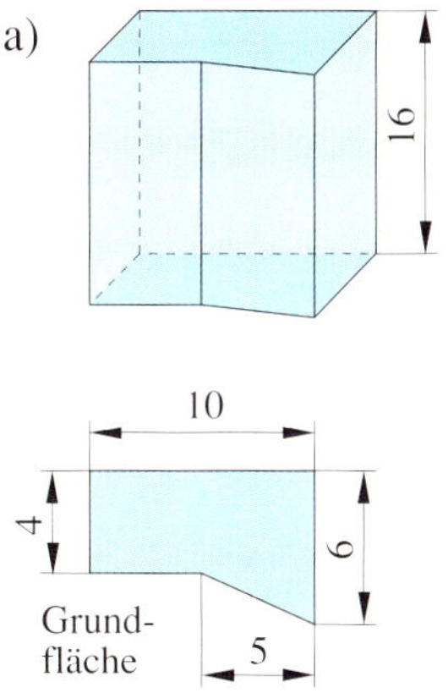

b)

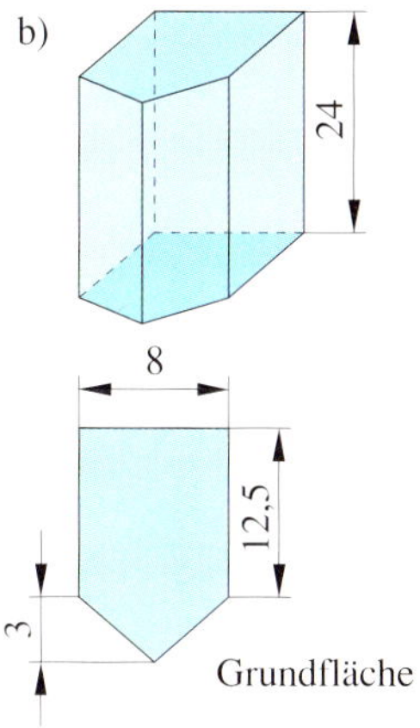

13 Berechne das Volumen des Prismas, indem du zunächst die Grundfläche zeichnest und ihren Flächeninhalt berechnest. (Maße in cm)

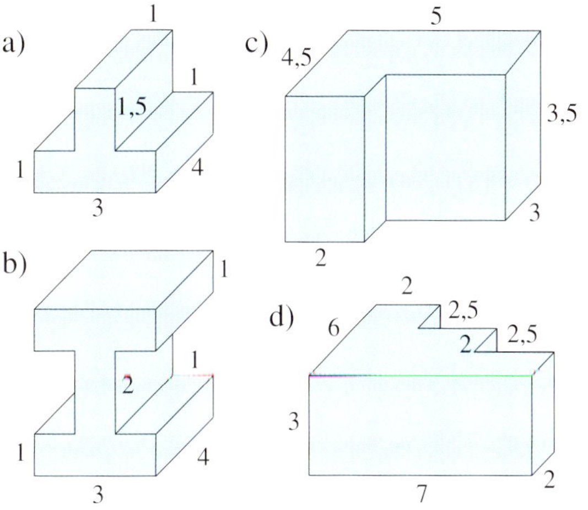

14 Von einer Metallschiene ist der Materialaufwand zu errechnen.

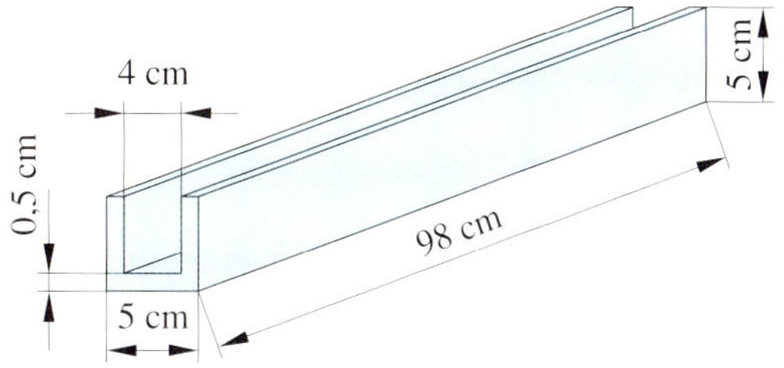

a) Welches Volumen hat die Schiene?
b) Wie viel Gramm wiegt sie? (Dichte 7,8 $\frac{g}{cm^3}$)

Mit Rasengittersteinen aus Beton kann man zum Beispiel Zufahrten und Parkplätze begrünen.

Wir berechnen das Volumen V eines Rasengittersteins.

Diesen Stein kann man sich als einen Quader mit Hohlräumen vorstellen. Wenn wir das Volumen der Hohlräume bestimmen und es vom Volumen des Quaders abziehen, erhalten wir das Volumen des Betons, der für einen Rasengitterstein verarbeitet wurde.

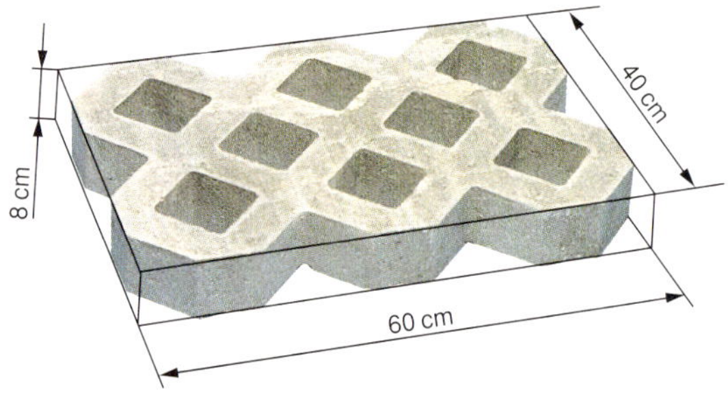

Im Foto sind die Maße des Rasengittersteins angegeben, die damit auch die Maße des Ausgangsquaders sind. Die Hohlräume haben annähernd quadratische Grundflächen mit 9 cm Kantenlänge.

Wir berechnen zunächst das Volumen V_Q des Quaders.

$$V_Q = G \cdot h$$
$$V_Q = 60 \cdot 40 \cdot 8\ \text{cm}^3$$
$$V_Q = 19\,200\ \text{cm}^3$$

Vom Volumen V_Q des Quaders muss das Volumen V_H des gesamten Hohlraums abgezogen werden. Die Hohlräume im Stein sind alle gleich. Auch am Rand und an den Ecken befinden sich Teilhohlräume. Im Stein sind **8** Hohlräume. An den Rändern sind 6 halbe Hohlräume, also **3** weitere. An den vier Ecken fehlen **4** Viertelhohlräume, also **1** weiterer. Damit fehlen dem Volumen des Ausgangsquaders 12 Hohlräume mit annähernd quadratischer Grundfläche, die jeweils 9 cm lang sind.

Wir berechnen das Volumen V_H des gesamten Hohlraums.

$$V_H = 12 \cdot G \cdot h$$
$$V_H = 12 \cdot 9 \cdot 9 \cdot 8\ \text{cm}^3$$
$$V_H = 7776\ \text{cm}^3$$

Für das verarbeitete Volumen Beton erhalten wir:

$$V = V_Q - V_H$$
$$V = 19\,200\ \text{cm}^3 - 7776\ \text{cm}^3$$
$$V = 11\,424\ \text{cm}^3$$

Für den Rasengitterstein wurden ca. 11 400 cm³ Beton verarbeitet.

Übungen

1 Eine Garagenzufahrt, die 10,2 m lang und 4,4 m breit ist, soll mit den oben beschriebenen Rasengittersteinen gepflastert werden.
a) Wie viele Steine werden benötigt? Die Steine sollen nicht geteilt oder bearbeitet werden.
b) Wie viel m³ Erde müssen zum Füllen der Hohlräume mindestens angeliefert werden?

2 Berechne anhand der Skizze, welches Volumen Beton bei diesem Blumenkübel verarbeitet wurde. Die Kübelwände sind genauso stark wie der Boden.

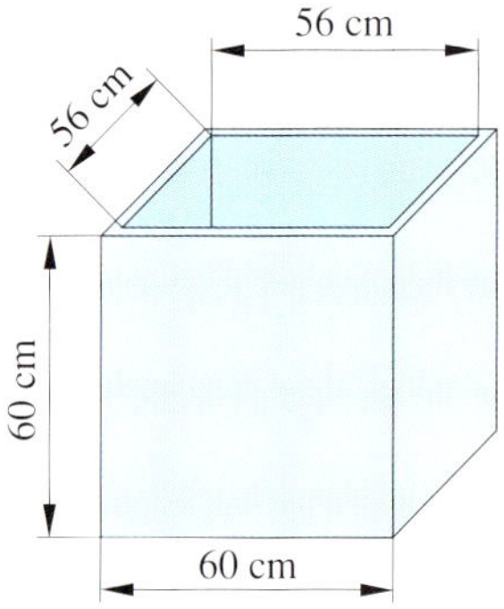

3 a) Welche Maße hat die innere rechteckige Bodenfläche des skizzierten Blumenkübels?

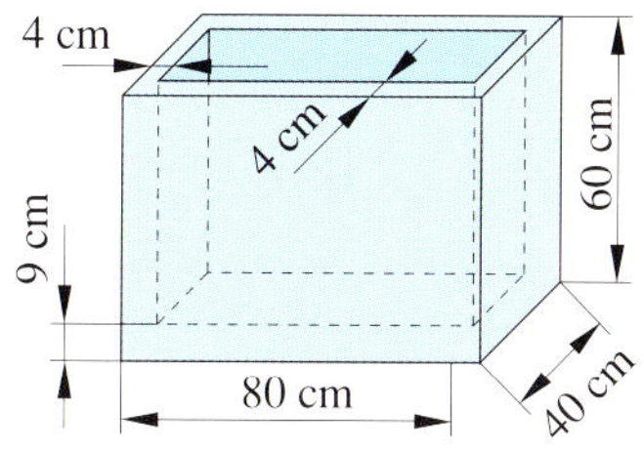

b) Welches Volumen V_H hat der Hohlraum im Blumenkübel?

c) Wie viel m^3 Beton wurden in dem Blumenkübel verarbeitet?

d) Wie schwer ist der Kübel, wenn $1\ m^3$ Beton 1200 kg wiegt?

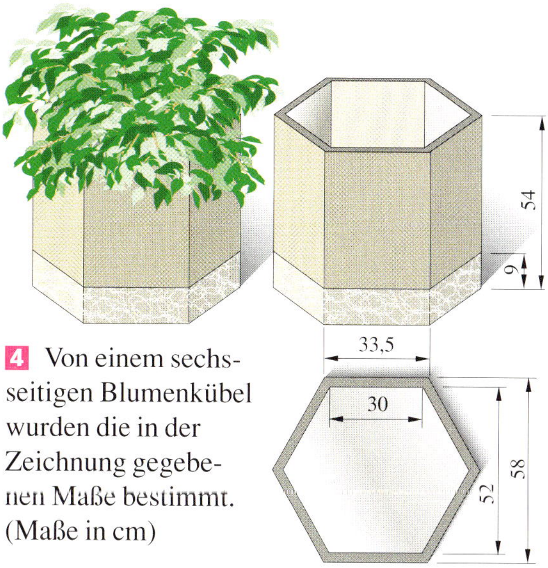

4 Von einem sechsseitigen Blumenkübel wurden die in der Zeichnung gegebenen Maße bestimmt. (Maße in cm)

a) Berechne sowohl die Grundfläche G_a des Kübels als auch die Grundfläche G_i des Innenraums. Zeichne dir dazu ein regelmäßiges Sechseck und zerlege es in 6 gleiche Dreiecke, deren Flächeninhalt du mit den gegebenen Längen berechnen kannst.

b) Wie viel Erde passt in den Blumenkübel, wenn er bis 5 cm unter den Rand gefüllt wird?

c) Der Kübel wurde aus Marmor hergestellt. Welches Volumen dieses Baustoffs enthält der Blumenkübel?

d) Schätze, wie schwer der Kübel ist.

e) Ein Volumen von $1\ m^3$ Marmor wiegt 2700 kg. Wie schwer ist der Blumenkübel? Runde das Ergebnis auf volle kg.

5 In dem Garten stehen Betonelemente, die als Sitzmöglichkeit genutzt werden können oder auch als Stellmöglichkeit für Blumenschalen. Wenn man ihr Volumen möglichst einfach berechnen will, kann man solche Prismen auch als Prismen mit Hohlräumen auffassen. Der Hohlraum ist ein Prisma mit einem Trapez als Grundfläche.

Angaben in cm

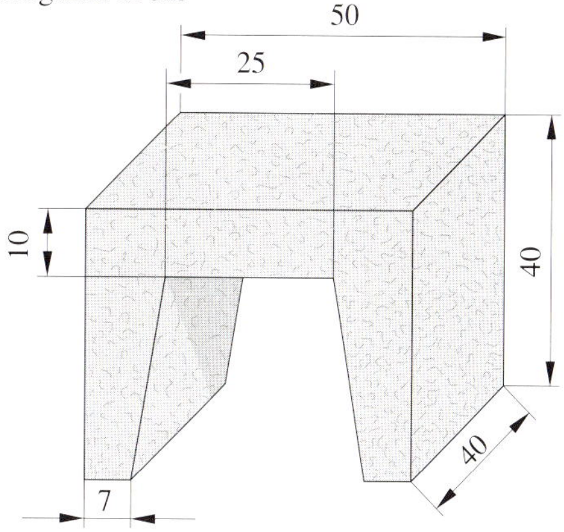

a) Berechne das Volumen V_H des Hohlraums.

b) Berechne das Volumen V_Q des Quaders, der den Stein umschließt.

c) Wie viel m^3 Beton wurden für dieses Betonelement verarbeitet?

d) Wie schwer ist der Stein, wenn $1\ m^3$ Beton 1200 kg wiegt?

checkpoint

1 Berechne das Volumen des Quaders (2 Punkte)

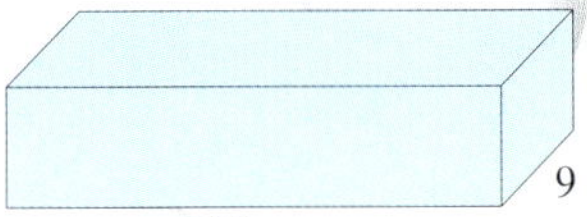

2 Berechne das Volumen dieses Körpers. Die Maße sind in cm angegeben. (5 Punkte)

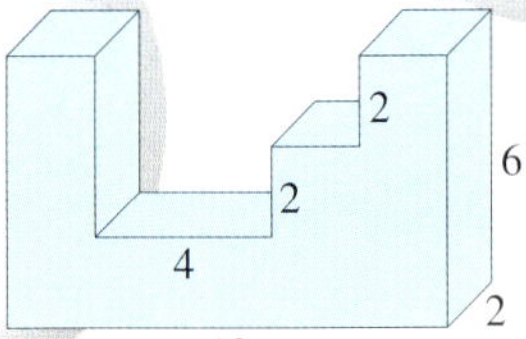

3 Berechne das Volumen des Prismas. Die Maße sind in mm angegeben. (3 Punkte)

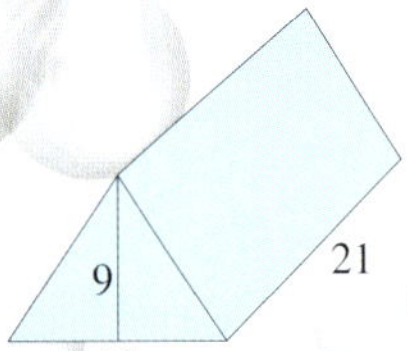

4 Nach der gegebenen Skizze wurde der Körper aus einem Holzquader hergestellt.
a) Wie viel cm^3 Abfall entstanden?
b) Welches Volumen hat der Körper? (5 Punkte)

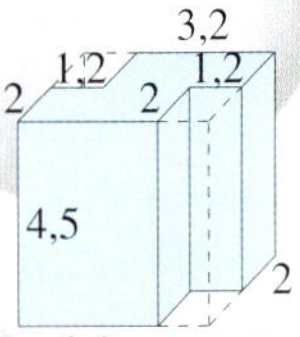

4 Ein quaderförmiger Wachsblock mit den Maßen 15 cm, 12 cm und 20 cm wurden geschmolzen und entsprechend der Skizze 15 Kerzen gegossen. Wie hoch ist jede Kerze? (8 Punkte)

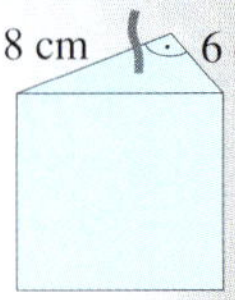

5 a) Wie viel cm^3 Beton wurden für diesen U-Stein verarbeitet?
b) Wie schwer ist ein Stein, wenn 1 cm^3 Beton 1,2 g wiegt? (5 Punkte)

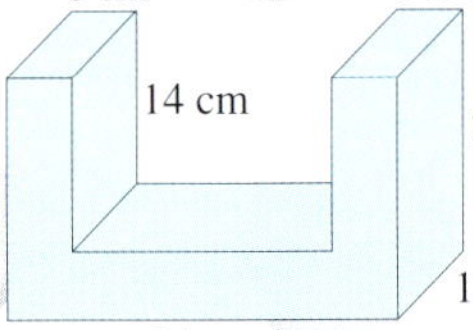

5

Angebot
Wir erstellen für Sie den Rohbau Ihres Einfamilienhauses. Für **1 m^3** berechnen wir nur **95 €**!

a) Berechne nach der Skizze des Hauses sein Volumen. (Maße in m)
b) Wie teuer würde das Haus nach dem Angebot werden? (8 Punkte)

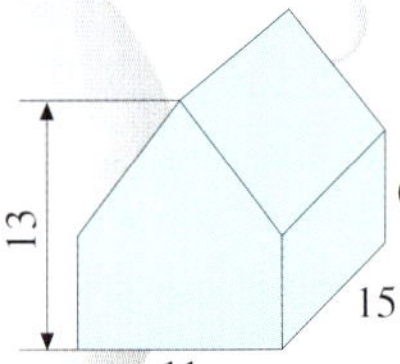

Mathematische Grundfertigkeiten – Terme und Gleichungen

1 Fasse zusammen.

a) $4z - 15z + 17z - z + 38z - 8z$
b) $14a - 6b + 15a - 28b - 7a - b$
c) $7{,}2x + 1{,}5y - 3{,}7x - 2{,}3x - 5{,}7y$
d) $a^2 - ab + b^2 - ab - a^2 - b^2 - ab$

2 Vereinfache.

a) $a \cdot a \cdot a \cdot a \cdot a \cdot a \cdot a \cdot a \cdot a \cdot a$
b) $x \cdot 2x \cdot 3x \cdot 4x \cdot 5x$
c) $a \cdot a \cdot 3b \cdot b \cdot 2a$
d) $ab \cdot ab \cdot 2ab \cdot 2ab$
e) $4z \cdot \frac{1}{4}z \cdot \frac{1}{2}z \cdot 2z$

3 Berechne im Heft den Wert des Terms.

	a	b	$-(a+b)$	$-(a-b)$	$-a-b$	$-a+b$
a)	5	3				
b)	−6	2				
c)	7	−4				
d)	−5	−1				
e)	−3	−6				

Schreibe in den Aufgaben 4 bis 7 die Terme ohne Klammern. Fasse, wenn möglich, zusammen.

4
a) $a - (7 + a)$
b) $c + (c - 8)$
c) $x - (1 - x)$
d) $b - (b - 5)$
e) $a + (23a - b)$
f) $r - (18s - 19r)$
g) $13p - (19r + 25p)$
h) $26x + (27y - 36x)$

5
a) $23m + (15n - 53m)$
b) $17x - (26y + 18x)$
c) $1{,}5r + (2{,}5 - 3{,}5r)$
d) $8{,}1 - (6{,}3 - 1{,}7a)$

6
a) $a + (b + a) - (a + b)$
b) $7x - (3y + 4x) - (8x - 11y)$
c) $5{,}6r + (2{,}8s - 2{,}8r) + 1{,}6r - 2{,}5s$
d) $b - (5{,}2c - 0{,}4b) + (1{,}8b - 0{,}6c)$
e) $(2x - 13) - (15x - 38)$
f) $-(1{,}8y + 4{,}2) + (7 + 3{,}2y)$
g) $23a + (34b + 19a - 24b) - a$
h) $(17p - 8) + (-33 + 14p) - (28p - 19)$
i) $7{,}9m - (1{,}8n - 2{,}3m + 5{,}6n) - 7{,}4n$

7
a) $5a - [(12a - 4b) - (4a + 8b)]$
b) $6m - 2n - [7m - (3m - 18n)]$
c) $4x - (6y - 8x) - [x - (6x + 8y)]$
d) $(10r - 5) - [-4 + (r - 13) - 5r]$
e) $-[(\frac{1}{5}x - 1) - (\frac{3}{5} + x)] + \frac{1}{10}(-2x - \frac{1}{2})$
f) $-[13x + (5x - 14)] - 32$
g) $42 - [26a - (27 - 14a) + a]$
h) $-[1{,}5z + (4{,}7z - y) - (2{,}4y + 3{,}8z)]$
i) $\frac{3}{7}x - [-\frac{1}{7}x + \frac{3}{8} - (-x + \frac{5}{8}) - 1]$
j) $(\frac{2}{9} + \frac{1}{3}y) - [\frac{2}{3}y - (\frac{2}{9} + \frac{1}{3}y)]$
k) $\frac{1}{4}a - (\frac{1}{5}a + 13) - [a + (\frac{1}{10}a - 27)]$

Multipliziere in den Aufgaben 8 bis 11.

8
a) $5(a + b)$
b) $b(3 - c)$
c) $-4(x + y)$
d) $-r(-s - 9)$
e) $4a(2b - 1)$
f) $5m(-6 + 2n)$
g) $-3x(x - 2y)$
h) $9y(-3z + 4)$

9
a) $4(a - b + c)$
b) $d(a - b + c)$
c) $13(a + b - c)$
d) $3(x + y - z)$
e) $2(x - y - z)$
f) $c(b + x - y)$
g) $-x(q + r + p)$
h) $(x - y + z)a$

10
a) $0{,}3(a - 3b)$
b) $0{,}01(5x - 3y + 7z)$
c) $-2{,}5(3a - 0{,}1 - 0{,}5b)$
d) $-0{,}009(30x + 24y - 27z)$
e) $(9 + 4x - y)(-7)$
f) $-2xy(-4a + 7b + 3)$
g) $(2{,}3x + 7{,}5 - y)(-4z)$
h) $(18a + 12b - 14c + 15x)(-5h)$

11
a) $\frac{1}{2}(\frac{1}{3}a + \frac{1}{4}b + \frac{1}{5}c)$
b) $-\frac{1}{3}(\frac{3}{4}u + \frac{3}{5}v - \frac{3}{7}w)$
c) $\frac{3}{4}(\frac{8}{9}x - \frac{2}{9}y + \frac{5}{12}z - \frac{4}{3})$
d) $-\frac{2}{3}(-\frac{9}{10} + 6a - \frac{1}{2}b + 15c)$

12 Übertrage in dein Heft und setze das richtige Zeichen (= oder ≠).

a) $14(a + 14) \;\square\; 14a + 14$
b) $-7x(x - 14) \;\square\; -7x^2 - 98x$
c) $-104 - 78v \;\square\; -8(13 + 6v)$
d) $-36u - 84 \;\square\; -12(7 + 3u)$
e) $15(2x - 3 + 4y) \;\square\; 30x - 45 + 60y$

13 Wandle in Produkte um.

a) $4a+4b$ d) $5x-5y$ g) $6ax+12ay$
b) $6x-6y$ e) $4a+8b$ h) $15bc-25bd$
c) $9p+9q$ f) $6r-3rs$ i) $30x^2-24x$

14 Klammere den Faktor $\frac{1}{2}$ aus.

a) $\frac{1}{2}x+\frac{1}{4}$ c) $\frac{3}{2}x+\frac{1}{2}y$ e) $\frac{2}{9}x-2$
b) $\frac{1}{8}-\frac{1}{4}x$ d) $-\frac{1}{6}x+\frac{1}{3}y$ f) $x+10$

15 Schreibe als Produkt.

a) $108x-72y$ d) x^3-41x^2
b) $42r+112$ e) $14m^2+2m$
c) $-x^2+23x$ f) $49u-105v$

16 Klammere aus.

a) $4a+8b+6c$
b) $12a-18b-27c$
c) $15xy+9xz-3$
d) $12a^2bc-20ab^2c+4abc$

17 Wandle in Produkte um.

a) $x(y+z)+3(y+z)$
b) $4a(c-d)-5b(c-d)$

18 Multipliziere.

a) $(a+b)(x+y)$ c) $(n+4)(m-5)$
b) $(3a-b)(2c-d)$ d) $(2x-6)(3y-4)$

19 Multipliziere und fasse zusammen.

a) $(y+4)(y+3)$ f) $(3x-1)(4x-2)$
b) $(2+x)(x-3)$ g) $(6r+7)(9-5r)$
c) $(a+2)(4-a)$ h) $(3a+2b)(2a-3b)$
d) $(m-3)(m+5)$ i) $(4t-s)(5s-t)$
e) $(u-7)(9-u)$ j) $(2x-3y)(4y-6x)$

20 Multipliziere und fasse zusammen.

a) $(a+b-c)(b-c)$
b) $(3x+4y-z)(5x-y)$
c) $(0{,}3a-0{,}2b)(0{,}4a+0{,}3b)$
d) $(1{,}2m+0{,}5n)(0{,}5m-1{,}2n)$
e) $(3x-4xy)(6xy-2x)$
f) $(2{,}5s-3+3{,}2t)(0{,}4s-1{,}8t)$
g) $(\frac{1}{2}a+\frac{1}{3}b)(\frac{2}{5}a-\frac{3}{4}b)$
h) $(1\frac{1}{2}x-2\frac{1}{3}y)(2\frac{1}{4}x-3\frac{1}{2}y)$
i) $(\frac{4}{5}r+\frac{3}{10}s-\frac{2}{15})(\frac{3}{8}r-\frac{1}{2}s-\frac{5}{4})$
j) $(2a-c)(a+3b)-(a-b)(4a+c)$

21 Wende die binomischen Formeln an.

a) $(x-9)^2$ e) $(x-20)^2$ i) $(3x-2)^2$
b) $(x+17)^2$ f) $(x+25)^2$ j) $(4+4x)^2$
c) $(14-x)^2$ g) $(30-x)^2$ k) $(6+2x)^2$
d) $(15+x)^2$ h) $(2x+1)^2$ l) $(5x-9)^2$

22 Multipliziere.

a) $(x+12)(x-12)$ e) $(14+x)(14-x)$
b) $(x-17)(x+17)$ f) $(2x+9)(2x-9)$
c) $(15-x)(15+x)$ g) $(8+5x)(8-5x)$
d) $(x+18)(x-18)$ h) $(13-3x)(13+3x)$

23 Wende die binomischen Formeln an.

a) $(a+0{,}6)^2$ d) $(a-3{,}2)^2$ g) $(b-\frac{2}{5})^2$
b) $(a-0{,}9)^2$ e) $(6{,}5+a)^2$ h) $(b+\frac{5}{6})^2$
c) $(a+1{,}7)^2$ f) $(b+\frac{1}{4})^2$ i) $(b-\frac{11}{12})^2$

24 Multipliziere.

a) $(y-0{,}3)(y+0{,}3)$ e) $(y+\frac{1}{2})(y-\frac{1}{2})$
b) $(0{,}7+y)(0{,}7-y)$ f) $(y-\frac{3}{4})(y+\frac{3}{4})$
c) $(1{,}5-y)(1{,}5+y)$ g) $(\frac{6}{7}+y)(\frac{6}{7}-y)$
d) $(1{,}9+y)(1{,}9-y)$ h) $(y+\frac{9}{10})(y-\frac{9}{10})$

25 Wende die binomischen Formeln an.

a) $(0{,}3x+0{,}2y)^2$ c) $(6a+0{,}9b)(6a-0{,}9b)$
b) $(1{,}7r+1{,}4s)^2$ d) $(2{,}7a-8b)(2{,}7a+8b)$

26 Rechne das Produkt geschickt aus.

a) $(x+1)(x-1)(x+1)$
b) $(x+1)(x-1)(x+1)(x-1)$

27 Schreibe den Term als Produkt bzw. Potenz eines Binoms.

a) $r^2-8r+16$ e) $196s^2-169t^2$
b) $u^2-14u+49$ f) $9c^2+6cd+d^2$
c) $81-a^2$ g) $49x^2-70xy+25y^2$
d) $x^2+4xy+4y^2$ h) $144a^2+168ab+49b^2$

Löse die Gleichungen in den folgenden Aufgaben. Überprüfe die Lösungen mithilfe der Probe.

28 a) $x+4=9$ e) $y-50=9$
b) $x-6=2$ f) $5+x=18$
c) $z-5=3$ g) $x+0{,}5=1{,}5$
d) $14-x=11$ h) $x-7{,}2=2{,}5$

29 a) $\frac{x}{8}=2$ b) $\frac{x}{4}=5$ c) $\frac{1}{3}y=8$ d) $-\frac{1}{4}h=3$ e) $-2y=-16$ f) $0{,}75x=-1{,}5$

30 a) $2x+3=7$ b) $9+4x=41$ c) $6x-4=26$ d) $15x-13=62$ e) $37x+25=99$ f) $46=7x+4$ g) $72=24+24x$ h) $-2x+2=5$

31 a) $0{,}8x+1{,}2=3{,}6$ b) $0{,}9a-2{,}5=2{,}9$ c) $5{,}7-1{,}6y=0{,}9$ d) $5{,}2z-1{,}5=0{,}06$ e) $\frac{1}{2}x+4=19$ f) $\frac{3}{8}-x=\frac{1}{2}$ g) $\frac{2}{3}+x=\frac{11}{30}$ h) $-\frac{1}{8}=\frac{1}{2}x+\frac{7}{8}$

32 a) $\frac{3}{5}x+4=25$ b) $\frac{1}{3}x-7=11$ c) $\frac{3}{4}x=5-\frac{1}{2}x$ d) $\frac{1}{2}x=2\frac{2}{3}-\frac{1}{3}x$ e) $\frac{3x}{4}+9=10\frac{1}{2}$ f) $\frac{1}{2}x-3=-5\frac{1}{2}$ g) $17+\frac{4x}{7}=9$ h) $5{,}1-\frac{7x}{9}=-1{,}2$

33 a) $5x+11=3x+17$
b) $9x-23=25-3x$
c) $17z+35=90-5z$
d) $43-7a=9a-13$
e) $11-0{,}2y=35-1{,}4y$
f) $2{,}1x+18{,}4=5{,}7x-3{,}2$
g) $d-0{,}9=-0{,}6-0{,}5d$
h) $8{,}3-2{,}1x=3{,}9x-2{,}5$

34 a) $9x+6x-3x=36$
b) $x+4x-24=9x-22-3x$
c) $20+8x-2=4x-45+11x$
d) $x-20-16x=91-20x+9$
e) $0{,}76+8{,}7x-2{,}1x=20{,}56$
f) $7{,}1x-5+4{,}9x-5{,}8+2{,}4x=0$
g) $3{,}5x-14{,}1=6{,}3x-3{,}6+0{,}7x$
h) $\frac{1}{2}x-\frac{2}{5}=\frac{3}{4}x+\frac{3}{5}$
i) $\frac{1}{4}x-\frac{9}{2}+\frac{7}{2}x=12-\frac{1}{2}x+\frac{1}{2}$

35 a) $48-(9x-36)=3x$
b) $5x+20=7x-(3x-23)$
c) $7x-35=4x+(2x-28)$
d) $7x=59-(13x-21)$
e) $5-5x-(10-6x)=5$
f) $45-9x=33+15x-(15-3x)$
g) $10x-(3x+2)=6-20x+19$

36 a) $6x-(4x-10)=9x-(x+8)$
b) $11=(24-x)-(19-2x)$
c) $12+(x-1)=52-14-(x-1)$
d) $3x+30-(x+28)=3x-(2x+4)$
e) $10x-(3x+2)=6-(20x-19)$
f) $5-4x-(7+2x)=38-(13x-9)$
g) $23-(11x-3)-(7x+8)=54-24x$
h) $21{,}9-(0{,}36x-5{,}7)=0{,}39x+24$

37 a) $7(8x-5)=77$ b) $4(x-8)=24$ c) $16(x+3)=112$ d) $13(10+x)=299$ e) $8(\frac{1}{2}+x)=20$ f) $3(\frac{1}{4}+x)=6\frac{3}{4}$

38 a) $5(x-8)+3(4-x)=14$
b) $x-2(x-5)=3x-(8-x)$
c) $12(x+4)+2(3+16x)=142$
d) $29-(x+3)+2(5+x)=37$
e) $(x-5)7-5(x+1)=0$
f) $\frac{1}{2}(x+2)+\frac{1}{2}(x-8)=7$
g) $\frac{1}{4}(5+x)+\frac{3}{4}(x+1)=2\frac{1}{2}$

39 a) $(x-4)(x+4)=(x-2)(x+6)$
b) $(x+2)^2-(x-5)^2=105$
c) $(x+5)^2=(x-9)^2+140$
d) $(2x-1)^2=4(x+2)^2$
e) $(x-1)^2=x(x+2)+1$
f) $(2{,}5x+1{,}5)^2-(2{,}5x+0{,}5)^2=7$

40 a) $(2-x)(x+4)=(x+1)(5-x)$
b) $2(x-2)(x-4)=2(x-2)(x-3)$
c) $128=(4+x)(8+x)-x(4+x)$
d) $(x+3)(x-4)=(x-6)(x-5)$

41 a) $20-[12(2x-1)]=176$
b) $2[10(x+1)-4(7+x)]=0$
c) $40-[x-(8x+42)]=x+2(9x-7)$
d) $3(2x-3)-2[(5x-6)6+40]=1$
e) $4[9(3x-3)-3]+3=75$
f) $\frac{1}{12}[2x-4(\frac{3}{4}x+\frac{1}{2})]=\frac{1}{24}$

42 a) $9x-[4x-(4+x)]=4x-2$
b) $7x-[12+(3x-5)-4x]=2x+1$
c) $13+[5x-(7x+9)+12x]-15=9$
d) $13-4x-[47-(41-7x)]=11x-8x$
e) $10{,}4-[2{,}5x-(5{,}6+1{,}7x)]=3{,}2x$
f) $1{,}2=5{,}7-[7{,}6x-(1{,}2x-6{,}9)]$

Zuordnungen und Modelle

1 Das Neunfache einer Zahl ist gleich der Summe aus der Zahl und 56.
Bestimme die Zahl.

2 Addiert man 30 zu einer Zahl, so erhält man das Dreifache dieser Zahl. Wie heißt die Zahl?

3 Subtrahiert man von einer Zahl die Zahl 9, so erhält man das Zweifache der Zahl. Bestimme die Zahl.

4 Die Summe aus einer Zahl und 8 ist gleich dem Produkt aus der Zahl und 3. Bestimme die Zahl.

5 Die Differenz aus dem Dreifachen einer Zahl und 68 ist gleich der gesuchten Zahl. Bestimme die Zahl.

6 Addierst du zu einer Zahl 5 und verdoppelst das Ergebnis, so erhältst du 30. Wie heißt die Zahl?

7 Danny sagt: „Ich habe mir eine Zahl gedacht, sie mit 3 multipliziert, dann 9 dazu addiert und schließlich durch 5 dividiert. Mein Ergebnis lautet 12. Wie heißt meine Zahl?"

8 $(7x - 9) : 2 + 4 = 17$
Formuliere zu der Gleichung ein Zahlenrätsel und löse es.

9 Sven hat sich eine Zahl gedacht und 6 addiert. Diese Summe hat er mit sich selbst multipliziert und dann 72 subtrahiert. Diese Differenz ist gleich dem Quadrat der gedachten Zahl. Wie heißt diese Zahl?

10 Ein gleichschenkliges Dreieck hat 125 cm Umfang. Die Basis ist halb so lang wie ein Schenkel. Wie lang sind Schenkel und Basis?

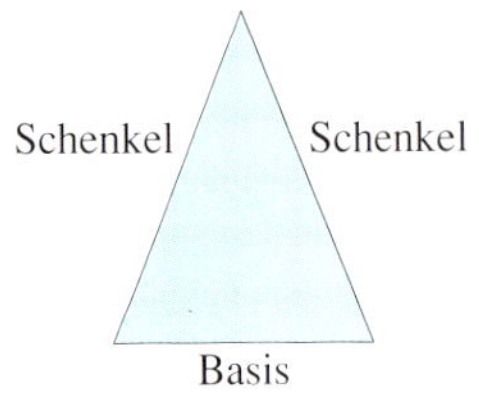

11 Ein gleichschenkliges Dreieck hat 230 cm Umfang. Die Basis ist um 20 cm länger als ein Schenkel. Wie lang sind Schenkel und Basis?

12 In einem gleichschenkligen Dreieck sind die beiden Schenkel zusammen dreimal so lang wie die Basis. Der Umfang beträgt 160 cm. Wie lang sind Schenkel und Basis?

13 In einem Dreieck ist der Winkel β um 42° größer als der Winkel α. Der Winkel γ ist 4-mal so groß wie α.
a) Wie groß ist der Winkel α?
b) Berechne die Winkelgrößen von β und γ.

14 In einem Parallelogramm ist der Winkel α doppelt so groß wie der Winkel β. Bestimme die Größe aller Winkel des Parallelogramms.

15 In einem Trapez ist der Winkel γ doppelt so groß wie der Winkel α. Der Winkel β ist um 70° kleiner als der Winkel δ. Wie groß ist jeder Winkel in dem Trapez?

16 Elke kauft für eine Reise nach Italien zwei Negativ-Filme und drei Farbdia-Filme. Ein Negativ-Film kostet 4,20 €. Insgesamt zahlt Elke 48,90 €. Wie viel kostet ein Farbdia-Film?

17 Der Grundriss eines Gebäudes ist rechteckig mit 176 m Umfang. Die Längsseite ist 3-mal so lang wie die kürzere Seite.
a) Welche Abmessungen hat das Gebäude?
b) Auf welcher Fläche wurde das Haus gebaut?

18 Ehepaar Ton wohnte 3 Tage im Hotel für 125 € pro Tag. Danach lebten sie auf einem Campingplatz für 65 € pro Tag. Insgesamt bezahlten sie für Hotel und Campingplatz 1090 €. Wie viele Tage lebten sie auf dem Campingplatz?

19 Zwei Radfahrer, von denen der eine 16 km und der andere 17 km pro Stunde zurücklegen, fahren sich aus zwei Städten entgegen. Die Entfernung der Städte beträgt 132 km. Nach wie vielen Stunden treffen sie sich?

Symmetrien und Muster

1 Übertrage die Figur in dein Heft. Überprüfe, ob das Viereck ein Drachen ist.

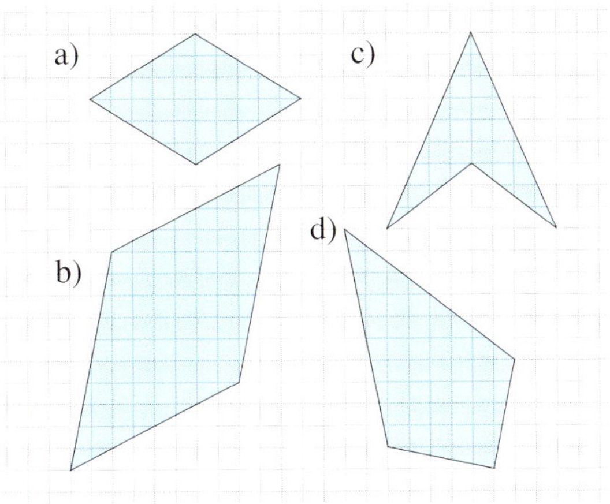

2 Zeichne die Vierecke in ein Koordinatensystem (1 LE = 1 cm). Gib die Art des Vierecks an und zeichne alle möglichen Symmetrieachsen ein.

a) $A(2|1)$; $B(10|1)$; $C(8|4)$; $D(4|4)$
b) $A(10|5)$; $B(11|8)$; $C(8|7)$; $D(8|5)$
c) $A(0|4)$; $B(2|3)$; $C(4|7)$; $D(2|8)$

3 Übertrage das Dreieck in dein Heft und ergänze es durch Spiegelung an g zu einem achsensymmetrischen Viereck. Gib die Art des Vierecks an.

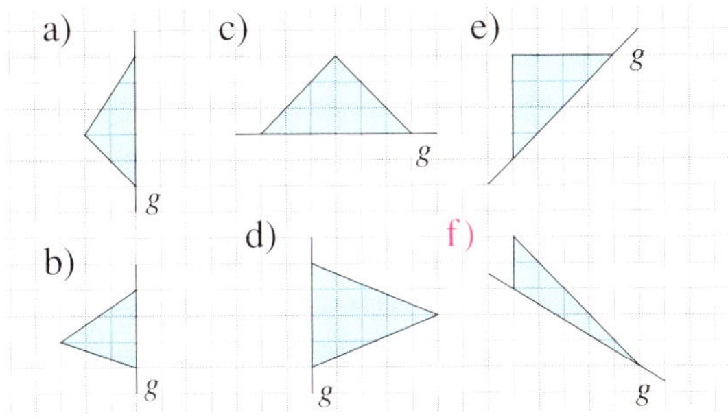

4 In der Zeichnung haben die Strecken einen gemeinsamen Mittelpunkt. Übertrage und verbinde die Endpunkte nacheinander. Wie heißt das Viereck?

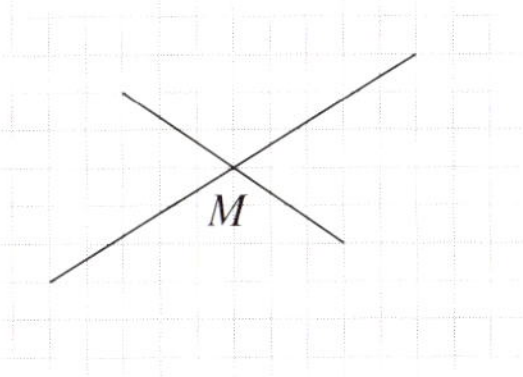

5 a) Zeichne das Viereck $A(0|0)$, $B(12|4)$, $C(11|11)$, $D(4|12)$, in ein Koordinatensystem (1 LE = 5 mm).
Gib die Art des Vierecks an und zeichne die Diagonalen ein.
b) Was für ein Viereck entsteht, wenn du die Mittelpunkte der Seiten verbindest?
c) Bestimme die Längen der Diagonalen.

6 Gib die fehlenden Maße der Figur an.
a) Quadrat: $\overline{AB}$ = □; $\overline{BC}$ = □; $\overline{CD}$ = □; $\overline{AD}$ = 3,5 cm; α = □; β = □; γ = □; δ = □
b) Raute: $\overline{AB}$ = □; $\overline{BC}$ = 4,2 cm; $\overline{CD}$ = □; $\overline{AD}$ = □; α = □; $\beta = 110°$; γ = □; δ = □
c) Drachen (Symmetrieachse BD): $\overline{AB}$ = 3 cm; $\overline{BC}$ = □; $\overline{CD}$ = 2 cm; $\overline{AD}$ = □; $\alpha = 120°$; β = □; γ = □; $\delta = 70°$
d) gleichschenkliges Trapez ($AB \parallel CD$): $\overline{AB}$ = 6,5 cm; $\overline{BC}$ = □; $\overline{CD}$ = 4 cm; $\overline{AD}$ = 3 cm; α = □; $\beta = 65°$; γ = □; δ = □

7 Konstruiere die Vierecke $ABCD$.
a) Parallelogramm mit $\overline{AB}$ = 6,4 cm; $\overline{AD}$ = 4,1 cm; $\alpha = 75°$
b) Parallelogramm mit $\overline{AB}$ = 6 cm; $\overline{BC}$ = 5 cm; $\overline{AC}$ = 7 cm
c) Parallelogramm mit $\overline{BC}$ = 3,3 cm; $\overline{AC}$ = 6,3 cm; $\beta = 110°$
d) Quadrat mit $\overline{AB}$ 4 cm
e) Quadrat mit $\overline{AC}$ = 5 cm
f) Rechteck mit $\overline{AB}$ = 5,3 cm; $\overline{BC}$ = 7,2 cm
g) Rechteck mit $\overline{AC}$ = 7 cm; $\overline{BC}$ = 4,5 cm
h) Raute mit $\overline{AB}$ = 5 cm; $\overline{AC}$ = 7 cm
i) Raute mit $\overline{AC}$ = 5 cm; $\overline{BD}$ = 7 cm
j) Raute mit $\overline{AB}$ = 5,3 cm; h_a = 3,4 cm
k) Drachenviereck mit $\overline{AB}$ = 6 cm; $\overline{AD}$ = 3 cm; $\overline{BD}$ = 7,5 cm
l) Drachenviereck mit $\overline{BC}$ = 4,5 cm; $\overline{AC}$ = 5,1 cm; $\overline{BD}$ = 8,4 cm
m) Drachenviereck mit $\overline{BC}$ = 4,5 cm; $\overline{CD}$ = 3,2 cm; $\gamma = 125°$
n) Trapez mit $\overline{AB}$ = 6,5 cm; $\overline{BC}$ = 3,3 cm; $\overline{CD}$ = 2,9 cm; $\beta = 45°$; $AB \parallel CD$
o) Trapez mit $\overline{AB}$ = 5,7 cm; $\overline{CD}$ = 3,4 cm; $\overline{AD}$ = 4 cm; $\overline{BD}$ = 6,3 cm; $AB \parallel CD$
p) Trapez mit $\overline{AB}$ = 6,8 cm; $\overline{BC}$ = 3,6 cm; $\overline{CD}$ = 4 cm; h = 3,5 cm; $AB \parallel CD$

Mathematische Reise – Klassische Geometrie

1 Übertrage den Winkel in dein Heft und konstruiere die Winkelhalbierende.

a) b)

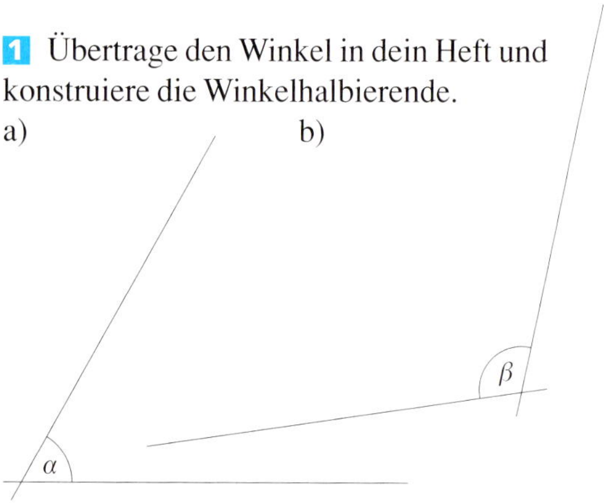

2 Zeichne das Viereck in ein Koordinatensystem (1 LE = 1 cm) und konstruiere die Winkelhalbierenden aller Winkel des Vierecks.
$A(0|6)$; $B(3|0)$; $C(6|6)$; $D(3|8)$

3 Übertrage das Dreieck in dein Heft und konstruiere die Winkelhalbierenden.

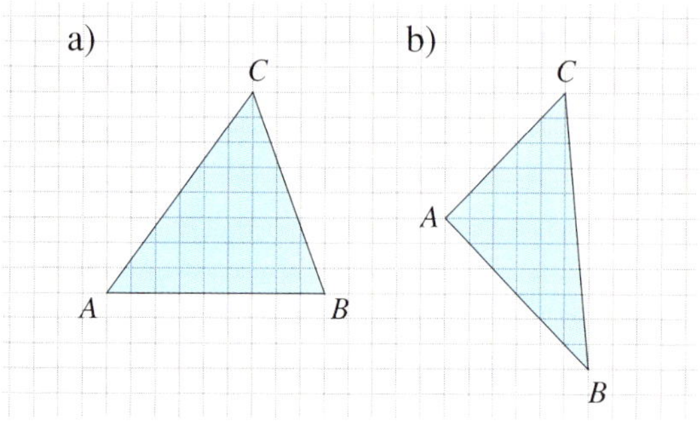

4 Konstruiere das Dreieck und den Inkreis.
a) $a = 6$ cm; $b = 5$ cm; $\gamma = 80°$
b) $a = 5{,}8$ cm; $c = 5$ cm; $\beta = 114°$

5 Konstruiere das Dreieck
a) $a = 6$ cm; $\gamma = 120°$; $w_\gamma = 2{,}7$ cm
b) $\alpha = 40°$; $\beta = 65°$; $w_\alpha = 6{,}3$ cm

6 Zeichne das Dreieck in ein Koordinatensystem (1 LE = 1 cm). Konstruiere die Mittelsenkrechten und zeichne den Umkreis.
a) $A(1|1)$; $B(6|1)$; $C(4|5)$
b) $A(3|0)$; $B(8|4)$; $C(0|3)$
c) $A(1|5)$; $B(5{,}5|2)$; $C(4|6{,}5)$

7 Konstruiere das Dreieck und die Mittelsenkrechten. Zeichne den Umkreis.
a) $b = 5$ cm; $c = 7$ cm; $\alpha = 40°$
b) $b = 6$ cm; $c = 4$ cm; $\beta = 120°$

8 Konstruiere das Dreieck.
a) $r = 3{,}2$ cm; $c = 4{,}5$ cm; $\beta = 35°$
b) $a = 3{,}5$ cm; $b = 5$ cm; $r = 3{,}5$ cm

9 Zeichne das Dreieck mit $A(0|0)$, $B(20|4)$, $C(6|18)$ in ein Koordinatensystem.
(1 LE = 5 mm). Bestimme den Mittelpunkt des Umkreises.

10 Zeichne das rechtwinklige Dreieck ohne Winkelmesser mithilfe des Thaleskreises.
a) $\gamma = 90°$; $c = 7{,}5$ cm; $a = 4{,}5$ cm
b) $\alpha = 90°$; $a = 7$ cm; $b = 3{,}4$ cm

11 Konstruiere das Dreieck ABC. Prüfe mit dem Thaleskreis über c, ob der Winkel γ ein rechter Winkel ist.
a) $a = 5$ cm; $b = 6$ cm; $c = 7$ cm
b) $a = 5{,}1$ cm; $b = 6{,}8$ cm; $c = 8{,}5$ cm

12 Zeichne mithilfe eines runden Glases einen Kreis. Wende den Thalessatz an und zeichne einen Durchmesser.

13 Zeichne von jedem Punkt die Tangenten an den Kreis mit dem Radius $r = 3$ cm.
$\overline{BM} = 4$ cm;
$\overline{AB} = 1$ cm;
$\overline{CM} = 6$ cm;
$\overline{CD} = 3$ cm.

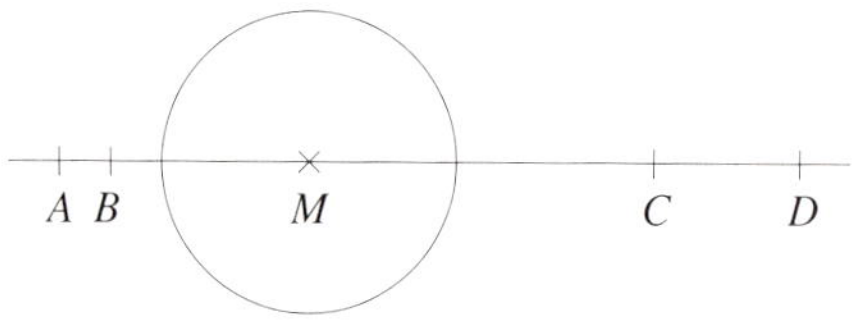

14 a) Konstruiere ein gleichschenklig-rechtwinkliges Dreieck mit $c = 4{,}5$ cm.
b) Beschreibe die Konstruktion.

15 Zeichne in einem Koordinatensystem (1 LE = 1 cm) einen Kreis um den Mittelpunkt M mit dem Radius r. Konstruiere von dem Punkt P die Tangenten an den Kreis.
a) $M_1(3|2{,}5)$; $P_1(7|7)$; $r = 2$ cm
b) $M_2(2{,}5|6{,}5)$; $P_2(7|4)$; $r = 1$ cm

Gesellschaft und Wirtschaft

1 Berechne.

a) 1% von 2,1 km
b) 3% von 30 m^2
c) 5% von 40,2 m
d) 4% von 9,5 l
e) $\frac{1}{2}$% von 180 kg
f) $\frac{2}{3}$% von 3000 ha
g) 13,5% von 962,4 km
h) 15,6% von 22 000 €

2 Bei einem Fußballspiel war ein Stadion zu 80% gefüllt. Das Stadion fasst 60 000 Zuschauer. Wie viele Zuschauer waren im Stadion?

3 Stefan beschädigte mit seinem Fahrrad ein parkendes Auto. Die Versicherung zahlte bei einem Schaden von 180 € nur 85%. Welchen Betrag mussten Stefans Eltern selbst bezahlen?

4 Bestimme den Prozentsatz.

a) 15 € von 300 €
b) 68 l von 170 l
c) 120 km von 1600 km
d) 175 ha von 5000 ha
e) 25 Cent von 1 €
f) $\frac{1}{2}$ l von $3\frac{1}{8}$ l
g) 6,12 € von 1360 €

5 Janine will sich ein Fahrrad für 150 € kaufen. Es fehlen ihr noch 120 € an der Gesamtsumme. Wie viel Prozent sind das?

6 Ein Lottogewinn von 6480 € wurde auf drei Geschwister wie folgt verteilt: Uschi bekam 1620 €, Dieter 2268 € und Ingrid 2592 €. Wie viel Prozent des Gewinns bekam jeder?

7 Berechne den Grundwert.

a) 1% sind 7 m
b) 9% sind 45 €
c) 49,2% sind 123 a
d) 15,6% sind 499,2 km
e) $33\frac{1}{3}$ sind 374,25 kg

8 Das Wohnzimmer der Familie Kunz hat eine Fläche von 32 m^2. Das sind 25% der gesamten Wohnfläche. Wie groß ist die gesamte Wohnfläche?

9 Familie Breuer hat ihre Wohnungseinrichtung gegen Feuer, Diebstahl und Glasbruch versichert. Sie zahlt jährlich eine Prämie von 180 €. Wie hoch hat sie sich versichert, wenn die Prämie 0,5% der Versicherungssumme beträgt?

10 Im Schuljahr 1998/99 besuchten 10,1 Mio. Schülerinnen und Schüler allgemeinbildende Schulen darunter 3,6 Mio. eine Grundschule, 1,5 Mio. eine Hauptschule einschließlich Orientierungsstufe, 1,2 Mio. eine Realschule und 2,2 Mio. ein Gymnasium. Die integrierten Gesamtschulen einschließlich Waldorfschulen hatten 615 530 und die Schularten mit mehreren Bildungsgängen 386 040 Schülerinnen und Schüler. An Sonderschulen lernten 410 940 Mädchen und Jungen. Berechne jeweils den Prozentsatz. Runde auf Zehntel.

11 Zu den beliebtesten Haustieren gehörten 1991 in der Bundesrepublik Deutschland die Vögel mit 38,9%. Berechne die Anzahl der Vögel von 22,6 Millionen Haustieren.
Runde auf eine Stelle nach dem Komma.

12 Autowracks sind seit 1992 Rohstoffquellen. In einem Schrott-Pkw von 1000 kg, 12,5 Jahre alt, stecken 710 kg Eisen und Stahl.
Wie viel Prozent Eisen und Stahl könne die Autohersteller aus der Rohstoffquelle Autowrack wieder verwerten?

13 Insgesamt ist der deutsche Wald aus 7,4 Millionen ha Waldland im Westen und 3 Millionen ha im Osten an vielen Stellen wieder zusammengewachsen. Im Norden Deutschland, in der norddeutschen Tiefebene, ist der Wald am weitesten zurückgedrängt worden. In hügeligen bis gebirgigen deutschen Landschaften hat er sich am besten gehalten. Berechne jeweils den Anteil der Waldflächen von Mecklenburg-Vorpommern mit 21,2% und Rheinland-Pfalz mit 40,1% am gesamten Waldbestand. Runde jeweils auf zwei Stellen nach dem Komma.

14 Berechne die Jahreszinsen.

a) 1520 € zu 2%
b) 3800 € zu 4%
c) 17 € zu 5%
d) 1640 € zu $3\frac{1}{2}$%
e) 1830 € zu $2\frac{3}{4}$%
f) 2572 € zu 3,75%
g) 18 500 € zu 9,8%
h) 20 800 € zu 7,75%

15 Berechne die Zinsen.
(Beachte: 1 Jahr = 360 Tage)

a) 750 € zu 6% in 120 Tagen
b) 276 € zu 4% in 330 Tagen
c) 3680 € zu $4\frac{1}{2}$% in 270 Tagen
d) 168 € zu 5,25% in 300 Tagen

16 Berechne die Zinsen.

a) 2400 € zu 6% in 75 Tagen
b) 4760 € zu 6,75% in 96 Tagen
c) 15 918 € zu 4% in 105 Tagen
d) 5900 € zu 4,8% in 58 Tagen

17 Anna zahlt bei einer Sparkasse 200 € auf ihr Konto ein. Für dieses Guthaben oder Kapital von 200 € erhält Anna jedes Jahr Zinsen (Habenzinsen) und zwar 2,5% des Kapitals.
Berechne die Zinsen.

18 Herr Fillinger braucht für die Fahrten zu seiner Arbeitsstätte ein neues Auto. Er hat einiges Geld gespart, es fehlen ihm aber noch 6000 €. Für das fehlende Kapital vermittelt ihm der Autohändler einen Kredit oder ein Darlehen. Für diesen Kredit sind jährlich 6,5% Zinsen (Sollzinsen) zu zahlen. Berechne die Zinsen.

19 a) Mario spart für einen Roller. Er hat 720 € auf seinem Sparkonto. Wie viel Zinsen erhält er nach einem Jahr bei einem Zinssatz von 2,5%?
b) Berechne die Jahreszinsen bei einem doppelt so hohen Zinssatz.

20 Für die Modernisierung einer Heizung werden 7500 € als Darlehen benötigt. Für dieses Darlehen verlangt die Bank 8,25% Zinsen pro Jahr. Es wird vereinbart, die Zinsen vierteljährlich zu zahlen. Wie viel Euro sind vierteljährlich für das Darlehen aufzubringen?

21 Herr Minz lieh sich von Herrn Bauer 775 €. Auf dem Schuldschein vereinbarten beide Partner für die nach jedem Halbjahr am 1. April und 1. Oktober zu entrichtende Schuldrückzahlung eine Verzinsung von 6 Prozent. Wie viel Zinsen hat Minz an Bauer halbjährlich zu zahlen?

22 Frau Ludwig will sich ein neues Auto kaufen. Sie möchte dafür einen Kredit in Höhe von 9000 € aufnehmen.

- Die Sparkasse bietet diesen Kredit zu einem Zinssatz von 9,8% an.
- Die Kreditbank bietet Frau Ludwig den Kredit für 945 € Zinsen im Jahr an. Hinzu kommt eine Bearbeitungsgebühr von 50 €.

a) Wie viel kostet der Kredit für ein Jahr?
b) Vergleiche die Angebote. Welches Angebot ist günstiger?

23 Vergleiche die Kosten für einen Kredit von 5000 € mit einem Jahr Laufzeit.

Angebot 1: 9% Zinsen, 60 € Bearbeitungsgebühr.
Angebot 2: 425 € Zinsen, 50 € Bearbeitungsgebühr.
Angebot 3: 9,5% Zinsen, keine Bearbeitungsgebühr.
Angebot 4: 8,5% Zinsen, 2% Bearbeitungsgebühr.

24 Familie Hille kauft neue Möbel. Sie möchten den Gesamtpreis von 2580 € in Raten bezahlen. Das Möbelhaus macht Familie Hille folgendes Angebot:
40% des Gesamtpreises als Anzahlung und 12 Raten zu je 143 €.

a) Wie viel kosten die Möbel insgesamt bei Ratenzahlung?
b) Wie viel Euro muss Familie Hille bei Ratenzahlung mehr bezahlen?
c) Welcher Zinssatz wurde für die Ratenzahlung festgelegt?

25 Jemand leiht sich Geld, das er mit 15% p. a. verzinsen muss. Nach drei Monaten soll er 112,50 € Zinsen bezahlen. Welchen Betrag hat er geliehen?

26 Berechne das Kapital für die gegebenen Zinsen und den Zinssatz nach einem Jahr.

a) 54 €; 2%
b) 67,41 €; 1,5%
c) 73,35 €; 2,5%
d) 48,65 €; 1,75%
e) 135 €; $2\frac{1}{4}$%
f) 318,75 €; $3\frac{3}{4}$%

27 a) Herr Zöller zahlt für einen Kredit jährlich 741 € Zinsen bei einem Zinssatz von 9,5%. Wie hoch war der Kredit?
b) Frau Pfleiderer zahlt bei gleichem Zinssatz 190 € Zinsen. Wie hoch ist ihr Kredit?

28 Ein Elektriker reparierte Lichtanlagen in einem Wohnhaus. Da der Hausbesitzer seine Rechnung erst viel später bezahlt, berechnete der Elektriker bei einem Zinssatz von 9,5% an Verzugszinsen 128,25 €. Wie hoch war die Rechnung?

29 Für eine Hypothek zahlte eine Kauffrau halbjährlich bei einem Zinssatz von 4,9% p. a. an Zinsen 980 €. Berechne die Höhe der Hypothek.

30 Berechne den Zinssatz nach einem Jahr für das gegebene Kapital und die dafür gezahlten Zinsen.

a) 450 € ergaben 9 € Zinsen
b) 6782 € ergaben 101,73 € Zinsen
c) 1560 € ergaben 29,64 € Zinsen
d) 8900 € ergaben 418,30 € Zinsen
e) 7650 € ergaben 290,70 € Zinsen
f) 1735 € ergaben 46,85 € Zinsen
g) 5847 € ergaben 257,27 € Zinsen.

31 Frau Eger hat als Kapitalanlage Wertpapiere im Wert von 9500 € gekauft. Am Jahresende erhält sie 712,50 € Dividende (Jahreszinsen). Mit welchem Zinssatz wurden die Wertpapiere verzinst?

32 Herr Haas hat ein Fahrradgeschäft. Zu Beginn des Jahres hat er 320 000 € Geschäftsguthaben. Am Ende des Jahres brachte dieses Guthaben 7680 € Zinsen. Zu welchem Zinssatz hat er sein Kapital angelegt?

33 Für 18 000 € Darlehen zahlt ein Angestellter vierteljährlich 292,50 € Zinsen. Welchen Zinssatz p. a. verlangt die Bank?

34 Berechne die Zinsen.

	Kapital	Zinssatz p. a.	Zeit
a)	74 €	1,8%	170 Tage
b)	486 €	2,6%	215 Tage
c)	1645 €	4,5%	345 Tage
d)	564,75 €	3,8%	94 Tage

35 Bestimme die Zinsen.

a) 468 € zu 2,5% vom 19.09. bis 28.11.
b) 108 € zu 1,8% vom 02.11. bis 16.12.
c) 2850 € zu 2,25% vom 16.02. bis 14.04.
d) 3674 € zu 4,75% vom 30.08. bis 01.10.

36 Julia überzieht ihr Konto um 850 € vom 8. Februar bis 14. März. Wie viel Überziehungszinsen muss Julia zahlen, wenn die Bank 10,5% p. a. berechnet?

37 Auf dem Konto eines Kaufmanns stehen die folgenden Buchungen. Vervollständige die Tabelle im Heft bei 0,5% Verzinsung.

Datum	Tage	Auszahlung	Einzahlung	Guthaben	Zinsen
30.12.				3650	
20.03.		——	3750		
29.03.		5000	——		
30.04.		——	3000		
19.05.		1290	——		
Guthaben mit Zinsen					( )

38 Berechne das Guthaben eines Sparkontos am Ende des Jahres, wenn der Zinssatz 1,5% beträgt. Erstelle eine Tabelle wie in Aufgabe 37.

Guthaben am 30.12. 1568,27 €
Einzahlung am 14.03. 400 €
Auszahlung am 10.06. 850 €
Einzahlung am 03.08. 740 €

39 Auf welchen Betrag ist ein Kapital von 945 € bei 2,75% Verzinsung nach 4 Jahren mit Zinseszinsen angewachsen?

Zufall

1 Dörte hat acht Spielkarten verdeckt auf den Tisch gelegt: 3 Damen, 2 Buben, 2 Zehnen und 1 Ass. Bestimme die Wahrscheinlichkeit, dass Jörn die folgende Karte zieht.

a) eine Dame c) eine Bildkarte
b) einen Buben d) eine Zahn oder ein Ass

2 In einer Urne liegen drei rote, zwei schwarze und fünf blaue Kugeln. Sie enthält außerdem eine gelbe Kugel. Bestimme die Wahrscheinlichkeit, dass

a) eine schwarze Kugel,
b) eine rote Kugel oder eine gelbe Kugel,
c) keine blaue Kugel,
d) erst eine schwarze und dann eine rote Kugel

gezogen wird.

3 Daniel trifft beim Bogenschießen in 45% der Fälle ins Schwarze. Wie groß ist die Wahrscheinlichkeit, dass er bei vier Versuchen mit den Pfeilen wenigstens einmal ins Schwarze trifft?

4 Berechne die Wahrscheinlichkeit, dass beim viermaligen Werfen einer Münze mindestens dreimal „Kopf" erscheint.

5 Berechne die Wahrscheinlichkeit, dass beim Lotto (6 aus 49) zuerst die 17, dann die 3 und danach die 31 gezogen wird.

6 Beim Pferderennen kann man verschiedene Wetten eingehen. Bei der *Siegwette* setzt man auf den Gewinner. Bei der *Zweierwette* muss man die ersten beiden Pferde und bei der *Dreierwette* entsprechend die ersten drei Pferde in der richtigen Reihenfolge tippen. Mit der *Platzwette* setzt man auf ein Pferd, das einen der ersten drei Plätze erreicht.
Wie groß ist die Wahrscheinlichkeit, dass man bei einem Rennen mit 12 Pferden zufällig in

a) der Siegwette,
b) der Zweierwette,
c) der Dreierwette,
d) der Platzwette

gewinnt?

Beziehungen im Raum

1 Berechne den Flächeninhalt des Dreiecks.

a) $g = 5$ cm; $h = 11$ cm
b) $g = 1{,}2$ m; $h = 7$ m
c) $g = 25$ m; $h = 4{,}2$ m
d) $g = 58{,}4$ dm; $h = 605$ cm
e) $g = 803$ cm; $h = 6{,}8$ m

2 Berechne den Flächeninhalt des Dreiecks.

a) $c = 4$ cm; $h_c = 6$ cm
b) $a = 2$ cm; $h_a = 1{,}4$ cm
c) $a = 47$ cm; $h_a = 3{,}5$ cm
d) $b = 60$ dm; $h_b = 0{,}25$ m
e) $c = 42$ mm; $h_c = 6{,}9$ cm
f) $b = 54$ mm; $h_b = 3{,}2$ cm

3 a) Welchen Flächeninhalt hat das Dreieck mit $a = 8{,}5$ cm, $b = 5$ cm, $c = 10{,}5$ cm und $h_c = 4$ cm?
b) Berechne aus dem Flächeninhalt und den Seitenlängen des Dreiecks h_b und h_a.

4 Berechne den Flächeninhalt des Vierecks.

a) Trapez

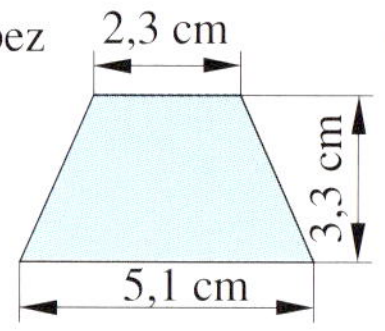

c) Raute

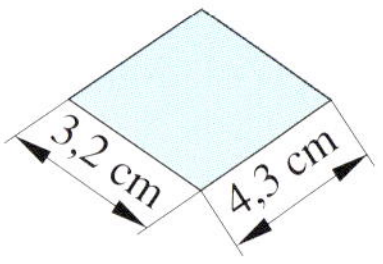

b) Parallelogramm

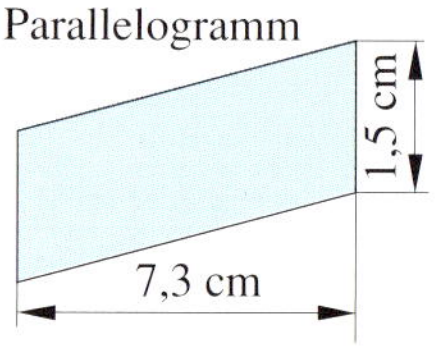

d) Drachen

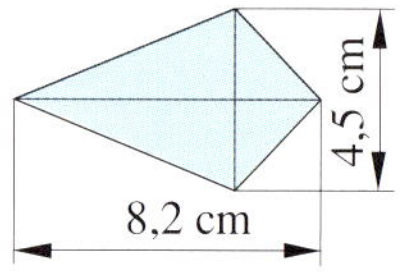

5 Berechne den Flächeninhalt des Trapezes.

a)

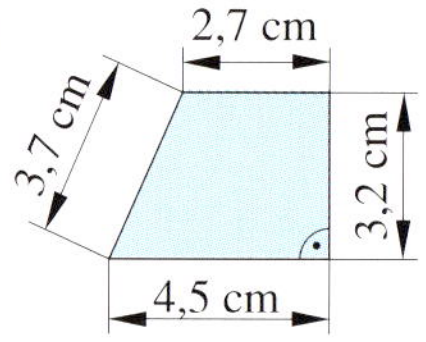

c)

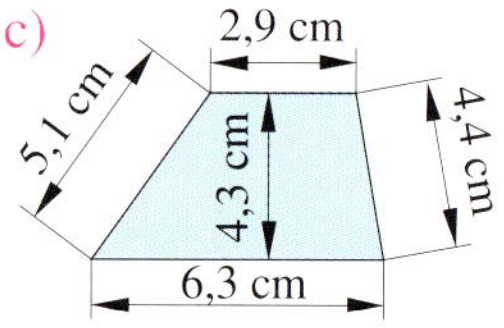

b)

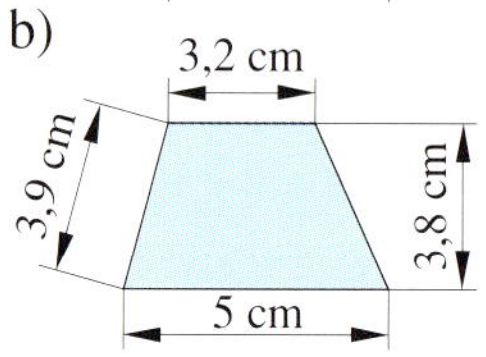

d)

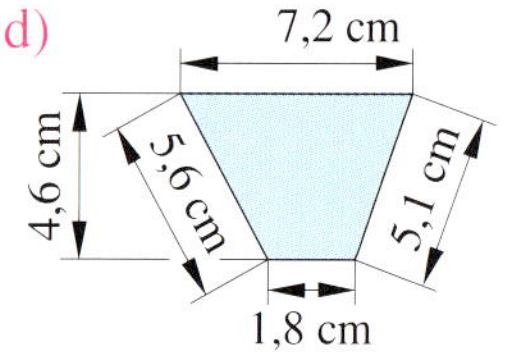

6 Ein Dach hat die in der Skizze gegebene Form mit den angegebenen Maßen.

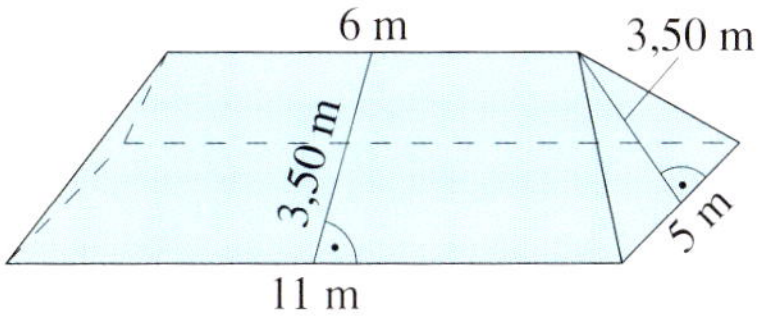

a) Wie groß ist jede der trapezförmigen Dachflächen?
b) Berechne den Flächeninhalt einer dreieckigen Dachfläche.
c) Berechne den Flächeninhalt der gesamten Dachfläche.

7 Berechne die Fläche der Stirnseite des Hauses. (Maße in m)

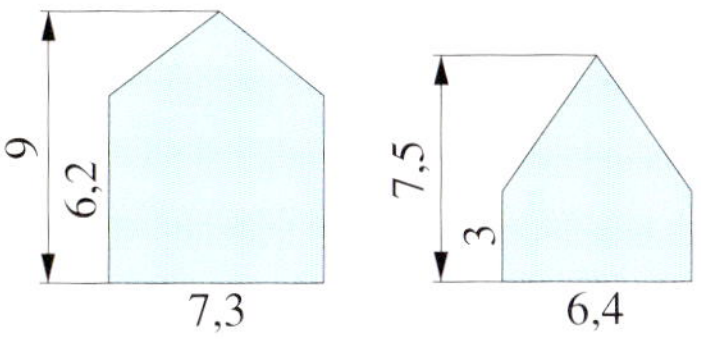

8 Welche Querschnittsfläche hat der Kanal? Der Kanal ist 9,25 m tief, im Spiegel 70,1 m breit und an der Sohle 25,2 m breit.

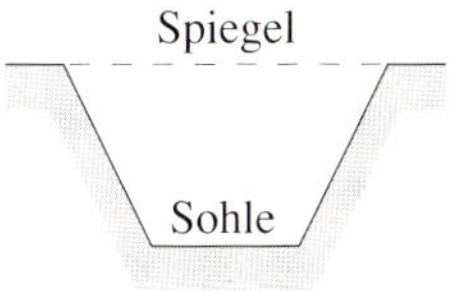

9 Welchen Flächeninhalt hat ein rechtwinkliges Trapez, dessen parallele Seiten 4,9 cm und 3,5 cm lang sind? Der kürzere Schenkel ist 4 cm lang. Zeichne zuerst.

10 Übertrage das Sechseck in dein Heft. Zerlege das Sechseck in Flächen, deren Flächeninhalt du ohne Messfehler berechnen kannst.

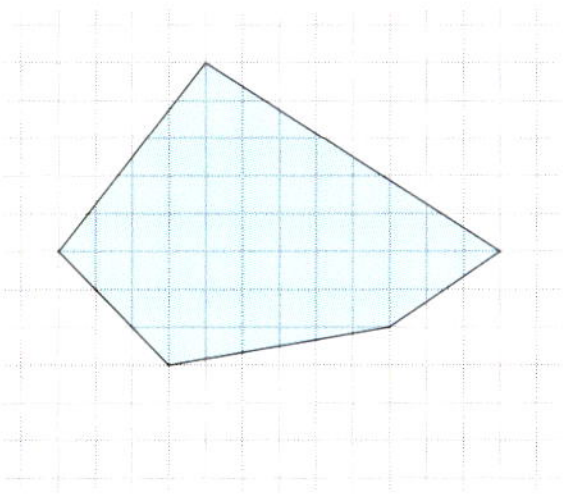

Welchen Flächeninhalt hat diese vorgegebene Sechseck?

11 a) Zeichne das regelmäßige Fünfeck mit 4 cm Seitenlänge mithilfe des Geodreiecks. Berechne den Flächeninhalt.
b) Erfülle den Auftrag a) auch für ein regelmäßiges Achteck mit 4 cm Seitenlänge.

12 Eine Garage hat die folgenden Maße:
außen: 600 × 300 × 248;
innen: 577 × 286 × 218 (Maße in cm)
a) Welche Stellfläche wird benötigt?
b) Wie viel Liter Luft schließt die Garage ein?

13 Berechne das Volumen.
a) $G = 13\ \text{cm}^2$; $h = 3{,}5$ cm
b) $G = 900\ \text{dm}^2$; $h = 36$ dm
c) $G = 60\ \text{m}^2$; $h = 350$ cm
d) $G = 112\ \text{mm}^2$; $h = 8{,}6$ cm

14 Berechne das Volumen des Prismas

a)

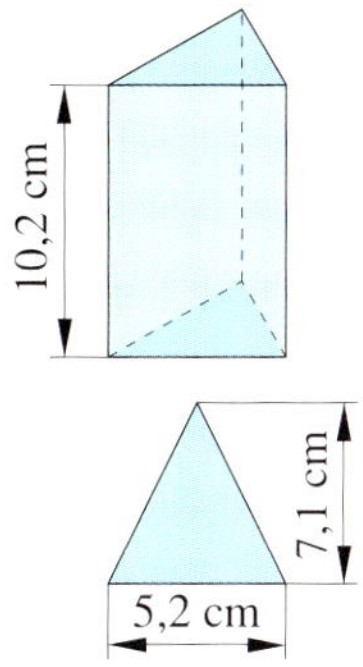

c)

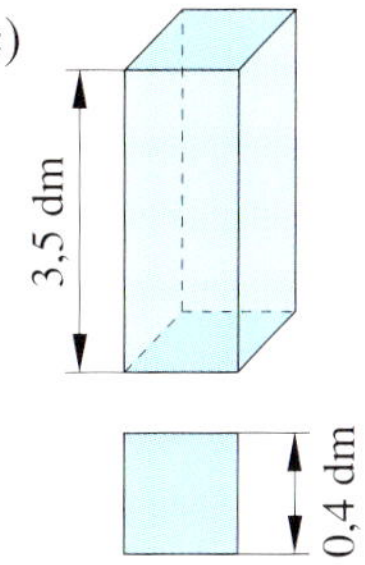

b)

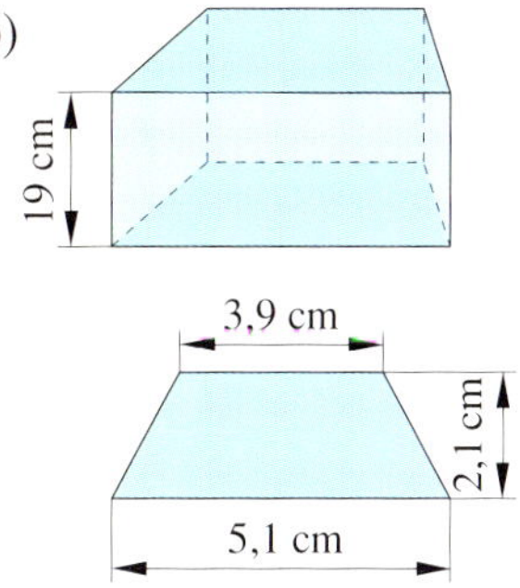

d)

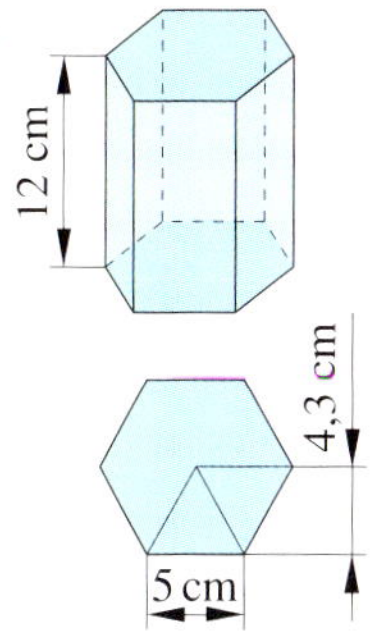

15 Berechne das Gewicht der 4,5 m langen eisernen Träger, wenn man für $1\ \text{cm}^3$ 7,5 g rechnet.
$b_1 = 30$ cm, $b_2 = 8$ cm, $h_1 = 5$ cm,
$h_2 = 40$ cm.

a)

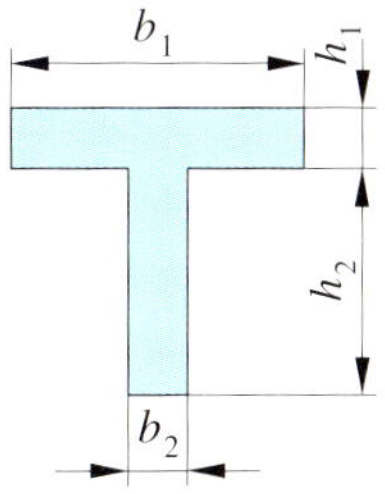

b)

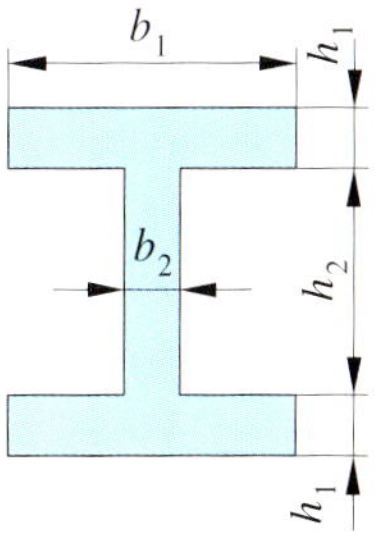

Zum Training

Mathematische Grundfertigkeiten – Terme und Gleichungen

1 a) $35z$ b) $22a-35b$ c) $1{,}2x-4{,}2y$ d) $-3ab$

2 a) a^{10} b) $120x^5$ c) $6a^3b^2$ d) $4a^4b^4$ e) z^4

3	a	b	$-(a+b)$	$-(a-b)$	$-a-b$	$-a+b$
a)	5	3	**−8**	**−2**	**−8**	**−2**
b)	−6	2	**4**	**8**	**4**	**8**
c)	7	−4	**−3**	**−11**	**−3**	**−11**
d)	−5	−1	**6**	**4**	**6**	**4**
e)	−3	−6	**9**	**−3**	**9**	**−3**

4 a) 7 b) $2c-8$ c) $2x-1$ d) 5 e) $24a-b$ f) $20r-18s$ g) $-12p-19r$ h) $-10x+27y$

5 a) $30m+15n$ b) $-x-26y$ c) $-2r+2{,}5$ d) $1{,}7a+1{,}8$

6 a) a b) $-5x+8y$ c) $4{,}4r+0{,}3s$ d) $3{,}2b-5{,}8c$ e) $-13x+25$ f) $1{,}4y+2{,}8$ g) $41a+10b$ h) $3p-22$ i) $10{,}2m-14{,}8n$

7 a) $3a+12b$ b) $2m-20n$ c) $17x+2y$ d) $14r+12$ e) $\frac{3}{5}x+\frac{31}{20}$ f) $-18x-18$ g) $-41a+69$ h) $3{,}4y-2{,}4z$ i) $-\frac{3}{7}x+\frac{5}{4}$ j) $\frac{4}{9}$ k) $-\frac{21}{20}a+14$

8 a) $5a+5b$ b) $3b-bc$ c) $-4x-4y$ d) $rs+9r$ e) $8ab-4a$ f) $-30m+10mn$ g) $-3x^2+6xy$ h) $-27z+36y$

9 a) $4a-4b+4c$ b) $ad-bd+cd$ c) $13a+13b-13c$ d) $3x+3y-3z$ e) $2x-2y-2z$ f) $bc+cx-cy$ g) $-qx-rx-px$ h) $ax-ay+az$

10 a) $0{,}3a-0{,}9b$
b) $0{,}05x-0{,}03y+0{,}07z$
c) $-7{,}5a+0{,}25+1{,}25b$
d) $-0{,}27x-0{,}216y+0{,}243z$
e) $-63-28x+7y$
f) $8axy-14bxy-6xy$
g) $-9{,}2xz-30z+4yz$
h) $-90ah-60bh+70ch-75hx$

11 a) $\frac{1}{6}a+\frac{1}{8}b+\frac{1}{10}c$ b) $-\frac{1}{4}u-\frac{1}{5}v+\frac{1}{7}w$ c) $\frac{2}{3}x-\frac{1}{6}y+\frac{5}{16}z-1$ d) $\frac{3}{5}-4a+\frac{1}{3}b-10c$

12 a) $14a+196 \neq 14a+14$
b) $-7x^2+98x \neq -7x^2-98x$
c) $-104-78v \neq -104-48v$
d) $-36u-84=-84-36u$
e) $30x-45+60y=30x-45+60y$

13 a) $4(a+b)$ b) $6(x-y)$ c) $9(p+q)$ d) $5(x-y)$ e) $4(a+2b)$ f) $3r(2-s)$ g) $6a(x+2y)$ h) $5b(3c-5d)$ i) $6x(5x-4)$

14 a) $\frac{1}{2}(x+\frac{1}{2})$ b) $\frac{1}{2}(\frac{1}{4}-\frac{1}{2}x)$ c) $\frac{1}{2}(3x+y)$ d) $\frac{1}{2}(-\frac{1}{3}x+\frac{2}{3}y)$ e) $\frac{1}{2}(\frac{4}{9}x-4)$ f) $\frac{1}{2}(2x+20)$

15 a) $36(3x-2y)$ b) $14(3r+8)$ c) $x(-x+23)$ d) $x^2(x-41)$ e) $2m(7m+1)$ f) $7(7u-15v)$

16 a) $2(2a+4b+3c)$ b) $3(4a-6b-9c)$ c) $3(5xy+3xz-1)$ d) $4abc(3a-5b+1)$

17 a) $(x+3)(y+z)$ b) $(4a-5b)(c-d)$

18 a) $ax+ay+bx+by$
b) $6ac-3ad-2bc+bd$
c) $nm-5n+4m-20$
d) $6xy-8x-18y+24$

19 a) $y^2+7y+12$ b) x^2-x-6 c) $-a^2+2a+8$ d) $m^2+2m-15$ e) $-u^2+16u-63$ f) $12x^2-10x+2$ g) $-30r^2+19r+63$ h) $6a^2-5ab-6b^2$ i) $-4t^2+21st-5s^2$ j) $-12x^2+26xy-12y^2$

20 a) $ab-ac-2bc+b^2+c^2$
b) $15x^2+17xy-5xz+yz-4y^2$
c) $0{,}12a^2+0{,}01ab+0{,}06b^2$
d) $0{,}6m^2-1{,}19mn-0{,}6n^2$
e) $26x^2y-6x^2-24x^2y^2$
f) $s^2-1{,}2s-3{,}22st+5{,}4t-5{,}76t^2$
g) $\frac{1}{5}a^2-\frac{29}{120}ab-\frac{1}{4}b^2$
h) $3\frac{3}{8}x^2-10\frac{1}{2}xy+8\frac{1}{6}y^2$
i) $\frac{3}{10}r^2-\frac{23}{80}rs-\frac{21}{20}r-\frac{3}{20}s^2-\frac{37}{120}s+\frac{1}{6}$
j) $-2a^2+10ab-2ac-2bc$

21 a) $x^2-18x+81$ b) $x^2+34x+289$ c) $196-28x+x^2$ d) $225+30x+x^2$ e) $x^2-40x+400$ f) $x^2+50x+625$ g) $900-60x+x^2$ h) $4x^2+4x+1$ i) $9x^2-12x+4$ j) $16+32x^2+16x^2$ k) $36+24x+4x^2$ l) $25x^2-90x+81$

22 a) x^2-144 b) x^2-289 c) $225-x^2$ d) x^2-324 e) $196-x^2$ f) $4x^2-81$ g) $64-25x^2$ h) $169-9x^2$

23 a) $a^2+1{,}2a+0{,}36$ b) $a^2-1{,}8a+0{,}81$ c) $a^2+3{,}4a+2{,}89$ d) $a^2-6{,}4a+10{,}24$ e) $42{,}25+13a+a^2$ f) $b^2+\frac{1}{2}b+\frac{1}{16}$ g) $b^2-\frac{4}{5}b+\frac{4}{25}$ h) $b^2+\frac{5}{3}b+\frac{25}{36}$ i) $b^2-\frac{11}{6}b+\frac{121}{144}$

24 a) $y^2-0{,}09$ b) $0{,}49-y^2$ c) $2{,}25-y^2$ d) $3{,}61-y^2$ e) $y^2-\frac{1}{4}$ f) $y^2-\frac{9}{16}$ g) $\frac{36}{49}-y^2$ h) $y^2-\frac{81}{100}$

25 a) $0{,}09x^2+0{,}12xy+0{,}04y^2$
b) $2{,}89r^2+4{,}76rs+1{,}96s^2$
c) $36a^2-0{,}81b^2$
d) $7{,}29a^2-64b^2$

26 a) $(x^2-1)(x+1)=x^3+x^2-x-1$
b) $(x^2-1)(x^2-1)=x^4-2x^2+1$

27 a) $(r-4)^2$ b) $(u-7)^2$ c) $(9+a)(9-a)$ d) $(x+2y)^2$ e) $(14s+13t)(14s-13t)$ f) $(3c+d)^2$ g) $(7x-5y)^2$ h) $(12a+7b)^2$

28 a) $x=5$ b) $x=8$ c) $z=8$ d) $x=3$ e) $y=59$ f) $x=13$ g) $x=1$ h) $x=9{,}7$

29 a) $x=16$ b) $x=20$ c) $y=24$ d) $h=-12$ e) $y=8$ f) $x=-2$

30 a) $x=2$ b) $x=8$ c) $x=5$ d) $x=5$ e) $x=2$ f) $x=6$ g) $x=2$ h) $x=-1{,}5$

31 a) $x=3$ b) $a=6$ c) $y=3$ d) $z=0{,}3$ e) $x=30$ f) $x=-\frac{1}{8}$ g) $x=-\frac{3}{10}$ h) $x=-2$

32 a) $x=35$ b) $x=54$ c) $x=4$ d) $x=\frac{16}{5}$ e) $x=2$ f) $x=-5$ g) $x=-14$ h) $x=8{,}1$

33 a) $2x=6;\ x=3$ b) $12x=48;\ x=4$ c) $22z=55;\ z=2{,}5$ d) $16a=56;\ a=3{,}5$ e) $1{,}2y=24;\ y=20$ f) $3{,}6x=21{,}6;\ x=6$ g) $1{,}5d=0{,}3;\ d=0{,}2$ h) $6x=10{,}8;\ x=1{,}8$

34 a) $12x=36;\ x=3$ b) $x=-2$ c) $7x=63;\ x=9$ d) $5x=120;\ x=24$ e) $6{,}6x=19{,}8;\ x=3$ f) $14{,}4x=10{,}8;\ x=0{,}75$ g) $3{,}5x=-10{,}5;\ x=-3$ h) $\frac{1}{4}x=1;\ x=-4$ i) $\frac{17}{4}x=17;\ x=4$

35 a) $12x=84;\ x=7$ b) $x=3$ c) $x=7$ d) $20x=80;\ x=4$ e) $x=10$ f) $27x=27;\ x=1$ g) $27x=27;\ x=1$

36 a) $6x=18;\ x=3$ b) $x=6$ c) $2x=28;\ x=14$ d) $x=-6$ e) $27x=27;\ x=1$ f) $7x=49;\ x=7$ g) $6x=36;\ x=6$ h) $0{,}75x=3{,}6;\ x=4{,}8$

37 a) $8x=16;\ x=2$ b) $x=14$ c) $x=4$ d) $x=13$ e) $x=2$ f) $x=2$

38 a) $2x=42;\ x=21$ b) $5x=18;\ x=3{,}6$ c) $44x=88;\ x=2$ d) $x=1$ e) $2x=40;\ x=20$ f) $2x=20;\ x=10$ g) $4x=2;\ x=0{,}5$

39 a) $4x=-4;\ x=-1$ b) $14x=126;\ x=9$ c) $28x=196;\ x=7$ d) $20x=-15;\ x=-\frac{3}{4}$ e) $4x=0;\ x=0$ f) $5x=5;\ x=1$

40 a) $6x=3; x=0{,}5$ b) $2x=4;\ x=2$ c) $8x=96;\ x=12$ d) $10x=42;\ x=4{,}2$

41 a) $24x=-144;\ x=-6$ b) $12x=36;\ x=3$ c) $12x=96;\ x=8$ d) $54x=-18;\ x=-\frac{1}{3}$ e) $81x=162;\ x=2$ f) $2x=-5;\ x=-\frac{5}{2}$

42 a) $2x=-6;\ x=-3$ b) $6x=8;\ x=\frac{4}{3}$ c) $10x=20;\ x=2$ d) $14x=7;\ x=0{,}5$ e) $4x=16;\ x=4$ f) $6{,}4x=-2{,}4;\ x=-0{,}375$

Zuordnungen und Modelle

1 $9x=x+56;\ 8x=56;\ x=7$

2 $x+30=3x;\ 2x=30;\ x=15$

3 $x-9=2x;\ x=-9$

4 $x+8=3x;\ 2x=8;\ x=4$

5 $3x-68=x;\ 2x=68;\ x=34$

6 $2(x+5)=30;\ 2x=20;\ x=10$

7 $(3x+9):5=12;\ 3x+9=60;\ x=17$

8 $7x-9+8=34;\ 7x=35;\ x=5$

9 $(x+6)(x+6)-72=x^2;\ 12x=36;\ x=3$

10 $2{,}5s=125;\ s=50;\ b=25$
Die Schenkel sind 50 cm lang, die Basis 25 cm.

11 $3s+20=230;\ s=70;\ b=90$
Die Schenkel sind 70 cm lang, die Basis 90 cm.

12 $3b+b=160;\ 4b=160;\ b=40;\ s=60$
Die Schenkel sind 60 cm lang, die Basis 40 cm.

13 a) $6\alpha+42°=180°;\ 6\alpha=138°;\ \alpha=23°$
b) $\beta=65°;\ \gamma=92°$

14 $3\beta=180°;\ \beta=60°;\ \alpha=120°;\ \gamma=120°;\ \delta=60°$

15 $\alpha+\delta=180°;\ \beta+\gamma=180°$
$\beta+2\alpha=\alpha+\beta+70°;\ \alpha=70°;\ \delta=110°$
$\beta=40°;\ \gamma=140°$

16 $8{,}4+3x=48{,}9;\ 3x=40{,}5;\ x=13{,}5$
Ein Farbdia-Film kostet 13,50 €.

17 a) $8a=176;\ a=22;\ b=66$
Das Gebäude hat die Maße 22 m und 66 m.
b) $A=1452\ \text{m}^2$

18 $375+65x=1090;\ 65x=715;\ x=11$
Ehepaar Ton lebte 11 Tage auf dem Campingplatz.

19 $16x+17x=132$
$33x=132;\ x=4$
Die Radfahrer treffen sich nach 4 Stunden.

Symmetrien und Muster

Alle Konstruktionen im Maßstab 1 : 2

1 Zeichenübung; Vierecke b) und d) sind keine Drachen (keine Symmetrie)

2

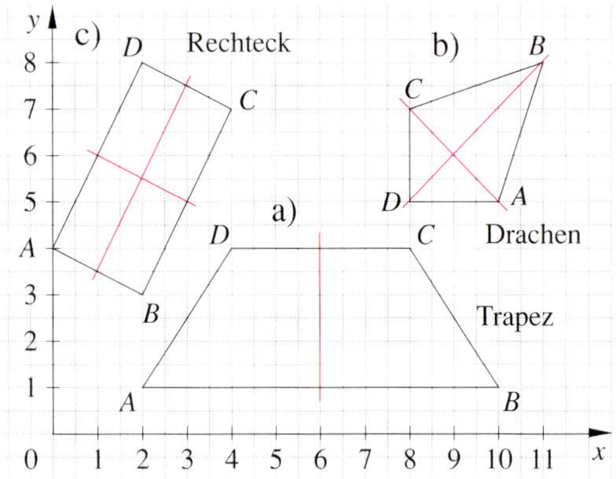

3 Zeichenübung

a) Drachen
b) Drachen
c) Quadrat
d) Raute
e) Quadrat
f) Drachen

4 Zeichenübung; Parallelogramm

5 a) Drachen
b) Rechteck
c) $AC \approx 7{,}8$ cm
$BD \approx 5{,}7$ cm

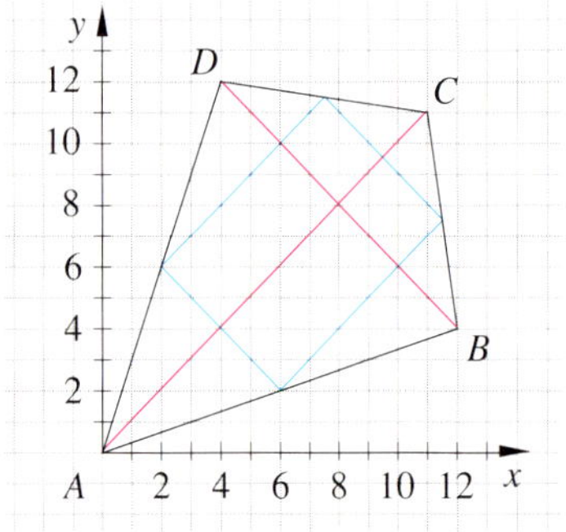

6 a) $AB = BC = CD = AD = 3{,}5$ cm; $\alpha = \beta = \gamma = \delta = 90°$
b) $AB = BC = CD = AD = 4{,}2$ cm; $\alpha = \gamma = 70°$; $\beta = \delta = 110°$
c) $AB = BC = 3$ cm; $CD = AD = 2$ cm; $\alpha = \gamma = 120°$; $\beta = 50°$
d) $BC = 3$ cm; $\alpha = \beta = 65°$; $\gamma = \delta = 115°$

7 a)

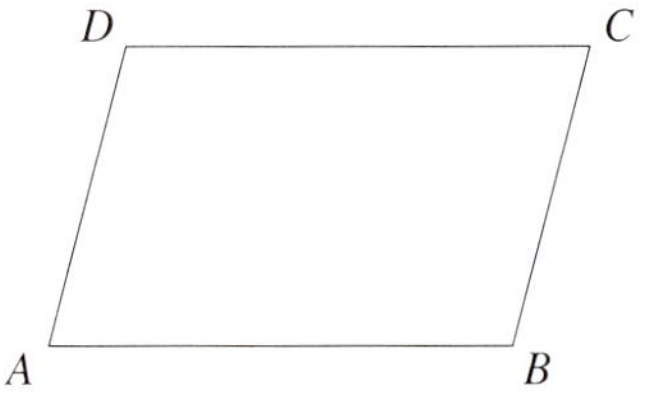

b)

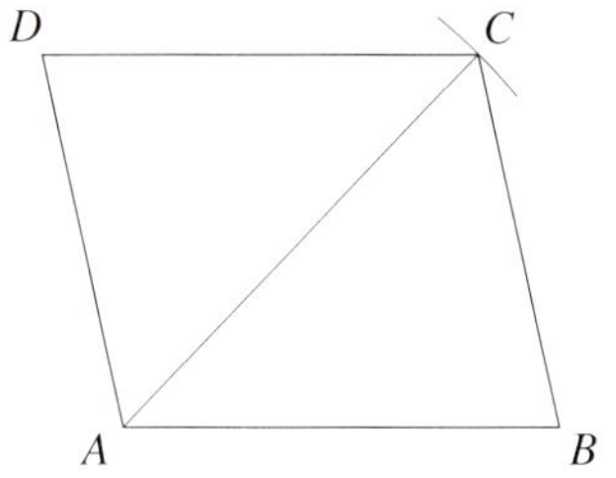

c)

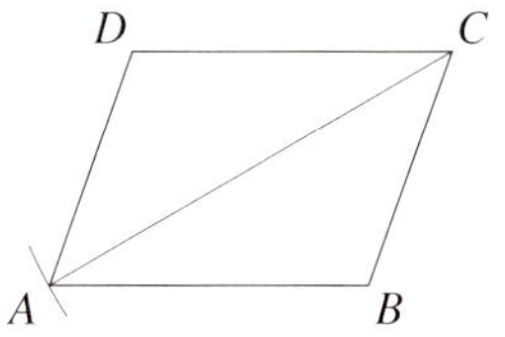

d) – g) Zeichenübungen

h)

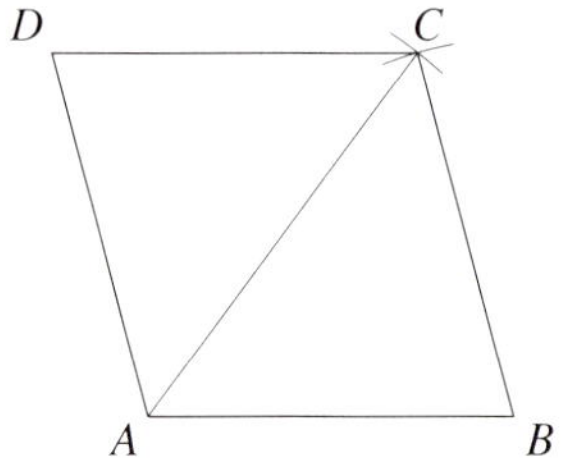

i)

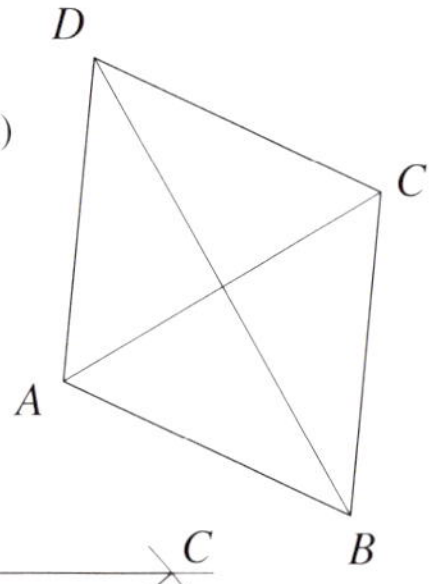

j)

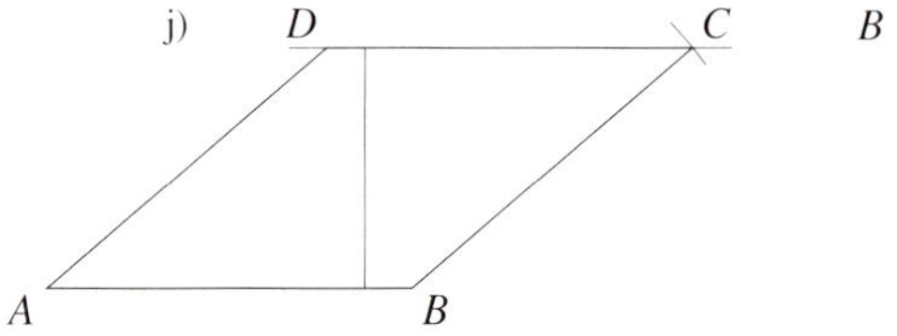

k)

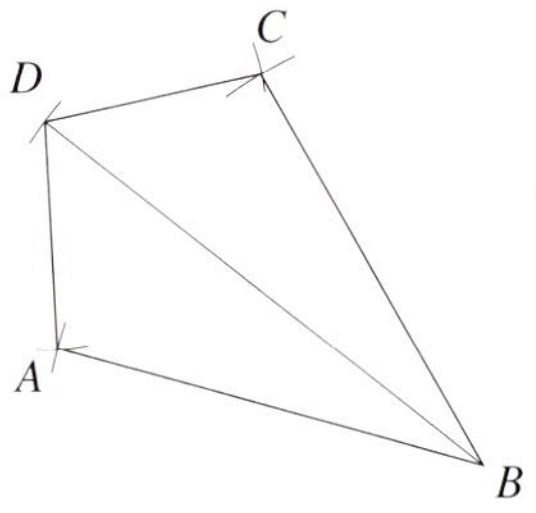

l)

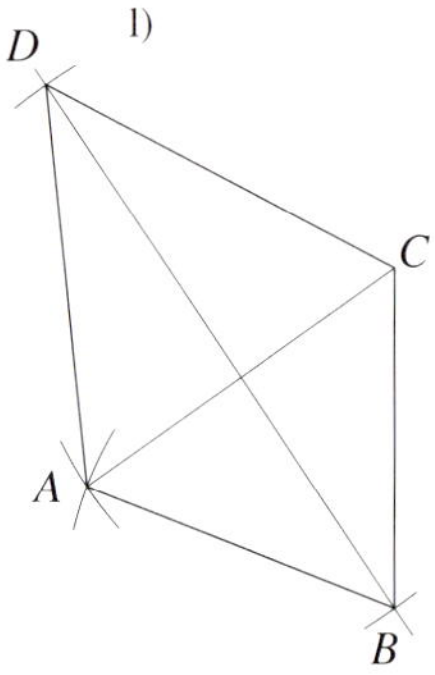

m)

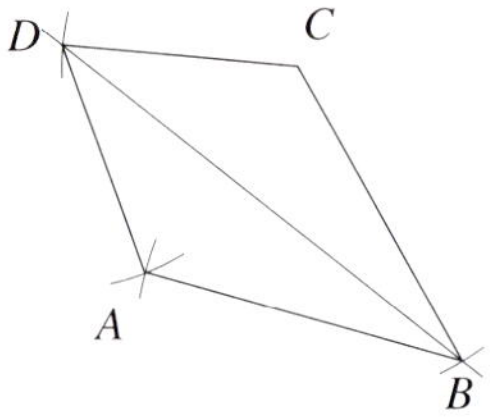

7 n)

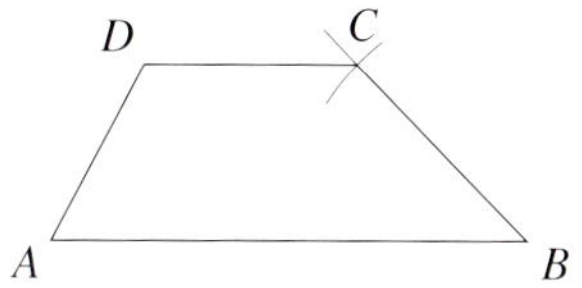

o)

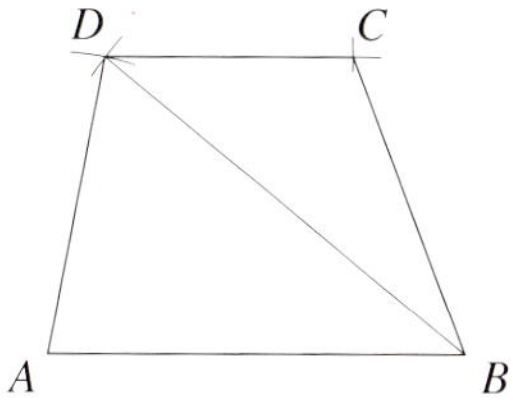

p)

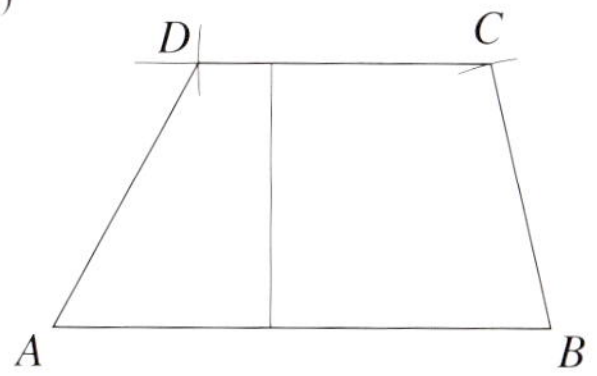

Mathematische Reise – Klassische Geometrie

Alle Konstruktionen im Maßstab 1 : 2

1 Zeichenübung

2

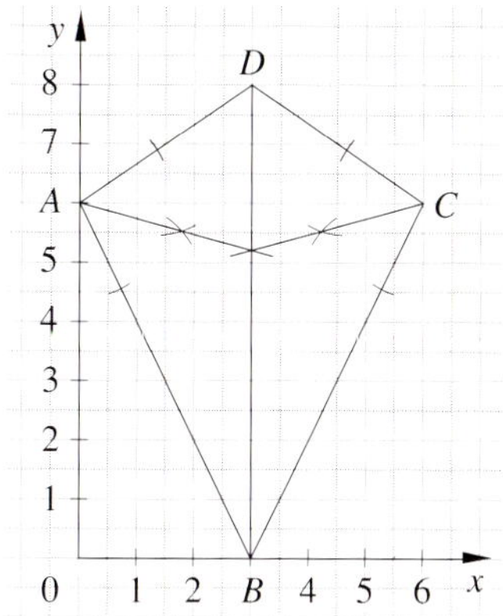

3

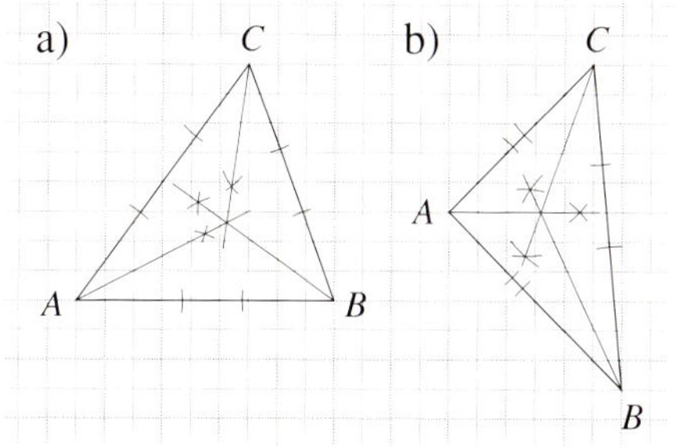

4 a)

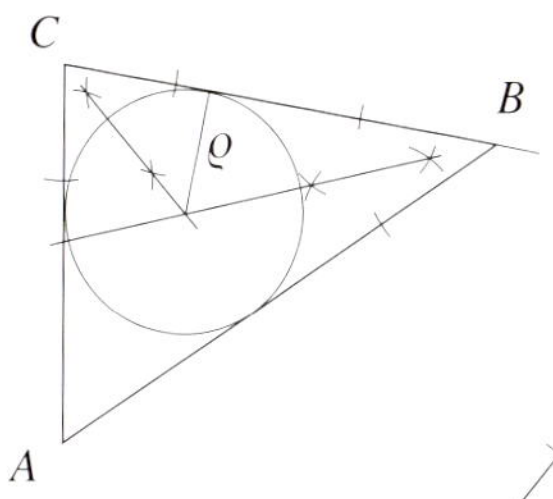

b)

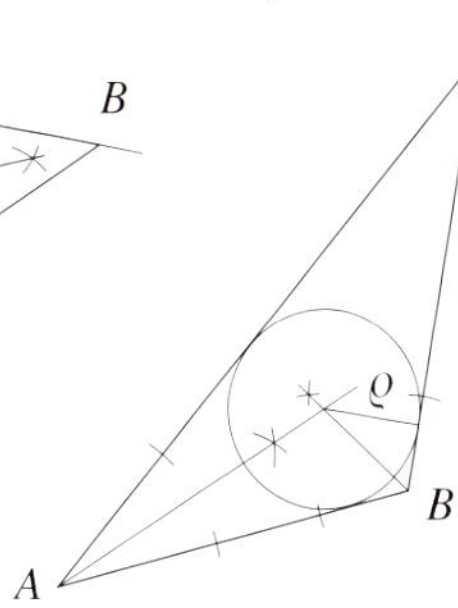

5 a)

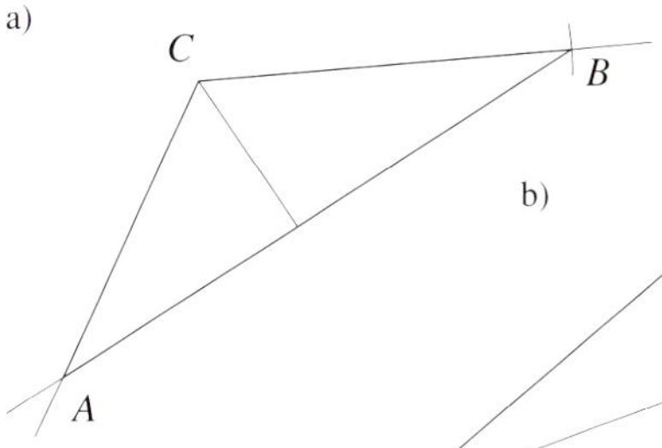

b)

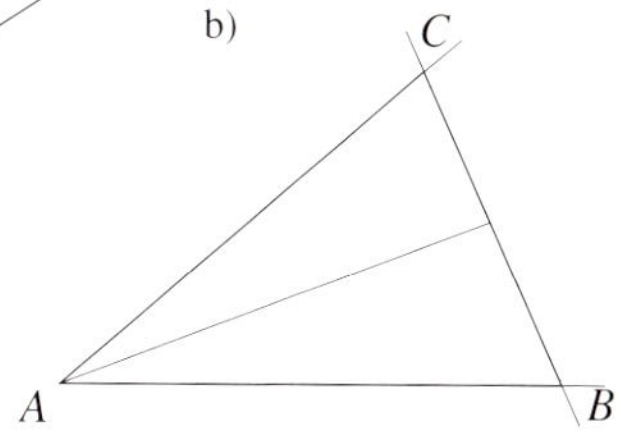

6 a)

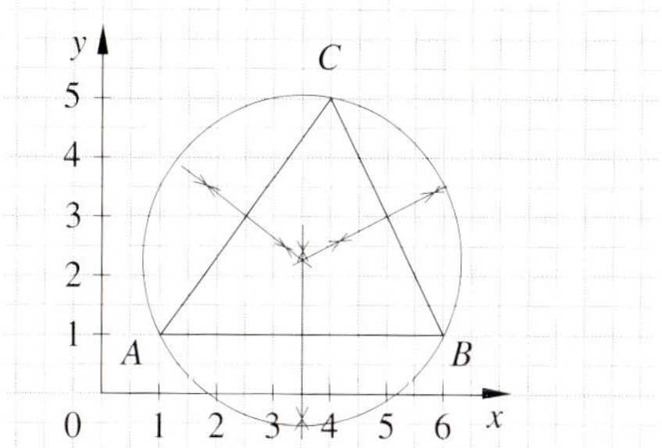

b)

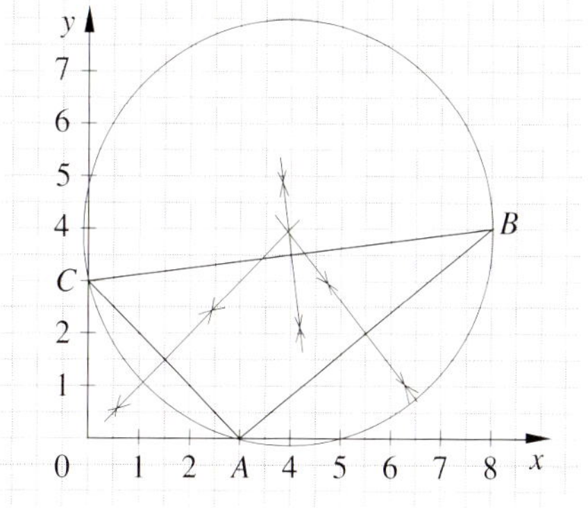

6 c)

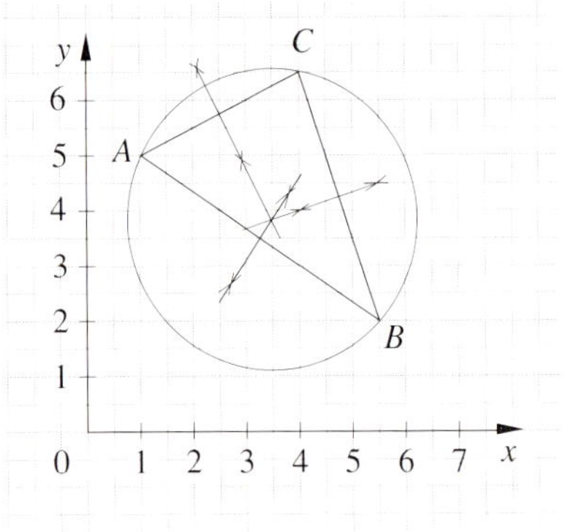

7 a)

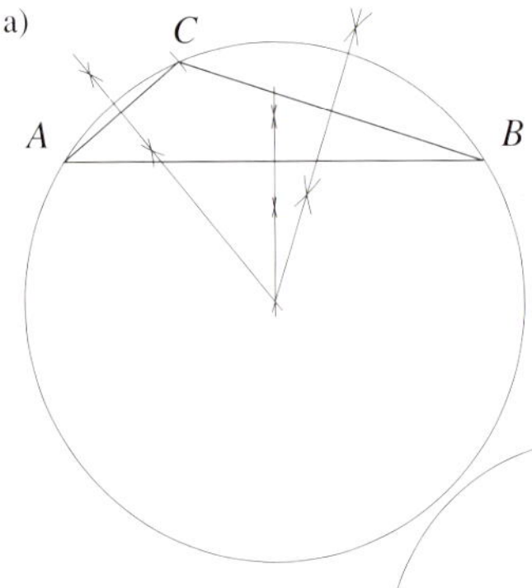

b)

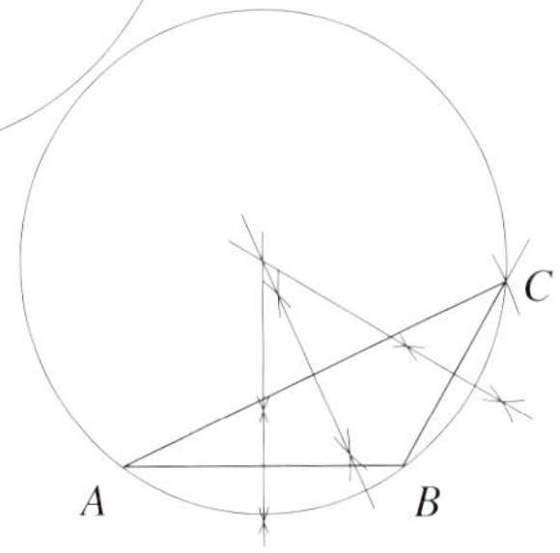

8 a)

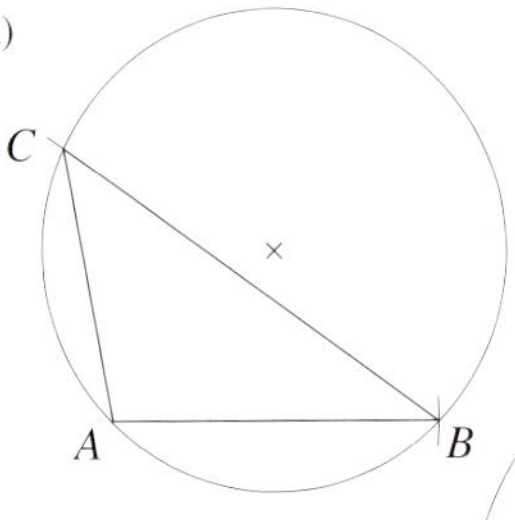

b)

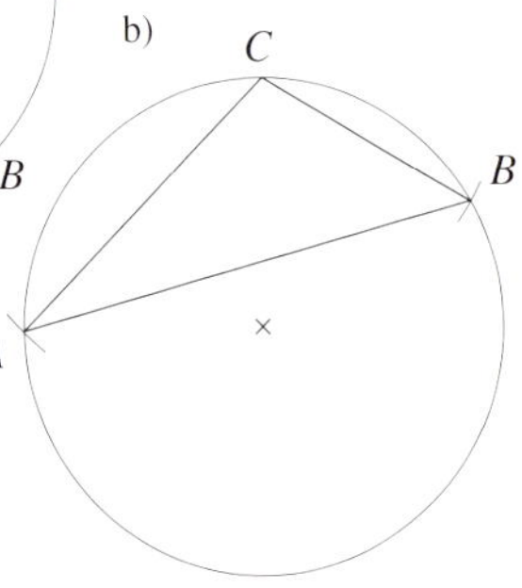

9 Zeichenübung; $M(9|7)$

10 a)

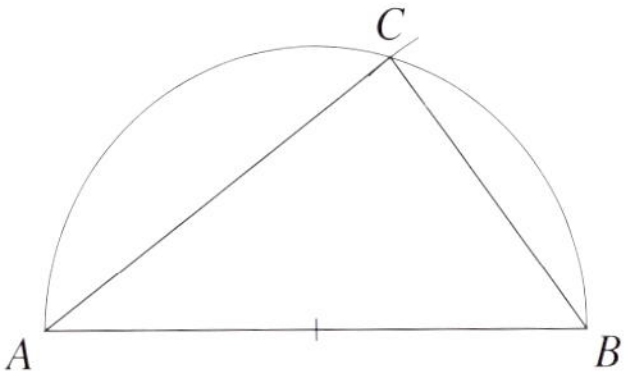

10 b)

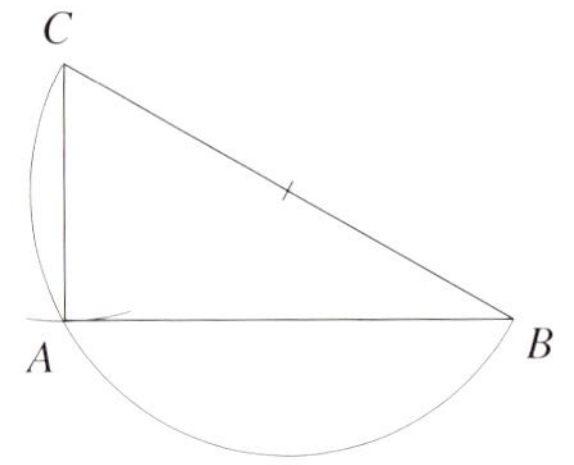

11 a) γ ist kein rechter Winkel

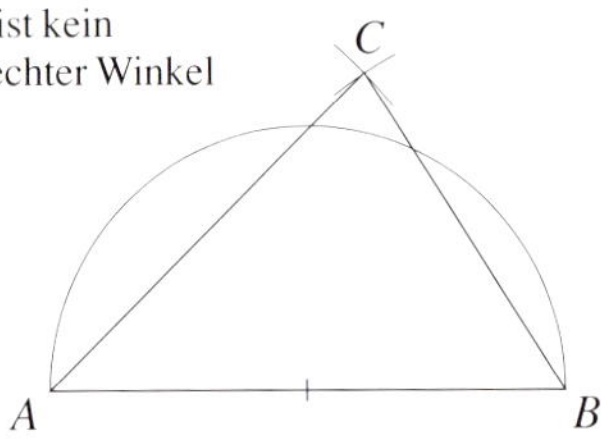

b) γ ist ein rechter Winkel

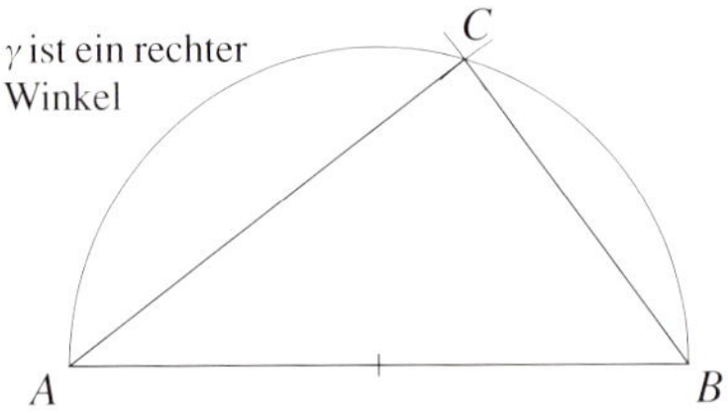

12 Trage in einem beliebigen Punkt auf der Kreislinie im Kreis einen rechten Winkel an. Die Schenkel schneiden den Kreis in den Endpunkten eines Durchmessers.

13

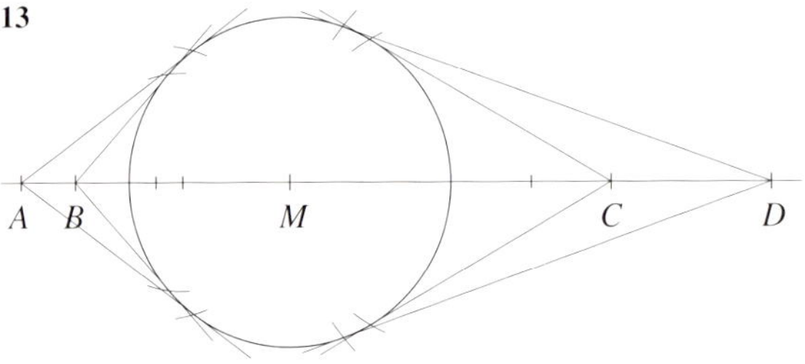

14 a) Zeichenübung

b) Konstruiere die Mittelsenkrechte von c und zeichne den Thaleskreis über c. Der Schnittpunkt mit der Mittelsenkrechten ist der Eckpunkt C.

15

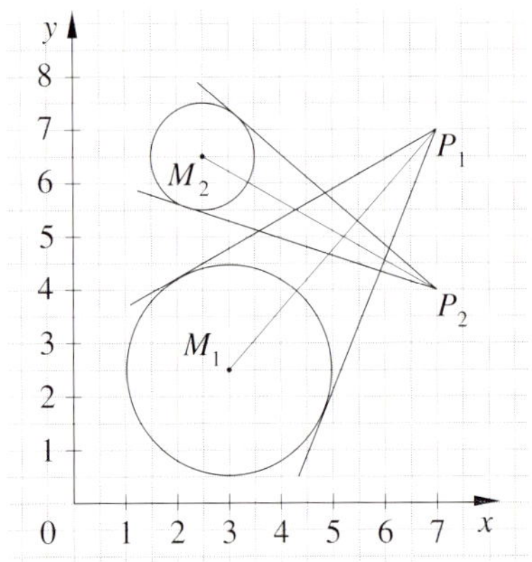

Gesellschaft und Wirtschaft

1 a) 21 m c) 2,01 m e) 900 g g) 129,924 km
b) 90 dm² d) 380 cm³ f) 20 ha h) 3432 €

2 48 000 Zuschauer

3 153 € zahlte die Versicherung; 27 € zahlten Stefans Eltern.

4 a) 5% c) 7,5% e) 25% g) 0,45%
b) 40% d) 3,5% f) 16%

5 80% fehlen noch

6 Uschi 25%; Dieter 35%; Ingrid 40%

7 a) 700 m c) 250 a e) 1122,75 kg
b) 500 € d) 3200 km

8 128 m² hat die Wohnung an Wohnfläche.

9 36 000 €

10 Grundschule 35,6%
Hauptschule 14,9%
Realschule 11,9%
Gymnasium 21,8%
Sonderschulen 4,1%
Integr. Gesamtschulen u. a. 6,1%
Schularten mit mehr. Bildungsgängen 3,8%

11 8,8 Mio. Vögel

12 71% Rückgewinnung

13 Waldbestand 10,4 Mio. ha
Mecklenburg-Vorpommern 2,20 Mio. ha
Rheinland-Pfalz 4,17 Mio. ha

14 a) 30,40 € c) 0,85 € e) 50,33 € g) 1813 €
b) 152 € d) 57,40 € f) 96,45 € h) 1612 €

15 a) 15 € b) 10,12 € c) 124,20 € d) 7,35 €

16 a) 30 € b) 85,68 € c) 185,71 € d) 45,63 €

17 5 €

18 390 €

19 a) 18 € b) 36 €

20 insgesamt im Jahr 618,75 € Zinsen
vierteljährlich 154,69 € Zinsen

21 halbjährlich 387,50 € Rückzahlung
dafür 23,25 € Zinsen

22 a) Sparkasse 882 €
Kreditbank 995 €
b) Angebot der Sparkasse ist günstiger.

23 I: 510 € II: 475 € III: 475 € IV: 525 €
Angebote 2 und 3 sind bei 5000 € gleich günstig, außerdem am günstigsten.
Angebot 4 ist am teuersten.

24 a) 1032 € + 1716 € = 2748 €
b) 168 € mehr c) ≈ 10,9% p. a.

25 3000 € wurden geliehen.

26 a) 2700 € c) 2934 € e) 6000 €
b) 4494 € d) 2780 € f) 8500 €

27 a) 7800 € b) 2000 €

28 1350 €

29 40 000 €

30 a) 2% c) 1,9% e) 3,8% g) 4,4%
b) 1,5% d) 4,7% f) 2,7%

31 7,5%

32 2,4%

33 6,5%

34 a) 0,63 € b) 7,55 € c) 70,94 € d) 5,60 €

35 a) 69 Tage; 2,15 € c) 58 Tage; 10,33 €
b) 44 Tage; 0,24 € d) 31 Tage; 15,03 €

36 36 Tage; 8,93 €

37

Datum	Tage	Aus-zahlung	Ein-zahlung	Gut-haben	Zinsen
30.12.				3650	
20.03.	**80**	——	3750	**7400**	**4,06**
29.03.	**9**	5000	——	**2400**	**0,93**
30.04.	**31**	——	3000	**5400**	**1,03**
19.05.	**19**	1290	——	**4110**	**1,43**
Guthaben mit Zinsen				**4117,45**	**(7,45)**

38

Datum	Tage	Aus-zahlung	Ein-zahlung	Gut-haben	Zinsen
30.12.				**1568,27**	
14.03.	**74**	——	400	**1968,27**	**4,84**
10.06.	**86**	850	——	**1118,27**	**7,05**
03.08.	**53**	——	740	**1858,27**	**2,47**
30.12.	**147**				**11,38**
Guthaben am Jahresende mit Zinsen				**1884,01**	**(25,74)**

39 Zinsfaktor: 1,0275
945 € · $1{,}0275^4 \approx 1053{,}32$ €

Zufall

1 a) $\frac{3}{8} = 37{,}5\%$ c) $\frac{5}{8} = 62{,}5\%$
b) $\frac{2}{8} = 25\%$ d) $\frac{3}{8} = 37{,}5\%$

2 a) $\frac{2}{11} \approx 18{,}2\%$ c) $\frac{6}{11} \approx 54{,}5\%$
b) $\frac{4}{11} \approx 36{,}4\%$ d) $\frac{2}{11} \cdot \frac{3}{10} = \frac{3}{55} \approx 5{,}5\%$

3 Wahrscheinlichkeit, dass er keinmal trifft:
$0{,}55^4 \approx 0{,}092$ (9,2%)
wenigstens einmal trifft er mit ≈ 90,8%.

4 3 Möglichkeiten mit dreimal Kopf
1 Möglichkeit mit viermal Kopf
Wahrscheinlichkeit: $4 \cdot 0{,}5^4 = 0{,}25$ (25%)

5 $\frac{1}{49} \cdot \frac{1}{48} \cdot \frac{1}{47} = \frac{1}{110\,544} \approx 0{,}000009$ (≈ 0,0009%)

6 a) $\frac{1}{12} \approx 0{,}083$ (8,3%)
b) $\frac{1}{12} \cdot \frac{1}{11} = \frac{1}{132} \approx 0{,}0076$ (0,76%)
c) $\frac{1}{12} \cdot \frac{1}{11} \cdot \frac{1}{10} = \frac{1}{1320} \approx 0{,}00076$ (0,076%)
d) $\frac{3}{12} = 0{,}25$ (25%)

Beziehungen im Raum

1 a) 27,5 cm^2 c) 52,5 m^2 e) 27,302 m^2
b) 4,2 m^2 d) 1766,6 dm^2

2 a) 12 cm^2 c) 82,25 cm^2 e) 14,49 cm^2
b) 1,4 cm^2 d) 0,75 m^2 f) 8,64 cm^2

3 a) $A = 21$ cm^2 b) $h_a \approx 4{,}9$ cm; $h_b = 8{,}4$ cm

4 a) 12,21 cm^2 c) 13,76 cm^2
b) 10,95 cm^2 d) 18,45 cm^2

5 a) 11,52 cm^2 c) 19,78 cm^2
b) 15,58 cm^2 d) 20,7 cm^2

6 a) 29,75 m^2 b) 8,75 m^2 c) 77 m^2

7 a) 55,48 m^2 b) 33,6 m^2

8 $A \approx 441$ m^2

9 16,8 cm^2

10 13,125 cm^2

11 a) Zeichenübung; Zeichne einen Winkel mit 72° und konstruiere die Winkelhalbierende. Zeichne zur Winkelhalbierenden beiderseits Parallelen im Abstand von 2 cm. Die Schnittpunkte mit den freien Schenkeln sind 2 Eckpunkte des Fünfecks. Es entsteht ein Teildreieck des Fünfecks. Ergänze mit weiteren 4 solcher Teildreiecke das Fünfeck.
Teildreieck: $g = 4$ cm;
$h \approx 2{,}75$ cm; $A_T \approx 5{,}5$ cm^2
Fünfeck: $A \approx 27{,}5$ cm^2
b) Zeichenübung; Zeichne einen Winkel mit 45°. Verfahre wie in a) beschrieben. Ergänze mit weiteren 7 solcher Teildreiecke das Achteck.
Teildreieck: $g = 4$ cm; $h \approx 4{,}85$ cm; $A_T \approx 97$ cm^2
Achteck: $A \approx 77{,}6$ cm^2

12 a) 18 m^2 b) ≈ 35 975 l

13 a) 45,5 cm^3 b) 32 400 dm^3 c) 210 m^3 d) 9,632 cm^3

14 a) $G = 18{,}46$ cm^2; $V = 188{,}292$ cm^3
b) $G = 9{,}45$ cm^2; $V = 179{,}55$ cm^3
c) $G = 0{,}16$ dm^2; $V = 0{,}56$ dm^3
d) $G = 64{,}5$ cm^2; $V = 774$ cm^3

15 a) $G = 470$ cm^2; $V = 211\,500$ cm^3; $m \approx 1586$ kg
b) $G = 620$ cm^2; $V = 279\,000$ cm^3; $m \approx 2093$ kg

Zum Checkpoint

Seite 38

1 a) $9x + 2y$ c) $2s$
b) $4x - 8a$ d) $13p^2 - 5p - 20q$ *(je 2 P.)*

2 a) $3x + 2 - y$ c) $x - 3 - 2y - 3z$
b) $x - a - 3$ d) $3 + x - 8y + 5z$ *(je 1 P.)*

3 a) $4x + 4$ c) $6ad - 15bd$ a) – c) *(je 1 P.)*
b) $ab - b$ d) $-28x - 35y + 7z$ d) *(2 P.)*

4 a) $7x + 15y$ b) $3 - 15a$ *(je 2 P.)*

4 a) $-8a + 7b$ b) $-7ab + 0{,}5ax$ *(je 3 P.)*

5 a) $3(3x + 5)$ c) $4b(3 + 7b)$ a), b) *(je 1 P.)*
b) $a(4 - 13b)$ c) *(2 P.)*

5 a) $5xy(3 - 5x)$ c) $2x(7x + 2y^2 - 4x^2)$
b) $3b(7ax - 2y + 5z)$ *(je 2 P.)*

6 a) $xy - 4x + 3y - 12$ c) $6x^2 + 10x - 3xy - 5y$
b) $7m - 10 - m^2$ *(je 2 P.)*

6 a) $16x^2 + 34xy - 15y^2$ a) *(2 P.)*
b) $\frac{1}{4}a - \frac{1}{2}ab + \frac{1}{2}b - b^2$ b) c) *(je 3 P.)*
c) $0{,}75x^2 - 1{,}75xy - 5y^2$

7 a) $x^2 - y^2$ c) $a^2 - 6ab + 9b^2$ a) *(1 P.)*
b) $4u^2 + 4uv + v^2$ b, c) *(je 2 P.)*

7 a) $25u^2 - 144$ c) $\frac{1}{9}a^2 - \frac{1}{3}ab + \frac{1}{4}b^2$ a) b) *(je 2 P.)*
b) $0{,}25x^2 + 0{,}7xy + 0{,}49y^2$ c) *(3 P.)*

8 a) $(a - b)^2$ b) $(r + t)(r - t)$ *(je 1 P.)*

8 a) $(9a - b)^2$ b) $(1{,}5a + 1{,}3b)(1{,}5a - 1{,}3b)$ *(je 2 P.)*

Seite 52

1 a) $x = 36$ c) $x = 170$
b) $b = 22$ d) $a = 18$ *(je 1 P.)*

2 a) $x = 9$ b) $a = 0{,}8$ c) $x = 20$ d) $y = 1$ *(je 1 P.)*

3 a) $x = 2$ b) $x = 2$ c) $x = 6$ d) $x = 1{,}1$ *(je 2 P.)*

4 a) $x = 3$ *(1 P.)* b) $x = 4$ *(2 P.)*

4 a) $x = -4$ b) $z = 4$ *(je 2 P.)*

5 a) $x = 2$ b) $x = 4$ *(je 2 P.)*

5 a) $x = 3$ b) $x = 0{,}5$ *(je 3 P.)*

6 a) $y = 1$ b) $x = 2$ *(je 2 P.)*

6 a) $a = 4$ b) $x = -6$ *(je 3 P.)*

7 a) $x = 10$ b) $x = 1$ *(je 3 P.)*

7 a) $x = 1$ b) $x = 5$ *(je 4 P.)*

Seite 70

1 $8x - 27 = 1789$; $x = 227$ *(3 P.)*

2 $[6(x + 15) - 9] : 3 = 49$
$(6x + 81) : 3 = 49$
$2x + 27 = 49$; $x = 11$ *(5 P.)*

3 $3x - 7 + 3 = 68$; $x = 24$
1. Tag: 24 km; 2. Tag: 17 km; 3. Tag: 27 km *(5 P.)*

4 $7x + 70 = 280$; $x = 30$
Speisewagen: 30; 1. Klasse: 90; 2. Klasse: 160 *(5 P.)*

4 $12(x + 9) = 17(x - 1)$; $x = 25$
Ursprünglich wollte sie 25 Tage verreisen.
Gespart waren 408 €. *(8 P.)*

5 $3x + 60 + 10 = 129{,}7$; $x = 19{,}9$
T-Shirt: 19,90 €; Jeans: 79,90 €;
Kappe: 29,90 € *(5 P.)*

5 a) $4{,}5x = 1{,}5(x + 10)$; $x = 5$
Klasse: $5\,\frac{\text{km}}{\text{h}}$; Radfahrer: $15\,\frac{\text{km}}{\text{h}}$ *(6 P.)*
b) 22,5 km *(2 P.)*

Seite 86

1 Zeichenübung; a) (3|5); b) (6|8) *(je 2 P.)*

2 a)

AB	BC	CD	AD	α	β	γ	δ
73 mm	**21 mm**	21 mm	**73 mm**	**89°**	98°	75°	**98°**

(4 P.)

b)

AB	BC	CD	AD	α	β	γ	δ
57 mm	**57 mm**	**57 mm**	**57 mm**	84°	**96°**	**84°**	**96°**

(3 P.)

Alle Konstruktionen im Maßstab 1 : 2

3
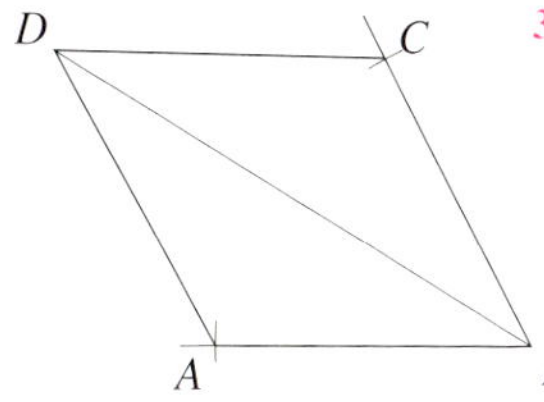

(4 P.)

3
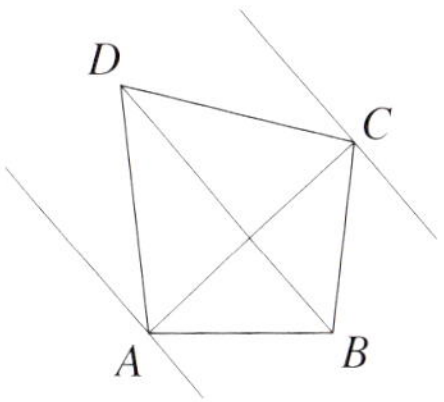

(6 P.)

4
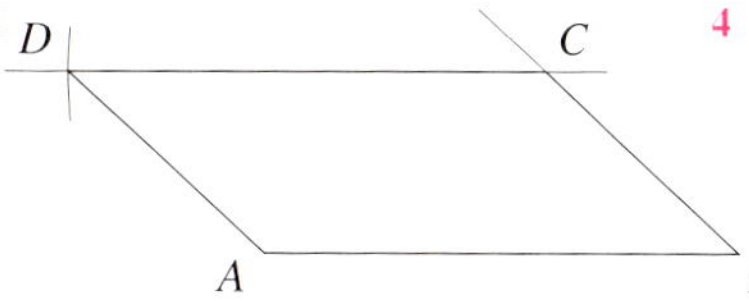

(4 P.)

4
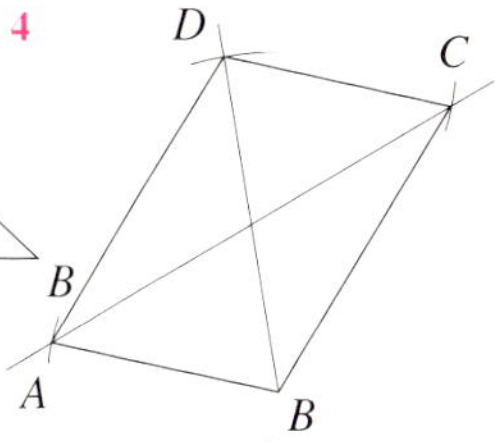

(6 P.)

5
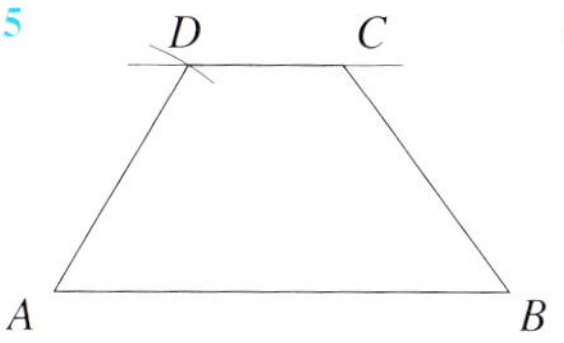

(4 P.)

5
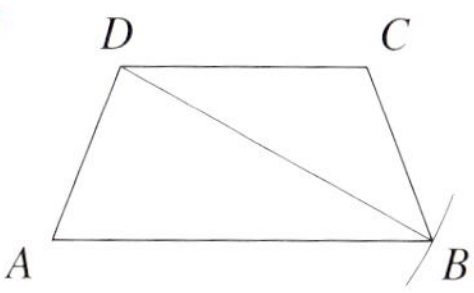

(6 P.)

Seite 108

1 Zeichenübung *(4 P.)*

2 Zeichenübung *(3 P.)*

3 Zeichenübung; Tangenten senkrecht zum Berührungsradius *(5 P.)*

Alle Konstruktionen im Maßstab 1 : 2

4
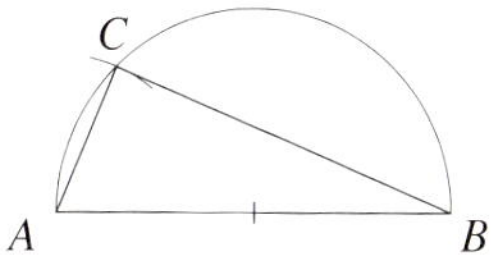

(4 P.)

5
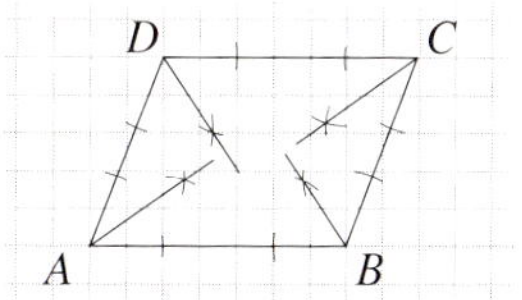

(4 P.)

5
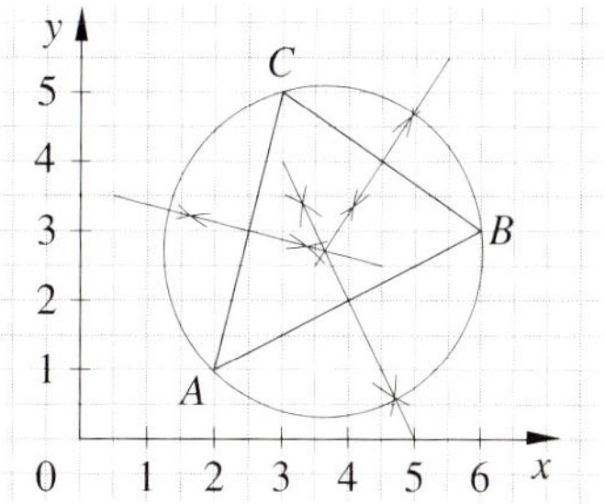

(6 P.)

6 Zeichenübung *(4 P.)*

6

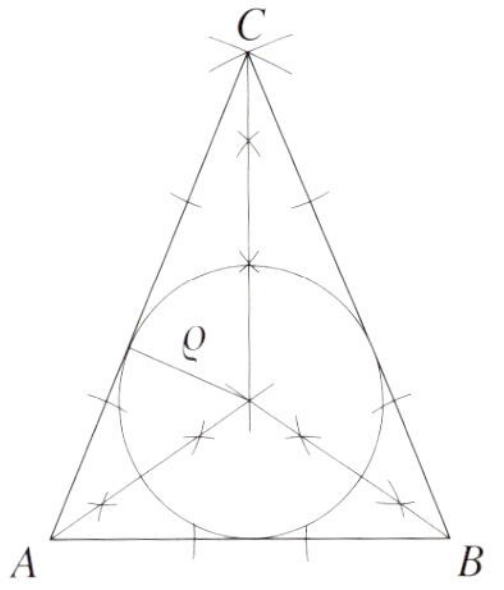

(7 P.)

7

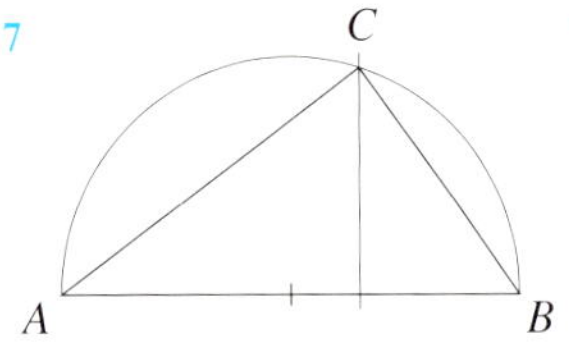

(4 P.)

7

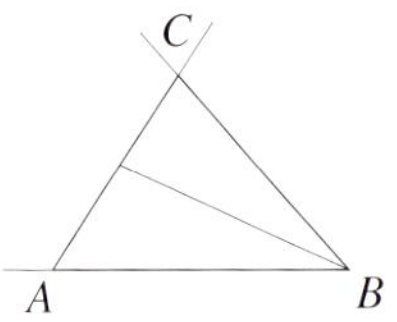

(6 P.)

Seite 131

1 a) $p\% = 3{,}5\%$ b) $G = 500$ kg c) $W = 32{,}50$ € *(je 2 P.)*

2 5700 *(2 P.)*

3 30% *(3 P.)* 3 54% *(4 P.)*

4 325 € *(3 P.)* 4 112,50 € *(5 P.)*

5 4,05 € *(3 P.)* 5 62,50 € *(5 P.)*

Seite 150

1 a) $Z = 750$ € c) $K = 10\,000$ € a), b) *(je 1 P.)*
b) $Z = 270$ € d) $p\% = \frac{1}{3}\%$ c), d) *(je 2 P.)*

2 4,75 € *(2 P.)*

3 ≈ 6,5% *(3 P.)* 3 7,6% *(5 P.)*

4 13,23 € *(3 P.)* 4 33 Tage; 18,72 € *(5 P.)*

5 9750 € *(3 P.)* 5 2660,92 € *(5 P.)*

6 12,24 € *(4 P.)* 6 1. Jahr: 336 €
2. Jahr: 112 € nach 113 Tagen
1 Jahr 113 Tage *(6 P.)*

Seite 162

1 a) $\frac{1}{5} = 20\%$ b) $\frac{3}{10} = 30\%$ c) $\frac{3}{5} = 60\%$ *(je 1 P.)*

2 Wahrscheinlichkeit für keine 6: $\frac{1}{216} \approx 0{,}5\%$
Wahrscheinlichkeit für wenigstens eine 6: ≈ 99,5%
Timo hat Recht. *(4 P.)*

3 Wahrscheinlichkeit, mit zwei Würfeln einen Pasch zu werfen: $\frac{1}{6}$

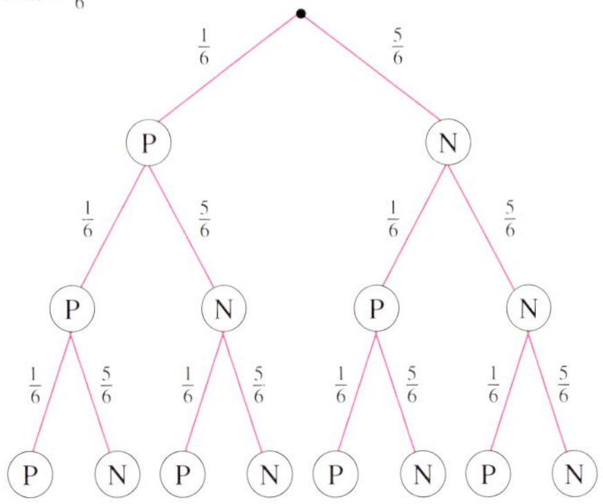

Wahrscheinlichkeit, keinmal Pasch zu werfen:
$\frac{5}{6} \cdot \frac{5}{6} \cdot \frac{5}{6} = \frac{125}{216} \approx 57{,}9\%$
Wahrscheinlichkeit, wenigstens einmal Pasch zu werfen:
≈ 42,1% *(4 P.)*

4 $\frac{1}{7} \cdot \frac{1}{6} = \frac{1}{42} \approx 2{,}4\%$ *(4 P.)*

4 Platzwette: $\frac{3}{9} \approx 33\%$
Zufällig alle drei Wetten gewinnen bedeutet
$\frac{3}{9} \cdot \frac{2}{8} \cdot \frac{1}{7} = \frac{1}{84} \approx 1{,}2\%$ *(8 P.)*

Seite 180

1 2,53 cm² *(3 P.)*

2 a) Zeichenübung *(2 P.)*
b) $h_a \approx 3{,}8$ cm; $A \approx 22{,}8$ cm² *(2 P.)*

3 a) Zeichenübung *(2 P.)*
b) $a = 6$ cm; $c = 3$ cm; $h = 4$ cm; $A = 18$ cm² *(3 P.)*

4 $h = 5{,}2$ m *(3 P.)* 4 $h = 7{,}5$ m *(5 P.)*

5 a) 7,35 m² *(3 P.)* 5 a) 5,13 m² *(6 P.)*
b) 1070,67 € *(2 P.)* b) 747,29 € *(2 P.)*

Seite 188

1 1512 m³ *(2 P.)*

2 80 cm³ *(5 P.)*

3 1134 mm³ *(3 P.)*

4 a) 21,6 cm³ *(2 P.)* b) 57,6 cm³ *(3 P.)*

4 $V = 3600$ cm³; $G = 24$ cm³ *(4 P.)*
$V_{Kerze} = 240$ cm³; $h = 10$ cm *(4 P.)*

5 a) 6696 cm³ *(3 P.)* b) $m \approx 8$ kg *(2 P.)*

6 a) 1567,5 m³ *(6 P.)* b) 148 912,50 € *(2 P.)*

1 Finde die Vorschrift für die Zahlenfolge und setze sie um drei Zahlen fort.

Beispiele:
2, 4, 6, … (immer +2, also weiter:) … 8, 10, 12
1, 3, 6, 5, 7, 14, 13, … (immer +2 · 2 – 1, also weiter:) … 15, 30, 29

a) 1, 2, 4, 8, …
b) 1, 1, 2, 6, 24, …
c) 2, 8, 3, 12, 7, 28, 23, …
d) 97, 83, 70, 58, …
e) 3, 4, 6, 10, 18, 34, …
f) 1, 1, 3, 3, 11, 7, 43, 15, …
g) 6, 42, 47, 13, 41, 53, 20, 39, 58, 27, 36, 62, …
h) 3, 1, 6, 4, 5, 9, 10, 16, 8, 25, 16, 36, 13, …

2 Setze im Heft die Rechenzeichen für die Addition, Subtraktion, Multiplikation bzw. Division so ein, dass nacheinander gerechnet ohne Berücksichtigung der Punkt-vor-Strich-Regel das Ergebnis entsteht.

a)	6	2	8 = 12		k)	2	2	2	3 = 5
b)	9	1	3 = 5		l)	7	2	2	2 = 5
c)	4	2	1 = 8		m)	9	3	3	3 = 5
d)	5	4	3 = 3		n)	4	4	7	3 = 11
e)	7	5	3 = 4		o)	5	5	4	7 = 3
f)	8	2	2 = 6		p)	3	4	3	5 = 10
g)	9	2	3 = 6		q)	8	2	7	2 = 7
h)	1	3	2 = 5		r)	5	3	2	7 = 9
i)	6	3	4 = 6		s)	3	9	2	3 = 8
j)	2	2	2 = 3		t)	8	6	4	2 = 10

3 Jeder Buchstabe steht für eine Ziffer. Löse die Aufgabe im Kopf und schreibe das „Buchstabenergebnis“ auf. Die zehn Aufgaben in jedem Schwierigkeitsgrad müssen in 4 bzw. 6 Minuten gelöst sein.

0 = B	a) V + Ü	k) Ü + AR + Q
1 = J	b) Q + C	l) RB + T + J
2 = Ü	c) Y + A	m) C + V + YT
3 = Q	d) T – J	n) VC + T – AÜ
4 = A	e) J + R	o) RQ – ÜY + JB
5 = R	f) V + Y	p) T + CC – Q
6 = T	g) R – A	q) QB + AJ – R
7 = V	h) C + Q	r) Y + JC + V
8 = Y	i) A + V	s) AJ + Q – ÜÜ
9 = C	j) QJ – Ü	t) CA – TT + RB

4 Gib in 2 Minuten für jeden Körper an, von wie vielen Flächen er begrenzt wird.

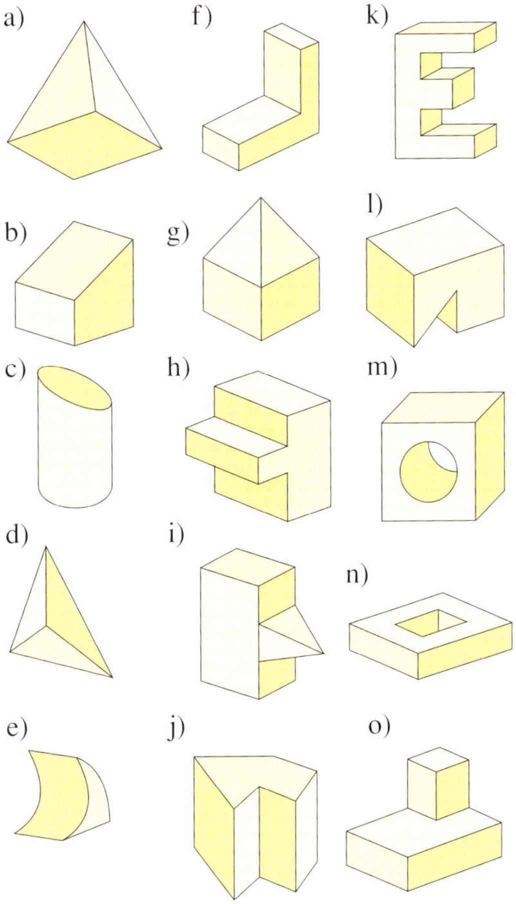

5 Jedes Bild enthält eine zerteilte Figur aus a bis f. Ordne innerhalb von 3 Minuten jedem Bild die Figur zu.

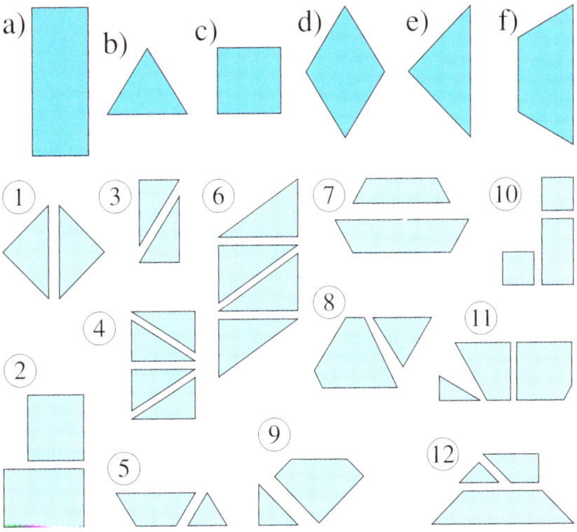

1 a) nacheinander · 2
16; 32; 64

b) nacheinander Zahl · aufeinander folgende natürliche Zahlen
120, 720, 5040

c) abwechselnd Zahl · 4; Zahl – 5
92, 87, 348

d) Beginn 97; Zahl – 14; weiter Zahl – Vorgänger des vorherigen Subtrahenden
47, 37, 28

e) Beginn 3; Zahl · 2 – 2
66, 130, 258

f) Beginn 1, 1; abwechselnd nacheinander erste Zahl · 4 – 1; zweite Zahl · 2 + 1

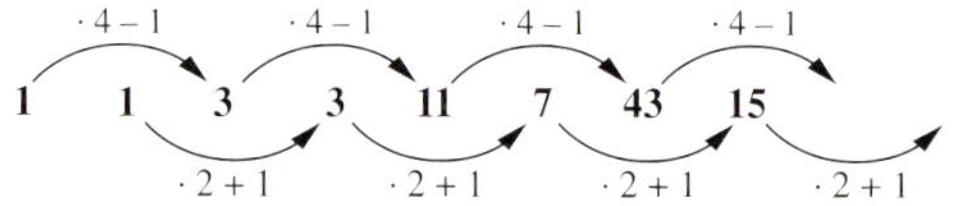

171, 31, 683

g) Beginn 6, 42, 47; abwechselnd nacheinander erste Zahl +7; zweite Zahl – 1 (und weiter – nachfolgende natürliche Zahlen); dritte Zahl + 6 (und weiter + Vorgänger der vorherigen Zahl)

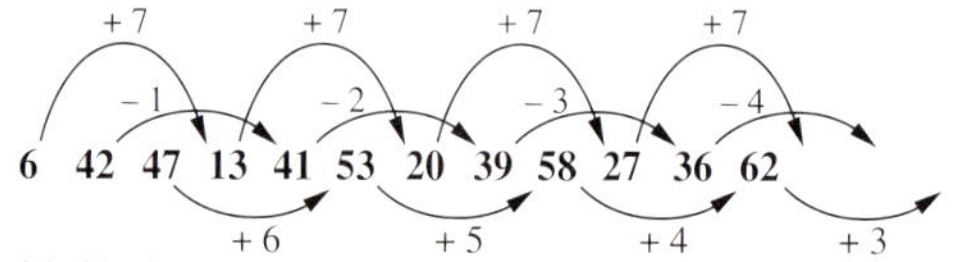

34, 32, 65

h) Beginn 3, 1; abwechselnd nacheinander erste Zahl abwechselnd zunächst · 2, später – 1 (und weiter – Nachfolger der vorherigen Zahl); zweite Zahl + 3 (und weiter + nachfolgende ungerade Zahl)

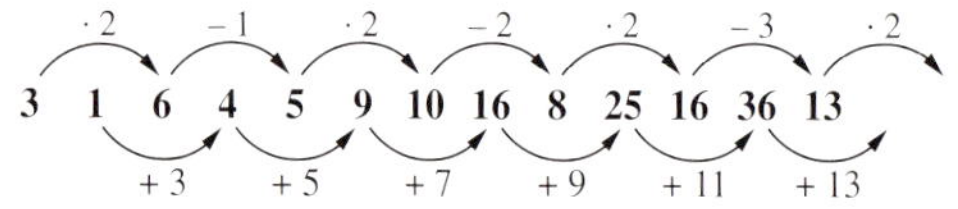

49, 26, 64

2 Zum besseren Verdeutlichen der geforderten Rechnung werden gegebenenfalls Klammern gesetzt.

a) $6 - 2 + 8 = 12$	k) $2 \cdot 2 \cdot 2 - 3 = 5$
b) $9 - 1 + 3 = 5$	l) $7 + 2 - 2 - 2 = 5$
c) $4 \cdot 2 \cdot 1 = 8$	m) $(9 - 3) : 3 + 3 = 5$
d) $(5 - 4) \cdot 3 = 3$	n) $4 : 4 + 7 + 3 = 11$
e) $(7 + 5) : 3 = 4$	o) $(5 \cdot 5 - 4) : 7 = 3$
f) $8 : 2 + 2 = 6$	p) $3 \cdot 4 + 3 - 5 = 10$
g) $9 \cdot 2 : 3 = 6$	q) $8 \cdot 2 - 7 - 2 = 7$
h) $1 \cdot 3 + 2 = 5$	r) $(5 + 3) \cdot 2 - 7 = 9$
i) $6 : 3 + 4 = 6$	s) $(3 + 9) \cdot 2 : 3 = 8$
j) $2 : 2 + 2 = 3$	t) $(8 - 6) \cdot 4 + 2 = 10$

3

a)	(9)	C	k)	(50)	RB
b)	(12)	JÜ	l)	(57)	RV
c)	(12)	JÜ	m)	(102)	JBÜ
d)	(5)	R	n)	(43)	AQ
e)	(6)	T	o)	(35)	QR
f)	(15)	JR	p)	(102)	JBÜ
g)	(1)	J	q)	(66)	TT
h)	(12)	JÜ	r)	(34)	QA
i)	(11)	JJ	s)	(22)	ÜÜ
j)	(29)	ÜC	t)	(78)	VY

4

a) 5 Flächen	f) 8 Flächen	k) 14 Flächen
b) 6 Flächen	g) 9 Flächen	l) 8 Flächen
c) 3 Flächen	h) 10 Flächen	m) 7 Flächen
d) 4 Flächen	i) 11 Flächen	n) 10 Flächen
e) 5 Flächen	j) 8 Flächen	o) 11 Flächen

5

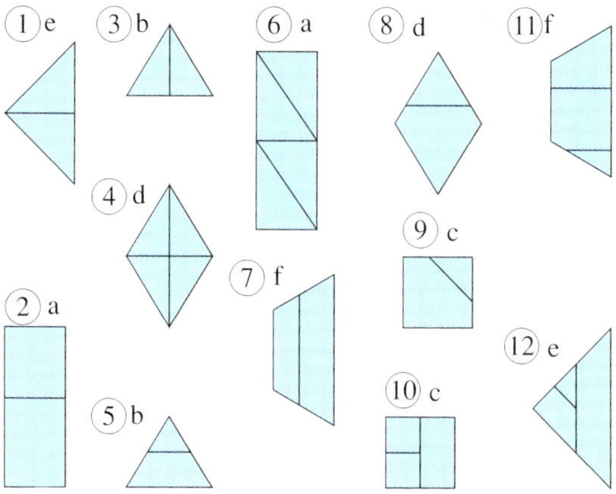

Maße und Maßeinheiten

Längenmaße

1 km = 1000 m
1 m = 10 dm
1 dm = 10 cm
1 cm = 10 mm

100 cm = 1 m
100 000 cm = 1 km
100 mm = 1 dm
1000 mm = 1 m
1 000 000 mm = 1 km

Flächenmaße

1 km^2 = 100 ha (Hektar)
1 ha = 100 a (Ar)
1 a = 100 cm^2
1 m^2 = 100 dm^2
1 dm^2 = 100 cm^2
1 cm^2 = 100 mm^2

10 000 a = 1 km^2
10 000 m^2 = 1 ha
1 000 000 m^2 = 1 km^2
10 000 dm^2 = 1 a
1 000 000 dm^2 = 1 ha
10 000 cm^2 = 1 m^2
1 000 000 cm^2 = 1 a
100 000 000 cm^2 = 1 ha
10 000 mm^2 = 1 dm^2
1 000 000 mm^2 = 1 m^2

Raummaße

1 m^3 = 1000 dm^3
1 dm^3 = 1000 cm^3
1 cm^3 = 1000 mm^3

1 000 000 cm^3 = 1 m^3
1 000 000 mm^3 = 1 dm^3
100 000 000 mm^3 = 1 m^3

Hohlmaße

1 dm^3 = 1 l 1 cm^3 = 1 ml
1 hl = 100 l
1 l = 1000 ml

100 000 ml = 1 hl

Gewichtsmaße

1 Mt = 1000 kt
1 kt = 1000 t
1 t = 1000 kg
1 kg = 1000 g
1 g = 1000 mg

1 000 000 g = 1 t
1 000 000 mg = 1 kg

Die im geschäftlichen Bereich weitgehend gebräuchliche Bezeichnung *Gewicht* wird für die Größe *Masse* im Sinne eines Wägergebnisses verwendet.

Zeitmaße

1 Jahr = 365 Tage
1 Tag = 24 h
1 h = 60 min
1 min = 60 s

1440 min = 1 Tag
3600 s = 1 h

Prozent

$1\% = \frac{1}{100}$ $1\% = 0{,}01$ 1% von x ist $\frac{x}{100}$ oder $0{,}01\,x$

$\frac{1}{2} = 50\%$ $\frac{1}{4} = 25\%$ $\frac{1}{10} = 10\%$ $\frac{1}{5} = 20\%$

Prozentwert = Prozentsatz · Grundwert $W = p\% \cdot G$

Zins

Zinsen = Zinssatz (pro Jahr) · Kapital $Z = p\% \cdot K$

Zeitfaktor: t (Tage) bezogen auf 360 Zinstage im Jahr $\frac{t}{360}$ $Z = K \cdot p\% \cdot \frac{t}{360}$

Zinseszins

bei gleich bleibendem Zinssatz über n Jahre $K_n = q^n \cdot K_0$

Anfangskapital K_0; Wachstumsfaktor $q = (1 + p\%)$

Endkapital nach n Jahren K_n $K_n = (1 + p\%)^n \cdot K_0$

Durchschnitt arithmetisches Mittel

der Zahlen a und b $d = \frac{a+b}{2}$

von n Zahlen $a_1, \ldots a_n$ $d = \frac{a_1 + \ldots + a_n}{n}$

Winkel

Nebenwinkel ergänzen sich zu 180°. $\alpha + \beta = 180°$

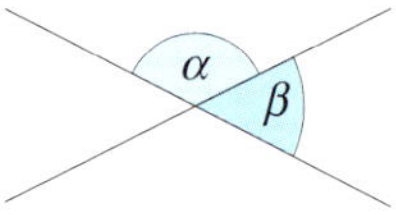

Scheitelwinkel sind gleich groß. $\alpha = \beta;\ \gamma = \delta$

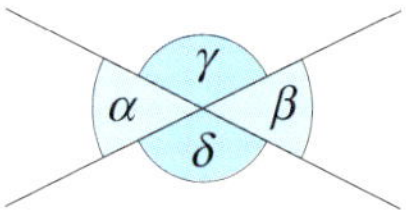

Stufenwinkel sind gleich groß. $\alpha = \beta;\ \gamma = \delta$

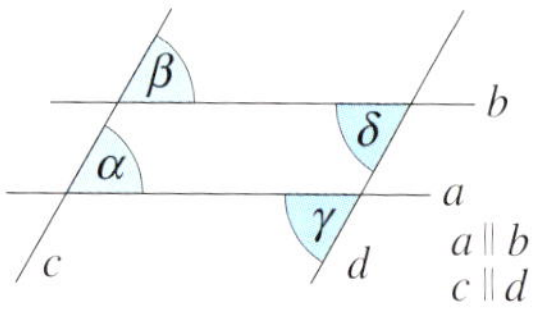

Winkelsumme

im Dreieck $\alpha + \beta + \gamma = 180°$

im Viereck $\alpha + \beta + \gamma + \delta = 360°$

Dreieck

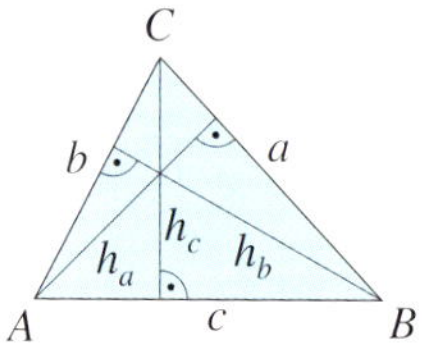

$u = a + b + c$

$A = \frac{g \cdot h}{2}$

$A = \frac{a \cdot h_a}{2} = \frac{b \cdot h_b}{2} = \frac{c \cdot h_c}{2}$

Umfang u
Flächeninhalt A
Grundseite g Höhe h
zugehörige Höhe h_a, h_b, h_c

rechtwinkliges Dreieck

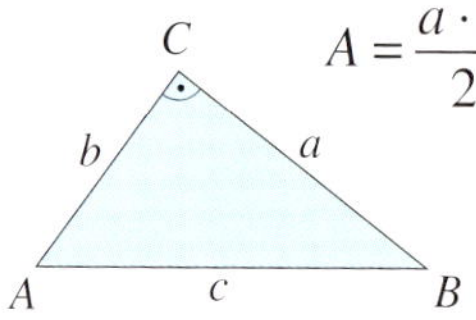

$A = \frac{a \cdot b}{2}$

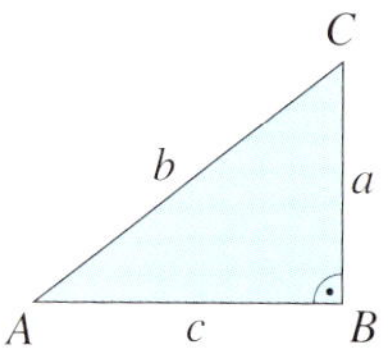

$A = \frac{a \cdot c}{2}$

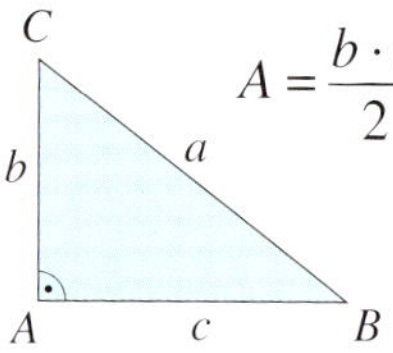

$A = \frac{b \cdot c}{2}$

Quadrat

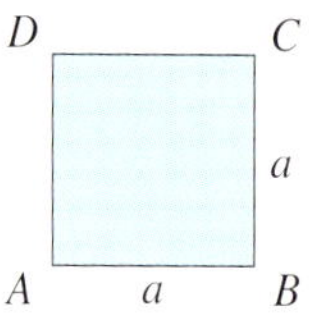

$u = 4a$
$A = a \cdot a$
$A = a^2$

Rechteck

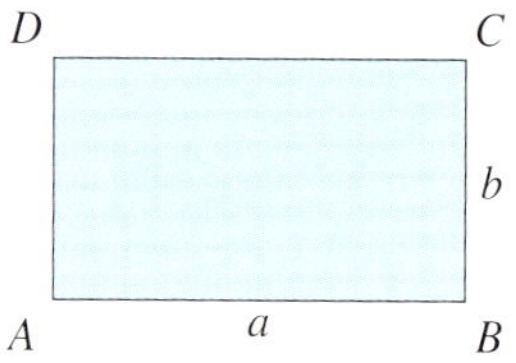

$u = 2a + 2b$
$u = 2 \cdot (a + b)$
$A = a \cdot b$

Länge a
Breite b

Parallelogramm

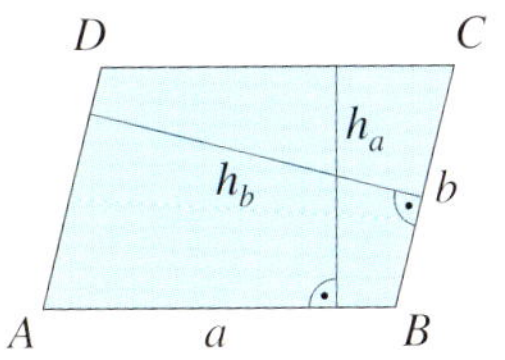

$u = 2a + 2b$
$u = 2 \cdot (a + b)$

$A = g \cdot h$
$A = a \cdot h_a$
$A = b \cdot h_b$

Trapez

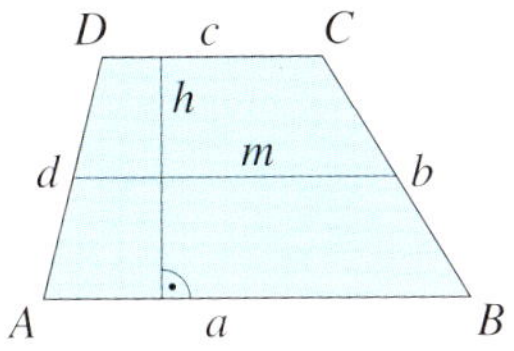

$u = a + b + c + d$

$A = \frac{a + c}{2} \cdot h$

$A = m \cdot h$ Mittellinie m

$m = \frac{a + c}{2}$

Drachen

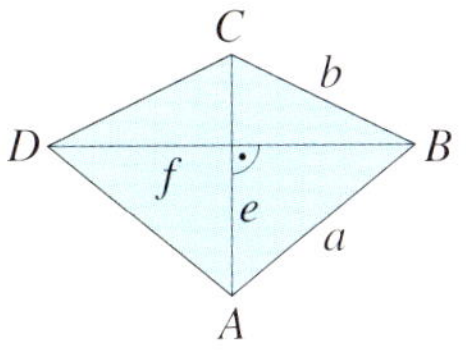

$u = 2a + 2b$
$u = 2 \cdot (a + b)$

$A = \frac{e \cdot f}{2}$ Diagonale e, f

Raute

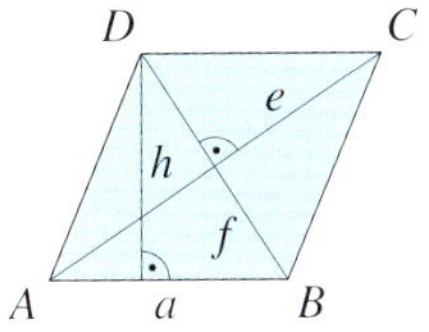

$u = 4a$

$A = a \cdot h$

$A = \frac{e \cdot f}{2}$

Würfel

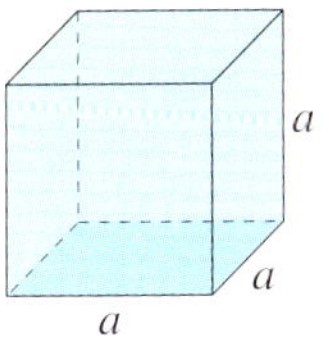

$O = 6a^2$ Oberfläche O

$V = a \cdot a \cdot a$
$V = a^3$

Rauminhalt V
(Volumen)

Quader

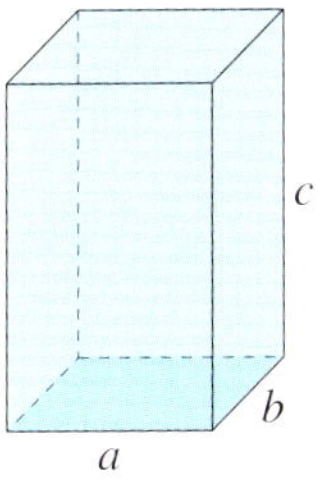

$O = 2 \cdot ab + 2 \cdot ac + 2 \cdot bc$
$O = 2 \cdot (ab + ac + bc)$

$V = a \cdot b \cdot c$

Prisma

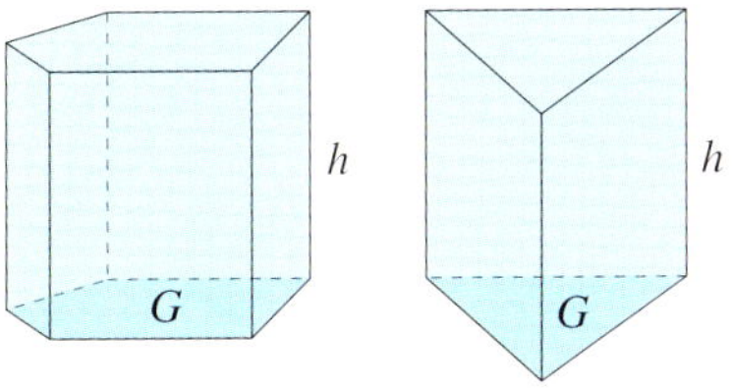

$V = G \cdot h$ Körperhöhe h
Grundfläche G

Bildnachweis

AKG, Berlin: **37**; **39**.3; **64**.1; **65**.1; **100**; **152**.3 ▮ Christoph Berten, Berlin: **153**.2 ▮ Bavaria, Ganting: (Bahnmüller) **5**.8 ▮ Bildarchiv Preußischer Kulturbesitz, Berlin: **102** ▮ Bundesbildstelle, Bonn: **60**.3, (Bauer) 4; **116**.3, (Wienke) 5, 6, (Bauer) 7 ▮ Casio Computer, Norderstedt: **110**.2, 3, 5, 6 ▮ Circus Krone (Die Alexander-Brothers), München: **17** ▮ Deutsche Steinkohle AG, Herne: **126** ▮ dpa, Frankfurt: **5**.5; **57**; (Jan-Peter Kasper) **95**; **116**. (Thomas Köhler) 1, (Tim Brakemeier) 2, (Rohwedder) 4 ▮ Globus Kartendienst, Hamburg: **5**.7; **109**; **118**; **119** ▮ Herrenhäuser Gärten, Hannover: **89**.1 ▮ Husumer Schiffswerft, Windenergieanlagen: **123**.2 ▮ ifa, Institut für Auslandsbeziehungen e.V., Stuttgart: **87** ▮ Informationsstelle, Universitätsklinikum der RWTH, Aachen: **130**.3 ▮ Interfoto München: **60**.1, 2 ▮ Berghölländer-Mühle (Immanuel): Internationales Wind- und Wassermühlen-Museum, Gifhorn: **123**.1 ▮ Janike, München: **5**.1 ▮ Reinhold Koullen, Würselen: **59** ▮ Helga Lade Fotoagentur, Frankfurt a.M.: **5**.3 ▮ Landesbildstelle Baden, Karlsruhe: **88**.2; **89**.2 ▮ Landesmedienzentrum Rheinland-Pfalz, Koblenz: **163** ▮ Mauritius, Berlin: (Mollenhauer) **5**.2; **88**.1; **182** ▮ Karl Mittenzwei, Berlin: **121** ▮ Werner Otto, Oberhausen: **5**.6 ▮ Jens Schacht, Düsseldorf: **22**; **39**.1, 2; **56**; **61**; **62**; **72**.2; **90**; **107**. 5; **112**; **132**; **177**; **186** ▮ Wolfgang Schimmelpfennig, Hamburg: **71** ▮ Heinz-J. Schlüter, Maintal: **153**.1 ▮ Roland Siemoneit, Berlin: **151** ▮ SPORT&DESIGNdrachen, Kalkar: **72**.1 ▮ Staatliche Münzsammlung, München: **65**.2 ▮ Wolfram Stehling, Hamburg: **187** ▮ Texas Instruments, Freising: **101**.1, 4, 7, 8 ▮ Verlagsarchiv, Berlin: **64**.2 ▮ Werth-Holtz; Finnentrop: **176** ▮ Westfälisches Freilichtmuseum, Hagen: **120** ▮ Peter Wirtz, Dormagen: **130**.1, 2 ▮ Gerald Zörner, Berlin: **5**.4, 9; **51**; **53**; **63**; **68**; **93**; **107**.1 – 4; **125**; **128**; **139**; **144**; **145**; **152**.1, 2; **155**; **158**

Carin Eichholz, Krefeld: *(Illustration)* 102; 129

Jochen Gebauer-Dieterle, Berlin: *(Grafik)* 6; 10; 50/51; 54/55; 72/73; 88/89; 103; 104; 106; 107; 109 – 111; 113 – 117; 124/125; 127; 137.2; 140 – 146; 152; 154; 156; 157; 160/161; 163; 182; 187

Falko Mieth, Berlin: *(Grafik)* 5.7; 26; 62; 67

Jörn Hennig, Berlin: *(Illustration)* 23; 25; 27; 29; 30; 33; 35; 43; 46; 48; 49; 58; 62; 63; 69; 74; 75; 112; 121; 134; 135; 139; 146; 153; 155; 158 – 160

Ulrich Sengebusch, Geseke: *(Zeichnung; Grafik)* 19.4, 5; 33; 41; 42; 44; 74.3, 4; 75; 76.6, 7; 77; 78; 79.2; 80; 82; 83.2 – 4; 84; 85.2 – 5; 86.1; 90; 91.1 – 5; 92.1, 2, 4, 5; 94.2; 95; 97.1, 3, 4; 98; 99.1 – 4, 6, 7; 100.2; 101.1; 105.1 – 3; 106.3; 108.4; 165; 166; 167.3 – 5; 168; 169.2, 3; 170.2 – 5; 171; 172.2 – 4; 173; 174; 175.2 – 5; 181; 182; 183.1 – 4; 184 – 187; 191; 194.2; 198; 199.3 – 6; 202 – 204; 207; 208.1 – 3; 209; 210; 212; 213

Stürtz AG, Würzburg: *(Zeichnung)* 13 – 16; 18; 19.1 – 3; 20; 21; 23; 26; 31; 34; 37; 60; 67; 68; 74.1, 2; 76.1 – 5; 79.1, 3, 4; 81; 83.1; 85.1; 86.2; 91.6; 92.3; 93; 94.1, 3 – 6; 96; 97.2; 99.5, 8; 100.1; 101.2; 102; 103; 105.4 – 6; 106.1, 2, 4, 5; 108.1 – 3, 5; 128; 136; 137.1; 156; 157; 167.1, 2; 169.1; 170.1; 172.1; 175.1; 177; 180; 183.5; 188; 192; 194.1, 3; 199.1, 2; 208.4